"十二五"普通高等教育本科国

大学语文新编

(第三版)

主编 魏 饴 张子言

高等教育出版社·北京

内容简介

本书是普通高等教育"十一五"国家级规划教材，也是"十二五"普通高等教育本科国家级规划教材。

本书在总结近年来高等院校"大学语文"教学改革发展的成果、借鉴和确立新的教育理念的基础上，以工具性、人文性、审美性来定位大学语文的价值目标，注重理论性和实践性的有机结合，全书共设计十七个单元，将阅读、书面表达、口头表达等几种能力的训练和培养融于一体。本书在设计思考训练题时注重新颖多样，富有启发性；在选文时视野广阔，注重经典而不废时文，将丰富的社会生活内容融入书中，让学生感到大学语文课堂既设置在人类文明的历史长河中，又设置在火热生动的现实社会生活中。本书配有二维码，便于学生在网上进行拓展学习，提高学习效率。此外，与本书配套的数字化教学资源，对提高教师教学的效能将大有帮助。

本书可作为普通高等院校公共基础课教材，也可作为电大、函授、自考等选用教材，同时也适合社会各界人士自学之用。

图书在版编目（CIP）数据

大学语文新编／魏饴，张子言主编．--3版．--北京：高等教育出版社，2020.9（2021.7重印）
ISBN 978-7-04-054868-6

Ⅰ．①大… Ⅱ．①魏… ②张… Ⅲ．①大学语文课-高等学校-教材 Ⅳ．①H193.9

中国版本图书馆CIP数据核字（2020）第142359号

DAXUE YUWEN XINBIAN

| 策划编辑 姜兰志 | 责任编辑 姜兰志 罗 京 | 封面设计 李小璐 | 版式设计 杨 树 |
| 责任校对 马鑫蕊 | 责任印制 赵 振 | | |

出版发行	高等教育出版社	网 址	http://www.hep.edu.cn
社 址	北京市西城区德外大街4号		http://www.hep.com.cn
邮政编码	100120	网上订购	http://www.hepmall.com.cn
印 刷	高教社（天津）印务有限公司		http://www.hepmall.com
开 本	787mm×1092mm 1/16		http://www.hepmall.cn
印 张	25.5	版 次	2006年8月第1版
字 数	370千字		2020年9月第3版
购书热线	010-58581118	印 次	2021年7月第5次印刷
咨询电话	400-810-0598	定 价	49.30元

本书如有缺页、倒页、脱页等质量问题，请到所购图书销售部门联系调换
版权所有 侵权必究
物料号 54868-00

编 委 会

顾　问

余光中：著名国学专家、作家
杨叔子：中国科学院院士、教育部文化素质教育指导委员会原主任
张岂之：教育部文化素质教育指导委员会顾问
张福贵：教育部中国语言文学类专业教学指导委员会主任委员

主　编：魏　饴　张子言
副主编：刘利侠、李有梁、王建国、佘丹清、练暑生、吴卫华
主编助理：佘丹清（兼）
编委（按姓氏笔画为序）：

于　涌　　马连菊　　王文参　　王弯弯　　王建国　　王卓华
方光华　　邓　楠　　田　皓　　刘久明　　刘正光　　刘利侠
许连军　　许辉妮　　李有梁　　杨厚均　　肖学周　　吴卫华
汪苏娥　　张曦微　　佘丹清　　沈国芳　　欧阳友权　　季水河
练暑生　　侯东菊　　夏子科　　郭　虹　　黄仁生　　梁美亚
彭文忠　　程　箐　　鲁晓霞　　曾庆怀　　曾　炜　　魏　饴

单元主编

上篇　阅读能力培养

第一单元　人·交往·阅读　　　　　（魏　饴）
第二单元　阅读方法　　　　　　　　（刘久明）
第三单元　爱国文选　　　　　　　　（李有梁）
第四单元　人本文选　　　　　　　　（刘利侠）
第五单元　修身文选　　　　　　　　（练暑生）
第六单元　养性文选　　　　　　　　（王文参）
第七单元　科普文选　　　　　　　　（许辉妮）
第八单元　审美文选　　　　　　　　（侯东菊）

中篇　媒介表达能力培养

第九单元　书面表达概说　　　　　（郭　虹）
第十单元　网络时代的新媒介写作（肖学周）
第十一单元　日常应用文选　　　　（鲁晓霞）
第十二单元　新闻报道文选　　　　（汪苏娥）
第十三单元　学术论文文选　　　　（杨厚均）

下篇　口语表达能力培养

第十四单元　口语表达概说　　　　（张曦微）
第十五单元　口语表达的基本方法　（田　皓）
第十六单元　交际口语　　　　　　（曾　炜）
第十七单元　职业口语　　　　　　（程　箐）

本教材线上课程数字化资源主编
王建国、于涌、夏子科、曾庆怀、李有梁、马连菊、王弯弯、梁美亚

序 一

载体与通衢

一个人的语文程度，照理在中学时代就应该奠下基础，如果错过机会，至少在升大学之后应加以补足。所以"大学语文"一课非常重要，如果再错过了，一个人这一生恐怕就绝少有机会再回头认真学习自己的母语国文了。而要把握这"最后的机会"，有赖一本切题而又及时的课本。这课本必须兼顾理想与实用，既有人文的意义，又合时代的精神。因此这本《大学语文新编》及时推出，有其必要。

余光中（左二）与本教材编者在中国湖南石门茶文化节上

这本教材的内容，纵则包含了人文的传统、民族的精神，横则包含了国际观与社会性。无论是课文本身或是课外的选读，均在本国的作品之外更提供了不少外国的名篇，中外并列，让学生得以眼界大开。所选作家与学者，除了古人之外，更遍及大陆、台湾与香港，从郁达夫、孙福熙、朱光潜一直到钟理和、王蒙，将近20人。至于外国名家，则从培根、莎士比亚、阿赫玛托娃、亨利·戴维·梭罗一直到乌尔曼，有哲人，有科学家，还有作家，也非常多元，而竟包括了英国的伊恩·斯图尔特与日本的东山魁夷，更令人感到惊喜。

本书分成上、中、下三篇，分别是要培养学生的阅读能力、日常书面表达能力与口头表达能力。中篇要学生学习的，是非常实用的应用文体，其中更涉及商务、新闻、学术论文等文体，正可应付时需。下篇则教导学生，在交际、辩论、职业与事务各方面，如何说话。足见本书不但教学生如何学自己的母语，更教他们如何应付当代社会的各种场合、各种关系、各种新起的语境。

我一向认为：中华文化是一个浑然大圆，圆心无所不在，圆周无处可寻，而中文乃其半径，中文有多长，半径就有多长，圆就画得多大。但就合时顺势而言，中文不但是源远流长的文化载体，也是与时并进的高速公路，不但厚载了累积的文化，也能扩大应变的功能。这本《大学语文新编》应是最好的见证。

余光中
2006年6月19日于台北

序 二

"大学语文"是高等院校非中文专业的公共基础课,是大学生文化素质教育的一个极为重要的组成部分。这门课程自上世纪80年代在我国高校恢复开设以来,成绩巨大,经验很多。但在今天全球化进程不断加快、对高校人才规格需求不断提高的前提下,"大学语文"课程设置及教材编写就非常有必要进行新的改革,《大学语文新编》正是这一探索的成果。

杨叔子(左二)与杨振宁等亲切交谈

与以往大学语文教材相比,本教材明确以能力培养为目标,寓人文性与美育性于能力培养之中,将知识—能力—素质三者整合起来,追求在宽厚的大文化背景下,引导学生学会做人、学会思维、学会听说读写,这对培养语文基础扎实、知识面宽、语言能力强并能适应社会主义现代化建设全面发展的人才确有好处,值得肯定。

《大学语文新编》纸介教材,实际上还只是本门课程教学的一部分,另一部分则是通过课程网站让学生在师生互动中完成的。这样做,就不仅可以突破本课程课时的限制,而且还在方便学生学习、方便教师因材施教、实现优质教学资源共享等方面受到师生的广泛欢迎。这一教学理念和方式必将不断完善、不断发展,并必将为人们所熟悉和逐渐接受。

语文作为一个学科,从小学到大学都开设了这门课程,它应当有一个整体设计。本教材编者坚持从语文知识、语文智能和语文教育三个层面,按照小学、中学和大学三个层级对语文课进行分类思考、统筹安排。这一做法希望能给业内人士带来某种启示,其探索值得我们关注。

魏饴同志系教育部大学生文化素质教育指导委员会委员,又是文化素质教育类国家精品课程"文艺鉴赏学"的主持人,现在由他主编的这本教材即将问世。我能深深体会他渴望得到与本教材有关的批评、建议与帮助的心情,十分乐意写下以上感受。是为序。

中国科学院院士　华中科技大学教授　杨叔子

2006年3月13日

弁 言

一、本次修订背景

《大学语文新编》作为"十一五"国家级规划教材于 2006 年 8 月由高等教育出版社初版。杨叔子院士和余光中先生在初版序言中对"本教材寓人文性与美育性于能力培养之中"均予以充分肯定。初版后五年间共印发数十万册,由本教材主编助理领衔开设的"大学语文"还曾荣获湖南省普通高校精品课程。2012 年本教材再次被确定为"十二五"国家级规划教材;2013 年 7 月《大学语文新编》(第二版)问世。

受教育部高教司委托,教育部中国语言文学类教学指导委员会曾于 2006 年 11 月在湖南文理学院主持召开"教育部高等学校大学语文教学改革研讨会"。与会者有来自全国 43 所高校的陈洪、温儒敏、齐森华、蒋述卓、丁帆、欧阳友权、王步高、朱恒夫、戴友夫等 75 名专家。会议一致认为,本次研讨是大学语文自 20 世纪 80 年代在全国高校恢复开设以来的一次"里程碑式的事件"。教育部高教司函(〔2007〕38 号)特予以通报。

《国家"十一五"时期文化发展规划纲要》明确"高等学校要创造条件,面向全体大学生开设中国语文课";《普通高等学校本科专业类教学质量国家标准》将大学语文作为通识教育课程在各专业已普遍列入。"互联网+教学""智能+教学"新形态正成为提高教学质量的新活力。党的十九大报告要求高等教育应"落实立德树人根本任务",大学语文责无旁贷。对《大学语文新编》(第二版)组织修订,既严肃又更为紧迫。

二、语文学科定位与教学体系

凡语文均具有工具性和人文性,大学语文的人文性、综合性要远比中小学语文更为突出。中小学语文工具性诉求相对迫切，大学语文核心则是指向人本身，重在立德树人，也即我们早前提出的大学语文具有工具性、审美性与人文性相统一的学科定位。其审美功能的发挥是大学语文不能遮蔽的根本取向，正如时任教育部高教司副司长杨志坚在那次研讨会所说：大学语文不能停留在工具性，它还具有审美性，还应在潜移默化中给学生留下"根"的概念。[①]"忽略了这一点，就会把大学语文教育混同于一般的'通识教育'。"[②]

现代科学完整建构，包括基础、技术和工程科学三个层级。语文基础科学指语文知识系统，包括语音学、文字学、词汇学、语法学、修辞学、逻辑学、文章学、文艺学等；语文技术科学指语文智能系统，有听知学、演讲学、阅读学、写作学、观察学、记忆学、想象学、思维学等；语文工程科学指教学方法系统，有语言教学、文字教学、文章教学、文学教学、阅读训练、写作训练、听说训练、思维训练、语文测试等。

语文学科教学，从小学到大学是一个互为联系的有机整体。如果将语文教学分为小学、中学和大学三个阶段，每一个阶段都应包括基础、技术和工程的内容，各有侧重。小学阶段以语文基础知识和表达为主，注重掌握基本语音、文字、词汇及其运用；中学阶段以技术训练为主，侧重使学生在语言建构与运用、思维发展与提升、文化传承与理解等核心素养上不断获得发展；大学语文则是努力使学生具有正确的人文价值观，为学生人生发展和终身学习做好语文应用和探究能力的充分准备，其综合性更强，技能性更高。

三、本次修订提要

大学语文是在大学一年级开设一个学期或一个学年的公共基础必修课，是人生语文学习的一个必要阶段。

（一）按照新时代以学定教思想和线上线下混合式课程教学方式设计修订。线上线下同步规划，明确由洛阳师范学院、集美大学、湖南

[①] 参见杨志坚：《大学语文教育是在高等教育层面进行母语教育的一种形式——在高等学校大学语文教学改革研讨会上的讲话（节选）》，载《湖南文理学院学报（社科版）》2006年第6期。

[②] 张福贵：《大学语文教育的学科定位与功能特性》，《中国大学教学》2014年第1期。

文理学院、河北美术学院、湖南理工学院、闽江学院、三峡大学等九所大学专业人员共同建构"应用型大学中国语文"线上课程（从"爱课程"网进入），长期维护，不断更新。"爱课程"网主要用于大学语文课内外的线上教学活动，其平台包括慕课之窗、互动问答、名师讲坛、作业测试、大语资源、自学辅导等栏目。

（二）本纸介教材分为上中下三个篇章。与现行大学语文教材或以文体为单元，或以文学史为单元，或以作品主题为单元单一体例不同，它以立德树人为灵魂、以汉语言高级实用技能培养为骨架、以文选为血肉的方式经纬教材。既照顾语文工具性，又突出其阅读与表达的人文性。

（三）注重立德树人，更加突出文选审美教育。文选阅读是我国传统语文教学强项，自古文选版本很多，理应是本次修订着力点。对《大学语文新编》（第二版）"爱国文选""人本文选""修身文选""养性文选"和"审美文选"等单元予以全面修订，重选或新增中外名作近20篇。紧扣主题精选，加强作品导读。

（四）竭力满足应用型大学中国语文教学诉求，继续坚持工具性作为教材编写的基本理念之一。按照阅读能力、媒介表达能力和口头表达能力三篇安排章节，本着更加实用的目的对"媒介表达能力"篇章做了大幅优化，将原有的"行政事务文选"等三个单元合并为"日常应用文选"一个单元。突出"能力聚焦""点子库""单元综合训练题"的设计。

（五）突出本教材数字化教学资源建设。在书中设计多个线上资源链接二维码，内容丰富。诸如"中外名诗朗诵吟诵20例""全国大学生'挑战杯'获奖调查报告选评""以散文《匆匆》为例谈声气传神与口语表达"等；另有"应用型大学中国语文"课程网络教学平台可配套本书。这些都是对纸介教材的极大拓展，也体现出了其比较前卫、方便和实用的优势。

我们相信大家在该教材的使用中会有更多感受。教师可以根据需要围绕单元组织教学。欢迎对我们的工作提出宝贵意见。

魏 饴 张子言

2020年5月1日

目 录

上篇　阅读能力培养

第一单元　人·交往·阅读　　2
　　一、语文是人类交往的基本工具　　2
　　二、阅读期待是接受主体进行阅读的必备条件　　6
　　三、阅读接受能力的形成与发展　　9
　　　　【阅读作品】　　13
　　　　　人与书　　郁达夫　　13
　　　　　读书并非为黄金——我的不读书的经验　　孙福熙　　14
　　单元能力训练一（阅读方式与思维）　　16

第二单元　阅读方法　　21
　　一、观位体——类型阅读法　　21
　　二、博精兼顾——统筹阅读法　　24
　　三、多思善疑——"四到"阅读法　　28
　　四、由此及彼——比较阅读法　　31
　　五、八面受敌——集中研读法　　34
　　　　【阅读作品】　　36
　　　　　谈读书（节选）　　朱光潜　　36
　　单元能力训练二（作品的选择与阅读）　　40

第三单元　爱国文选　　42
　　橘颂　　屈原　　42

历史上的北京城（节选）	侯仁之	45
赞美	穆旦	54
祖国土	[苏联] 阿赫玛托娃	58
【阅读作品】		60
黍离	《诗经》	60
登岳阳楼	杜甫	60
黄山	钟鼎文	61
吉檀迦利（35）	[印度] 泰戈尔	62
单元能力训练三（如何读诗）		64

第四单元　人本文选　　　　　　　　　　　　　　67

管子（节选）	管子	67
秦腔（节选）	贾平凹	71
一棵开花的树	席慕蓉	76
麦琪的礼物	[美] 欧·亨利	78
【阅读作品】		85
流浪地球（节选）	刘慈欣	85
饥饿艺术家（节选）	[奥匈帝国] 卡夫卡	89
单元能力训练四（如何读散文和小说）		95

第五单元　修身文选　　　　　　　　　　　　　　98

修身（节选）	荀子	98
养气与知言	孟子	101
共产党宣言（节选）	[德] 马克思　恩格斯	105
安提戈涅（节选）	[古希腊] 索福克勒斯	112
【阅读作品】		118
《论语》选录	孔子	118
上善若水	老子	119
朋友四型	余光中	120
单元能力训练五（如何观赏戏剧）		123

第六单元　养性文选　125

论画山水　　　　　　　　　　　　　　　宗　炳　125
一九九八　廿四节气　　　　　　　　　　苇　岸　129
提醒幸福　　　　　　　　　　　　　　　毕淑敏　137
湖光水色　　　　　　　　［美］亨利·戴维·梭罗　141
　　【阅读作品】　　　　　　　　　　　　　　146
　　庐山遥寄卢侍御虚舟　　　　　　　　李　白　146
　　吃饭　　　　　　　　　　　　　　　钱钟书　147
　　听泉　　　　　　　　　　　　［日］东山魁夷　150
单元能力训练六（实用快速阅读）　　　　　　　153

第七单元　科普文选　155

器用（节选）　　　　　　　　　　　　　沈　括　155
雷达——人类的千里眼　　　　　　　　毛二可　158
距离的奥妙　　　　　　　　　　　［美］吴裕祥　161
一切源于基因　　　　　　［美］奥布里·米伦斯基　164
　　【阅读作品】　　　　　　　　　　　　　　167
　　数学有何用　　　　　　　［英］伊恩·斯图尔特　167
单元能力训练七（如何读科普文章）　　　　　　172

第八单元　审美文选　175

我们对于一棵古松的三种态度
　　——实用的、科学的、美感的　　　　朱光潜　175
中国古代的绘画美学思想（节选）　　　　宗白华　181
书法的美学特征及欣赏原则（节选）　　　陈振濂　188
　　【阅读作品】　　　　　　　　　　　　　　194
　　造园与造人（节选）　　　　　　　　王　澍　194
单元能力训练八（审美能力的培养）　　　　　　199

中篇　媒介表达能力培养

第九单元　书面表达概说　　　　　　　　　　　204

一、书面表达的概念和特点　　　　　　　　　　204
二、书面表达的类型和发展趋势　　　　　　　　207
三、书面表达能力及其培养　　　　　　　　　　211
　　【阅读作品】　　　　　　　　　　　　　　216
　　无书的日子　　　　　　　　　　　冯骥才　216
单元能力训练九（写作观察）　　　　　　　　　219

第十单元　网络时代的新媒介写作　　　　　　222

一、新媒介写作的科技基础与语言环境　　　　　222
二、新媒介写作的主要类型　　　　　　　　　　224
三、新媒介知识文选　　　　　　　　　　　　　229
单元能力训练十（关于表达新媒介的发展与运用）　232

第十一单元　日常应用文选　　　　　　　　　235

××局党的群众路线教育实践活动工作总结　　　235
人格才是最高的学位　　　　　　　　　白岩松　241
"佛系"抑或奋进：青年职业价值观调查（节选）　曾燕波　244
单元能力训练十一（求职文书、总结、演讲稿）　254

第十二单元　新闻报道文选　　　　　　　　　257

在和平厅见证历史　　　薛建华　陈斌华　周解蓉　赵新兵　257
利在当代　功在千秋　　　　　　　　　贾西平　260
百姓心中的丰碑
　　——追记公安局长的楷模任长霞　　戴　鹏　徐运平　265
单元能力训练十二（消息与通讯的写作）　　　　273

IV

第十三单元　学术论文文选　　277

杂交水稻超高产育种　　　　　　　　　　　　袁隆平　277
中国古代艺术时空观及其结构创造（节选）　　黄念然　284
单元能力训练十三（学术论文写作）　　295

下篇　口头表达能力培养

第十四单元　口头表达概说　　298

一、口头表达的内涵与特点　　298
二、口头表达的原则与要求　　301
三、口头表达媒介的演变与掌握　　302
　【阅读作品】　　307
　　语言的功能与陷阱　　　　　　　　　　　　王　蒙　307
单元能力训练十四（心理素质与口头表达）　　315

第十五单元　口头表达的基本方法　　319

一、选用词语的方法　　319
二、处理语调的方法　　324
三、把握语境的方法　　328
四、运用态势语的方法　　330
　【阅读作品】　　334
　　语言的崇拜和迷信　　　　　　　　　　　　王希杰　334
　　论言谈　　　　　　　　　　　［英］弗朗西斯·培根　336
单元能力训练十五（声气传神与口头表达）　　339

第十六单元　交际口语　　342

一、交际口语的概念与原则　　342

二、交际口语中的语言策略例谈　　　　　　　　　　　　345
三、演讲与面试　　　　　　　　　　　　　　　　　　351
　　【阅读作品】　　　　　　　　　　　　　　　　　357
　　　　当心面试中的语言"陷阱"　　　　　唐黎标　357
单元能力训练十六（交际策略与交际口语）　　　　　　361

第十七单元　职业口语　　　　　　　　　　　　　　363
一、教师课堂口语艺术　　　　　　　　　　　　　　　363
二、欧洲讲学启示录：我是你儿子　　　　　　吴　迪　369
三、导游、律师及推销员职业口语的特点　　　　　　　374
　　【阅读作品】　　　　　　　　　　　　　　　　　379
　　　　新教师的第一节数学课　　　　　　　赵星景　379
单元能力训练十七（教学口语设计）　　　　　　　　　381

初版后记　　　　　　　　　　　　　　　　　　　　　384

第二版后记　　　　　　　　　　　　　　　　　　　　386

第三版后记　　　　　　　　　　　　　　　　　　　　387

附录："应用型大学中国语文"课程网站教学平台介绍　388

上篇

阅读能力培养

第一单元 人·交往·阅读

一、语文是人类交往的基本工具

人是社会动物，是一种社会存在。人的社会性即在于交往，交往所运用的是人类专有的语言工具。因而，语言正是社会的产物。人类交往就是对语文的具体运用。

（一）人的社会性即在于交往

人是社会动物。人的社会性最突出的标志是什么呢？回答是肯定的，即在于交往。

人在本质上是一种交际动物（communicating animal）。交往（communication）是人的社会本质的充分表现形式。马克思在《政治经济学批判》中写道："社会不是由个人构成，而是表示这些个人彼此发生的那些联系和关系的总和。"① 正是在这种相互作用的交往现实中，构成了人类的社会组织，形成了彼此作为社会主体的个人。

　　人类从诞生一开始就具有精神性、自由性和社会性。婴儿降生便是进入交往状态的开端。婴儿睁开眼睛观察，竖起耳朵谛听，或用身体触摸，无时无刻不在理解自身及其周围世界。就在这个前语言的感知运动阶段，儿童"在和别人交往过程中形成自我之前，我们就已目睹儿童通过模仿和学习手势符号构成了一个完整的交往系统"②。进而，从婴儿咿呀学语的时候起，他的交往便具有了新的形式。特别是随着语言工具的获得，社会化的进程亦即大大地加速。

（二）语言是人类社会的产物

　　自然现象是由自然界的条件制约而形成或发生的，是自然界的物理化学变化过程。比如太阳、月亮、下雨等都是自然现象。而语言则不同。同时，语言也不是个人现象。尽管个人在语言的发展中可能起到不同程度的作用，但任何个人不能创造语言，任何语言也不能为某个人所独有。

　　语言是人类社会的产物。没有人类社会，就没有语言。人类和其他动物不同，从开始存在的第一天起，就采取集体劳动的方式，共同创造生产工具，共同改造自然，共同生产生活资料，而其他动物只是出自本能去搜集赖以生存的必需品。在生产物质财富的共同劳动中，为了协调人与人之间的生产行为，语言的功能显得十分突出，以至于成为人类交往不可缺少的重要工具。

（三）语文交往是一门大有讲究的学问

　　正如前言所述，"语文"这个名称，口头说的是"语"，笔下写的是"文"，二者手段不同，其实是一回事。所以说，人类交往也就是对语文的具体运用。而且，语文交往还是一门大有讲究的学问。

---

① 《马克思恩格斯全集》，第46卷（上），人民出版社1979年版，第220页。
② ［瑞士］J.皮亚杰、B.英海尔德：《儿童心理学》，吴福元译，商务印书馆1980年版，第21页。

人们的语文交往，在人类社会生活中是如此平常而又如此奇妙。像离不开吃饭、穿衣一样人人都需要运用语文进行交往，协调关系，可交往的效果却因语文表达的好坏大不一样。所谓"一言可以兴邦，一言可以丧国"的事，固然可能是社会矛盾的"必然"通过个人语文运用的"偶然"而起作用的结果，但从语文交际的历史看，却又不乏因出众的交往艺术而在某些关键时刻维护了人民利益的实例。

如何才能运用好语文这个工具呢？

首先，我们得掌握某种语言的语音及其书写，掌握它的语汇和语法规则，否则便无法进行交往。

其次，还应该理解语文作为交往工具的主要功能，从而能够根据功能的不同恰当地运用好语文这个工具。

西方学者根据某一话语要表达什么、为什么表达和选用某种方式，把语文交往的功能归纳为八种，即表白功能、认识功能、人际功能、信息功能、指令功能、执行功能、情感功能和美感功能。1. 表白功能。主要是为了传达说话人或写作人自己的感受，而不管听众或读者的有无。2. 认识功能。发话人又是自己的受话人，这是一种内部言语，或称作思维活动，有时要预想指望得到的反馈，预测受话人的反应。3. 人际功能。在于建立人际关系，保持人际接触。4. 信息功能。目的是改变接受人的认识状况，通常被视为语文最重要的功能。5. 指令功能。为了影响接受人行为。6. 执行功能。为了改变接受人的状况，如主持授奖仪式、法庭宣判等。7. 情感功能。主要用来影响接受人的情绪，不在于信息量的多少，重在用大量言语来打动听众或读者。8. 美感功能。利用恰当的修辞手法、巧妙的安排、悦耳的韵律、严密的逻辑及鲜明的过渡，引人入胜，使人得到美的享受。

阅报与讨论（田红 绘）

再次，语文作为交往工具，从其语言形式上可分为口头交往、书面交往、电子媒体交往和音像交往等几种类型。

口头交往与书面交往是两种传统的语文表现形式。口头交往通过有声语言进行，它是人类最早使用的，也是使用范围最广、运用频率最高的交往方式。书面交往通过纸介语言形式进行，它是继口头语言之后很晚才产生的。口头交往与书面交往运用的是两种性质不同的语言形式，前者诉之于听觉，后者诉之于视觉，但二者又相辅相成、互相影响。口头语言是书面语言产生的基础；书面语言是对口头语言的记录和加工，它使口头语言更简练准确，并且促进了语言的规范化。二者各有不同的优点和缺点，在人类社会交往活动中各有各的用途，不可偏废。

书面交往，在我国传统上流行两分法，即文章和文学两种。其他国家也大都采取这一划分方式。

书面交往是一种历史悠久的主要交往形式，但在当下新媒体时代却受到影响。人们通过新媒体进行交往正成为一种时尚。不过，新媒体仍得以文字为媒介物。新媒体设备为信息的复制和传递提供了极其便利的条件，愈是这样，人们对信息内容的传播要求愈高。一份资料，如果编排混乱，经计算机输出之后仍然是混乱的。因此，在这样一个信息密集的社会里，我们可能比以往更需要具备基本的听说读写的交往技巧。

理解应用

● 讨 论

人以外的动物也有交往活动。据科学家们考察，蚂蚁能用头上的触角指示寻觅食物的方向；蜘蛛则靠网丝发出的波来辨别触网物是不是猎物；西班牙的鹿能用尾巴发出信号：尾巴下垂不动表示平安无事，尾巴抬起一半表示提高警惕，尾巴完全挺直则表示危险来临等。那么，这些动物的交往是否也具有社会性呢？

● 写 作

根据语文工具的八种功能，试以某一种功能为例写一段话说明之。

二、阅读期待是接受主体进行阅读的必备条件

之所以把接受者称为主体，意在强调接受者在语文交往过程中的主体能动作用。主体对客体的接受，以主体的知识积累和生活阅历为基础，即为前结构。

（一）何谓接受主体？

所谓接受主体，是指语文交往过程中的读者、听众或观众。概括地讲，也就是指具有某种内在接受需要，同时又具备语文交往的期待视野，并和接受对象形成一定审美理解关系的人。接受主体，是相对于接受客体而言的。

众所周知，传统的阅读美学思想并不把接受者放在重要的位置上讨论，只是强调接受活动的受动性。我们为什么要把读者、听众或观众看成是语文交往活动的主体呢？因为接受客体的审美价值不是它单方面的一种艺术力量，而是客体与主体之间的一种审美交往关系。客体意义的价值，只有通过主体的接受才能发挥作用。马克思在《〈政治经济学批判〉导言》中曾经深刻地揭示过消费对于产品成为现实产品的意义。他说："因为产品只是在消费中才成为现实的产品，例如，一件衣服由于穿的行为才现实地成为衣服；一间房屋无人居住，事实上就不成其为现实的房屋；因此，产品不同于单纯的自然对象，它在消费中才证实自己是产品，才成为产品。"[①] 可见，人们的语文交往活动对于客体成为真正有价值的现实的审美对象，具有决定性的意义。这与消费之于产品一样，如果没有对客体的理解，客体就不能成为现实的作品，它的价值，就只是一种潜在的可能。那么，读者、听众或观众在语文交往活动中的能动主体地位，也便成了无可争议的事实。

读者、听众或观众的主体性或能动性具体表现在：第一，在语文交往中，文本从问世到被人接受，接受主体的理解才是这一全过程

[①] 《马克思恩格斯选集》第 2 卷，人民出版社 2012 年版，第 691 页。

中的"最后完成"者，客体往往需要接受主体对那些"不确定点"或"空白"进行补充或创造，从而使客体的存在价值得以最终实现。第二，接受主体总是根据自身的修养、阅历与立场去接受，这样也难免会对不同种类的语文形式，甚至同一种类同一作品表现出不同的理解和评价。第三，因为接受者还是自由的生命活动的主体，所以，这种语文交往活动就具有更大更多的自由灵活性。它是一种摆脱了肉体需要支配的活动，是一种摆脱了对"物"的绝对依赖性的活动。

（二）构成主体"前结构"的三个层次

接受主体在语文交往过程中，并不是在白纸上写黑字，完全从零开始的。主体之接受往往是在已有接受经验的基础上形成对客体的接受要求或审美期待。这种要求和期待在主体从事新的语文交往前会构成主体的思维定势或先结构，海德格尔称之为"前结构"[1]，姚斯称之为"审美经验的期待视野"[2]。主体之所以成为接受主体，正是由这种"前结构"或"期待视野"所决定的。因为主体对客体的接受，必须以自己的知识积累和生活阅历为基础。如果没有这种前结构，人们便没法接受客体。

我们大体上可以把主体的前结构划分为这样三个层次，即身心感觉（生理）层次、文化修养（文化）层次和生活阅历（社会）层次。

第一个层次，身心感觉（生理）层次。人，作为接受主体，首先是自然存在物或自然生命体，而且是较高级的自然生命体。说他高级，就是因为他具有接受的需要，具有感受理解客体的器官。《乐记》中说："凡音之起，由人心生也。人心之动，物使之然也。感于物而动，故形于声。"[3] 就是讲人具有特殊生理本能。所以说，五官感觉是主体接受客体并使之成为自身对象的一种直接条件。没有这个起码条件，就谈不上进行语文交流。正如马克思说"对于没有音乐感的耳朵说来，

---

[1] 参见朱立元：《接受美学》，上海人民出版社1989年版，第133页。
[2] 参见［德］H.R.姚斯、［美］R.C.霍拉勃：《接受美学与接受理论》，周宁等译，辽宁人民出版社1987年版，第28—31页。
[3]《中国美学史资料选编》上册，商务印书馆1980年版，第58页。

最美的音乐也毫无意义,不是对象,因为我的对象只能是我的一种本质力量的确证,也就是说,它只能象我的本质力量作为一种主体能力自为地存在着那样对我存在,因为任何一个对象对我的意义(它只是对那个与它相适应的感觉说来才有意义)都以我的感觉所及的程度为限"①。因而,身心感觉如何也就成了主体前结构必要的基本因素。

　　第二个层次,文化修养(文化)层次。这个层次包括主体的文化水准、智力水平、知识面(如哲学、自然科学)以及语文素养等。其中,语文素养非常重要。因为要进行语文交流,倘若对语文的知识了解甚少,那是无法想象的。正如我国古代著名文学理论家刘勰所说:"凡操千曲而后晓声,观千剑而后识器;故圆照之象,务先博观。阅乔岳以形培塿,酌沧波以喻畎浍。无私于轻重,不偏于憎爱,然后能平理若衡,照辞如镜矣。"②

　　第三个层次,生活阅历(社会)层次。人都不能离开社会而存在。同样,一切语文交流活动都是在一定的社会生活中进行的,是社会生活的反映,因而,我们也就有必要尽最大可能积累社会生活经验。鲁迅说:"文学有普遍性,但有界限;也有较为永久的,但因读者的社会体验而生变化。北极的遏斯吉摩人和菲洲腹地的黑人,我以为是不会懂得'林黛玉型'的。"③北极人不能欣赏"林黛玉型",正是北极人在生活经历中未能遇到过像林黛玉这样的病弱美人。这又说明,主体的社会生活经历也明显地制约着主客体的交流。

理解应用

● 讨　论
构成"前结构"的三个层次有无主次?可结合某一作品讨论。

● 解　释
为什么说"在语文交往中,文本从问世到被人接受,接受主体的理解才是这一全过程中的'最后完成'者"?(证据支持)

---

① 《马克思恩格斯全集》第42卷,人民出版社1979年版,第126页。
② 周振甫注:《文心雕龙注释》,人民文学出版社1981年版,第432页。
③ 鲁迅:《看书琐记》,引自《鲁迅全集》第5卷,人民文学出版社2005年版,第560页。

三、阅读接受能力的形成与发展

人的阅读接受能力是从何而来的呢？是神的赋予？抑或是一种天然的禀赋？不！阅读是一种社会实践，阅读接受能力完全是主体于后天长期实践的结果。因而，如何通过自我培养的途径提高这种能力就必然受到人们的关注。

（一）阅读接受能力是主体于后天长期实践的结果

阅读是一种社会实践，是接受主体对客体的综合感知能力的体现。所谓阅读接受能力，通俗一点说，就是人们阅读接受客体时所表现出的一种理解与鉴别能力。它是由人的思想水平、生活阅历和语文修养等多种因素所决定的。那么，这种能力又是从何而来的呢？

阅读并不是一件特别神秘的事情。应该说，人人都可以获得阅读接受能力，它是人们在长期的社会实践中历史地形成和发展的，完全是人们后天实践的结果。

众所周知，人类最初是和动物一样对外在事物混沌不清的，是大自然一个自在的部分。那个时候，人除了有和动物一样的本能外，不仅根本谈不上有什么阅读接受能力，而且对朝霞彩虹、鸟语花香等自然景物也毫无兴趣。毋庸置疑，人的阅读接受能力的产生，首先必须要具备这样两个条件：一是人的感觉器官必须从一般动物的纯生物性的感觉器官分化出来，发展成为一种人类所独有的"文化器官"；二是必须有阅读对象，即客体的存在。怎样使两个条件变成现实呢？就只能靠人类不断的社会实践来完成。马克思主义认为，劳动改造了人本身的自然，使人的感官同一般动物的器官区别开来。

作为接受主体的心理结构固然是在长期的社会实践中形成的，事实上，接受客体的产生也与社会实践息息相关。而且，人类最初的阅读接受能力就是伴随着客体的产生而产生的。我国汉代辑成的《淮南子·道应训》里有这样的记载："今夫举大木者，前呼邪许，后亦应之。此举重劝力之歌也。"鲁迅也曾说过："我们的祖先的原始人，原是连话也不会说的，为了共同劳作，必需发表意见，才渐渐的练出复杂的声音来，假如那时大家抬木头，都觉得吃力了，却想不到发表，其中有一个叫道'杭育杭育',那么,这就是创作;大家也要佩服,应用的,这就等于出版;倘若用什么记号留存了下来,这就是文学。"① 原始人在劳动中所发出的"杭育杭育"这样有节奏的声音,便是人类最早的"举重劝力之歌",是随着劳动过程的节奏和音响而产生的。

同样道理,具体到每一个人来说也是如此。无论是谁,从娘肚子里生下来时都是一张白纸,其阅读接受能力也只能在社会实践中逐渐形成。当你还处在襁褓之中,听奶奶唱着"小宝宝,快睡觉,风不吹,树不摇"的催眠曲时,这就已经开始受到诗与音乐的熏陶了。虽然,当时你还不懂得奶奶唱些什么,但你对催眠曲那和谐的节奏会产生一种舒适的感觉,这就是你对音乐节奏的不自觉的鉴赏了。随着你的成长,知识丰富了,语文修养提高了,你就不仅能懂得奶奶的催眠曲是什么意思,慢慢地也就能接受更高层次的客体对象了。

(二)主体阅读接受能力的自我培养

一般说来,阅读接受能力的自我培养可以从如下几方面去进行。

1. 阅读接受能力的提高必须以长期的自学为主

阅读接受过程实际上是一个心理活动的过程。直觉、感受、再现、联想、理解与认识等这一系列的阅读心理环节,是难以全部从书本上或从阅读大师那里学得到的。阅读接受的技巧与方法,不可能像少林寺的拳术一样可以传授,也不像号码锁一样有个秘密的数码可以开启,它必须以长期的自学为主。

不少年轻人容易患急躁的毛病,他们往往喜欢与那些阅读接受高手相比,所以在坚持了一段时间的自学以后,发现自己收效并不显著就半途而废,这很可惜。我们要懂得,自学也需要一个过程,办什么事情都不可能一蹴而就。提高阅读接受能力,好比是开辟疆土,需要一锄一镐逐渐地向外一分一寸地伸张。

还有些人习惯于老师的"嚼饭喂人",依赖思想很重,常常满足于通过别人的理解来理解。殊不知,阅读接受能力的提高,却是在自己

---

① 鲁迅:《门外文谈》,引自《鲁迅全集》第6卷,人民文学出版社2005年版,第96页。

的点滴体会的基础上起步，然后举一反三，触类旁通，逐渐走向博大精深的。

2．加强对接受客体构成规律的了解，不断提高语文修养

尽管接受客体样式各有不同，但其内部构造规律却有相通之处。要提高自己的阅读接受能力，就得系统地研究一般的客体构成规律，提高语文修养。具体包括对一般文章理论的了解，以及对各门类作品构成特征的熟悉和了解。另外，还有一些论述各个不同门类作品阅读接受方法的专著，也值得认真研究。它应是我们阅读接受从不自觉走向自觉的必要步骤。

3．努力丰富自己的文化知识，扩大阅读视野

阅读接受能力的培养与提高，离不开一定的文化知识。掌握广泛的历史、哲学、自然科学等文化知识，对于语文交流活动有很大影响。从一定意义上来讲，语文修养的高低与阅读接受能力的强弱基本上是成正比的。

4．注意在日常生活中培养自己的交往感情

交往是人的活动。客体对象以表达人类的丰富情感——思想、情绪、趣味等为己任，我们从客体中最希望获得的也正是自己的情感与客体有所共鸣。语文交往活动实际上是一种情感交流。这样看来，丰富自己的交往情感也不是可有可无的了。

语文交往的情感，主要还得从日常生活中来培养。客体对象离不开社会生活，语文交往也同样离不开社会生活。接受主体总是在自己生活经验的基础上去感受、体验和理解客体对象，主体的生活经验越丰富、越深刻，越有助于丰富自己的语文情感，越有助于对客体对象的接受。交往情感的培养不是在书本上能够学得到的，也不是单凭他人可以指点的，纷繁复杂的生活才是产生情感的源泉。山舞银蛇，原驰蜡象，海涛怒吼，河流叹息，现实世界的万事万物，无不包含着某种情感，正如"一叶且或迎意，虫声有足引心"[1]。作为一个阅读鉴赏者，我们应当自觉地有意识地体察生活。生活中的种种物质形式与人类的种种内在情感对应并积累起来，便成为阅读接受最宝贵的东西。

---

[1] 〔南朝〕刘勰：《文心雕龙·物色》，孙祥丽、李金秋译注，中国社会科学出版社2005年版，第318页。

5．取法乎上，在对古今名作的阅读实践中提高阅读接受能力

名作之所以成为名作，就是因为它们比一般作品要更完美、更精粹，都是代表一定时代最高水平的作品。认真研究古今名作，探讨它们的各种手法，吸取它们的成功经验，对加强自己的语文修养、提高自己的阅读鉴赏力会有很大的帮助。歌德说："鉴赏力不是靠观赏中等作品而是要靠观察最好作品才能培育成的。所以我只让你看最好的作品，等你在最好的作品中打下牢固的基础，你就有了用来衡量其他作品的标准，估价不至于过高，而是恰如其分。"[1] 这对于初学阅读鉴赏的人来说，的确是很好的忠告。在这里，是取法乎上、还是取法乎中或下，其效果是显然不一样的。

理解应用

● 讨 论

结合自己的经验谈谈提高阅读接受能力的主要障碍。

● 解 释

语文交往情感等同于生活情感吗？（分析）

---

[1] 爱克曼辑录：《歌德谈话录》，朱光潜译，人民文学出版社1978年版，第32页。

【阅读作品】

人 与 书

郁达夫

书本原是人类思想的结晶，也就是启发人类思想的母胎。它产生了人生存在的意义，它供给了知识饥渴的乳料。世界上的大思想家和大发明家，都从书堆中进去，再从书堆中出来。

因书本与人类关联之亲密，所以古来学者多把书本当作人类的朋友看待。史曼儿说得好："一个人常常靠了他所读的书而出名，正像他靠着所交的朋友而出名一样；因为书本和人们一样，也有交谊。一个人应该生活在很好的友伴中间，无论是书或是人。"

同时亦有一位，他却把人生当作书本来看，那就是诗人高法莱了，他说："一个人好像一本书，人诞生，即为书的封面；其洗礼即为题赠；其啼笑即为序言；其童年即为卷首之论见；其生活即为内容；其罪恶即为印误；其忏悔即为书背之勘误表；有大本的书，有小册的书，有用牛皮纸印的，有用薄纸的，其内容有值得一读的，有不值卒读者。可是最后的一页上，总有一个'全书完'的字样。"恕我续上一个"貂尾"，就是在人的诞生之前的受精成孕，就是书版付印前之文人绞汁的草稿了。

书即是人，人亦即是书。

（1935年）

选自钟敬文等主编《书斋漫话》，中国友谊出版公司1998年版

【作品聚焦】

郁达夫是20世纪上半叶中国文坛上一位才气横溢的作家。在他的作品里，往往是坦诚、直率地抒写"自我"，也正因为此，在本文中他提出了"书即是人，人亦即是书"的观点。人与书的问题，自古以来很多人并未真正弄懂它。《红楼梦》中有副对联："世事洞明皆学问，人情练达即文章。"可以说，郁达夫的这篇文章是在进一步地

告诉我们要关注人自身，特别是想要在写作上有所突破的人更应如此。须知，为人需要表达，需要写作，需要阅读，需要交流，它们之间是互为补充、有机统一的关系。

读书并非为黄金

——我的不读书的经验

孙福熙

中国人太把"读书"看得严重，"书中自有黄金屋，书中自有千钟粟"的说法，先认读书为苦不可耐，于是用黄金利禄来引诱，就是"吃得苦中苦，方为人上人"的意思。

本刊征求我读书的经验，我不敢以读书人自居（虽然读书人的"书生气"的坏处依然是很多），我能说的不是读书的经验，而是不读书的经验。

我三周岁以后就读书，读书这样早，完全因为我幼年时太活泼，毁坏了许多东西的缘故。一直到十二岁，全是旧式灌注的教育，除了识字的成绩以外，到现在是毫无益处。因为读书没有趣味的缘故，此后入学校，直至师范学校毕业为止，凡有书本的功课我都不大喜欢。所喜欢的是手工图画以及书本以外兼有实物的理化博物。再后则半工半读或者整日工作而夜间自己读书而已。

尤其是在法国的时候，因为经济的能力是不能读书的，所以，一方面分出时间去工作，一方面又节省读书应有的一切工具与方法，欲读书而不可得了。没有人教我法文，为了节省起见，不懂一句法文，就进美术学校学画去了。自己看看法文书，弄出许多的错误。为了这个缘故，我的一点知识，都与事实有关，例如法文中的"兰花"一字，是同学在公园中告我的，所以至今联想到这同学与公园，"延长"一字联想下雨与房东老太婆，因为并不是从读书得来，所以我没有什么字是可以联想书本的。

这该是很大的耻辱。

不但如此，许多人是先读了书，后来证之事实，惊叹古人深思明辨，于是豁然贯通地说一声："此诚所谓'学于古训乃有获，监于成宪永无愆'也。"

而我则不然，我的肚皮里没有书，没有把有系统的书本知识作为辨别事理的根据，每遇到事物上有疑问，只得乱翻书本来求解答而已。

我以为，中国人把读书看得太苦亦太尊贵了，于是与世界事物脱离了关系。读书与散步、踢球、看电影、游山玩水，并不冲突，而且是互有补益。（大学生天天进跳舞场未必有益，但偶然去一次，未必带回满身的恶果，这全在自己的处置如何耳。）

我觉得，一个法国人走进图书馆去，简直同走进戏院电影场去是一样的性质。星期或假日，不必工作的时候，法国人就要利用这一天时间，作有益身心之事。我不是说法国人愚笨，肯以读书苦事视为看戏看电影一样的快乐；我要说的是读书得法的时候，与戏剧电影之启发知识，涵养德性，陶冶情感的消遣性质者，完全是一样的。

中国的电影太受美国影响的缘故，游嬉的性质太多，学术的意味太少了。

反之，中国的读书，或者可以说，学术的意味太多，而引动趣味太少，内容则平板陈腐，文字则枯燥生硬，虽有黄金利禄的引诱，天下尽有未用读书作"敲门砖"而骗到了黄金与利禄者。

著书者与读书者的态度都可以改变一下。

（1935年）

选自钟敬文等主编《书斋漫话》，中国友谊出版公司1998年版

【作品聚焦】

作者孙福熙（1898—1962），浙江省立第五师范学校毕业，是著名的画家和散文家，曾任浙江大学文学院教授。表面看来，这篇文章似乎是在劝人们不去读书，而实际上却是在提醒人们要会读书，不能有半点功利思想掺和进去，也即"读书并非为黄金"。正因为此，有些人读书愈读愈呆，愈读愈苦，有的人却读得非常轻松，效果也不错，而且这一现象还比较普遍。道理何在？孙福熙说："著书者与读书者的态度都可以改变一下。"或者说，读书应当注意不要"与世界事物脱离了关系"。这值得我们深思。

单元能力训练一（阅读方式与思维）

能力聚焦

阅读方式

阅读方式分为声读法和默读法两种。声读法又可分为朗读和吟诵。两种阅读方式各有优势。

朗读是以理解文字作品的意义为目的的一种声读法。作为一种阅读方法，朗读的过程实际上是探寻文字语言的"意蕴"的过程。它对提高感受读物的思想情味，增强读物内容的记忆，丰富想象力，增强语感以及口头表达能力等方面都有非常直接的影响。

运用朗读法，应注意三点：1. 朗读准备阶段应以理解文字的意义为目的。对意义理解得越准确，出声朗读时才可能领会得越深刻。2. 出声朗读应使用普通话。无论朗读什么时代，什么文体的作品，都必须忠实于原作，特别是声、韵、调、轻重格式、儿化音节以及句子的语气都应合乎普通话的语音规范。3. 注意掌握有声语言的表现技巧，如停顿的长短、读音的轻重、速度的快慢、语调的抑扬、音色的处理以及各种文体的朗读处理等。以上技巧都应作为理解文字作品的重要手段。

吟诵，也属声读，是用唱歌似的音调来诵读作品，多用于中国古典诗词的阅读。其优势是以声入情、因声求义，在吟诵中探寻作品的魅力，进入作品所表现的境界，品味作品所蕴涵的情感。吟诵有两种方式：第一种又叫吟唱或吟咏，是按照一定的曲调去唱，专业性较强；第二种又叫吟读、朗吟，诵读的成分较多，曲调感不强，吟读时的高低疾徐完全以读者对作品的理解为度。

默读是一种不出声的阅读方法。默读时，文字符号通过视觉直映大脑，化为思维活动，而不必通过发声来刺激听觉，因而视觉广度大，阅读速度快，同时，言语听觉分析器被抑制，默默无声，有利于思考、比较、推敲，看到不懂之处还可以重复看、反复想，有助于理解材料的内容。默读是一种应用广泛的阅读方法。在查阅资料、文件，阅读报纸、杂志等时，人们一般都采用默读。

运用默读法，应注意三点：1. 默读就是默读，不能出声。因为默读是集中通过眼脑直映对文字符号的感知。2. 速度要较快。速度太慢，容易产生杂念，分散注意力；速度过快，则不利于理解材料的意义。一般说来，以一秒钟读七个字或八个字的速度为宜。默读的速度是相对的，因人、因文、因阅读目的而异。3. 要根据情况结合运用默读的多种辅助方法。如果是研究性的阅读，默读时应结合笔读法，"钩玄提要"，眼观手录：划段落、标重点、加批注、做卡片等。

从速度看，默读速度比朗读快。在理解上，默读稍优于朗读。但朗读有助于识记、背诵，并容易引起情感上的共鸣。

点子库

阅读思维训练

思维能力，是构成阅读接受能力的重要因素。思维活动贯穿在整个阅读活动中，因而，注意在阅读训练中有机地进行思维训练非常必要，它能有效地培养阅读接受能力，开发智力。

阅读思维训练的内容，主要有三个方面：1. 形象思维的训练，即联想和想象的训练。2. 抽象思维的训练，包括分析、比较、综合、概括等的训练。3. 阅读思维品质的训练，如思维的准确性、广阔性、深刻性、敏捷性、创造性、逻辑性等的训练。

阅读思维的训练，在不同的阅读阶段和不同的阅读环境中，应各有不同的训练重点。例如，划分段落层次，就适宜侧重训练分析、比较能力和思维准确性、逻辑性品质；归纳中心思想，又适宜侧重于训练综合、概括能力；讨论和分析问题就应侧重训练思维的广阔性和创造性品质；文学作品的阅读宜于进行形象思维的训练，说明文和议论文的阅读又应侧重进行抽象思维的训练，等等。

总之，阅读思维训练应该有机地结合在阅读活动中进行。

单元综合训练题

一、为什么说人类交往是对语文的具体运用？

二、人的交往与其他动物的交往有何异同？

三、语言是自然现象还是社会现象？为什么？

四、接受主体情感培养的必要性是什么？如何培养？

五、按照阅读三阶段理论阅读下面文章，并完成如下试题：1. 写出每个阶段的阅读感受。2. 文章体现了哪几种语文交往的功能？举例说明。3. 你如何理解"人为什么非要知道自己的'命'不可"？作者为什么说"生在这样一个多姿多彩的年代，十二万分的荣幸"？（可以组织学习小组讨论）

大家算命

陈 村

　　当代人的不可思议是显而易见的。他们一面气壮如牛地宣称人的伟大，一面惊恐万状地寻觅有关个人命运的指示。生辰八字是丢不得的，比性命更值得记住，以便请教术士，对照相书，输入计算机。

　　街头的书摊上，算命的册子在科学的掩护下卖得正俏。和命相比，还有什么是更重要的呢？于是，善男信女们，红男绿女们，纷纷掷出汗湿的钱儿，换得几句神神鬼鬼的箴言。

　　除了"八字"，尚有面相与手相的判读。

　　在闲人们聚集之处，往往可见业余术士毛遂自荐，免费为众人看相。每当这种美妙的时刻来临，争先恐后的总是女性。无论平日多么贞娴清高之女子，一听有命可算，无不立即交出她们娇柔的小手——右手。将颈子伸长三寸，嘴巴张开三分，两眼盯着那张神秘莫测的嘴，将一字一句连标点都不少地活活吞下，开始紧张的精神历险。

　　本人在这种场合，多半谢绝。如业余术士实在技痒，也大度地烦他一看。但是，声明只算过去，不算未来。未来我自己便会算的，说几句玄语并不困难。算完之后，我赠给大师们的语录往往是"利用算命诬陷，是一大发明"。不知是本人的命太邪，还是没碰上真正的高手。

　　据说人的命是一定的，与生俱来的。虽说它弯弯曲曲，上下盘旋，跌打滚爬，其实都有一定之规。否则怎么叫"命"呢？按此理论，一个人其实把自己的命到处写着，只怪我们肉眼凡胎，见了也不识罢了。看相就是这种理论的实际应用——面相和手相。我怀疑，这种对身体特定区域的选择，并非因为脸和手特别富有命运感，而是古代人们生活情景的必然规定。在20世纪的今天，人们所公开裸露的体表面积翻了何止两番。如果这一门伟大的巫术也经受时代的洗礼，迟早是会隆重推出"肘相""膝相""肩相"以至于"乳相"和"臀相"来的。那时候的看相者，几乎就是个外科大夫了。利用看相行医，是又一大发明。

　　我唯一搞不懂的，是人为什么非要知道自己的"命"不可。知道他人的命可以利用其弱点，战而胜之，攻而克之，这倒好说；但有必要详尽地知道自己的命运吗？我以为，做人的最大的魅力之一是常常有出人意料的事情发生。这好比读侦探推理小说。书还没翻开，就告诉你凶手是谁，这小说怎么还会读得有味道？所以，命，在我看来是个不可说的宝贝，说破了，就泄了气，做人就打不起精神——无论好命坏命。

正因为算命从来是算不太准的，所以这口饭尚能吃下去，这种书还能卖钱。你算他算，算出了出入，心就疑疑惑惑的，非得再算上几回不可。假如一算就算个一清二楚，像美元那样全世界通用，这命还有什么算头？

算命是个国际现象，不过各有巧妙不同吧。中国是个老大古国，这种本事天然要略胜一筹，简直就是"国技"。可惜尚未听见举办"国际算命奥林匹克锦标赛"，不能去夺个金牌回来叫同胞们激动激动，实在很扫兴。

不知是否有什么国家有命却无人可算，欢迎身怀绝技者的劳务输出。这可是一项无本的买卖，属"无烟工业"之一种，创汇的拳头产品。更有一种不可宣传的妙用，假如将他人的气数一一算出来，顿时可节省许多情报费用，实在是振兴中华的一条捷径呢。

以此推理，让我们耐心地等待。既等待外汇的汇入，也等待科学化的"算命救国论"的庄严诞生。

生在这样一个多姿多彩的年代，十二万分的荣幸。

1992.12.27

选自周介人等主编《都市消息》，上海三联书店 1996 年版

六、下面是美学家朱光潜先生《谈美书简》的两则材料，请通过比较阅读揭示作者的用意，回答：美是什么？是主观的，还是客观的？是具体的，还是抽象的？是一种感觉，还是思维？要求写一篇讨论发言稿，力求联系实际谈出自己的阅读创意。

过去心理学只把视、听、嗅、味、触叫做"五官"，每一种器官管一种感觉。马克思把器官扩大到人的肉体和精神两方面的全部本质力量和功能。五官之外他还提到思维，意志，情感（注：在另一段还提到"爱情"）。器官的功用不仅在认识或知觉，更重要的是"占领或掌管人类的现实世界"的"人类现实生活的活动"。这就必然要包括生产劳动的实践活动，其中包括艺术和审美活动。各种感官都是在长期历史发展中由实践经验逐渐形成的。"各种感官的形成是从古到今全部世界史的工作成果。"

举听觉为例，马克思说过：

正如只有音乐才能唤醒人的音乐感觉，对于不懂音乐的耳朵，最美的音乐

也没有意义，就不是它的对象，因为我的对象只能是我的本质的表现。

  这两句极简单的话解决了美和美感以及美的主观性或客观性的问题。上句说音乐美感须以客观存在的音乐为先决条件，下句说音乐美也要靠有"懂音乐的耳朵"这个主观条件。请诸位想一想：一、美单是主观的，或单是客观的吗？二、美能否离开美感而独立存在呢？想通了这两个问题，许多美学上的问题就可以迎刃而解了。

选自朱光潜《谈美书简》，北京理工大学出版社2005年版，第35页

  有人认为肯定了共同美感，就势必否定阶级观点。毫无疑问，不同的阶级确实有不同的美感。焦大并不欣赏贾宝玉所笃爱的林妹妹，文人学士也往往嫌民间大红大绿的装饰"俗气"。可是这只是事情的一个方面，事情还有许多其他方面，因为美感这个概念是很模糊的，美感的来源也是很复杂的。过去有些美学家认为美仅在形色的匀称、声音的调和之类形式美，另外一些美学家却把重点放在内容意义上，辩证唯物主义则强调内容和形式的统一。就美感作为一种情感来说，它也是非常复杂的，过去美学家们大半认为美感是一种愉快的感觉，可是它又不等于一般的快感，不像渴时饮水或困倦后酣睡那种快感。有时美感也不全是快感，悲剧和一般崇高事物如狂风巨浪、悬崖陡壁等等所产生的美感之中却夹杂着痛感。喜剧和滑稽事物所产生的美感也是如此。同一美感中也有发展转变的过程，往往是生理和心理交互影响的。

选自朱光潜《谈美书简》，北京理工大学出版社2005年版，第45页

第二单元 阅读方法

一、观位体——类型阅读法

刘勰在《文心雕龙·知音》篇提出"六观说",其一就是观位体。他认为文章的作者往往根据所要抒写的事理来确定体裁,因此首先要看作品的体裁和风格。受此启发,阅读活动也应根据阅读对象的不同进行划分,按作品的不同体裁选择不同的阅读方法,只有类型阅读,才能深识堂奥。

刘勰的《文心雕龙·知音》认为:"是以将阅文情,先标六观:一观位体,二观置辞,三观通变,四观奇正,五观事义,六观宫商。斯术既行,则优劣见矣。"要求读

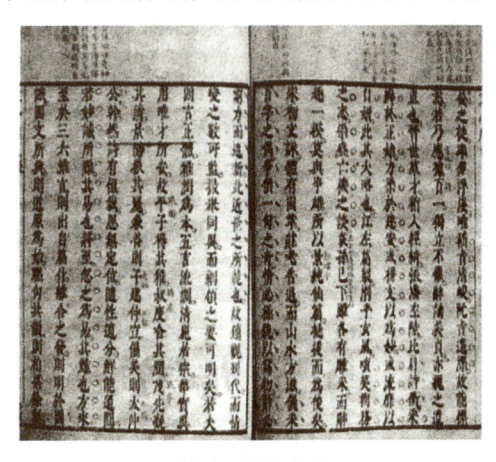

《文心雕龙》书影

者对所阅读的对象从不同的角度予以观照。即"要审查文章的情思，先举出观察的六个方面：第一看体制安排，第二看文辞布置，第三看继承变化，第四看或奇或正的表现手法，第五看运用事类，第六看声律。这个方法实行了，那么文章的优劣就显示出来了。"①

"观位体"，这是刘勰所提出的第一项阅读原则，值得注意。因为作者往往要根据所写的事理来确定体裁，那么，读者也就应该先了解作品的体裁特征。也就是说，阅读应根据阅读对象的特点，按照不同体裁选择不同的阅读方法。

（一）一般文体阅读

一般文体，通常是指记叙文、议论文、说明文。

1. 记叙文阅读

记叙文是以记叙描写为主要表达方式，以叙事、写人为主要内容的文章。结合记叙文的特征，在阅读时要注意以下方面：(1) 掌握记叙文的要素。就是在阅读一篇记叙文时，要准确搞清时间、地点、人物、事件、原因、结果这些记叙的要素。(2) 弄清记叙的顺序。记叙文常见的叙述方法有顺叙、倒叙、插叙等。(3) 注意记叙中议论、抒情的辅助作用。

2. 议论文阅读

议论文的基本类型分为两种：以阐明作者所主张的观点为目的的文章叫"立论"；以驳斥错误观点为目的的文章叫"驳论"。它们均包括论点、论据、论证三个因素。

阅读议论文首先要善于抓住文章中心论点，其他的论据材料以及论证方法均是由论点决定的。其次，善于理解论据。论据在文章中表现为理论论据和事实论据。最后，注意分析论证过程。分析把握作者是怎样揭示论点与论据之间必然的逻辑关系的。议论文采用的论证方法主要有对比法、类比法、归纳法与演绎法等。

3. 说明文阅读

说明文是以客观说明的方式介绍事物或解释事理的文章。在阅读

---

① 周振甫：《文心雕龙今译》，中华书局1986年版，第438页。

说明文时要注意以下两点：(1)分析文章结构，理清说明顺序。说明文的一般结构程式有三种：其一，时间顺序式；其二，空间顺序式；其三，逻辑顺序式。(2)研究说明方法，把握事物特征。说明文常用的说明方法有解释概念，划分类别，列举实例，运用数字，纵横比较等。

（二）实用文体阅读

实用文体注重实际应用，它主要指政府部门、企事业单位、群众团体或个人日常工作与经济活动中所使用的文体，包括调查报告、总结、公文、经济事务、司法事务等日常事务文体。这里仅谈调查报告和总结的阅读。

1. 调查报告阅读

调查报告是综合反映调查研究所得到的客观有效信息，并对这些信息作出分析，探索规律，提出看法的一种文体。在阅读时要注意：(1)掌握调查报告的各种功能。其一，调查报告十分强调认知功能。它要让读者了解被调查对象的情况，获知许多新的信息。其二，调查报告产生于实践，又常用以指导实践。(2)了解调查报告的结构。调查报告一般由标题、引言、正文、结尾等部分组成。

2. 总结阅读

总结，是人们对某项已完成的工作予以终结性的或对尚在进行的工作予以阶段性的检查和研究，从中找出一些规律性认识的文体。在阅读总结时要注意：(1)掌握总结的种类。总结可分半年总结、年度总结等。(2)掌握总结的写作规范。总结通常可由三部分构成，其一为概述部分；其二为主体部分，这部分一般按照一定的逻辑关系标有层次分明的小标题；其三，问题与打算部分。

（三）文学作品阅读

文学作品常见的形式包括诗歌、散文、小说、剧本等，它是文学家经过精心构思与加工，以反映社会生活、表达作者思想感情为目的的文学艺术形式。

文学作品阅读是一种艺术的认识活动。它要求读者从对文学形象的感受出发，借助于自己的经验和阅历，通过形象思维，领会作品所表达的内容和情思，认识文学形象所反映的生活本质，使自己得到一定的情感上的满足和审美享受。

读者阅读文学作品的感受和认识，是区别于阅读政治、哲学、历史等作品的。阅读文学作品，面对的是活生生的艺术形象，读者不是被其理论的确凿论据和充分论证所折服，而是根据自己的思想感情和生活经验理解作品中的形象。因而，那种不注重艺术形象的体验和玩味，只看作品的开头结尾，只求了解故事梗概，不作形象性的想象，甚至脱离了具体感受的抽象思维和逻辑判断，都不能算作文学作品阅读。

文学作品阅读的方法，首先是根据文学作品语言进行想象，感受作品的艺术形象；然后凭借读者已有的审美经验，感受作者思想感情，进行审美判断；此后反复品味，得到思想感情上的陶冶和艺术鉴赏的愉悦。

理解应用

● 讨论

唐代诗人王之涣有一首《凉州词》："黄河远上白云间，一片孤城万仞山。羌笛何须怨杨柳，春风不度玉门关。"其中首句"黄河远上白云间"，按照原始文本应是"黄沙远上白云天"。试结合原始文本，凭借自己的联想，联系我国西北地区近年来沙尘暴频发的现实，分析此诗与现实的关系及原始文本与后来文本异同之优劣。

● 应用

自己挑选某一文体作品，在阅读后写出自己的体会。

二、博精兼顾——统筹阅读法

人们读书无不关涉博与精两个方面，就阅读过程而言可以称作泛读与精读。泛读帮助我们获得广博的知识，它是从事专门研究的基础。精读则是毫不遗漏地研读文本内容，并消化成为自己的知识。在泛读基础上精读，是治学者的通常做法，两者不可偏废。

（一）搭好知识的结构——广博与专精

人们阅读，其目的是获取知识，交流感情，提高文化素养。在阅读过程中，博览群书，获取广博知识，与专精于某个门类的学问是一个有机的共同体。

一位教授在讲课前，先在黑板上画了三个图形：

这三个图形表示三种不同的知识结构。左图表明一个人学习面很广，但没有专长，像一块木板，没有锋利的刃角；中图形容一个人有专长，但他的知识面太窄，站不住；右图则表示一个人学有专长，同时基础也不错。一个人应该具备怎样的知识结构呢？实践证明右图的知识结构为最佳。

博与精是知识大厦纵横两部分的构件。博是精的基础，精是治学的方向，博离开了精就会变成杂，精离开了博就会变成孤。正确的途径是把博和精结合起来，形成最佳知识结构。

从阅读方法上讲，博与精，我们可以理解为浏览性的泛读与研究性的精读。博精兼顾的统筹阅读法是许多学者颇有见地的看法。梁启超指出："每日所读之书，最好分两类：一类是精读的，一类是浏览的。因为我们一面要养成读书心细的习惯，一面要养成读书眼快的习惯，心不细则毫无所得，等于白读；眼不快则时候不够用，不能博搜资料。"[①] 这是很好的忠告。

（二）"读书破万卷，下笔如有神"

"读书破万卷，下笔如有神。"杜甫的这两句诗给我们很多启示，

[①] 陈引驰编校：《梁启超国学讲录二种》，中国社会科学出版社1997年版，第114—115页。

从读书而言，即要多读书，涉猎面要广泛。

泛读对我们获取知识与发展有非常重要的意义。

首先，泛读可以帮助我们掌握更多的知识材料，从而促进我们更为全面和正确地把握问题实质。正如刘勰在《文心雕龙·知音》中称："凡操千曲而后晓声，观千剑而后识器。"同时，泛读有助于我们在比较中了解某些论著水平的高低以及作家作品的风格特点。

其次，泛读还是我们从事专门研究的基础。南北朝时期著名的数学家祖冲之，除了精通数学知识外，他还读过诸子百家，注释过《易经》《道德经》《论语》《孝经》等。

《庄子·养生主》云："吾生也有涯，而知也无涯。"面对浩如烟海的作品，一个人倾其毕生精力，即使有"读书破万卷"的本领，也难免会感到茫然无措。因此，即使泛读也须抱有一定的目的，否则就会泛滥无归，终身无得，正如郑板桥所讽刺的："读书数万卷，胸中无适主，便如暴富儿，颇为用钱苦。"[1]

对于泛读，有不同的方式。尽管提法不同，实质却相近。

第一种泛读方法是浏览式的阅读。有的学者称其为"快速阅读法""略读法"等。浏览式阅读就是一种"略过不必要阅读的部分"的读书方法。它要求读者拿到一本书后，先不要急于正襟危坐地读下去，而要先大略地翻一遍再说，浏览一下书的主要内容，对全书有一个初步印象。然后，你就可以知道这本书该不该读，有哪些新东西值得注意，可能会遇到哪些难点，心里有个数。

第二种泛读方法是读目录或随意翻阅法。鲁迅就有这方面的体会："还有一种很容易到手的秘本，是《四库书目提要》，倘还怕繁，那么，《简明目录》也可以，这可要细看，它能做成你好像看过许多书。"[2] 另外，我们还可以到图书馆、书店等藏书场所翻阅专业书与非专业书、专业杂志与非专业杂志、文摘与报刊复印资料等。

---

[1] 卞孝萱编：《郑板桥全集》，齐鲁书社1985年版，第63页。
[2] 鲁迅：《随便翻翻》，引自《鲁迅全集》第6卷，人民文学出版社2005年版，第140页。

（三）"略知百行，不如精通一行"

俗话说："略知百行，不如精通一行。"丹麦有谚语云："聪明人接触各种知识，但他是从精通一门来认识世界的。"读书，我们当然不能忘了精读。只有通过精读，才能加深对作品内容理解，才能品出书中的"弦外之音"。掌握好精读应注意如下几个要点。

首先，要做到仔细。要细细品味作品的每一项内容，不仅正文要逐字逐句、逐行逐段、逐节逐章地读，就连序言、注释、后记、标点符号等也不要放过。在泛读时，我们提倡"一目十行"，抓书中的脉络和重要内容；在精读时，则有必要学习"十目一行"的读书方法。

其次，对于值得精读的图书要反复阅读，以加深理解。宋朝大理学家朱熹的精读方法可资借鉴，他遇到自己喜欢的书不仅反复地阅读，而且每次都要圈点画线：读第一遍时把有体会的地方用红笔勾出，再读时又把有体会的地方用青笔勾出，以后又用黄笔勾出，至三四番后，又用黑笔勾出。如此反复精读，必有深入的理解。

再次，背诵所精读的名篇佳作，重要章节做到烂熟于口，精熟于心。古人读书很重视诵读。三国时魏国人董遇很有学问，有人跟着他学习，他不肯教，而说："必当先读百遍"，并言"读书百遍而义自见。"苏轼有诗云："旧书不厌百回读，熟读深思子自知。"背诵办法虽然笨拙，也常常受到非议，但它能够加深对所读内容的理解，又可以锻炼自己的毅力，增强记忆力，一举数得。

理解应用

● 讨 论

结合自己的阅读实践，谈谈个人对泛读与精读的理解，它们之间的关系如何？

● 解 释

宋代大文豪苏轼曾说过："旧书不厌百回读，熟读深思子自知。"这是一种什么样的读书方法？

三、多思善疑——"四到"阅读法

阅读需要思考，没有思考，则阅读毫无意义；思考的标志在于发现问题，并解决问题；要发现问题就要有怀疑一切的精神。胡适曾经提出读书要"大胆地怀疑"，同时，还主张"眼到，口到，心到，手到"的"四到"阅读法。

（一）"学而不思则罔"

阅读需要思考。自古以来，人们对于读书和思考之间的关系作了大量的阐述。孔子说："学而不思则罔，思而不学则殆。"[1] 孟子说："心之官则思，思则得之，不思则不得也。"[2] 管子曰："思之，思之，又重思之。思之而不通，鬼神将通之。"[3] 故有人将读书不加思考的人比喻成"两脚书橱"。

阅读需要思考，关键是要有问题意识。不能发现问题，就不能做学问。要读书做学问，就不能墨守前人的成规，要善于从传统的观点中跳出来，发现新问题，解决新问题。

同时，读书需要善疑，怀疑一切，这也是古今学者的一贯精神。人的一生肯定有自己为人和做学问所崇拜的偶像，时刻促使自己见贤思齐，不断进步。但更应该有一种亚里士多德"吾爱吾师，但吾更爱真理"的精神。孟子曾经说过："尽信书，则不如无书。吾于《武成》，取二三策而已矣。"[4] 东汉王充在其所著《论衡》中有"问孔""刺孟"等篇，对孔孟的学术提出了怀疑和批判，并且大声疾呼："伐孔子之说，何逆于理？"[5] 胡适先生曾说："不要轻于相信，要怀疑，要怀疑书，要怀疑人，要怀疑自己，不要轻于相信人家，'先小人而后君子'，所

---

[1] 《论语·为政》，见王书良等总主编：《中国文化精华全集》哲学卷（一），中国国际广播出版社1992年版，第72页。

[2] 《孟子·告子上》，见王书良等总主编：《中国文化精华全集》哲学卷（一），中国国际广播出版社1992年版，第163页。

[3] 《管子·内业第四十九》，见王书良等总主编：《中国文化精华全集》哲学卷（一），中国国际广播出版社1992年版，第586页。

[4] 《孟子·尽心下》，见王书良等总主编：《中国文化精华全集》哲学卷（一），中国国际广播出版社1992年版，第174页。

[5] 〔东汉〕王充：《论衡·问孔》，陈蒲清点校，岳麓书社1991年版，第138页。

谓'三个不相信，出个大圣人'，我对这话非常佩服。"① 这些既是学者们的经验之谈，也是为学术发展实践所证明了的规律。

（二）"四到"阅读，整体接收

"四到"阅读，是胡适的观点，是为使阅读获得整体效果的重要方法。即阅读要"眼到，口到，心到，手到"②。

胡适认为，所谓眼到"是要个个字认得，不可随便放过"③。眼睛不精细，往往会弄成笑话或错误，"读外国书要把 A，B，C，D 等字母弄得清清楚楚。所以说这是很难的。如有人翻译英文，把 port 看作 pork，把 oats 看作 oaks，于是葡萄酒一变而为猪肉，小草变成了大树。"④ "眼到对于读书的关系很大，一时眼不到，贻害很大，并且眼到能养成好习惯，养成不苟且的人格。"⑤

口到是要求阅读时能将句子念到烂熟背得出来。反复朗读的作用一是所读的书籍能够影响自己的学习与写作。"如心爱的诗歌，如精彩的文章，熟读多些，于自己的作品上也有良好的影响。"⑥ 一是可以加深我们对作品的理解，促进学术研究能力。

"心到是每章每句每字意义如何？何以如是？这样用心考究。"⑦ 其实所谓"用心考究"，就是要在阅读的过程中，借助于一些必要的工具书和必要的知识储备，解决章句中各种疑难问题。第一，阅读时手头要放置诸如字典、词典、参考书等常用的工具书。第二，掌握一定的语法知识。第三，具备相关的专业背景知识。

关于手到，胡适说："手到就是要劳动劳动你的贵手。读书单靠眼到，口到，心到，还不够的；必须还得自己动动手，才有所得。"⑧ 动手的方法，他总结为这样几项内容："(1) 标点分段，是要动手的。(2) 翻查字典及参考书，是要动手的。(3) 做读书札记，是要动手的。札

---

① 胡适:《治学方法》,《胡适文集》第十二册，北京大学出版社 1998 年版，第 479 页。
②③④ 胡适:《读书》，见老品编:《中国文化名人论读书苦乐》，中央编译出版社 1995 年版，第 42 页。
⑤ 胡适:《读书》，见老品编:《中国文化名人论读书苦乐》，中央编译出版社 1995 年版，第 42—43 页。
⑥⑦ 胡适:《读书》，见老品编:《中国文化名人论读书苦乐》，中央编译出版社 1995 年版，第 43 页。
⑧ 胡适:《读书》，见老品编:《中国文化名人论读书苦乐》，中央编译出版社 1995 年版，第 45 页。

记又可分四类：(a) 抄录备忘。(b) 做提要，节要。(c) 自己记录心得。……(d) 参考诸书，融会贯通，作有系统的著作。"[1]胡适又接着以现身说法来解释如何动手做札记。他提到了假使要真正动手写一篇"我为什么相信进化论？"的札记，列举了：(一) 生物学上的证据，(二) 比较解剖学上的证据，(三) 比较胚胎学上的证据，(四) 地质学和古生物学上的证据，(五) 考古学上的证据，(六) 社会学和人类学上的证据。这样就构成了一篇关于"进化论"知识的读书札记。[2]

将"手到"讲得通俗一点，就是善于写读书笔记。写读书笔记的方法有多种：第一，抄书。这是最基本、最可靠、最有效的一种方法。第二，写提要。这种方法有利于从宏观上对所读书进行把握，能起到提纲挈领的作用。根据提要、节要所提供的线索去寻求原文当然也比较方便。第三，写心得体会。第四，做索引。如果自己所阅读的书籍或自己的藏书，容易找到，就不需要摘录，这时可以做题录和索引。

胡适应邀到美国普渡大学讲演

---

[1] 胡适：《读书》，见老品编：《中国文化名人论读书苦乐》，中央编译出版社1995年版，第45页。
[2] 参见老品编：《中国文化名人论读书苦乐》，中央编译出版社1995年版，第46页。

理解应用

● 讨 论

中国先哲孟子说:"尽信书则不如无书。"外国先哲亚里士多德曾经说:"吾爱吾师,但吾更爱真理。"谈谈你在阅读或从师学习的过程中是否有过怀疑某些问题的情况发生,并如何将尊师与读书创新结合起来?

● 写 作

结合自己的专业阅读,写一篇300~500字的读书笔记。

四、由此及彼——比较阅读法

比较阅读就是将研究某一问题的相关作品对照起来读。它是一种更高层次、更有创造性的阅读方式,可以从中见优劣、辨异同、判得失。何以确定比较的角度呢?一般是根据自己所研究的问题,确定比较的范围和角度。

(一)比较阅读的功能

比较阅读,也叫"比读法",指将两种或多种材料对照阅读,分析其相同点和不同点的阅读方法。比较阅读法在学术研究中得到广泛运用,是比较文学、比较教育学等学科的重要研究方法。较之于浏览与精读,比较阅读是一种更高层次、更具创造性的阅读方式。

比较阅读,有着其他方法不可比拟的优越性。

第一,从比较中能获得准确的概念。获取准确概念的方式多种多样,但相比之下比较法更具优越性。例如什么是真善美和假恶丑,这不仅涉及道德范畴、哲学属性,而且包含着复杂的美学观点。这样我们就不可能通过一篇文章或是一本书籍去认识它。我们可以先读一读哲学著作的有关章节,然后再选读车尔尼雪夫斯基和朱光潜的美学著作,接着再研究一些反映这一社会现象的文学作品,最后进行类比和综合,便可以对真善美和假恶丑有比较全面和准确的认识了。

第二,通过比较可以获得立体性的知识。知识本身具有综合性的特点,为了掌握这一特点就必须比较。比如艺术风格,这是文艺批评经常涉及的范畴,但风格究竟指什么?却很模糊。风格又有多种多样,有的豪放，有的婉约，有的细腻等，但界限究竟在哪里？有时也并不十分清晰。但是，如果把海明威的小说与亨利·詹姆斯的小说对照起来读，就会明白什么是简练，什么是细腻。通过这种比较，我们就可以获得有关文体风格方面的具体知识，掌握其规律，使知识立体化。

第三，通过比较可以鉴别优劣、判断得失。《儒林外史》和《老残游记》都是揭露清朝社会的小说，前者为讽刺小说，后者为谴责小说，但两部作品究竟有何不同，在文学史上占何等地位，就只能通过比较来确定。

第四，通过比较能达到同中求异、异中求同的目的。《过秦论》《六国论》《阿房宫赋》都取材于战国到秦朝的史料，作者的目的都是要以古喻今、讽刺当朝，但三篇作品的立意角度、表现手法、体裁、语言等各有差异。读者通过比较阅读，可以同中求异，开拓思维。

（二）比较阅读的方式与运用

比较阅读的方式非常丰富。以比较的项量来分，有宏观比较和微观比较。宏观比较是多角度、多层次的综合比较；微观比较是单项的、局部的、片断的比较。以材料的时间关系为控制范围作比较，有横向比较和纵向比较。如把作者的定稿与手稿作比较，把同一作者的不同时期的作品作比较，把不同时期的用相同创作方法创作的作品作比较是纵向比较；把同一流派的不同作者的作品作比较，把同一时期的作者的同一题材的作品作比较是横向比较。以文章的内容、形式等作比较，则有选材比较、结构比较、立意比较、语言风格比较、表达方式比较、文体比较等。

运用比较阅读法，应注意如下几点：

其一，要根据自己研究的问题，确定比较的范围，选好比较的角度。比较的范围、角度由阅读的目的决定。阅读的目的不同，比较的形式也就不同，如以评价主旨为目的的阅读。同样写秋天，《秋声赋》把秋天写得肃杀悲凉，是悲秋；而《秋色赋》描绘的秋天生机盎然，是喜秋。同样是大自然中的秋声、秋色，为什么在不同的作家笔下显示出如此迥然相异的色彩和情调？从时代背景中去找原因，会给人以有益的启迪。

其二，要善于找出材料的相同点和不同点。世界上的一切，我们都是通过比较方法认知的。如果一个对象不能给我们呈现出某一新的情况，而你又不能把它去和别的什么东西联系上并加以比较使之区别开来，那么我们就不可能得出关于这个对象的任何看法。只有准确地找出了材料的相同之处和不同之处，才算理解了这个对象本身。

其三，比较是使思维深化的重要手段，比较贯穿于阅读思维的全过程。在对材料作比较时，思维必须要有条理性，特别是作宏观比较时，应有比较的侧重点。一般说来，应按比较的项目分项比较，比较完一个项目后再比较下一个项目，不要齐头并进、平均用力。

其四，在比较阅读的整个过程中，应根据个人的实际情况灵活运用多种阅读方法，尤其要注意仔细研读材料，研读有利于分析材料的异同，发现材料之间的细微差别。在阅读中，要随手做好必要的笔记，以便对照检查、分析鉴别。

理解应用

● 讨 论

古今中外可以比较阅读的读物很多。据说在西晋时，著名的史学家陈寿和夏侯湛等人都在分头写前朝的历史。夏侯湛写出《魏书》初稿后，陈寿也完成了《三国志》。当时有人读《三国志》后，称赏陈寿"善叙事，有良史之才"。夏侯湛听说后，找来《三国志》和自己写的《魏书》比较阅读，觉得陈寿的著作确实高出自己所作，他当即烧毁了自己辛劳多年编写的著作。[1] 谈谈你对夏侯湛这种做法的见解。

● 写 作

试从语言或体裁、篇章结构、主题、风格、人物等角度，运用比较阅读法撰写一篇读书报告。

---

[1] 参见王增奎等主编：《阅读策略与技巧》，中国大百科全书出版社1993年版，第133页。

五、八面受敌——集中研读法

　　阅读一部作品每次只集中精力关心某一方面的内容,由此反复多次,好像作品受到来自四面八方的敌人的攻击,故称其为"八面受敌——集中研读法"。苏轼读《汉书》,就采用这种方法,而且收效甚大,故亦称其为"苏东坡读《汉书》法"。

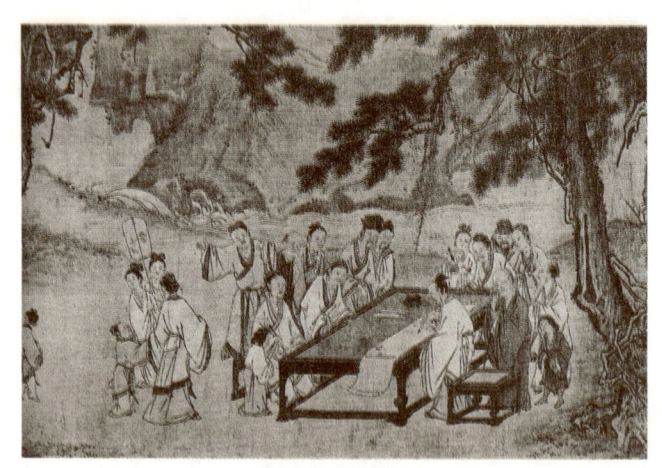

　　许多作品篇幅较大而价值高,内容重要而庞杂,颇值得精读,但每次又不可能将其所有的内容掌握。这时,我们即从各个方面来解读它,仿佛被阅读的对象受到了来自四面八方的攻击,故称其为"八面受敌——集中研读法"。运用这一方法,一般是采取多次阅读,每次只集中精力关注某一方面的内容,而暂且置其他方面的内容于不顾。

西园雅集图(部分)

　　有学者称这种方法为"苏东坡读《汉书》法"。苏东坡说过:"少年为学者,每一书皆作数次读之。书之富,如入海,百货皆有,人之精力不能兼收尽取,但得其所欲求者尔。故愿学者每次作一意求之,如欲求古今兴亡治乱、圣贤作用,且只作此意求之,勿生余念。又别作一次求事迹、故实、典章、文物之类,亦如之。他皆仿此。此虽迂钝,而他日学成,八面受敌,与涉猎者不可同日而语也。"[①] 这里所讲的"每一书皆作数次读之""每次作一意求之""勿生余念",就是把一部书按内容分成若干方面,一个一个有重点地深入学习、研究,采取集中精力将其分别完成的办法。然后在分项研究的基础上进行综合,达

[①] 转引自徐有富:《治学方法与论文写作》,南京大学出版社2003年版,第130页。

到融会贯通。这是苏东坡读书、治学的经验之谈。假若一次次地泛泛地读，走马观花地涉猎，往往深入不进去，只是在一个平面上徘徊。

采用"八面受敌"阅读法，前提是在每次阅读时必须有一个明确的目标或者捕捉对象，并且在整个阅读过程中不能离开这个对象，从而注意力相对集中地实现每次阅读。早期许多学者编撰工具书，如民国时二十五史刊行委员会编的《二十五史人名索引》、当代学者傅璇琮等编撰的《唐五代人物传记资料综合索引》等，均是在没有电子检索的时代开展的，多采用了无数次"一意求之"的集中研读法，使被征引的相同内容的关键词相对集中在一起，便于人们查阅。其中，傅璇琮等人合编的《唐五代人物传记资料综合索引》是从新旧《唐书》及《全唐诗》《全唐文》《唐才子传》《历代名画记》《十国春秋》等八十三种各类古籍中"一意求之"而获得的唐、五代人物近三万人，注明其传记资料出处、册数、卷数和页数。显然，这是颇有启发意义的一种治学方法。

集中研读法，也有人称为"求一法"，但实际上是求一法与复读法的综合运用。重在每次只围绕一个中心，解决一个问题。精力集中则容易深入，彻底攻破一二"敌"，多次反复就会攻破多方面的"敌"。这样长久坚持，日积月累，再难的作品也不在话下了。这是一种笨办法，却也是一种科学的有效的办法。对于那些要学习、研究的重点作品和难度较大的著述，可用此法。

理解应用

● 讨 论

老师给学生指定一部作品在课外阅读，并布置多道与作品相关的题目，要求学生逐项"一意求之"。然后，以班级为单位组织学生讨论，谈谈个人收效如何？

● 解 释

集中研读与一般精读之间的区别是什么？

【阅读作品】

谈读书（节选）

朱光潜

　　学问不只是读书，而读书究竟是学问的一个重要途径。因为学问不仅是个人的事而是全人类的事，每科学问到了现在的阶段，是全人类分工努力日积月累所得到的成就，而这成就还没有湮没，就全靠有书籍记载流传下来。书籍是过去人类的精神遗产的宝库，也可以说是人类文化学术前进轨迹上的里程碑。我们就现阶段的文化学术求前进，必定根据过去人类已得的成就做出发点。……读书是要清算过去人类成就的总账，把几千年的人类思想经验在短促的几十年内重温一遍，把过去无数亿万人辛苦获来的知识教训，集中到读者一个人身上去受用。有了这种准备，一个人才能在学问途程上作万里长征，去发见新的世界。

　　历史愈前进，人类的精神遗产愈丰富，书籍愈浩繁，而读书也就愈不易。书籍固然可贵，却也是一种累赘，可以变成研究学问的障碍。它至少有两大流弊。第一，书多易使读者不专精。我国古代学者因书籍难得，皓首穷年才能治一经，书虽读得少，读一部却就是一部，口诵心惟，咀嚼得烂熟，透入身心，变成一种精神的原动力，一生受用不尽。现在书籍易得，一个青年学者就可夸口曾过目万卷。"过目"的虽多，"留心"的却少，譬如饮食，不消化的东西积得愈多，愈易酿成肠胃病，许多浮浅虚骄的习气都由耳食肤受所养成。其次，书多易使读者迷方向。任何一种学问的书籍现在都可装满一个图书馆，其中真正绝对不可不读的基本著作往往不过数千部甚至于数部。许多初学者贪多而不务得，在无足轻重的书籍上浪费时间与精力，就不免把基本要籍耽搁了；比如学哲学的尽管看过无数种的哲学史和哲学概论，却没有看过一种柏拉图的《对话集》。学经济学的尽管读过无数种的教科书，却没有看过亚当·斯密的《原富》。做学问如作战，须攻坚挫锐，占住要塞。目标太多了，掩埋了坚锐所在，只东打一拳，西踢一脚，就成了"消耗战"。

　　读书并不在多，最重要的是选得精，读得彻底，与其读十部无关轻重的书，不如以读十部书的时间和精力去读一部真正值得读的书；与其十部书都只能泛览一遍，不如取一部书精读十遍。"旧书不厌百回读，熟读深思子自知"，这两句诗值得每个读书人悬为座右铭。读书原为自己受用，多读不能算是荣誉，少读也不能算是羞耻。少读如果彻底，必能养成深思熟虑的习惯，涵泳优游，以至于变化气质；多读而不求甚解，譬如驰骋十里洋场，虽珍奇满目，徒惹得心花意乱，空手而归。世间许多人读书只为装点门面，如暴发户炫耀家私，以多为贵。这在治学方面是自欺欺人，在做人方面是趣味低劣。

　　读的书当分种类，一种是为获得现世界公民所必需的常识，一种是为做专门学问。为获常识起见，目前一般中学和大学初年级的课程，如果认真学习，也就很够用。所谓认真学习，熟读讲义课本并不济事，每科必须精选要籍三五种来仔细玩索一番。常识课程总共不过十数种，每种选读要籍三五种，总计应读的书也不过五十部左右。这不能算是过奢的要求。……

　　……世间绝没有一科孤立绝缘的学问。比如政治学须牵涉到历史、经济、法律、哲学、心理学以至于外交、军事等等，如果一个人对于这些相关学问未曾问津，入手就要专门习政治学，愈前进必愈感困难，如老鼠钻牛角，愈钻愈窄，寻不着出路。其他学问也大抵如此，不能通就不能专，不能博就不能约。先博学而后守约，这是治任何学问所必守的程序。我们只看学术史，凡是在某一科学问有大成就的人，都必定于许多它科学问有深广的基础。目前我国一般青年学子动辄喜言专门，以至于许多专门学者对于极基本的学科毫无常识。这种风气也许是在国外大学做博士论文的先生们所酿成的。它影响到我们的大学课程，许多学系所设的科目"专"到不近情理，在外国大学研究院里也不一定有。这好像逼吃奶的小孩去嚼肉骨，岂不是误人子弟？

　　有些人读书，全凭自己的兴趣。今天遇到一部有趣的书就把预拟做的事丢开，用全副精力去读它；明天遇到另一部有趣的书，仍是如此办，虽然这两书在性质上毫不相关。……这种读法有如打游击，亦如蜜蜂采蜜。它的好处在使读书成为乐事，对于一时兴到的著作可以深入，久而久之，可以养成一种不平凡的思路与胸襟。它的坏处在使读书泛滥而无所归宿，缺乏专门研究所必需的"经院式"的系统训练，产生畸形的发展，对于某一方面知识过于重视，对于另一方面知识可以很蒙昧。我的朋友中有专读冷僻书籍，对于正经正史从未过问的，他在文学上虽有造就，但不能算是专门学者。如果一个人有时间与精力允许他过享乐主义的生活，不把读书当做工作而只当做消遣，这种蜜蜂采蜜式的读书法原亦未尝不可采用。但是一个人如果抱有成就一种学问的志愿，他就不能不有预定计划与系统。对于他，读书不仅是追求兴趣，尤其是一种训练，一种准备。有些有趣的书他须得牺牲，也有些初看很枯燥的书他必须咬定牙关去硬啃，一久了他自然还可以啃出滋味来。

读书须有一个中心去维持兴趣，或是科目，或是问题。以科目为中心时，就要精选那一科的要籍，一部一部地从头到尾读，以求对于该科得到一个概括的了解，作进一步高深研究的准备。读文学作品以作家为中心，读史学作品以时代为中心，也属于这一类。以问题为中心时，心中先须有一个待研究的问题，然后采关于这问题的书籍去读，用意在搜集材料和诸家对于这问题的意见，以供自己权衡去取，推求结论。重要的书仍须全看，其余的这里看一章，那里看一节，得到所要搜集的材料就可以丢手。这是一般做研究工作者所常用的方法，对于初学不相宜。不过初学者以科目为中心时，仍可约略采取以问题为中心的微意。一书作几遍看，每一遍只着重某一方面。

读书要有中心，有中心才易有系统组织。比如看史书，假定注意的中心是教育与政治的关系，则全书中所有关于这问题的史实都被这中心联系起来，自成一个系统。以后读其他书籍如经子专集之类，自然也常遇着关于政教关系的事实与理论，它们也自然归到从前看史书时所形成的那个系统了。一个人心里可以同时有许多系统中心，如一部字典有许多"部首"，每得一条新知识，就会依物以类聚的原则，汇归到它的性质相近的系统里去，就如拈新字贴进字典里去，是人旁的字都归到人部，是水旁的字都归到水部。大凡零星片段的知识，不但易忘，而且无用。每次所得的新知识必须与旧有的知识联络贯串，这就是说，必须围绕一个中心归聚到一个系统里去，才会生根，才会开花结果。

记忆力有它的限度，要把读过的书所形成的知识系统，原本枝叶都放在脑里储藏起，在事实上往往不可能。如果不能储藏，过目即忘，则读亦等于不读。我们必须于脑以外另辟储藏室，把脑所储藏不尽的都移到那里去。这种储藏室在从前是笔记，在现在是卡片。记笔记和做卡片有如植物学家采集标本，须分门别类订成目录，采得一件就归入某一门某类，时间过久了，采集的东西虽极多，却各有班位，条理井然。这是一个极合乎科学的办法，它不但可以节省脑力，储有用的材料，供将来的需要，还可以增强思想的条理化与系统化。预备做研究工作的人对于记笔记和做卡片的训练，宜于早下功夫。

（1942年）

节选自钟敬文等主编《书斋漫话》，中国友谊出版公司1998年版

【作品聚焦】

朱光潜认为"读书究竟是学问的一个重要途径"。进而，作者将读书做学问看做是"全人类的事"这样神圣的事业，可谓独具慧眼，境界高远。他放眼历史长河，纵览书籍对人类的贡献，给读书下了一个自己的定义："读书是要清算过去人类成就的总账，把几千年的人类思想经验在短促的几十年内重温一遍，把过去无数亿万人辛苦获来的知识教训，集中到读者一个人身上去受用。"接下来，朱先生仍然不脱离以做学问来谈论读书这条脉络。提出人类精神遗产愈丰富，书籍愈浩繁，对学问研究造成更多障碍的论断：书多易使读者不专精；书多易使读者迷失方向。作者所赞赏的读书方法是精读而不是泛览，利弊判若天壤。将所读的书分为获得所需的常识与为做学问两类。如何处理好做学问与读书兴趣广泛的关系，其做法就是在读书时必须有一个中心去维持兴趣。

单元能力训练二（作品的选择与阅读）

能力聚焦

作品的选择

阅读作品，就要对作品进行选择。

选择作品必须坚持有所不为，然后有所为的原则。最明智的办法就是恰到好处地把不该读的作品略去，善读要以善选为前提。选择作品要有依据。影响作品选择的因素较多，但要挑选出精品，则要注意以下两个方面：一是选择最有价值的作品。具体而言，标准有四条：1. 读者最多，经久不衰；2. 不因时代、政治因素而失去价值；3. 有影响力，启发教益；4. 探讨人生问题且有艺术价值，隽永耐读。具体作品可参考著名学者推荐或向名家及有经验者请教。名家开列的书目值得参考，如梁启超的《国学入门书要目及其读法》、胡适的《一个最低限度的国学书目》、袁行霈主编的《中国文学史》后所附《研修书目》等。二是选择最适合自己需要的作品。根据需要按上述标准从图书馆、书店等场所挑选自己认定的精品来读，放弃那些对自己价值不大的作品。

点子库

阅读方法训练

良好的阅读方法是因阅读过程而变化的。良好的阅读方法是一种同学习和研究过程结合在一起的策略手段，只能出现在学习的具体过程中，而不是出现在学习和阅读之前，此外，还需根据阅读内容的变化而变化。我们现在不能说某种方法好、某种方法不好，阅读方法的训练只能结合不同阅读者的阅读过程进行。譬如"观位体——类型阅读法"，能否运用要看阅读者对该方法是否理解，以及对作品体裁特性是否把握；而对"多思善疑——'四到'阅读法"的运用，又得看阅读者是否有疑、有什么疑，疑的质量高低直接决定着阅读水平的高低。因此，在教师指导下多安排同学们在一起交流讨论是必要的。

单元综合训练题

一、"观位体"这个概念的具体含义是什么？

二、泛读与精读之间的关系如何？结合自己的阅读实践举例。

三、写出一个你在阅读中曾经怀疑过的问题。

四、你认为应该从哪些角度进行比较阅读？

五、按照"多思善疑——'四到'阅读法"，顺着作者的思路阅读如下文章，并完成如下试题：1. 写出作者怀疑的问题。2. 支撑作者观点的论据是什么？你对作者所持的某些观点是否也有怀疑？3. 白居易《游大林寺》的两句诗在文章中起着什么作用？

采药不可限以时月

沈 括[1]

古法采草药多用二月、八月，此殊未当，但二月草已芽、八月苗未枯，采掇者易辨识耳，在药则未为良时。大率用根者，若有宿根，须取无茎叶时采，则津泽皆归其根，欲验之，但取芦菔、地黄辈观，无苗时采则实而沉，有苗时采则虚而浮；其无宿根者，即候苗成而未有花时采，则根生已足而又未衰，如今之紫草，未花时采则根色鲜泽，花过而采则根色暗恶，此其效也。用药者取叶初长足时，用芽者自从本说，用花者取花初敷时，用实者成实时采，皆不可限以时月，缘土气有早晚、天时有愆伏。如平地三月花者，深山中则四月花，白乐天《游大林寺》诗云"人间四月芳菲尽，山寺桃花始盛开"，盖常理也，此地势高下不同也；如笙竹笋有二月生者，有三四月生者，有五月方生者谓之"晚笙"，稻有七月熟者，有八九月熟者，有十月熟者谓之"晚稻"，一物同一畦之间自有早晚，此物性之不同也；岭峤微草凌冬不凋，并、汾乔木望秋先陨，诸越则桃李冬实，朔漠则桃李夏荣，此地气之不同也；一亩之稼则粪溉者先芽，一丘之禾则后种者晚实，此人力之不同也，岂可一切拘以定月哉。

选自〔宋〕沈括《梦溪笔谈·药议》，上海书店出版社2003年版

---

[1] 沈括：见本教材第七单元作者介绍。

第三单元 爱国文选

橘　　颂

屈　原

> 屈原（约公元前340—前278），名平，字原，战国后期楚国人。中国文学史上第一位伟大爱国诗人，《离骚》《九章》等是其代表作。曾担任左徒、三闾大夫等职务，兼管内政外交大事，主张选贤与能、法度修明的"美政"。屈原开创了中国文学的浪漫主义传统，《离骚》与《诗经》中的《国风》并称为"风骚"，对后世文学影响深远。

后皇嘉树[1]，橘徕服兮[2]。受命不迁[3]，生南国兮。

深固难徙，更壹志兮。绿叶素荣，纷其可喜兮。曾枝剡棘[4]，圆实抟兮[5]。青黄杂糅[6]，文章烂兮[7]。精色内白[8]，类任道兮[9]。

纷缊宜修[10]，姱而不丑兮[11]。

嗟尔幼志[12]，有以异兮。独立不迁，岂不可喜兮。深固难徙，廓其无求兮[13]。苏世独立，横而不流兮[14]。闭心自慎，终不过失兮[15]。秉德无私，参天地兮[16]。

愿岁并谢，与长友兮[17]。淑离不淫[18]，梗其有理兮[19]。年岁虽少，可师长兮。行比伯夷，置以为象兮[20]。

选自〔清〕戴震《屈原赋注》，中华书局1999年版

【作品注解】

[1] 后：后土。皇：皇天。

[2] 徕：与"来"同。服：适应。

[3] 受命：秉承天命。迁：迁居。《周礼·考工记·总叙》："橘踰淮而北为枳。"谓橘移居北方就会变成枳，故有此说。

[4] 曾：与"层"通，层叠状。剡（yǎn）：尖，锐利。

[5] 抟（tuán）：与"团"同，果实累累饱满成团状。

[6] 榛：一作"揉"，意同。

[7] 文章：此指色彩。《周礼·考工记》："青与赤谓之文，赤与白谓之章。"烂：灿烂鲜明。

[8] 精色：外色鲜明。内白：内怀洁白。

[9] 类：好似。任道：担负道义。

[10] 纷缊：与"纷纭"同，纷繁茂盛状。宜修：修饰得宜。

[11] 姱（kuā）：美好。

[12] 幼志：自幼而已有此志。

[13] 廓：阔大。此谓橘树品格阔大超脱，与世无求。

[14] 横：充满。不流：不随流俗。

[15] 不过失：不敢有过错和失误。

[16] 参：参配。《礼记·经解》："天子者，与天地参，故德配天地。"

[17] 长友：长久为友。

[18] 淑离：美丽。

[19] 梗：坚强。有理：有志士仁人气节，能够自我管理。

[20]置：树立。象：与"像"同，榜样。

【作品导读】

《橘颂》是屈原作品《九章》中的一篇名作，全篇对楚地常见的橘树特点做了颇为精准的概括：第一，"受命不迁"。橘树秉承天命，生在南国，不能移居到其他地方。第二，"姱而不丑"。橘树叶绿花白，枝繁棘硬，果实浑圆，颜色灿烂。第三，"苏世独立"。橘树自幼孤高超脱，不与流俗混同，其品格非同一般。

《橘颂》是中国诗歌史上第一篇咏物之作。全诗托物言志，以橘自况。屈原所生活的战国时期，国家概念并未深入人心，屈原却对自己的楚国非常热爱，对楚国人民非常同情，与橘树"受命不迁"特点高度一致。屈原自幼"博闻强志，明于治乱，娴于辞令"，才华过人，曾为国君"造为宪令"，主持外交、内政等重要工作，这些与橘树的美丽外观相似；而屈原人格高尚，志洁行廉，主张朝廷推举贤才，赏罚分明，却因种种原因不能得到国君重用，终至"自投汨罗以死"，这又与橘树的"苏世独立"尤为相似。

【作品汇评】

王夫之——

"橘者，南方之嘉木也，古产于楚湘，今盛于闽粤。按李衡言：江陵有千头木奴。则楚之宜橘旧矣，原偶植之。因比物类志为之颂，以自旌焉。"［引自〔清〕王夫之《楚辞通释》，上海人民出版社1975年版，第94页］

马茂元——

"它不黏滞于所歌颂的事物本身，但同时也没有脱离所歌颂的事物。这样就使得在本篇中作者的主观心情渗透了客观事物，而凝成了一个完满的艺术形象，为后来的咏物诗开辟了一条宽广的道路，树了一个光辉的榜样。"［引自马茂元选注《楚辞选》，人民文学出版社1958年版，第167页］

历史上的北京城（节选）

侯仁之

> 侯仁之（1911—2013），籍贯山东恩县（今武城县）。历史地理学家，中国科学院院士。1936年毕业于燕京大学历史系，留校任教。1946年赴英国利物浦大学地理系学习，获哲学博士。1949年回国任燕京大学教授，开设"中国历史地理"，成为中国现代历史地理学的奠基者和开拓者。侯仁之生长在北京，又以对北京的研究而名扬世界。

北京是一个历史悠久的古城，从她的起源算到现在，至少也已经有三千多年。今天她是我们国家的政治中心和文化中心，在我们的宪法中庄严地写着：中华人民共和国首都是北京。

北京最初见于记载的名称叫做蓟，以蓟作为中心而最早兴起的一个奴隶制国家就是蓟国。《史记·周本纪》记载说：周武王伐纣灭商之后，追思先圣王，乃褒封帝尧之后于蓟。这个蓟，指的就是北京这地方，差不多与封帝尧之后于蓟的同时，周武王又封召公奭于燕，是为燕国。其实，早在殷商时代，北方就有一个方国，称匽，字或作晏、郾等，是一个自然生长的奴隶制国家，从属于商。周武王封召公奭当就古匽国地而封，名称改作燕。西周初期，蓟和燕是相邻并存的两个奴隶制国家，后来，燕国强盛，蓟国弱小，燕国吞并了蓟国，所以史籍中有关蓟国的事罕有记载。到了周朝末叶的战国时代，燕国和一些邻国一样，已经进入封建社会时期，而且也逐渐强大起来，终于崛起北方，争霸中原，号称七雄之一。这时史书上已经有明文记载说：燕国的都城叫做蓟。蓟，就是现在北京城最初的前身。

从蓟城发展的初期来说，她的地理位置是相当优越的。她建筑在一个面积不大的平原上，这就是今天所说的北京小平原。北京小平原三面有丛山环绕，只有正南一面开向平坦辽阔的华北大平原。不过在古代，有些湖泊沼泽分布在北京小平原的东南一带，因而成为从北京小平原通向华北大平原的极大障碍。幸而西南一角，因为接近太行山的东麓，地势比较高，通行也比较方便，因此就成为当时北京小平原通向华北大平原的唯一门户，而蓟城又正是出入这一门户的要冲。其次，蓟城背后，在三面环抱的丛山中，有一些天然峡谷，形成了南来北往的通衢，其中最有代表性的，一是西北角的南口（现在北京城西北大约一百里），一是东北角的古北口（现在北京城东北大约二百里）。通过南口，经过口内的居庸关、八达岭，然后穿行一系列宽窄不等的山间盆地，可以径上蒙古大高原。通过古北口，越过高低不同的丘陵和山地，又是通向松辽大平原的捷径。这样北京小平原就成为山后地区和广大平原之间南来北往所必须经过的地方，而蓟城正是其枢纽。

由于在南北之间这一有利的地理位置，蓟城在秦始皇兼并六国，第一次在我国历史上建立了统一的封建国家之后，遂成为这个统一封建国家东北方的重镇。这一情况，从公元前3世纪起一直到唐朝末叶，前后大约一千年间，可以说没有什么很大的改变。在这期间，宇内升平的时期，蓟城常常是汉族与东北少数民族互通有无的贸易中心，是国内有数的商业都市之一。关于这一点，汉代史学家司马迁曾有过极好的描写。他说蓟城地区，物产丰饶，又地居汉族与东北各少数民族之间，是南北货物交流的中心，因此就成为北方一大都会。但是另外的一种情形是：每逢一些穷兵黩武好大喜功的封建统治者肆意孤行的时候，又常常利用蓟城在交通上的优越地位，作为经略东北的前方基地。……

晚唐以后，东北方的情况发生了很大的变化。在过去默默无闻的好几个少数民族，不但先后崛起，而且连连扣打汉族的门户，首当其冲的就是蓟城。这时蓟城因为是幽州的治所，所以又叫幽州城。幽州城因为上述的原因，就成了汉族一个重要的边防中心。由于唐朝的没落，其后相继而来的是五个小王朝——也就是历史上所说的五代。五代时期，幽州及其附近地区，落入东北少数民族之一的契丹人手中。契丹兴起于今日西辽河上游西拉木伦河附近的山区，在它一旦占据了幽州城之后，就立即在这里建立陪都，改称南京，又称燕京，并作为进攻大平原的一个据点。这就是历史上和北宋对峙的辽。

辽虽然改称幽州城为南京，但是并没有进行大规模的城市建设。到了兴起于松花江上的女真人建立了金朝并代替辽而占据了燕京城之后，情况就大不相同了。女真人第一次把都城从松花江边迁到燕京城，并把燕京城正式改名为中都。

金不但在这里建都，而且还进行了城市改建的工作，首先是把大城的东、西、南三面加以扩展，其次又在城内中部的前方修筑宫殿，工事非常豪华。中都城扩建之后，面积大为增加。大城中部的前方是内城，也就是皇宫所在，皇宫内外还有苑林的点缀。至于内城北面，也就是大城北门以内，则是全城最大的市场。当时人曾经记载说："陆海百货，聚于其中。"其规模之大是可以想见的。

…………

中都城在扩建之后不到一百年，就被破坏了。特别是建筑最为豪华的宫城，竟至荡然无存。这是因为，蒙古骑兵于公元1215年突破了南口一带天险，冲入了中都所在的小平原，杀进中都城来。那个时候他们还没有在这里建都的长远打算，因此不免大肆抢掠一番，然后纵火焚烧，可惜一代豪华的宫阙，竟然付之一炬。史书记载说，当时大火焚烧，断断续续，时燃时熄，前后蔓延了一个多月。劫后中都的残破，是完全可以想见的。

在中都扩建之前，北宋的人尝称它作"燕京"，也叫做"燕山府"。中都被毁之后，蒙古又在这里设置了"燕京路"，因此燕京一名，始终没有废弃。此后又过了四十多年，形势发生了很大的变化。当时成吉思汗的孙子忽必烈，怀抱着消灭南宋统一中国的雄心壮志，在公元1260年，从蒙古高原上的都城和林来到了燕京。但是燕京城中金朝宫殿已遭破坏，战乱以后的萧条情况，自在意中。因此，忽必烈到达之后，并没有住在城中，而是"驻跸燕京近郊"。在忽必烈第一次达到燕京后第四年，他宣布定都燕京，正式恢复了中都的名称。又过了四年，决定营建新都，这就是历史上赫赫有名的大都城。忽必烈在这里正式定都之后，随着也就建立了一个新的国号，叫做元。

不过元大都城并不是在金中都城的旧基上建造的，如果说金中都城乃是在北京最早的一个城址上所建立起来的最后而且也是最大的一座大城，那么元大都城却是在另外的一个新址上，为现在的北京城奠定了最初的基础。

公元1262年，也就是忽必烈初到燕京的第三年，他曾下令修缮一片湖水中的一个小岛，名叫琼华岛。公元1264年再修琼华岛。公元1265年工匠们用一整块玉石雕刻了一个大酒缸，起名叫做"渎山大玉海"，献给忽必烈使用。忽必烈很高兴，就下令把它放在广寒殿里。转年（公元1266年）又制成了一张雕刻精美的卧床献给忽必烈，起名叫做"五山珍御榻"。这张卧床，也被命令放在广寒殿。史文里明白地指出了广寒殿在琼华岛上，同时这一年又三修琼华岛。公元1267年，还在广寒殿中另外建立了一座玉殿；规制宏伟的新都也就是在这一年开始兴建，历时十八年全部落成。

这琼华岛就是在现在北京城里北海公园的白塔山。现在，这里已经是北京城内游人必到的一个风景中心；但是在金朝，这却是中都城外离城不远的一座离宫。这座离宫几百年来虽然历经沧桑，文物建筑大半已经荡然无存，但是宫中的琼华岛却被一直保留到今天，不过现在的人们一般不再管它叫做琼华岛，只是叫它做白塔山了。山上白塔的位置大约就是当年广寒殿的旧址，至于它的建筑年代还要晚得多。

值得一提的是当年被忽必烈下令放置在广寒殿中的渎山大玉海，还一直被保留到今天。这确是一件可贵的艺术品，是由一整块黑质白章的玉石雕刻而成，俗称玉瓮，瓮径四尺五寸，高二尺，周围一丈五尺，周有浮雕，刻工精美。这只玉瓮，虽然经历了几百年来的无数沧桑，却依然完好无恙，现在被放在琼华岛南面的团城里，供人览赏。……

现在值得追问的是这座离宫又是怎样的一个来历呢？

…………

在金朝，这座离宫的建置想来也是十分可观的，全面叙述虽然没有，但是从片断的记载里，也可知道个大概。例如金章宗明昌六年（公元1195年）的本纪里，就有下面这样一条，说："三月丙申，如万宁宫。五月，命减万宁宫陈设九十四所。"大概是万宁宫里搞得太奢华了，所以才有这样一道命令。不管怎样，万宁宫总是金朝帝王经常游憩的地方，这在历史上是有很多记载的。到了公元1215年蒙古骑兵突破南口，直围中都的时候，万宁宫因为地处东北郊外，所以竟成为当时城下战场的后方。因此，尽管中都城——特别是城内宫殿遭到了破坏，而在城东北几里路以外的万宁宫，却侥幸保全下来。正是因为这一原因，所以后来忽必烈初到中都城，就没有住在城里，而是住在了城外离城不远的万宁宫。几年之后，就又环绕着万宁宫，建筑起了大都城，这就为现在的北京城奠定了基础。

元朝大都城的兴建，是历史上北京城的一个极大发展，也是中国都市建筑史上非常值得重视的一页。当时未曾建城之前，先进行了十分详细的地形测量，然后根据中国传统的规制，结合了历史发展的因素和地方上一些地理特点，拟定了一个全城的总体规划，再逐步施工。首先在地下按着自然地形的倾斜，铺设了下水道，装置了排水设备。然后才在地面上根据分区布局的原则，进行设计。因为这是封建帝王的都城，宫殿自然要占着最突出、最重要的地位。这些宫殿建筑的布局，并不是仅仅占据了全城中央部位的机械而呆板的安排；相反的，却是采取了一种非凡的艺术手法，使严正雄伟的宫殿建筑和妩媚多姿的自然景物紧密结合起来，因此这就取得了一种人工与自然相互辉映的奇妙效果。

具体来说，当时曾把大大小小的宫殿，分别组成了三个建筑群，然后以琼华岛和周围的湖泊——今日的中海和北海（当时南海还不存在）作为设计中心，把三组宫殿环列在湖泊的两岸。在湖泊东岸迤南的，是属于皇帝的一组宫殿，叫做大内（现在紫禁城的前身）。东岸迤北，则保留为一个广大的绿化地带，向西通过一道桥梁，可以和琼华岛连成一片，它的位置大约相当于今天景山公园和附近一带地方（当然现在的景山那时还不存在）。因为当时曾经在这里养过一些珍禽异兽，所以又叫做"灵囿"，也就是皇家的动物园。湖泊的西岸，南北两部各为太子和太后的两组宫殿，和大内隔湖相望，鼎足而三。从这两组宫殿的中间，穿过湖泊中的小岛连接两岸的是两座木桥（西木桥即现在北海大石桥的前身）。这样，三组宫殿，再配合上当中一带湖泊和耸立在湖泊北部的琼华岛，构成了一个相互联系的整体，这就是整个城市布局的核心。环绕着这个核心，又加筑了一道城墙，当时叫做萧墙，后来称为皇城。环绕在皇城外面的才是大城。大城除北面只有东西两个城门外，其他三面，各有三个城门。相对的城门之间，都有宽广平直的大道，互相通连，在这些东西交织的大道所分割而成的地区，除去个别的例外，又都是纵横排列的街巷，不过为了采光和抵抗严寒北风的侵袭，所有纵横相交的街道，都是以东西向的横街为主，而且也都离得很近，至于南北向的街道，只占次要地位。这种情况在现在北京城的好多地方，还可以看得十分清楚。最后，大城以内，沿着一定的纵横街道，又划分为五十坊，每坊各有名称，这就是全城居民的居住单位。所以总的看来，全城规划整齐，井然有序，这是十分突出的。此外，大城之内、皇城之外，另有三组建筑，具有布局上的特殊意义。在皇城以东（现在朝阳门内附近），以及皇城以西（现在阜成门内附近），各有一组建筑，单独成为一区。东面的是太庙，是封建帝王祭祀祖先的地方；西面是社稷坛，是封建帝王祭祀土地和五谷之神的地方。这样左右之间的对称排列，更加加重了帝王大内的重要性。大内最中心的一座大殿，以及大殿最中心的所谓皇帝的宝座，是东西城之间的中心点。南北之间，垂直于这中心点的，正是全城设计的中轴线。从"大内"沿着这条中轴线向北去，在另外一片湖泊（现在北京北城什刹海）的东北岸上，又有一座大建筑耸立起来，名为中心阁。这中心阁离开南北两面城墙的距离是相等的，离开东西两面城墙的距离也大致是相等的。因此，这里正是全城布局的设计中心。同时，它的周围地区也是当时城内最大的贸易中心。

由此可见，元大都城的平面规划，在中国历代都城的设计中，可以说是最近似地体现了我国古代关于帝都建筑的一种理想。这个理想见于《周礼·考工记》，大意是说：一个帝王都城的设计，应该是一个正方形的大城，四面各有三个城门，门内各有笔直的通衢。在大城之内，正中的前方是朝廷，后方是市场。在朝廷的左方是太庙，右方是社稷坛。简单地说，叫做前朝、后市、左祖、右社。元大都城虽然不是正方形，并且正北一面也只有两个城门，不是三个城门。但是总的来说，城内主要建筑群的布局是合乎前朝、后市、左祖、右社的原则的。不过，它又结合了地方的特点，有所发挥就是了。总之，它不是单纯机械的模仿，而是创造性的发展。

大都城兴建之后刚刚一百年，又发生一次大变动。公元1368年，朱元璋在南京称帝，建立明朝。这一年，大将徐达奉命北伐，元朝最后的一个皇帝，终于弃城逃走。徐达胜利地进入大都城，立即把大都改称北平。

北平既定，紧跟着就是缩减北城，这大概是为了军事防守的便利而不得不采取的一种措施。被削掉的北城墙，现在在北京城北郊，还有遗迹可见。再建之后的北城墙的位置也就是今日德胜门和安定门所在的地方。后来为了要消灭所谓"王气"，又把元朝的大内有计划地拆除，从一方面来说这是对建筑的破坏，但从另一方面来说，这却为北京城的再建开辟了道路。燕王朱棣做了皇帝之后，就决心把都城从南京迁到这里，并把北平改名叫做北京，这是公元1403年的事，在明朝为永乐元年。北京这个名称就是从这时开始的。

…………

明初改建北京城除去宫殿的营建以外，还涉及全城平面设计的重新安排，其中主要的可以归纳为两点：

第一，重建宫城。在元朝大内的旧址上稍向南移，重建了一座新宫城，这就是保存到现在的紫禁城。紫禁城中最主要的三大殿——今称太和殿、中和殿、保和殿（明初称奉天殿、华盖殿、谨身殿，后改皇极殿、中极殿、建极殿），仍然建筑在全城的中轴线上，而且所谓金銮殿上宝座的中心，也正是这条中轴线所穿过的地方。这仍然和元朝大内的设计一样，突出地说明了封建帝王独霸天下的思想，至于紫禁城中的其他一切建筑，都是严格遵守着左右对称的排列形式，这在今天也还看得十分清楚。至于和元朝不相同的是明朝紫禁城的周围，又加筑了护城河，并且用河里挖起的泥土，在紫禁城的正北方，堆起了一座土山，当时命名为万岁山，俗称煤山，清初改称为景山，一直保留到现在。

第二，开拓南城。随着宫城的南移，原大都城的南墙，也就从现在的天安门前东西长安街所在的地方，推移到现在前门所在的东西一条线上，同时也相应地拓展了皇城的南面，这样就使得紫禁城和皇城之间的距离，大为延长。两者之间，也就出现了一大片空地，因而就把东城的太庙和西城的社稷坛，分别迁移到空地上的左右两方，这样一来，不但加强了这两组建筑和紫禁城之间的联系，而且也大大突出了中心的御路，增加了从天安门到紫禁城正门之间的深度，因而使得宫城以外的气势，更加恢弘。现在，天安门左右两方的劳动人民文化宫和中山公园就是利用旧的太庙和社稷坛改造的。至于中山公园迤西遥遥相望的南海，也是在这个时候开凿的，它和北面的湖泊连成一片，就是现在通常所说的"三海"。

到了我国历史上最后一个封建王朝——清朝，就完全袭用了明朝的宫殿，除去重修和增建了现在故宫中的一些大殿之外，其主要力量都放在北京城西郊两座离宫的修建上。一座是号称万园之园的圆明园（公元1860年惨遭英法侵略者焚毁）；一座是现在的颐和园，其中包括了昆明湖和万寿山，现在成为广大劳动人民假日游玩的地方。

……

选自《侯仁之讲北京》，北京出版社2003年版

原载《光明日报》1962年1月17日

【作品导读】

这是一篇学术散文，骨子里却是表达作者对祖国首都如数家珍似的爱。侯仁之院士是土生土长北京人，在北京学习工作数十年，又长年以北京作为学术对象，他对北京城的了解无人能望其项背。

本文从宏观层面对北京城三千多年的发展做了历史性的总结。具体有以下特点：第一，条理清晰。作者对北京城从蓟国到清朝、自上而下娓娓道来，提纲挈领，使读者很快就可以对北京城的产生和发展有一个系统的了解。第二，资料翔实。很多与之相关的历史故事和人物轶事，作者都能信手拈来，如蒙古骑兵对中都城的焚毁等，这些内容无疑增加了文章的学术性和可读性。第三，语言平实。作者虽长年留学英伦，其文章却丝毫不受欧化句式影响，甚至还夹杂一些口语化的句子。全文以短句见长，紧促精练，读来有一种清爽干净的美感。

【作品汇评】

尹钧科、韩光辉——

"可以这样说，自北京城为中华人民共和国首都以迄于今，就研究北京城的历史与地理来说，侯仁之先生涉猎范围之广，造诣之深，撰著之丰，影响之大，无人能望其项背。他是新中国北京史研究的奠基者。"[引自《中国历史地理论丛·侯仁之先生

对北京城市历史地理研究的重大贡献》，2001年第4期］

美国国家地理学会——

"侯博士是中国学术成果最丰厚、最富有激情的地理学家之一。他坚持出版研究著作，并积极培养年轻的地理学者。他的著作跨越自然科学与社会科学领域，这使他成为当代地理学的世界级领导人物。"［引自《中国历史地理杂志》，2002年第2期］

赞　美

穆　旦

> 穆旦（1918—1977），原名查良铮，祖籍浙江海宁。现当代著名诗人。代表作品有诗集《探险队》《旗》《穆旦诗集（1939—1945）》等，诗风独特鲜明。1958年穆旦遭受了不公正对待，不再写诗，转而从事翻译，并以查良铮的原名翻译了普希金、拜伦、雪莱等人的大量诗歌。

走不尽的山峦的起伏，河流和草原，
数不尽的密密的村庄，鸡鸣和狗吠，
接连在原是荒凉的亚洲的土地上，
在野草的茫茫中呼啸着干燥的风，
在低压的暗云下唱着单调的东流的水，
在忧郁的森林里有无数埋藏的年代。
它们静静地和我拥抱：
说不尽的故事是说不尽的灾难，沉默的
是爱情，是在天空飞翔的鹰群，
是干枯的眼睛期待着泉涌的热泪，
当不移的灰色的行列在遥远的天际爬行；
我有太多的话语，太悠久的感情，
我要以荒凉的沙漠，坎坷的小路，骡子车，
我要以槽子船，漫山的野花，阴雨的天气，
我要以一切拥抱你，你，
我到处看见的人民呵，
在耻辱里生活的人民，佝偻的人民，
我要以带血的手和你们一一拥抱。

因为一个民族已经起来。

一个农夫，他粗糙的身躯移动在田野中，
他是一个女人的孩子，许多孩子的父亲，
多少朝代在他的身边升起又降落了，
而把希望和失望压在他身上，
而他永远无言地跟在犁后旋转，
翻起同样的泥土溶解过他祖先的，
是同样的受难的形象凝固在路旁。
在大路上多少次愉快的歌声流过去了，
多少次跟来的是临到他的忧患；
在大路上人们演说，叫嚣，欢快，
然而他没有，他只放下了古代的锄头，
再一次相信名词，溶进了大众的爱，
坚定地，他看着自己溶进死亡里，
而这样的路是无限的悠长的
而他是不能够流泪的，
他没有流泪，因为一个民族已经起来。

在群山的包围里，在蔚蓝的天空下，
在春天和秋天经过他家园的时候，
在幽深的谷里隐着最含蓄的悲哀：
一个老妇期待着孩子，许多孩子期待着
饥饿，而又在饥饿里忍耐，
在路旁仍是那聚集着黑暗的茅屋，
一样的是不可知的恐惧，一样的是
大自然中那侵蚀着生活的泥土，
而他走去了从不回头诅咒。
为了他我要拥抱每一个人，
为了他我失去了拥抱的安慰，
因为他，我们是不能给以幸福的，

痛哭吧，让我们在他的身上痛哭吧，
因为一个民族已经起来。

一样的是这悠久的年代的风，
一样的是从这倾圮的屋檐下散开的
无尽的呻吟和寒冷，
它歌唱在一片枯槁的树顶上，
它吹过了荒芜的沼泽，芦苇和虫鸣，
一样的是这飞过的乌鸦的声音。
当我走过，站在路上踟蹰，
我踟蹰着为了多年耻辱的历史
仍在这广大的山河中等待，
等待着，我们无言的痛苦是太多了，
然而一个民族已经起来，
然而一个民族已经起来。

一九四一年十二月

选自《穆旦诗集（1939—1945）》，人民文学出版社 2000 年版

【作品导读】

穆旦从西南联大外文系毕业后留校工作，随即写作此诗；《赞美》最初发表于昆明文聚社出版的《文聚》第 1 卷第 1 期。诗人目睹了抗战时期人民生活在水深火热之中的状况，便以第一人称"我"为抒情主人公，全诗通过密集的意象群营造了荒凉、空阔而又令人悲痛的氛围。作者从"在耻辱里生活的人民，佝偻的人民"的身上，看到了时代的闪光，民族的转机。每节诗歌都以"一个民族已经起来"作为结束语反复咏叹，将深沉的爱国情感融于独特的象征和意境中，字里行间流露出一种不可抗拒的震撼人心的力量。

《赞美》一改"抗战诗歌"常用的直抒胸臆式的呼号，诗人自觉或不自觉地借鉴了当时欧美颇为流行的现代主义手法，如人称代词指称对象的模糊化，表现主义作家常用的隐喻、象征、暗示等；同时还充分利用汉语弹性，大量使用多义词和反复句式，以及一些陌生化句法，自由奔放，独具一格，很好地表现出诗歌的形式美和抒情美。

《赞美》朗诵：夏子科 龙静

【作品汇评】

刘纪新——

"在研究穆旦的文章中，常常将《赞美》置于显著位置；在很多人眼中，'这首诗现已被视为穆旦诗歌风格的标志之一'。……表现了诗人对于国家民族的深厚情感。"[引自《四川大学学报（哲学社会科学版）》2011年第2期，第58—59页]

巫宁坤——

"悲壮滴血的六十行长诗《赞美》，歌唱民族深重的苦难和血泊中的再生。"[引自李怡、易彬编《中国文学史资料全编·现代卷 穆旦研究资料（上）》，知识产权出版社2013年版，第72页]

祖 国 土

[苏联] 阿赫玛托娃

> 阿赫玛托娃（1889—1966），苏联女诗人，人称"俄罗斯诗歌的月亮"。代表诗集有《黄昏》《念珠》《耶稣纪元》等，另有组诗《安魂曲》《没有主人公的叙事诗》等影响较大。1964年获意大利"埃特内·塔奥尔米诺"诗歌奖，次年获牛津大学文学博士学位。1966年3月因心肌梗塞去世。

我们不用护身香囊把它带在胸口，
也不用激情的诗为它放声痛哭，
它不给我们苦味的梦增添苦楚，
它也不像是上帝许给的天国乐土。
我们心中不知它的价值何在，
我们也没想拿它来进行买卖，
我们在它上面默默地受难、遭灾，
我们甚至从不记起它的存在。
　　是的，对我们，这是套鞋上的污泥，
　　是的，对我们，这是牙齿间的砂砾，
　　我们把它践踏蹂躏，磨成齑粉，——
　　这多余的，哪儿都用不着的灰尘！
但我们都躺在它怀里，和它化为一体，
因此才不拘礼节地称呼它："自己的土地。"

1961年

选自严凌君编《人间的诗意——人生抒情诗读本》，商务印书馆2003年版

【作品导读】

唐代诗人罗隐独倚危楼，看到边塞战事连绵，抒发了"万里山河唐土地，千年魂魄晋英雄"的壮阔胸襟；抗战时期，日寇肆虐我神州大地，艾青这样吟唱："假如我是一只鸟，/我也应该用嘶哑的喉咙歌唱：/这被暴风雨所打击着的土地。"在西方，同样不乏有选取土地来表达诗人对祖国真挚热爱的诗作，苏联女诗人阿赫玛托娃的《祖国土》即为杰出代表。

《祖国土》采用欲扬先抑手法，落笔就连用了数个表示否定的词语："不用""也不用""不给""不像""不知""没想""从不记起""用不着"等，极力渲染了"我们"对于祖国大地的忽视和冷漠；或许"我们"还认为祖国大地的泥土，不过是粘附在"套鞋上的污泥"和渗入"牙齿间的砂砾"，它们常被"我们"踩在脚下，似乎就是"多余的""灰尘"。卒章显志，诗人笔锋一转，而"我们都躺在它怀里""和它化为一体"啊！我们该大声说——它就是"自己的土地"！爱国痴情如日升天，喷薄而出，可谓匠心独运。

【作品汇评】

胡世雄——

"阿赫玛托娃（1889—1966）被苏联和俄罗斯联邦作协等称作'诗歌语言的光辉大师'，其作品被认为是'伟大俄罗斯诗歌的杰出成就'，这绝非偶然。她的诗歌开一代新风，令读者耳目一新；树一面旗帜，仿效者络绎不绝。"[引自《外语学刊》2000年第3期，第75—76页]

孙贺楠、武晓霞——

"她以女性的独特视角感知世界，用质朴精炼的语言抒发情怀，在不经意间流溢出绵绵不绝、感人至深的情思。《故土》（《祖国土》）就是这样一首充满'变奏'情感力量的诗歌，它以异乎寻常的爱表达出诗人对祖国的崇高敬意，同时也反映出阿赫玛托娃所代表的阿克梅派的美学追求。"[引自《俄语学习》2012年第5期，第50页]

【阅读作品】

黍 离

《诗经》

  彼黍离离，彼稷之苗。行迈靡靡，中心摇摇。知我者，谓我心忧。不知我者，谓我何求。悠悠苍天，此何人哉？

  彼黍离离，彼稷之穗。行迈靡靡，中心如醉。知我者，谓我心忧。不知我者，谓我何求。悠悠苍天，此何人哉？

  彼黍离离，彼稷之实。行迈靡靡，中心如噎。知我者，谓我心忧。不知我者，谓我何求。悠悠苍天，此何人哉？

选自朱东润主编《中国历代文学作品选》（上编第一册）
上海古籍出版社 2002 年版

【作品聚焦】

  《黍离》在《诗经》中是一首比较少见的悲悼故国覆亡的诗歌。《毛诗序》曰："《黍离》，闵宗周也。周大夫行役，至于宗周。过故宗庙宫室，尽为禾黍。闵周室之颠覆，彷徨不忍去，而作是诗也。"宗周，即西周都城镐京，在今天的西安市西南一带。歌者咏唱此诗时，西周已颠覆多年，举目四望，以前的宗庙宫室，现在都长满了禾黍之类的庄稼，触景生情，遂有此叹。《黍离》字里行间灌注了浓浓的爱国主义情感，"黍离之悲"已成为哀伤亡国的代名词。《黍离》三小节均以"彼黍离离"开始，既是一种情绪宣泄，也是"以乐景写哀情"的经典之作。

登 岳 阳 楼

杜 甫

  昔闻洞庭水，今上岳阳楼。

吴楚东南坼，乾坤日月浮。
亲朋无一字，老病有孤舟。
戎马关山北，凭轩涕泗流。

选自〔清〕仇兆鳌注《杜诗详注》第五册，中华书局1979年版

【作品聚焦】

相较于其他诗人，杜甫诗歌对国家危难和民众困苦有着更多的关注和同情。此诗作于大历三年（768年），当时杜甫已将近花甲，却仍因战乱到处飘零。当他途经岳阳登临该地名胜岳阳楼，不禁感慨万千，写下这首千古名诗。此诗情韵饱满，一气呵成。首联写洞庭湖、岳阳楼名气之盛大以及登楼之兴奋；颔联紧承首联笔意，描绘洞庭湖的壮观，意境开阔；颈联一转，叙述个人身世，凄凉落寞，与上联构成极大反差；尾联拓开笔力，感叹万里关山，依然战乱不止，亲朋无音讯，国家迷失在一片狼烟战火中。此情此景怎能不让诗人涕泪纵横呢？杜甫的泪，不仅为他既老且病、有家难回而流，更为国家破败，百姓流离失所而流。

《岳阳楼》朗诵：雷蕾　吟诵：黄去非

黄　山

钟鼎文

安徽游子，游遍了五大洲的名山之后
朝拜过山岳至尊的喜马拉雅山之后
浪子回头，回到安徽，来到徽州
登上黄山，作家山的首次游

黄山不是山，是神仙居住的天上阆苑
共工氏触断了天柱时，陨落在人间
千山、万壑是宫殿、城阙、亭台、楼阁
悬岩奇松、危峰怪石，分明从天外飞来

黄山不是山，是仙人炼丹熬干了的海
云起时，仍然是岛屿萦回的海上蓬莱
煮海者将弱水沧溟煮成了烟霞、云雾
让人间的游客不乘舟楫，在瀛海间往来

少小离家，老大还乡，来作家山游
是鸟倦飞而返巢，狐垂死而首丘？
游罢下山，若有所失的频频回首
啊！我流浪的魂魄已被山岳收留

选自中国社会科学院文学研究所编《台湾爱国诗鉴》，
中国社会科学出版社 2000 年版

【作品聚焦】

钟鼎文祖籍安徽舒城。早年留学日本，回国后被聘为复旦大学教授。后投笔从戎，随军迁台，曾任台湾"中国新诗学会"理事长。此诗是钟鼎文《大陆行》组诗八首中的一首，是作者"登上黄山，作家山的首次游"之后的真情流露。作者展开想象的翅膀，将眼前的黄山比喻成"天上阆苑"和"海上蓬莱"，显得十分精妙。诗中的"仙人"是个关键词，无论是千山万壑、悬崖奇松，还是危峰怪石、烟霞云雾，都有如"天外飞来"，与"阆苑""蓬莱"仙境颇相仿佛。为何诗人"游遍了五大洲的名山"之后，对黄山之美如此一往情深呢？那是因诗人"少小离家，老大还乡"，对祖国大陆深怀热爱，况且时过境迁，大陆变化日新月异，"仙人"之喻，不尽之意尽在其中。

吉檀迦利（35）

[印度] 泰戈尔

在那里，心儿无畏，头颅高高地昂起；
在那里，知识是自由的；
在那里，世界没有被狭小的内宅的院墙割裂；

在那里，话是从真理深处说出来的；

在那里，不倦的奋斗向圆满伸出手臂；

在那里，理性的清泉没有干涸在僵死的陋习的荒漠之中；

在那里，灵魂由你引领，奔向不断拓宽的思想和行为——

步入那自由的天堂。天父啊，让我的祖国觉醒吧！

选自〔印〕泰戈尔《吉檀迦利》，白开元编译，商务印书馆2011年版

【作品聚焦】

1913年泰戈尔以其代表作长诗《吉檀迦利》成为亚洲第一个获得诺贝尔文学奖殊荣的作家。孟加拉文"吉檀迦利"是"献诗"的意思，此诗集主要内容是诗人对神的赞颂，具有浓厚的宗教色彩。实际上，这本宗教诗集的思想内涵是多元的，除了对神的歌颂，也有对自然的赞美和生命的敬畏，以及对自由的向往，对人民、国家和世界苦难的同情。

诗歌运用"在那里……"一连串的排比句，然后卒章显志："步入那自由的天堂。天父啊，让我的祖国觉醒吧！"试想，诗人所憧憬的"天堂"该是怎样的？实际尽在前面的排比铺叙中：人民活得有尊严，头颅高昂；知识自由；世界互通；不说假话；只要奋斗就会有收获；有理性；灵魂由自己主宰……这种"天堂"，不正是诗人所渴望的印度人民摆脱殖民统治之后的美好未来吗？从而，给这首诗烙上了深刻而鲜明的爱国主义印记。

单元能力训练三（如何读诗）

能力聚焦

诗歌鉴赏方法

一、总体把握诗歌的抒情特质

诗歌的本质是抒情，抒情是诗歌区别于其他文学体裁的突出特征。把握了抒情言志，也就把握住了诗歌的特质。情感的抒发方式有很多种，有时候是直抒胸臆，有时候是借景、借物或借事抒情。诗歌篇幅有限，语言必然凝练。诗歌在表露情感、反映生活时很少直接说出，而是通过具体生动的形象，让读者自己去感知。

二、学会知人论世

知人论世，是了解诗歌、准确把握诗歌含义的基础工作。只有清晰地了解诗人生活的时代，才能对诗歌进行"还原"，即在当时的历史与文化氛围中再现诗人的情感历程。十月革命后，很多作家都选择了流亡，阿赫玛托娃虽然也无法理解革命，却始终不离开祖国。后来，她的前夫被错杀，她本人被批判，但她仍然不放弃对祖国的赞美，祖国总是神圣的。知道了这些，我们就会更加明白为什么非常平凡的"土"，在她眼中是如此圣洁。

三、调动自己的人生阅历与情志

古人云："诗无达诂。"西方哲人也说："一千个读者就有一千个哈姆雷特。"欣赏诗歌，其角度是多元的，从不同处切入，常常会得出不同的感受。好诗贵在诗人独特的生命体验和奇妙的想象，读诗也贵在读者的体验与联想。每个欣赏者由于自己经历、文化素养不同，对诗理解也不一样。只有用自己的情志与经验去追溯诗中表现的情志与生活，充分调动起欣赏者的鉴赏想象，才会有高度的领悟。

四、在比较中学会阅读

所谓比较，实际上就是树立参照物。一个理想的诗歌鉴赏者同样需要比较，有比较才会有鉴别。如果将李商隐的《夜雨寄北》放在西方现代诗的背景下观照就会有更深入的理解。西方现代诗人就常常运用视角转换手法来展示无家可归的失落，表现他们面对现代社会中人与人、人与社会、人与环境关系恶化的孤寂与苦闷。《夜雨寄北》的视角也有几次转换，正是通过转换来表达彼此的思念有多么深厚。

📖 点子库

密咏恬吟，品尝韵味

从诗歌起源看，最初的诗即与歌唱、吟诵连在一起，诗中的情致和它富有音乐性的语言紧密相联。鉴赏诗歌不能只凭内心理解，还需通过朗诵或吟诵以嚼出其中滋味。一般而言，旧体诗词句式规则，适宜吟咏；新诗或译诗适宜朗诵。

《秋风辞》
吟诵：姜迈千

📝 单元综合训练题

一、比较《橘颂》《吉檀迦利（35）》《祖国土》和《赞美》，体会这四首诗是如何表达爱国情感的。

二、知人论世是读懂诗歌的基本方法，请结合钟鼎文《黄山》一诗予以阐述。

三、试分析《祖国土》的艺术技巧。

四、充分发挥鉴赏想象，填补《登岳阳楼》的"空白点"。

五、穆旦善于在诗歌创作中将阔大的景物形象与自己的悲悯情怀有机结合，以《赞美》为例，分析这种创作手法的作用。

六、诗歌"音乐美"包含哪些因素？

七、诗歌总是避开直说。因为不直说，只是含蓄地点拨你，往往是言在此而意在彼。试分析下面诗中的隐含意义。

断　　章

卞之琳

你站在桥上看风景，
看风景的人在楼上看你。

明月装饰了你的窗子，

你装饰了别人的梦。

选自卞之琳《雕虫纪历（1930—1958）》（增订版），
生活·读书·新知三联书店1982年版

第四单元 人本文选

管子（节选）

管　子

《管子》旧题为春秋时齐管仲撰，实非一时一人之作。最早成书于战国时期，后经刘向整理为86篇。到唐代又有10篇亡佚，今存24卷76篇。管仲（？—前645），名夷吾，字仲，颍上（今属安徽）人。春秋时期著名政治家、军事家，辅佐齐桓公九合诸侯，一匡天下。孔子曾称他为"仁"的典范。

牧民[1]第一

凡有地牧民者，务在四时[2]，守在仓廪。国多财则远者来，地举辟[3]则可留处。仓廪实则知礼节，衣食足则知荣辱。上服度则六亲固，四维[4]张则君令行。故省刑之要，在禁文巧[5]；守国之度，在饰[6]四维；顺[7]民之经，在明鬼神，祗山川，敬宗庙，恭祖旧。不务天时则财不生，不务地利则仓廪不盈。野芜旷则民乃菅，上无量则民乃妄，文巧不禁则民乃淫，不璋两原[8]则刑乃繁，不明鬼神则陋民不悟，不祗山川则威令不闻，不敬宗庙则民乃上校[9]，不恭祖旧则孝悌不备，四维不张，国乃灭亡。

右国颂[10]

国有四维，一维绝则倾，二维绝则危，三维绝则覆，四维绝则灭。倾可正也，危可安也，覆可起也，灭不可复错[11]也。何谓四维？一曰礼，二曰义，三曰廉，四曰耻。礼不踰节，义不自进，廉不蔽恶，耻不从枉[12]。故不踰节则上位安，不自进则民无巧诈，不蔽恶则行自全，不从枉则邪事不生。

右四维

政之所兴，在顺民心；政之所废，在逆民心。民恶忧劳[13]，我佚乐之[14]；民恶贫贱，我富贵之；民恶危坠，我存安之；民恶灭绝，我生育之。能佚乐之，则民为之忧劳；能富贵之，则民为之贫贱；能存安之，则民为之危坠；能生育之，则民为之灭绝。故刑罚不足以畏其意，杀戮不足以服其心。故刑罚繁而意不恐，则令不行矣；杀戮众而心不服，则上位危矣。故从其四欲，则远者自亲；行其四恶，则近者叛之。故知予之为取者[15]，政之宝也。

右四顺

霸言第二十三

夫霸王之所始也，以人为本。本理则国固，本乱则国危。故上明则下敬，政平则人安，士教和则兵胜敌，使能则百事理，亲仁则上不危，任贤则诸侯服。

选自《管子》，〔唐〕房玄龄注，〔明〕刘绩补注，上海古籍出版社2015年版

【作品注解】

[1] 牧民：统治、管理人民。牧，牧养。

[2] 四时：指春夏秋冬四季的农事。

[3] 举辟：举，尽，全；辟，开垦。言地尽辟，则人留而安居处也。

[4] 四维：系在网四角的绳索，提起四维才能张网，此指下文中礼义廉耻四种道德准则。

[5] 文巧：文，修饰；巧，机巧。指舞文弄法。

[6] 饰："饬"的通假字。整顿、整饬。

[7] 顺："训"的通假字。

[8] 不璋两原：璋，明也；两原，即导致民妄、民淫的缘由，即"饰四维"和"禁文巧"。

[9] 校：效也。君无所尊，人亦效之。

[10] 右：指上面的文字，竖排本右边。国颂：这一章的小标题。颂，仪容，此指国家的仪容。

[11] 错："措"的通假字，放置的意思。

[12] 枉：歪门邪道。

[13] 忧劳：指愁苦劳顿的生活状态。

[14] 佚乐：同"逸乐"，指安逸喜悦的生活状态。

[15] 予之为取：予，给予；取，取得。指给予与获得的辩证法。

【作品导读】

国颂，论述立国治民的一般原则，提出了著名的论断："仓廪实则知礼节，衣食足则知荣辱"；四维，论述弘扬礼、义、廉、耻的道德意识是维系国家存亡的四条准绳；四顺，论述为政者必顺应民心的原则和经验。霸言论述"以人为本"乃建立霸业的根基所在，这也是我国历史文献中关于"以人为本"的最早表述。

《管子》的"以人为本"，不仅从统治者的立场，阐明了"政之所兴，在顺民心；政之所废，在逆民心"的王霸之道，而且还明确要求关注百姓的"佚乐""富贵""存安""生育"的需求，具有人本主义的精神特质。他反对"刑罚繁""杀戮重"的残暴统治，主张"衣食足""四维张"，即物质文明与精神文明共同发展，为当代构建和谐社会提供了理论基础。

【作品汇评】

《论语·宪问》——

"子曰:'管仲相桓公,霸诸侯,一匡天下,民到于今受其赐。微管仲,吾其被发左衽矣。'"[引自杨伯峻译注《论语译注》,中华书局2006年版,第170页]

陈书仪——

"《管子》的治国思想,其宗旨是富国富民,富国是目的,富民是手段。在经济上,主张以农业为本,重农辟地,积极发展农业生产;在政治上,强调治国以民为本,政顺民心,尽其民力,依靠广大人民的支持,从而富国强兵,增长综合国力。经济上的'农本'思想和政治上的'民本'思想,在管仲那里是辩证统一的。"[引自陈书仪《管子大传》,齐鲁书社2008年版,第222页]

秦腔（节选）

贾平凹

> 贾平凹，当代著名作家。1952年出生于陕西省丹凤县。1972年进入西北大学学习汉语言文学。此后一直生活在西安，从事文学编辑兼写作。主要作品有《浮躁》《废都》《高老庄》《怀念狼》《秦腔》等。曾多次获得全国文学奖及美国美孚飞马文学奖等国际大奖。

　　山川不同，便风俗区别，风俗区别，便戏剧存异；普天之下人不同貌，剧不同腔；京，豫，晋，越，黄梅，二黄，四川高腔，几十种品类；或问：历史最悠久者，文武最正经者，是非最汹汹者？曰：秦腔也。正如长处和短处一样突出便见其风格，对待秦腔，爱者便爱得要死，恶者便恶得要命。外地人——尤其是自夸于长江流域的纤秀之士——最害怕秦腔的震撼；评论说得婉转的是：唱得有劲；说得直率的是：大喊大叫。于是，便有柔弱女子，常在戏台下以绒堵耳，又或在平日教训某人：你要不怎么怎么样，今晚让你去看秦腔！秦腔成了惩罚的代名词。所以，别的剧种可以各省走动，唯秦腔则如秦人一样，死不离窝；严重的乡土观念，也使其离不了窝：可能还在西北几个地方变腔走调的有些市场，却绝对冲不出往东南而去的潼关呢。

　　但是，几百年来，秦腔却没有被淘汰，被沉沦，这使多少人在大惑而不得其解。其解是有的，就在陕西这块土地上。如果是一个南方人，坐车轰轰隆隆往北走，渡过黄河，进入西岸，八百里秦川大地，原来竟是：一抹黄褐的平原；辽阔的地平线上，一处一处用木椽夹打成一尺多宽墙的土屋，粗笨而庄重；冲天而起的白杨，苦楝，紫槐，枝干粗壮如桶，叶却小似铜钱，迎风正反翻覆……你立即就会明白了：这里的地理构造竟与秦腔的旋律惟妙惟肖的一统！再去接触一下秦人吧，活脱脱的一群秦始皇兵马俑的复出：高个，浓眉，眼和眼间隔略远，手和脚一样粗大，上身又稍稍见长于下身。当他们背着沉重的三角形状的犁铧，赶着山包一样团块组合式的秦川公牛，端着脑袋般大小的耀州瓷碗，蹲在立的卧的石碌子碡碾上吃着牛肉泡馍，你不禁又要改变起世界观了：啊，这是块多么空旷而实在的土地，在这块土地摸爬滚打的人群是多么"二愣"的民众！那晚霞烧起的黄昏里，落日在地平线上欲去不去的痛苦的妊娠，五里一村，十里一镇，高音喇叭里传播的秦腔互相交织，冲撞，这秦腔原来是秦川的天籁，地籁，人籁的共鸣啊！于此，你不渐渐感觉到了南方戏剧的秀而无骨吗？不深深地懂得秦腔为什么形成和存在而占却时间，空间的位置吗？

　　八百里秦川，以西安为界，咸阳，兴平，武功，周至，凤翔，长武，岐山，宝鸡，两个专区几十个县为西府；三原，泾阳，高陵，户县，合阳，大荔，韩城，白水，一个专区十几个县为东府。秦腔，就源于西府。在西府，民性敦厚，说话多用去声，一律咬字沉重，对话如吵架一样，哭丧又一呼三叹。呼喊远人更是特殊：前声拖十二分的长，末了方极快地道出内容。声韵的发展，使会远道喊人的人都从此有了唱秦腔的天才。老一辈的能唱，小一辈的能唱，男的能唱，女的能唱；唱秦腔成了做人最体面的事，任何一个乡下男女，只有唱秦腔，才有出人头地的可能，大凡有出息的，是个人才的，哪一个何曾未登过台，起码不能吼一阵乱弹呢！

　　农民是世上最劳苦的人，尤其是在这块平原上，生时落草在黄土炕上，死了被埋在黄土堆下；秦腔是他们大苦中的大乐，当老牛木犁疙瘩绳，在田野已经累得筋疲力尽，立在犁沟里大喊大叫来一段秦腔，那心胸肺腑，关关节节的困乏便一尽儿涤荡净了。秦腔与他们，是和"西凤"白酒，长线辣子，大叶卷烟，牛肉泡馍一样成为生命的五大要素。若与那些年长的农民聊起来，他们想象的伟大的共产主义生活，首先便是这五大要素。他们有的是吃不完的粮食，他们缺的是高超的艺术享受，他们教育自己的子女，不会是那些文豪们讲的，幼年不是祖母讲着动人的迷丽的童话，而是一字一板传授着秦腔。他们大都不识字，但却出奇地能一本一本整套背诵出剧本，虽然那常常是之乎者也的字眼从那一圈胡子的嘴里吐出来十分别扭。有了秦腔，生活便有了乐趣，高兴了，唱"快板"，高兴得是被烈性炸药爆炸了一样，要把整个身心粉碎在天空！痛苦了，唱"慢板"，揪心裂肠的唱腔却表现了多么有情有味的美来，美给了别人享受，美也熨平了自己心中愁苦的皱纹……
　　……………

　　一出戏排成了，一人传出，全村振奋，扳着指头盼那上演日期。一年十二个月，正月元宵日，二月龙抬头，三月三，四月四，五月五日过端午，六月六日晒丝绸，七月过半，八月中秋，九月初九，十月一日，再是那腊月五豆，腊八，二十三……月月有节，三月一会，那戏必是上演的。戏台是全村人的共同的事业，宁肯少吃少穿也要筹资集款，买上好的木石，请高强的工匠来修筑。村子富不富，就比这戏台阔不阔。一演出，半下午人就找凳子去占地位了，未等戏开，台下坐的、站的人头攒拥，台两边阶上立的卧的是一群顽童。那锣鼓就叮叮咣咣地闹台，似乎整个世界要天翻地覆了。各类小吃趁机摆开，一个食摊上一盏马灯，花生，瓜子，糖果，烟卷，油茶，麻花，烧鸡，煎饼，长一声短一声叫卖不绝。锣鼓还在一声儿敲打，大幕只是不拉，演员偶尔从幕边往下望望，下边就喊：开演呀，场子都满了！幕布放下，只说就要出场了，却又叮叮咣咣不停。台下就乱了，后边的喊前边的坐下，前边的喊后边的为什么不说最前边的立着；场外的大声叫着亲朋子女名字，问有坐处没有，场内的锐声回应快进来；有要吃煎饼的喊熟人去买一个，熟人买了站在场外一扬手，"日"的一声隔人头甩去，不偏不倚目标正好；左边的喊右边的踩了他的脚，右边的叫左边的挤了他的腰，一个说："狗年快完了，你还叫啥哩？"一个说："猪年还没到，你便拱开了！"言语伤人，动了手脚；外边的趁机而入，一时四边向里挤，里边向外扛，人的旋涡涌起，如四月的麦田起风，根儿不动，头身一会儿倒西，一会儿倒东，喊声，骂声，哭声一片；有拼命挤将出来的，一出来方觉世界偌大，身体胖肿，但差不多却光了脚，乱了头发……

　　终于台上锣鼓停了，大幕拉开，角色出场。但不管男的女的，出来偏不面对观众，一律背身掩面，女的就碎步后移，水上漂一样，台下就叫：瞧那腰身，那肩头，一身的戏哟。是男的就摇那帽翎，一会双摇，一会单摇，一边上下飞闪，一边纹丝不动，台下便叫：绝了，绝了！等到那角色儿猛一转身，头一高扬，一声高叫，声如炸雷豁啷嘟直从人们头顶碾过，全场一个冷颤，从头到脚，每一个手指尖儿，每一根头发梢儿都麻酥酥的了。如果是演《救裴生》，那慧娘站在台中往下蹲，慢慢地，慢慢地，慧娘蹲下去了，全场人头也矮下去了半尺，等那慧娘往起站，慢慢地，慢慢地，慧娘站起来了，全场人的脖子也全拉长了起来。他们不喜欢看生戏，最欢迎看熟戏，那一腔一调都晓得，哪个演员唱得好，就摇头晃脑跟着唱，哪个演员走了调，台下就有人要纠正。说穿了，看秦腔不为求新鲜，他们只图过过瘾。

在这样的地方，这样的环境，这样的气氛，面对着这样的观众，秦腔是最逞能的，它的艺术的享受，是和拥挤而存在，是有力气而获得的。如果是冬天，那风在刮着，像刀子一样，如果是夏天，人窝里热得如蒸笼一般，但只要不是大雪，冰雹，暴雨，台下的人是不肯撤场的。最可贵的是那些老一辈的秦腔迷，他们没有力气挤在台下，也没有好眼力看清演员，却一溜一排地蹲在戏台两侧的墙根，吸着草烟，慢慢将唱腔品赏。一声叫板，便可以使他们坠入艺术之宫，"听了秦腔，肉酒不香"，他们是体会得最深。那些大一点的，脾性野一点的孩子，却占领了戏场周围所有的高空，杨树上，柳树上，槐树上，一个枝杈一个人。他们常常乐而忘了险境，双手鼓掌时竟从树杈上掉下来，掉下来自不会损伤，因为树下是无数的人头，只是招致一顿臭骂罢了。更有一些爬在了场边的麦秸垛上，夏天四面来风，好不凉快，冬日就扒个草洞，将身子缩进去，露一个脑袋，也正是有闲阶级享受不了秦腔吧，他们常就瞌睡了，一觉醒来，月在西天，戏毕人散，只好苦笑一声悄然没声儿地溜下来回家敲门去了。

…………

秦腔在这块土地上，有着神圣的不可动摇的基础。……谁要侮辱一下秦腔，他们要争死争活地和你论理，以至大打出手，永远使你记住教训。每每村里过红白丧喜之事，那必是要包一台秦腔的，生儿以秦腔迎接，送葬以秦腔致哀，似乎这个人生的世界，就是秦腔的舞台，人只要在舞台上，生，旦，净，丑，才各显了真性，恶的夸张其丑，善的凸现其美，善使他们获得美的教育，恶的也使丑里化作了美的艺术。

…………

节选自贾平凹《旷世秦腔》，时代文艺出版社 2015 年版

【作品导读】

　　秦腔是中国西北部具有地域风情、体现了当地百姓悲苦喜乐的一种艺术或民俗的综合反映。中国的西北部俗称秦地。历史上，秦地长期处于政治中心，世世代代秦人饱尝朝代兴废和征战之苦。唯有秦腔悲美的基调，能与他们的生命体验相契合；唯有秦腔的高亢婉转，能使他们内敛坚韧外表下的真性情得以释放。贾平凹这位土生土长的秦地作家，受这样一方土地滋养，被这样一方文化牵绊，也最能活画出这一方百姓的气韵与风骨。这篇散文，从秦腔产生的人文地理背景、演出场景和群众基础等多方面展开描写，既写戏，也写人。通过写戏，将秦地人的生活和追求得以充分展示；通过写人，将秦腔的厚重、绵长和沁入人心的艺术感染力得以体现。秦人对秦腔的钟情，蕴含着深刻的艺术哲学。"似乎这个人生的世界，就是秦腔的舞台。"真正伟大的艺术，必与人类的生存状况水乳交融。《秦腔》文笔细腻而灵动，语言朴实而幽默，具有浓郁地方色彩。

【作品汇评】

贾平凹——

　　"我喜欢着戏曲，……表演的不是生活的真实幻觉，而通过表演，又让人感到是生活的幻觉。/它们是真正的体验，真正的剖象，真正的表现艺术；严格的规范，自由的创造，以真为美，寓真于美，而真美完全融于神、形、意境之中。"[转引自史子勋、柳郁边编《贾平凹人生小品》，河北人民出版社1994年版，第66页]

王永生等——

　　"通篇读完，让人回肠荡气，勃发出一种雄强不屈，再振神威的创造欲望，构成了意在言外的理想境界。因为主体的内在体验压倒一切，文辞便如富于激情的浪漫主义作家一样，喷涌而出，一泻千里。故而在艺术形式上形成不拘小节，无法为上法的真朴之美，大有秦汉艺术神采。"[引自王永生等《贾平凹的语言世界》，太白文艺出版社1994年版，第252页]

一棵开花的树

席慕蓉

> 席慕蓉，台湾著名诗人，原籍内蒙古明安旗。1943 年生于重庆市。14 岁入台北师范，后入台湾师大艺术系，1966 年在布鲁塞尔皇家艺术学院进修，获比利时皇家金牌奖等。著有诗集、散文集、画册及选本等 50 余种，代表作有《七里香》《一棵开花的树》等。

如何让你遇见我
在我最美丽的时刻　为这
我已在佛前　求了五百年
求佛让我们结一段尘缘

佛于是把我化做一棵树
长在你必经的路旁
阳光下慎重地开满了花
朵朵都是我前世的盼望

当你走近　请你细听
那颤抖的叶是我等待的热情
而当你终于无视地走过
在你身后落了一地的
朋友啊　那不是花瓣
是我凋零的心

选自戴言编《席慕蓉精品集》（一），敦煌文艺出版社 1998 年版

【作品导读】

一首优秀的诗歌常常具有两个特征："动人"和"蕴藉"。"动人"之处在于写情。为了"让你遇见我"，"我已在佛前求了五百年"，用情至深；为了"最美丽的时刻"，我甘愿"化做一棵树"，情思至纯；每朵花都是"前世的盼望"，"颤抖的叶"是"等待的热情"，情感真挚；结尾"你终于无视地走过"，"我前世的期盼"最终落空，令人唏嘘。诗的"蕴藉"在于意境之朦胧。多愁善感的人以为此诗是写单相思的痛苦，年轻人以为写青春的无怨无悔，学者以为蕴含着诗人"以情观物"的自然观。仔细品味，亦能悟出些生命的哲理。我们每个人苦苦追寻的生命价值，可能未曾实现过。然而，正因为有了期盼，我们的人生便多了份执念，多了份深情。即使最终沦为虚妄，生命的绽放本身就是意义。此诗将写景、抒情和说理高度融合，便使"一棵开花的树"成为一个内涵极为丰富的文学意象。

《一棵开花的树》朗诵：魏子贺

【作品汇评】

席慕蓉——

"你如果肯仔细地去端详，你就能明白它所说的每一句话。/ 就因为每朵花只能开一次，所以，它就极为小心地绝不错一步，满树的花，就没有一朵开错了的。它们是那样慎重和认真地迎接着唯一的一次春天。/ 所以，我每次走过一棵开花的树，都不得不惊讶与屏息于生命的美丽。"[引自戴言编《席慕蓉精品集》（二），敦煌文艺出版社1998年版，第6页]

赵小琪——

"一棵开花的树的象征意义已超越了单纯的男女之爱，而是一种他爱与自爱的复合体。……这种以美丽的忧伤来状写爱的人生，正是席慕蓉这首诗具有回味无穷的情感魅力的真正原因所在。"[引自赵小琪、王宁宁主编《台港名家名作选读》，中国民主法制出版社2012年版，第31页]

麦琪的礼物

[美] 欧·亨利

> 欧·亨利（1862—1910），原名威廉·西德尼·波特，20世纪初美国著名批判现实主义作家，美国现代短篇小说创始人，与法国的莫泊桑、俄国的契诃夫并称为世界三大短篇小说巨匠。他一生创作了一部长篇小说和近300篇的短篇小说。代表作有《麦琪的礼物》《警察与赞美诗》《最后一片藤叶》等。

一块八毛七分钱。全在这儿了。其中六毛钱还是铜子儿凑起来的。这些铜子儿是每次一个、两个向杂货铺、菜贩和肉店老板那儿死乞白赖地硬扣下来的；人家虽然没有明说，自己总觉得这种掂斤播两的交易未免太吝啬，当时脸都臊红了。德拉数了三遍。数来数去还是一块八毛七分钱，而第二天就是圣诞节了。

除了倒在那张破旧的小榻上号哭之外，显然没有别的办法。德拉就那样做了。这使一种精神上的感慨油然而生，认为人生是由啜泣、抽噎和微笑组成的，而抽噎占了其中绝大部分。

这个家庭的主妇渐渐从第一阶段退到第二阶段，我们不妨抽空儿来看看这个家吧。一套连家具的公寓，房租每星期八块钱。虽不能说是绝对难以形容，其实跟贫民窟也相去不远。

下面门廊里有一个信箱，但是永远不会有信件投进去；还有一个电钮，除非神仙下凡才能把铃按响。那里还贴着一张名片，上面印有"詹姆斯·迪林汉·扬先生"几个字。

"迪林汉"这个名号是主人先前每星期挣三十块钱的时候，一时高兴，加在姓名之间的。现在收入缩减到二十块钱，"迪林汉"几个字看来就有些模糊，仿佛它们正在郑重考虑，是不是缩成一个质朴而谦逊的"迪"字为好。但是每逢詹姆斯·迪林汉·扬先生回家上楼，走进房间的时候，詹姆斯·迪林汉·扬太太——就是刚才已经介绍给各位的德拉——总是管他叫做"吉姆",总是热烈地拥抱他。那当然是很好的。

德拉哭了之后,在脸颊上扑了些粉。她站在窗子跟前,呆呆地瞅着外面灰蒙蒙的后院里,一只灰猫正在灰色的篱笆上行走。明天就是圣诞节了,她只有一块八毛七分钱来给吉姆买一件礼物。好几个月来,她省吃俭用,能攒起来的都攒了,可结果只有这一点儿。一星期二十块钱的收入是不经用的。支出总比她预算的要多。总是这样的。只有一块八毛七分钱来给吉姆买礼物。她的吉姆。为了买一件好东西送给他,德拉自得其乐地筹划了好些日子。要买一件精致、珍奇而真有价值的东西——够得上为吉姆所有的东西固然很少,可总得有些相称才成呀。

房里两扇窗子中间有一面壁镜。诸位也许见过房租八块钱的公寓里的壁镜。一个非常瘦小灵活的人,从一连串纵的片断的映象里,也许可以对自己的容貌得到一个大致不差的概念。德拉全凭身材苗条,才精通了那种技艺。

她突然从窗口转过身,站到壁镜面前。她的眼睛晶莹明亮,可是她的脸在二十秒钟之内却失色了。她迅速地把头发解开,让它披落下来。

且说,詹姆斯·迪林汉·扬夫妇有两样东西特别引为自豪,一样是吉姆三代祖传的金表,另一样是德拉的头发。如果示巴女王[①]住在天井对面的公寓里,德拉总有一天会把她的头发悬在窗外去晾干,使那位女王的珠宝和礼物相形见绌。如果所罗门王[②]当了看门人,把他所有的财富都堆在地下室里,吉姆每次经过那儿时准会掏出他的金表看看,好让所罗门妒忌得吹胡子瞪眼睛。

这当儿,德拉美丽的头发披散在身上,像一股褐色的小瀑布,奔泻闪亮。头发一直垂到膝盖底下,仿佛为她铺成了一件衣裳。她又神经质地赶快把头发梳好。她踌躇了一会儿,静静地站着,有一两滴泪水溅落在破旧的红地毯上。

[①] 示巴女王,示巴古国在阿拉伯西南,即今之也门。《旧约·列王纪上》载示巴女王带了许多香料、宝石和黄金去觐见所罗门王,用难题考验所罗门的智慧。

[②] 所罗门王,公元前十世纪以色列国王,以聪明豪富著称。

她穿上褐色的旧外套，戴上褐色的旧帽子。她眼睛里还留着晶莹的泪光，裙子一摆，就飘然走出房门，下楼跑到街上。

她走到一块招牌前停住了，招牌上面写着："莎弗朗妮夫人——经营各种头发用品。"德拉跑上一段楼梯，气喘吁吁地让自己定下神来。那位夫人身躯肥大，肤色白得过分，一副冷冰冰的模样，同"莎弗朗妮"① 这个名字不大相称。

"你要买我的头发吗？"德拉问道。

"我买头发。"夫人说，"脱掉帽子，让我看看头发的模样。"

那股褐色的小瀑布泻了下来。

"二十块钱。"夫人用行家的手法抓起头发说。

"赶快把钱给我。"德拉说。

噢，此后的两个钟头仿佛长了玫瑰色翅膀似的飞掠过去。诸位不必理会这种杂凑的比喻。总之，德拉正为了送吉姆的礼物在店铺里搜索。

德拉终于把它找到了。它准是专为吉姆，而不是为别人制造的。她把所有店铺都兜底翻过，各家都没有像这样的东西。那是一条铂金表链，式样简单朴素，只是以货色来显示它的价值，不凭什么装潢来炫耀——一切好东西都应该是这样的。它甚至配得上那只金表。她一看到就认为非给吉姆买下不可。它简直像他的为人。文静而有价值——这句话拿来形容表链和吉姆本人都恰到好处。店里以二十一块钱的价格卖给了她，她剩下八毛七分钱，匆匆赶回家去。吉姆有了那条链子，在任何场合都可以毫无顾虑地看看钟点了。那只表虽然华贵，可是因为只用一条旧皮带来代替表链，他有时候只是偷偷地瞥一眼。

德拉回家以后，她的陶醉有一小部分被审慎和理智所替代。她拿出卷发铁钳，点着煤气，着手补救由于爱情加上慷慨而造成的灾害。那始终是一件艰巨的工作，亲爱的朋友们——简直是了不起的工作。

不出四十分钟，她头上布满了紧贴着的小发卷，变得活像一个逃课的小学生。她对着镜子小心而苛刻地照了又照。

"如果吉姆看了一眼不把我宰掉才怪呢，"她自言自语地说，"他会

---

① 莎弗朗妮，意大利诗人塔索（1544—1595）以第一次十字军东征为题材的史诗《被解放的耶路撒冷》中的人物，她为了拯救耶路撒冷全城的基督徒，承认了并未犯过的罪行，成为舍己救人的典型。

说我像是康奈岛游乐场里的卖唱姑娘。我有什么办法呢？——唉！只有一块八毛七分钱，叫我有什么办法呢？"

到了七点钟，咖啡已经煮好，煎锅也放在炉子后面热着，随时可以煎肉排。

吉姆从没有晚回来过。德拉把表链对折着握在手里，在他进来时必经的门口的桌子角上坐下来。接着，她听到楼下梯级上响起了他的脚步声。她脸色白了一忽儿。她有一个习惯，往往为了日常最简单的事情默祷几句，现在她悄声说："求求上帝，让他认为我还是美丽的。"

门打开了，吉姆走进来，随手把门关上。他很瘦削，非常严肃。可怜的人儿，他只有二十二岁——就负起了家庭的担子！他需要一件新大衣，手套也没有。

吉姆在门内站住，像一条猎狗嗅到鹌鹑气味似的纹丝不动。他的眼睛盯着德拉，所含的神情是她所不能理解的，这使她大为惊慌。那既不是愤怒，也不是惊讶，又不是不满，更不是嫌恶，不是她所预料的任何一种神情。他只带着那种奇特的神情凝视着德拉。

德拉一扭腰，从桌上跳下来，走近他身边。

"吉姆，亲爱的，"她喊道，"别那样盯着我。我把头发剪掉卖了，因为不送你一件礼物，我过不了圣诞节。头发会再长出来的——你不会在意吧，是不是？我非这么做不可。我的头发长得快极啦。说句'恭贺圣诞'，吧！吉姆，让我们快快乐乐的。我给你买了一件多么好——多么美丽的好东西，你怎么也猜不到的。"

"你把头发剪掉了吗？"吉姆吃力地问道，仿佛他绞尽脑汁之后，还没有把这个显而易见的事实弄明白似的。

"非但剪了，而且卖了。"德拉说，"不管怎样，你还是同样地喜欢我吗？虽然没有了头发，我还是我，可不是吗？"

吉姆好奇地向房里四下张望。

"你说你的头发没有了吗？"他带着近乎白痴般的神情问道。

"你不用找啦，"德拉说，"我告诉你，已经卖了——卖了，没有了。今天是圣诞前夜，亲爱的。好好地对待我，我剪掉头发为的是你呀。我的头发也许数得清，"她突然非常温柔地接下去说，"但我对你的情爱谁也数不清。我把肉排煎上好吗，吉姆？"

吉姆好像从恍惚中突然醒过来。他把德拉搂在怀里。我们不要冒昧，先花十秒钟工夫瞧瞧另一方面无关紧要的东西吧。每星期八块钱的房租，或是每年一百万元房租——那有什么区别呢？一位数学家或是一位俏皮的人可能会给你不正确的答复。麦琪带来了宝贵的礼物[①]，但其中没有那件东西。对这句晦涩的话，下文将有所说明。

吉姆从大衣口袋里掏出一包东西，把它扔在桌上。

"别对我有什么误会，德尔。"他说，"不管是剪发、修脸，还是洗头，我对我姑娘的爱情是决不会减低的。但是只消打开那包东西，你就会明白，你刚才为什么使我愣住了。"

白皙的手指敏捷地撕开了绳索和包皮纸。接着是一声狂喜的呼喊；紧接着，哎呀！突然转变成女性神经质的眼泪和号哭，立刻需要公寓的主人用尽办法来安慰她。

因为摆在眼前的是那套插在头发上的梳卡——全套的发卡，两鬓用的，后面用的，应有尽有；那原是在百老汇路上的一个橱窗里，为德拉渴望了好久的东西。纯玳瑁做的，边上镶着珠宝的美丽的发卡——来配那已经失去的美发，颜色真是再合适也没有了。她知道这套发卡是很贵重的，心向神往了好久，但从来没有存过占有它的希望。现在这居然为她所有了，可是那佩带这些渴望已久的装饰品的头发却没有了。

但她还是把这套发卡搂在怀里不放，过了好久，她才能抬起迷蒙的泪眼，含笑对吉姆说："我的头发长得很快，吉姆！"

接着，德拉像一只给火烫着的小猫似的跳了起来，叫道："喔！喔！"

吉姆还没有见到他的美丽的礼物呢。她热切地伸出摊开的手掌递给他。那无知觉的贵金属仿佛闪闪反映着她那快活和热诚的心情。

"漂亮吗，吉姆？我走遍全市才找到的。现在你每天要把表看上百来遍了。把你的表给我，我要看看它配在表上的样子。"

吉姆并没有照着她的话去做，却倒在榻上，双手枕着头，笑了起来。

"德尔，"他说，"我们把圣诞节礼物搁在一边，暂且保存起来。它们实在太好啦，现在用了未免可惜。我是卖掉了金表，换了钱去买你

[①] 麦琪，指基督初生时来送礼物的三贤人。一说是东方三王：梅尔基奥尔（光明之王）赠送黄金表示尊贵；加斯帕（洁白者）赠送乳香象征神圣；巴尔撒泽赠送没药预示基督后来遭受迫害而死。

的发卡的。现在请你煎肉排吧。"

那三位麦琪,诸位知道,全是有智慧的人——非常有智慧的人——他们带来礼物,送给生在马槽里的圣子耶稣。他们首创了圣诞节馈赠礼物的风俗。他们既然有智慧,他们的礼物无疑也是聪明的,可能还附带一种碰上收到同样的东西时可以交换的权利。我的拙笔在这里告诉了诸位一个没有曲折、不足为奇的故事;那两个住在一间公寓里的笨孩子,极不聪明地为了对方牺牲了他们一家最宝贵的东西。但是,让我们对目前一般聪明人说最后一句话,在所有馈赠礼物的人当中,那两个人是最聪明的。在一切授受礼物的人当中,像他们这样的人也是最聪明的。无论在什么地方,他们都是最聪明的。他们就是麦琪。

选自 [美] 欧·亨利《麦琪的礼物》,王永年译,浙江文艺出版社 2001 年版

【作品导读】

圣诞节就要到了,因生计的艰难,却让德拉和吉姆愁容满面。德拉卖掉了最宝贵的长发,为吉姆买下了白金的表链;吉姆卖掉了最宝贵的怀表,为德拉买下了装饰长发的发卡。于是,吉姆拥有了表链,却失去了怀表;德拉拥有了发卡,却失去了长发。用物质来衡量,他们都失去了自己最宝贵东西,换来了心爱的礼物。然而,他们却感受到了彼此的爱意,这才是圣诞节最伟大的礼物!"在所有馈赠礼物的人当中,那两个人是最聪明的。在一切授受礼物的人当中,像他们这样的人也是最聪明的。"

当我们在赞美德拉和吉姆的爱情时,不要忘记他们是平凡的人。他们并没有"安贫乐道"的美德,相反,他们渺小、卑微、虚荣,对生活和爱情缺乏深刻的理解。他们人性的光彩,也与贫穷没有必然的联系。他们的人生境界,是因为彼此的爱而得以提升,爱是最伟大的力量!所以,"他们就是麦琪"。

幽默和悬念,是欧·亨利小说的最大特点。其结尾处往往出人意料,被称为"欧·亨利式的结尾",在世界文学中享有盛誉。

【作品汇评】

黄源深——

"欧·亨利是撰写'社会世情小说'和'爱情情爱小说'的高手,这些小说的主

人公往往是些令人同情的小人物,在社会底层苦苦挣扎。……他们非常本色的高尚品性,给虚伪灰暗的社会增加了一抹亮光,也使此类小说极具打动力。"[引自《最后一片叶子——欧·亨利短篇小说选》,黄源深译,上海译文出版社 2011 年版,第 1 页]

杨仁敬——

"欧·亨利善于采用明快的白描手法来描写社会底层小人物的命运。他在朴实的叙述中穿插了夸张和讽刺。情节依靠偶然事件。有时夸张到荒谬的地步,令人不可思议,但并不违反生活的真实。小说的讽刺非常尖锐而深刻,往往入木三分,交织着滑稽可笑的幽默和反讽。"[引自杨仁敬《简明美国文学史》,复旦大学出版社 2014 年版,第 176 页]

【阅读作品】

流浪地球（节选）

刘慈欣

我没见过黑夜，我没见过星星，我没见过春天、秋天和冬天。

我出生在刹车时代结束的时候，那时地球刚刚停止转动。

地球自转刹车用了四十二年，比联合政府的计划长了三年。妈妈给我讲过我们全家看最后一个日落的情景，太阳落得很慢，仿佛在地平线上停住了，用了三天三夜才落下去。当然，以后没有"天"也没有"夜"了，东半球在相当长的一段时间里（有十几年吧）将处于永远的黄昏中，因为太阳在地平线下并没落深，还在半边天上映出它的光芒。就在那次漫长的日落中，我出生了。

黄昏并不意味着昏暗，地球发动机把整个北半球照得通明。地球发动机安装在亚洲和美洲大陆上，因为只有这两个大陆完整坚实的板块结构才能承受发动机对地球巨大的推力。地球发动机共有一万二千台，分布在亚洲和美洲大陆的各个平原上。

从我住的地方，可以看到几百台发动机喷出的等离子体光柱。你想象一个巨大的宫殿，有雅典卫城上的神殿那么大，殿中有无数根顶天立地的巨柱，每根柱子像一根巨大的日光灯管那样发出蓝白色的强光。而你，是那巨大宫殿地板上的一个细菌，这样，你就可以想象到我所在的世界是什么样子了。其实这样描述还不是太准确，是地球发动机产生的切线推力分量刹住了地球的自转，因此地球发动机的喷射必须有一定的角度，这样天空中的那些巨型光柱是倾斜的，我们是处在一个将要倾倒的巨殿中！南半球的人来到北半球后突然置身于这个环境中，有许多人会精神失常的。

比这景象更可怕的是发动机带来的酷热，户外气温高达七八十摄氏度，必须穿冷却服才能外出。在这样的气温下常常会有暴雨，而发动机光柱穿过乌云时的景象简直是一场噩梦！光柱蓝白色的强光在云中散射，变成无数种色彩组成的疯狂涌动的光晕，整个天空仿佛被白热的火山岩浆所覆盖。爷爷老糊涂了，有一次被酷热折磨得实在受不了，看到下大雨喜出望外，赤膊冲出门去，我们没来得及拦住他，外面雨点已被地球发动机超高温的等离子光柱烤热，把他身上烫脱了一层皮。

但对于我们这一代在北半球出生的人来说，这一切都很自然，就如同对于刹车时代以前的人们，太阳星星和月亮那么自然。我们把那以前人类的历史都叫做前太阳时代，那真是个让人神往的黄金时代啊！

我在小学入学时，作为一门课程，教师带我们班的三十个孩子进行了一次环球旅行。这时地球已经完全停转，地球发动机除了维持这个行星的这种静止状态外，只进行一些姿态调整，所以从我三岁到六岁的三年中，光柱的光度大为减弱，这使得我们可以在这次旅行中更好地认识我们的世界。

我们首先在近距离见到了地球发动机，是在石家庄附近的太行山出口处看到它的，那是一座金属的高山，在我们面前赫然耸立，占据了半个天空，同它相比，西边的太行山脉如同一串小土丘。有的孩子惊叹它如珠峰一样高。我们的班主任小星老师是一位漂亮姑娘，她笑着告诉我们，这台发动机的高度是一万一千米，比珠峰还要高两千多米，人们管它们叫"上帝的喷灯"。我们站在它巨大的阴影中，感受着它通过大地传来的震动。

地球发动机分为两大类，大一些的叫"山"，小一些的叫"峰"。我们登上了"华北794号山"。登"山"比登"峰"花的时间长，因为"峰"是靠巨型电梯上下的，上"山"则要坐汽车沿盘"山"公路走。我们的汽车混在不见首尾的长车队中，沿着光滑的钢铁公路向上爬行。我们的左边是青色的金属峭壁，右边是万丈深渊。

车队是由50吨的巨型自卸卡车组成，车上满载着从太行山上挖下的岩石。汽车很快升到了5 000米以上，下面的大地已看不清细节，只能看到地球发动机反射的一片青光。小星老师让我们戴上氧气面罩。随着我们距喷口越来越近，光度和温度都在剧增，面罩的颜色渐渐变深，冷却服中的微型压缩机也大功率地忙碌起来。在6 000米处，我们见到了进料口，一车车的大石块倒进那闪着幽幽红光的大洞中，一点声音都没传出来。我问小星老师地球发动机是如何把岩石做成燃料的。

"重元素聚变是一门很深的学问,现在给你们还讲不明白。你们只需要知道,地球发动机是人类建造的力量最大的机器,比如我们所在的华北794号,全功率运行时能向大地产生150亿吨的推力。"

我们的汽车终于登上了顶峰,喷口就在我们头顶上。由于光柱的直径太大,我们现在抬头看到的是一堵发着蓝光的等离子体巨墙,这巨墙向上伸延到无限高处。

这时,我突然想起不久前的一堂哲学课,那个憔悴的老师给我们出了一个谜语。

"你在平原上走着走着,突然迎面遇到一堵墙,这墙向上无限高,向下无限深,向左无限远,向右无限远,这墙是什么?"

我打了一个寒战,接着把这个谜语告诉了身边的小星老师。她想了好大一会儿,困惑地摇摇头。我把嘴凑到她耳边,把那个可怕的谜底告诉了她。

死亡。

她默默地看了我几秒钟,突然把我紧紧地抱在怀里。我从她的肩上极目望去,迷蒙的大地上,耸立着一片金属的巨峰,从我们周围一直延伸到地平线。巨峰吐出的光柱,如一片倾斜的宇宙森林,刺破我们的摇摇欲坠的天空。

我们很快到达了海边,看到城市摩天大楼的尖顶伸出海面,退潮时白花花的海水从大楼无数的窗子中流出,形成一道道瀑布……刹车时代刚刚结束,其对地球的影响已触目惊心:地球发动机加速造成的潮汐吞没了北半球三分之二的大城市,发动机带来的全球高温融化了极地冰川,更给这大洪水推波助澜,波及南半球。爷爷在三十年前亲眼目睹了百米高的巨浪吞没上海的情景,他现在讲这事的时候眼还直勾勾的。事实上,我们的星球还没启程就已面目全非了,谁知道在以后漫长的外太空流浪中,还有多少苦难在等着我们呢?我们乘上一种叫船的古老的交通工具在海面上航行。地球发动机的光柱在后面越来越远,一天以后就完全看不见了。这时,大海处在两片霞光之间,一片是西面地球发动机的光柱产生的青蓝色霞光,一片是东方海平面下的太阳产生的粉红色霞光,它们在海面上的反射使大海也分成了闪耀着两色光芒的两部分,我们的船就行驶在这两部分的分界处,这景色真是奇妙。但随着青蓝色霞光的渐渐减弱和粉红色霞光的渐渐增强，一种不安的气氛在船上弥漫开来。甲板上见不到孩子们了，他们都躲在船舱里不出来，舷窗的帘子也被紧紧拉上。一天后，我们最害怕的那一时刻终于到来了，我们集合在那间用来做教室的大舱中，小星老师庄严地宣布："孩子们，我们要去看日出了。"没有人动，我们目光呆滞，像突然冻住一样僵在那儿。小星老师又催了几次，还是没人动地方。她的一位男同事说："我早就提过，环球体验课应该放在近代史课前面，学生在心理上就比较容易适应了。"

"没那么简单，在近代史课前，他们早就从社会上知道一切了。"小星老师说，她接着对几位班干部说，"你们先走，孩子们，不要怕，我小时候第一次看日出也很紧张的，但看过一次就好了。"

孩子们终于一个个站了起来，朝着舱门挪动脚步。这时，我感到一只湿湿的小手抓住了我的手，回头一看，是灵儿。

"我怕……"她嘤嘤地说。

"我们在电视上也看到过太阳，反正都一样的。"我安慰她说。

"怎么会一样呢，你在电视上看蛇和看真蛇一样吗？"

"……反正我们得上去，要不这门课会扣分的！"

我和灵儿紧紧拉着手，和其他孩子一起战战兢兢地朝甲板走去，去面对我们人生中的第一次日出。

选自刘慈欣《流浪地球》，中国华侨出版社 2019 年版

【作品聚焦】

科幻小说是按照科学逻辑用幻想虚构出来的反映未来的文学。中国文学一向推崇现实主义，作家也以关注现实问题为己任。因此，科幻小说一直以来是一种非主流的存在。若以"文学是人学"来判断，科学是人类创造的物质文化，思考未来未尝不是对人类更深切的观照。刘慈欣《流浪地球》是中国当代科幻小说的代表作品，读之能够指引我们跳出狭隘的自我和社会存在，放眼浩渺宇宙，关注人类共同的命运。

小说的开头"我没见过黑夜，我没见过星星，我没见过春天、秋天和冬天"，对读者的震撼已经超越任何一部现实主义的作品。作为生命个体，我们生活在家庭、社会之中，每天为个人的得失而焦灼愤懑。可曾想过有一天，太阳不再升起，鲜花不再盛

开，一口新鲜的空气都成为奢侈，死亡像阴霾一样无处不在，那该是多么令人绝望！对人类来说，命运的主宰从来不是自己。自称"万物之灵长"的我们，在宇宙和自然面前，微如尘埃。

我们的星球正在变暖，冰山正在融化，野生动物水深火热，人类的未来岌岌可危。小说的情节，虽为虚构，却不荒诞。我们终将失去赖以生存的家园，这是人类的宿命。敬畏自然，我们别无选择！

饥饿艺术家（节选）

[奥匈帝国] 卡夫卡

近几十年来，人们对饥饿表演的兴趣大为淡薄了。从前自行举办这类名堂的大型表演收入是相当可观的，今天则完全不可能了。那是另一种时代。当时，饥饿艺术家风靡全城；饥饿表演一天接着一天，人们的热情与日俱增；每人每天至少要观看一次；表演期临近届满时，有些买了长期票的人，成天守望在小小的铁栅笼子前；就是夜间也有人来观看，在火把照耀下，别有情趣；天气晴朗的时候，就把笼子搬到露天场地，这样做主要是让孩子们来看看饥饿艺术家，他们对此有特殊兴趣；至于成年人来看他，不过是取个乐，赶个时髦而已；可孩子们一见到饥饿艺术家，就惊讶得目瞪口呆。为了安全起见，他们互相手牵着手，惊奇地看着这位身穿黑色紧身衣、脸色异常苍白、全身瘦骨嶙峋的饥饿艺术家……

观众来来去去，川流不息，除他们以外，还有几个由公众推选出来的固定的看守人员。说来也怪，这些人一般都是屠夫。他们始终三人一班，任务是日夜看住这位饥饿艺术家，绝不让他有任何偷偷进食的机会。不过这仅仅是安慰观众的一种形式而已，因为内行的人大概都知道，饥饿艺术家在饥饿表演期间，不论在什么情况下都是点食不进的，你就是强迫他吃他都是不吃的。他的艺术的荣誉感禁止他吃东西。当然，并非每个看守的人都能明白这一点的，有时就有这样的夜班看守，他们看得很松，故意远远地聚在一个角落里，专心致志地打起牌来。很明显，他们是有意要留给他一个空隙，让他得以稍稍吃点儿东西；他们以为他会从某个秘密的地方拿出贮藏的食物来。这样的看守是最使饥饿艺术家痛苦的了。他们使他变得忧郁消沉；使他的饥饿表演异常困难；有时他强打精神，尽其体力之所能，就在他们值班期间，不断地唱着歌，以便向这些人表明，他们怀疑他偷吃东西是多么冤枉。但这无济于事；他这样做反而使他们一味赞叹他的技艺高超，竟能一边唱歌，一边吃东西……

人们对饥饿艺术家的这种怀疑却也难于避免。作为看守，谁都不可能日以继夜、一刻不停地看着饥饿艺术家，因而谁也无法根据亲眼目睹的事实证明他是否真的持续不断地忍着饥饿，一点漏洞也没有；这只有饥饿艺术家自己才能知道，因此只有他自己才是对他能够如此忍饥耐饿感到百分之百满意的观众。……每逢饥饿表演期满，他没有一次是自觉自愿地离开笼子的，这一点我们得为他作证。经理规定的饥饿表演的最高期限是四十天，超过这个期限他决不让他继续饿下去，即使在世界有名的大城市也不例外，其中道理是很好理解的。经验证明，大凡在四十天里，人们可以通过逐步升级的广告招徕不断激发全城人的兴趣，再往后观众就疲了，表演场就会门庭冷落。在这一点上，城市和乡村当然是略有区别的，但是四十天是最高期限，这条常规是各地都适用的。所以到了第四十天，插满鲜花的笼子的门就开了，观众兴高采烈，挤满了半圆形的露天大剧场，军乐队高奏乐曲，两位医生走进笼子，对饥饿艺术家进行必要的检查、测量，接着通过扩音器当众宣布结果。最后上来两位年轻的女士，为自己有幸被选中侍候饥饿艺术家而喜气洋洋，她们要扶着艺术家从笼子里出来，走下那几级台阶，阶前有张小桌，上面摆好了精心选做的病号饭。在这种时刻，饥饿艺术家总是加以拒绝。只要让他继续表演下去，他不仅能成为空前伟大的饥饿艺术家——这一步看来他已经实现了——而且还要超越这一步而达到常人难以理解的高峰呢（因为他觉得自己的饥饿能力是没有止境的），为什么要剥夺他达到这一境界的荣誉呢？为什么这群看起来如此赞赏他的人，却对他如此缺乏耐心呢？他自己尚且还能继续饿下去，为什么他们却不愿忍耐着看下去呢？……他仰头看了看表面上如此和蔼，其实是如此残酷的两位女士的眼睛，摇了摇那过分沉重地压在他细弱的脖子上的脑袋。但接着,一如往常,演出经理出场。经理默默无言(由于音乐他无法讲话)双手举到饥饿艺术家的头上,好像他在邀请上苍看一看他这草堆上的作品,这值得怜悯的殉道者(饥饿艺术家确实是个殉道者,只是完全从另一种意义上讲罢了);演出经理两手箍住饥饿艺术家的细腰,动作小心翼翼,以便让人感到他抱住的是一件极易损坏的物品;这时,经理很可能暗中将他微微一撼,以致饥饿艺术家的双腿和上身不由自主地摆荡起来;接着就把他交给那两位此时吓得脸色煞白的女士,于是饥饿艺术家只得听任一切摆布;他的脑袋耷拉在胸前,就好像它一滚到了那个地方,就莫名其妙地停住不动了;他的身体已经淘空;……接着开始就餐,经理在饥饿艺术家近乎昏厥的半眠状态中给他灌了点流汁,同时说些开心的闲话,以便分散大家对饥饿艺术家身体状况的注意力,然后,据说饥饿艺术家对经理耳语了一下,经理就提议为观众干杯;乐队起劲地奏乐助兴。随后大家各自散去。谁能对所见到的一切不满意呢,没有一个人。只有饥饿艺术家不满意,总是他一个人不满意。

············

几年后,当这一场面的目击者们回顾这件往事的时候,他们往往连自己都弄不清是怎么一回事了。因为在这期间发生了那个已被提及的剧变;它几乎是突如其来的;也许有更深刻的缘由,但有谁去管它呢;总之,有一天这位备受观众喝彩的饥饿艺术家发现他被那群爱赶热闹的人们抛弃了,他们宁愿纷纷涌向别的演出场所。经理带着他又一次跑遍半个欧洲,以便看看是否还有什么地方仍然保留着昔日的爱好;一切徒然;到处都可以发现人们像根据一项默契似的形成一种厌弃饥饿表演的倾向。当然,冰冻三尺非一日之寒,现在回想起来,当时就有一些苗头,由于人们被成绩所陶醉,没有引起足够的重视,没有切实加以防止,事到如今要采取什么对策却为时已晚了。诚然,饥饿表演重新风行的时代肯定是会到来的,但这对于活着的人们却不是安慰。那么,饥饿艺术家现在该怎么办呢?这位被成千人簇拥着欢呼过的人,总不能屈尊到小集市的陋堂俗台去演出吧,而要改行干别的职业呢,则饥饿艺术家不仅显得年岁太大,而且主要是他对于饥饿表演这一行爱得发狂,岂肯放弃。于是他终于告别了经理——这位生活道路上无与伦比的同志，让一个大马戏团招聘了去；为了保护自己的自尊心，他对合同条件连看也不屑看一眼。

…………
人们并没有把他及其笼子作为精彩节目安置在马戏场的中心地位，而是安插在场外一个离兽场很近的交通要道口，笼子周围是一圈琳琅满目的广告，彩色的美术体大字令人一看便知那里可以看到什么。要是观众在演出的休息时间涌向兽场去观看野兽的话，几乎都免不了要从饥饿艺术家面前经过，并在那里稍停片刻，他们庶几本来是要在那里多待一会儿，从从容容地观看一番的，只是由于通道狭窄，后面涌来的人不明究竟，奇怪前面的人为什么不赶紧去观看野兽，而要在这条通道上停留，使得大家不能从容观看他。这也就是为什么饥饿艺术家看到大家即将来参观（他以此为其生活目的，自然由衷欢迎）时，就又颤抖起来的原因。起初他急不可待地盼着演出的休息时间；后来当他看到潮水般的人群迎面滚滚而来，他欣喜若狂，但他很快就看出，那一次又一次涌来的观众，就其本意而言，大多数无例外地是专门来看兽畜的。即使是那种顽固不化、近乎自觉的自欺欺人的人也无法闭眼不看这一事实。可是看到那些从远处蜂拥而来的观众，对他来说总还是最高兴的事。因为，每当他们来到他的面前时，便立即在他周围吵嚷得震天价响，并且不断形成新的派别互相谩骂，其中一派想要悠闲自在地把他观赏一番，他们并不是出于对他有什么理解，而是出于心血来潮和对后面催他们快走的观众的赌气，这些人不久就变得使饥饿艺术家更加痛苦；而另一派呢，他们赶来的目的不过是想看看兽畜而已。等到大批人群过去，又有一些人姗姗来迟，他们只要有兴趣在饥饿艺术家跟前停留，是不会再有人妨碍他们的了，但这些人为了能及时看到兽畜，迈着大步，匆匆而过，几乎连瞥也不瞥他一眼。偶尔也有这种幸运的情形：一个家长领着他的孩子指着饥饿艺术家向孩子们详细讲解这是怎么一回事。他讲到较早的年代，那时他看过类似的、但盛况无与伦比的演出。孩子呢，由于他们缺乏足够的学历和生活阅历，总是理解不了——他们懂得什么叫饥饿吗？然而在他们炯炯发光的探寻着的双眸里，流露出那属于未来的、更为仁慈的新时代的东西……

……记载饥饿表演日程的布告牌，起初是每天都要仔细地更换数字的，如今早已没有人更换了，每天总是那个数字，因为过了头几周以后，记的人自己对这项简单的工作也感到腻烦了；而饥饿艺术家却仍像他先前一度所梦想过的那样继续饿下去，而且像他当年预言过的那样，他长期进行饥饿表演毫不费劲。但是，没有人记天数，没有人，连饥饿艺术家自己都一点不知道他的成绩已经有多大，于是他的心变得沉重起来。假如有一天，来了一个游手好闲的家伙，他把布告牌上那个旧数字奚落一番，说这是骗人的玩意儿，那么，他这番话在这种意义上就是人们的冷漠和天生的恶意所能虚构的最愚蠢不过的谎言，因为饥饿艺术家诚恳地劳动，不是他诳骗别人，倒是世人骗取了他的工钱。

又过了许多天，表演也总算告终。一天，一个管事发现笼子，感到诧异，他问仆人们，这个里面铺着腐草的笼子好端端的还挺有用，为什么让它闲着。没有人回答得出来，直到一个人看见了记数字的牌儿，才想起了饥饿艺术家来。他们用一根竿儿挑起腐草，发现饥饿艺术家在里面。"你还一直不吃东西？"管事问，"你到底什么时候才停止呢？""请诸位原谅，"饥饿艺术家细声细气地说；管事耳朵贴着栅栏，因此只有他才能听懂对方的话。"当然，当然。"管事一边回答，一边用手指摸了摸自己的额头，以此向仆人们暗示饥饿艺术家的状况不妙，"我们原谅你。""我一直在希望你们能赞赏我的饥饿表演，"饥饿艺术家说。"我们也是赞赏的，"管事迁就地回答说。"但你们不应当赞赏，"饥饿艺术家说。"好，那我们就不赞赏，"管事说，"不过究竟为什么我们不应该赞赏呢？""因为我只能挨饿，我没有别的办法，"饥饿艺术家说。"瞧，多怪啊！"管事说，"你到底为什么没有别的办法呢？"因为我，"饥饿艺术家一边说，一边把小脑袋稍稍抬起一点，撮起嘴唇，直伸向管事的耳朵，像要去吻它似的，惟恐对方漏听了他一个字，"因为我找不到适合自己胃口的食物。假如我找到这样的食物，请相信，我不会这样惊动视听，并像你和大家一样，吃得饱饱的。"这是他最后的几句话，但在他那瞳孔已经扩散的眼睛里，流露着虽然不再是骄傲却仍然是坚定的信念：他要继续饿下去。

"好，归置归置吧！"管事说，于是人们把饥饿艺术家连同烂草一起给埋了……

节选自《卡夫卡小说全集》，韩瑞祥等译，人民文学出版社2003年版

【作品聚焦】

《饥饿艺术家》述写了一个"痴迷"饥饿艺术的表演者从其风靡全城的荣光到被人厌弃而落寞,始终不被理解直至无声死去的故事。一般认为,"饥饿艺术"是纯粹精神的艺术,是物化的反面,是人类另一种极端的存在。艺术越纯粹,与社会需求越脱节,与世俗的审美越背离。"饥饿艺术家"本身也是个悖论。纯粹精神的艺术追求,却又依附在物质世界的消费文化之下。艺术家渴望得到观众的理解和膜拜,但观众却更愿意欣赏一头活蹦乱跳充满生命活力的豹子。因此,艺术家注定孤独地死去。

人是物质还是精神?自然是两者相互依存、互为表里。放弃精神的人类与兽别无二致,彻底背离物质生命的艺术也必然死去。卡夫卡视写作如生命,以致于到摧残身体的地步。有人说,"饥饿艺术家"就是卡夫卡,卡夫卡就是"饥饿艺术家"。小说既表达了他对艺术的思考,也蕴含着他的创作不被理解的苦闷,让我们感受到他在那个灰暗世界作为艺术殉道者的深重孤独感。"饥饿艺术家"这个苦恋艺术的殉道者形象应是一个复杂的性格系统,且具有多层次性。

单元能力训练四（如何读散文和小说）

能力聚焦

散文阅读方法

或许人们根本没有意识到，鉴赏散文难道还有什么学问？尽管散文看起来既不神秘，也不深奥；尽管人们和散文的关系要更广泛、更密切，但要真正鉴赏好散文仍然不容易。

一、要把握文章"线索"

线索之于散文是不可须臾离开的东西。因为越是无拘无羁的体裁，就越需要维系其艺术生命的线索，使生活的珍珠串联在一起。人们常说散文的特色是"形散而神不散"，而这个"神"与人们常说的散文"线索"紧密相关，正所谓"神不散"。尽管散文线索灵活多样，但归纳起来不外三大类型——纵贯式、横贯式和纵横交贯式。懂得散文线索的这些基本类型，对于散文鉴赏很有好处。

二、要抓住散文的"文眼"

"文眼"是指那些特别精练警策的词句，是作者精心安置的"慧眼"，它既是散文主题的凝聚点，也对文章的结构起着统摄作用。如柳宗元《捕蛇者说》中的"苛政猛于虎"；杜牧《阿房宫赋》中的"后人哀之而不鉴之，亦使后人而复哀后人也"等。只要抓住这个"眼"，我们即可深识其奥。需要注意的是，"文眼"句有的是直接明示性的，有的则是委婉含蓄的；有的在篇首，有的在篇末。

三、要体会散文的意境

大凡成功的文艺作品均有意境，这是由文艺形象特质所决定的。意境是情景交融的艺术境界。散文的意境创造方法有二：一是融情于景。读者应注意感受景中之情、境中之意。二是托物抒情。即将思想凝聚在足以吸引打动读者的艺术形象上。

四、要品味散文的语言

散文语言在内容表达上的亲切感，在声韵调配上的节奏美，以及语言之间所呈现出来的错综美，这就是散文美学中常说的"散文笔调"。文学是语言的艺术。散文因其篇幅短，意蕴深，对语言的要求就更高。散文的语言精美，字字珠玑，需要我们细细品味。

小说阅读方法

小说作为叙事性文学体裁，人物、情节和环境即是小说的三个基本要素。它通过完整的故事情节和具体环境的描写，塑造多种多样的人物形象，表达作者的思想感情。在这三要素中，人物是核心，情节的设置和环境的描写都是为塑造人物服务的。情节是人物性格发展的历史，环境是人物和情节发展的舞台。我们认为，从小说作品的三要素入手来进行阅读鉴赏是个好办法。

人物是小说的灵魂。小说以人物为表现中心，小说的阅读也就要以人物为焦点。性格是人物行为的依据，是其形象特性的标记。作家通过其行为刻画性格，读者又通过其行为来把握性格。所谓"行为"不仅是指人物"做什么"，更是指"怎样做"。因为"怎样做"比"做什么"更能显示人物性格的特征。

完整的小说情节由开端、发展、高潮、结局几个环节构成。传统小说注重情节的完整性，现代小说则更多地关注人物的心理流程，淡化情节。情节是人物性格发展的历史，也是塑造人物刻画性格的最重要的基础和手段。关于情节鉴赏，首先注意从作者对人物的介绍和评价来把握人物；其次要从人物的语言、行动和心理描写来分析人物；再次还要从人物活动的社会历史背景来理解人物；第四是从多种不同的角度对人物作面面观；最后，有时还得从作品中的神魔鬼怪形象中悟出人情。

小说中的环境，包括自然环境和社会环境，均是人物性格形成的背景。自然环境指山川草木、风花雪月等，它提供了人物活动的背景，营造出小说特定的氛围；社会环境是指环绕在人物周围的社会关系，民风、民俗等。应该说，小说的自然环境和社会环境都是作者现实生活审美化的对应物，都与小说人物发生这样和那样的关系，而不是孤立的客观存在，应予以足够重视。

点子库

魏饴曾谈到这样一个例子：

我认识的一位青年朋友特别爱看《水浒传》，我问他："这部小说最有意思的是什么呢？"他说："读'武十回'最过瘾，'景阳冈打虎''斗杀西门庆''醉打蒋门神''大闹飞云浦''血溅鸳鸯楼'，一环扣一环，惊心动魄。"我接着问他："这些故事表现了武松什么样的性格？"他回答很简单："英雄性格嘛！"我又问："都是写英雄，武松与李逵有什么不同？在故事情节的处理上是否也有作者的考虑？"他无可奈何地说："这些我就没有想过了。"[①]

[①] 参见魏饴：《小说鉴赏入门》，辽宁师范大学出版社1998年版，第78页。

像这样读小说的很多。可挑选一篇故事性强的小说让学生阅读，然后在教师指导下讨论。

单元综合训练题

一、分析"故知予之为取者，政之宝也"中蕴含的哲理，从政治及人格修养两方面谈谈你的看法。

二、"仓廪实则知礼节，衣食足则知荣辱"中包含怎样的政治观念？结合当下社会经济和文化发展作简要分析。

三、分析诗歌《一棵开花的树》中的爱情观和生命意识，并联系相同主题的文学作品进行比较。

四、《秦腔》是一篇风格独特的散文，被认为"以强烈的主体情绪感受，压倒客观叙写的对象"，试从文中叙写的客观对象中，体会作者的主体情感。

五、细读《麦琪的礼物》，体会作者倾注在德拉和吉姆夫妇身上的主观情感，并分析"他们就是麦琪"这句话的内涵。

六、围绕卡夫卡《饥饿艺术家》的主题展开讨论，并分析小说的象征手法，及其中所蕴含的艺术观、生命观和社会批判。

七、阅读《红楼梦》关于刘姥姥进贾府的章节并回答：1. 小说写刘姥姥前后三进荣国府，分析"三进"中刘姥姥的感受和表现有何不同，体现了作者怎样的艺术构思？ 2. 分析刘姥姥的形象，体会这一人物的典型性。

八、阅读刘慈欣小说《流浪地球》，讨论科幻小说的文学价值和现实意义。

第五单元 修身文选

修身（节选）

荀 子

> 荀子（约公元前313年—前238年），名况，字卿，战国末期赵国人。著名思想家、文学家、政治家。荀子提倡性恶论，强调后天教育对人的影响，礼法并重，尊王道，其思想和学说影响深远。代表作《荀子》。《荀子》经西汉刘向编订，全书共32篇。

见善，修然必以自存也；见不善，愀然必以自省也[1]；善在身，介然必以自好也[2]；不善在身，菑然必以自恶也[3]。故非我而当者，吾师也；是我而当者，吾友也；谄谀我者，吾贼也。故君子隆师而亲友，以致恶其贼[4]。好善无厌，受谏而能诫[5]，虽欲无进，得乎哉？小人反是，致乱，而恶人之非己也；致不肖，而欲人之贤己也；心如虎狼，行如禽兽，而又恶人之贼己也[6]。谄谀者亲，谏争者疏，修正为笑，至忠为贼[7]，虽欲无灭亡，得乎哉？《诗》曰："潝潝訾訾，亦孔之哀。谋之其臧，则具是违；谋之不臧，则具是依[8]。"此之谓也。

以善先人者谓之教[9]，以善和人者谓之顺；以不善先人者谓之谄，以不善和人者谓之谀。是是、非非谓之知；非是、是非谓之愚[10]。伤良曰谗[11]，害良曰贼。是谓是、非谓非曰直。窃货曰盗，匿行曰诈，易言曰诞，趣舍无定谓之无常，保利弃义谓之至贼[12]。多闻曰博，少闻曰浅；多见曰闲，少见曰陋[13]。难进曰偍，易忘曰漏[14]。少而理曰治，多而乱曰秏[15]。

选自楼宇烈主撰《荀子新注》，中华书局2018年版。文题为编者所加

【作品注解】

[1] 愀然（qiǎo）：忧虑恐惧的样子

[2] 介然：意志坚定的样子。好：读"hào"。

[3] 菑（zī）然：菑同"淄"，黑色，引申为污染的意思。菑然：被玷污的样子。恶读"wù"。

[4] 隆：尊崇。致：最，极。

[5] 厌：满足。受谏：接受规劝。诫：警诫。

[6] 不肖：不贤。贤己：说自己贤。贼己：说自己坏。

[7] 修正为笑：把纠正自己错误的话当做讥笑自己。至忠为贼：把规劝自己的极其忠诚的话当做陷害自己。

[8] 潝潝（xì）：相附和。訾訾（zī）：相诋毁。孔：甚，很。谋：主意，意见。臧（zāng）：好。具：同"俱"，都。这几句诗的意思是："同那些谄谀的人一拍即合，对那些谏诤者百般厌恶，这是多么可悲哟！凡是正确的意见他统统不采纳，而对那些错误的主意，他却完全照办。"（见《诗经·小雅·小旻》）。

[9] 先：引导。和：附和，响应。

[10] 是是：肯定正确的。非非：否定错误的。知：同"智"。

[11] 谗：用言语攻击人，陷害人。

[12] 匿：隐瞒。易言：说话不慎重、不诚实。诞：欺诈。趣：同"趋"，向往。舍：放弃。趣舍：赞成和反对。

[13] 闲：通"娴"，宽大，博大。陋：浅陋。

[14] 难进：不易前进。偍（tí），迟缓。漏：遗漏。

[15] 理：有条理。耗：同"眊"（mào），昏乱。

【作品导读】

荀子是孟子之后儒家思想的杰出代表。《荀子》绝大部分为荀子所作。荀子的文章思路严密，善于说理，譬喻精妙，常用排比句增强说话气势，可读性、思想性都很强。《修身》是《荀子》第二篇，修身的中心目标为"善"。全篇讨论了人对善的态度，各种善和不善的定义以及修身的意义和致善的方法。体现了荀子内圣外王、礼法并重的修身理念。

选文第一段主要阐述了修身致善的基本态度：在为人处世中，取舍的标准应是善与不善，而不是个人好恶。对师友也做了界定："故非我而当者，吾师也；是我而当者，吾友也；谄谀我者，吾贼也。"第二段对日常生活中种种善与不善的言行做了界定，包括日常言行的主要方面，让读者有一个比较明确的参照依据。

【作品汇评】

楼宇烈——

为人之道，修身为本。本篇着重论述了修身的中心目标和根本途径。修身的中心目标可概括为"善"。……从对己、对人两个角度，首先表明了修身的要义是为善。[引自楼宇烈主撰《荀子新注》，中华书局 2018 年版，第 21 页]

饶宗颐——

荀子要人自己反省当下的自己，作为修身之道。要就别人对我的是非毁誉，做修身功夫。即是说要懂得就别人的善恶来反省自己。现代都市人非常重视别人的毁誉，这就是好名的根源。我们又是否能以荀子的态度来对待别人的毁誉呢？[引自饶宗颐《中信国学大典·荀子》，中信出版社 2013 年版，第 41 页]

养气与知言

孟 子

> 孟子，名轲，邹（今山东省邹县）人，是孔子之孙子思的学生，儒家思想代表人物之一，有《孟子》一书传于后世。孟子的哲学思想是性善论。他从性善论出发提出了修养办法，根本在于人的主观方面，即"反求诸己而已"。

公孙丑问曰："夫子加[1]齐之卿相，得行道焉，虽由此霸王，不异矣。如此，则动心否乎？"

孟子曰："否！我四十不动心。"

曰："若是，则夫子过孟贲[2]远矣。"

曰："是不难，告子[3]先我不动心。"

曰："不动心有道乎？"

曰："有。北宫黝[4]之养勇也，不肤挠[5]，不目逃[6]，思以一豪挫于人，若挞之于市朝[7]，不受于褐宽博[8]，亦不受于万乘之君；视刺万乘之君，若刺褐夫，无严诸侯[9]，恶声至，必反之。孟施舍之所养勇也，曰：'视不胜犹胜也；量敌而后进，虑胜而后会，是畏三军者也。舍岂能为必胜哉？能无惧而已矣。'孟施舍似曾子[10]，北宫黝似子夏[11]。夫二子之勇，未知其孰贤，然而孟施舍守约也。昔者曾子谓子襄[12]曰：'子好勇乎？吾尝闻大勇于夫子矣。自反而不缩[13]，虽褐宽博，吾不惴焉；自反而缩，虽千万人，吾往矣。'孟施舍之守气，又不如曾子之守约也。[14]"

曰："敢问夫子之不动心，与告子之不动心，可得闻与？"

"告子曰：'不得于言，勿求于心；不得于心，勿求于气。'不得于心，勿求于气，可；不得于言，勿求于心，不可。夫志，气之帅也。气，体之充也。夫志至焉，气次焉；故曰：'持其志，无暴其气。'"

"既曰，'志至焉，气次焉。'又曰，'持其志，无暴其气'者，何也？"

曰："志壹则动气，气壹则动志也。今夫蹶者趋者[15]，是气也，而反动其心。"

"敢问夫子恶乎长？"

曰："我知言，我善养吾浩然之气[16]。"

"敢问何谓浩然之气？"

曰："难言也。其为气也，至大至刚，以直养而无害，则塞于天地之间。其为气也，配义与道。无是，馁也。是集义所生者，非义袭而取之也[17]。行有不慊[18]于心，则馁矣。我故曰：告子未尝知义，以其外之也。必有事焉而勿正[19]，心勿忘，勿助长也。无若宋人然。宋人有闵[20]其苗之不长而揠之者，芒芒然归，谓其人曰：'今日病矣！予助苗长矣。'其子趋而往视之，苗则槁矣。天下之不助苗长者寡矣。以为无益而舍之者，不耘苗者也；助之长者，揠苗者也，非徒无益，而又害之。"

"何谓知言？"

曰："诐辞知其所蔽[21]，淫辞知其所陷，邪辞知其所离，遁辞知其所穷。——生于其心，害于其政；发于其政，害于其事。圣人复起，必从吾言矣。

"宰我、子贡善为说辞，冉牛、闵子、颜渊善言德行，孔子兼之，曰：'我于辞命，则不能也。'然则夫子既圣矣乎？"

曰："恶[22]！是何言也？昔者子贡问于孔子曰：'夫子圣矣乎！'孔子曰：'圣则吾不能，我学不厌而教不倦也。'子贡曰：'学不厌，智也。教不倦，仁也。仁且智，夫子既圣矣。'夫圣，孔子不居——是何言也！

昔者窃闻之：子夏、子游、子张皆有圣人之一体[23]，冉牛、闵子、颜渊则具体而微[24]，敢问所安？"

曰："姑舍是[25]。"

节选自《孟子译注·公孙丑章句上》，杨伯峻译注，中华书局1960年版

文题为编者所加

【作品注解】

[1] 加：处于某种地位。

[2] 孟贲：卫国人，著名勇士。

[3] 告子：名不害。根据《墨子·公孟篇》载，他可能曾到墨子门下受教。

[4] 北宫黝：北宫是姓，黝是名，齐国人。

[5] 不肤桡：不因肌肤被刺而屈挠。

[6] 不目逃：不因眼睛被刺而逃避。

[7] 市朝：市，进行集市贸易的地方。朝，朝廷。"市朝"是偏义副词，即指"闹市"。

[8] 不受于褐宽博：不受，不接受挫辱。褐，毛布。宽博，宽大的衣服。这里指穿粗布制的宽大衣服的人。

[9] 无严诸侯：严，畏。指心中没有可敬畏的人。

[10] 孟施舍：人名，已不可考。曾子：曾子，孔子的弟子曾参。

[11] 北宫黝似子夏：以黝譬子夏，谓黝有点像子夏见多识广。子夏，是孔子弟子卜商。

[12] 子襄：曾子的弟子。

[13] 缩：直。

[14] 约，要。这两句是指孟施舍虽然像曾子，但所坚守的只是一身的气，又比不上曾子能自我反省，尤其能抓住要领。

[15] 蹶者趋者：蹶者，失足摔倒的人。趋者，奔跑的人。

[16] 知言，是说能根据人言知其情所趋。浩然，盛大的样子。

[17] 集义所生，是说平日行事都合乎义，日积月累，自然产生浩然之气。袭，偷袭，突击行为。

[18] 慊（qiè）：满意。

[19] 必有事焉而勿正：承上"集义所生"说明如何使浩然之气集义而生的道理。要养这种浩然之气，一定要在平日有所事时自然合乎道义，而不要做作，从外面去袭取。

[20] 闵：忧虑。

[21] 诐（bì），偏颇，不正。蔽，遮隔。

[22] 恶：叹词，表示惊讶不安的神情。

[23] 有圣人之一体：比喻说法，说三弟子都只得了圣人四肢中的一个肢体。

[24] 具体而微：具备了圣人的全体（即四肢都具备了），但是还不光大。

[25] 姑舍是：姑，暂且；舍，放下，丢开；是，指代上述子夏、颜渊等孔子的这些弟子。

【作品导读】

《孟子》是记录儒家"亚圣"孟轲言行的一部典籍，后经朱熹编订后成为人们通称的"四书五经"中四书的一部。孟子继承和发展了孔子学说，提出了"养浩然之气""舍身取义""君子不怨天，不尤人"等众多修身做人的重要论述，对人们如何立身处世有着巨大影响力。《养气与知言》记录了孟子与学生公孙丑讨论如何"修身"的谈话，主要从两个方面展开：一是如何养气，二是什么叫知言。文章提出了著名的"我知言，我善养吾浩然之气"的观点。养气就是培养自己的道德品质。道德品质的培养不能依靠投机取巧，而要依托"集义所生"。"集义"的功夫在平时，通过日常生活的长期坚守培育个人德行，日积月累，自然产生浩然之气。孟子指出：只有在充分养气的基础上，人才能做到"知言"——分辨各种言论，看出种种不好"言论"的特点及其危害。孟子"养气知言"说，养气是基础，"知言"是其养气价值的表现。

【作品汇评】

[宋] 程颐——

"天人一也，更不分别。浩然之气，乃吾气也，养而无害，则塞乎天地。一为私意所蔽，则欿然而馁，却甚小也。"[引自朱熹集注《四书集注》，岳麓书社1987年版，第34页]

[宋] 朱熹——

"至大，初无限量。至刚，不可屈挠。盖天地之正气，而人得以生者，其体段本如是也。"[引自朱熹集注《四书集注》，岳麓书社1987年版，第334页]

共产党宣言（节选）

[德] 马克思　恩格斯

> 马克思（1818—1883），德国社会理论家、哲学家。生于普鲁士莱茵省特里尔城的一个律师家庭。恩格斯（1820—1895），生于普鲁士莱茵省巴门市，马克思主义的创始人之一。

一个幽灵，共产主义的幽灵，在欧洲游荡。为了对这个幽灵进行神圣的围剿，旧欧洲的一切势力，教皇和沙皇、梅特涅和基佐、法国的激进派和德国的警察，都联合起来了。

有哪一个反对党不被它的当政的敌人骂为共产党呢？又有哪一个反对党不拿共产主义这个罪名去回敬更进步的反对党人和自己的反动敌人呢？

从这一事实中可以得出两个结论：

共产主义已经被欧洲的一切势力公认为一种势力；

现在是共产党人向全世界公开说明自己的观点、自己的目的、自己的意图并且拿党自己的宣言来反驳关于共产主义幽灵的神话的时候了。

为了这个目的，各国共产党人集会于伦敦，拟定了如下的宣言，用英文、法文、德文、意大利文、佛拉芒文和丹麦文公布于世。

一、资产者和无产者

至今一切社会的历史都是阶级斗争的历史。

自由民和奴隶、贵族和平民、领主和农奴、行会师傅和帮工，一句话，压迫者和被压迫者，始终处于相互对立的地位，进行不断的、有时隐蔽有时公开的斗争，而每一次斗争的结局都是整个社会受到革命改造或者斗争的各阶级同归于尽。

在过去的各个历史时代，我们几乎到处都可以看到社会完全划分为各个不同的等级，看到社会地位分成多种多样的层次。在古罗马，有贵族、骑士、平民、奴隶，在中世纪，有封建主、臣仆、行会师傅、帮工、农奴，而且几乎在每一个阶级内部又有一些特殊的阶层。

从封建社会的灭亡中产生出来的现代资产阶级社会并没有消灭阶级对立。它只是用新的阶级、新的压迫条件、新的斗争形式代替了旧的。

但是，我们的时代，资产阶级时代，却有一个特点：它使阶级对立简单化了。整个社会日益分裂为两大敌对的阵营，分裂为两大相互直接对立的阶级：资产阶级和无产阶级。

从中世纪的农奴中产生了初期城市的城关市民；从这个市民等级中发展出最初的资产阶级分子。

美洲的发现、绕过非洲的航行，给新兴的资产阶级开辟了新天地。东印度和中国的市场、美洲的殖民化、对殖民地的贸易、交换手段和一般商品的增加，使商业、航海业和工业空前高涨，因而使正在崩溃的封建社会内部的革命因素迅速发展。

以前那种封建的或行会的工业经营方式已经不能满足随着新市场的出现而增加的需求了。工场手工业代替了这种经营方式。行会师傅被工业的中间等级排挤掉了；各种行业组织之间的分工随着各个作坊内部的分工的出现而消失了。

但是，市场总是在扩大，需求总是在增加。甚至工场手工业也不再能满足需要了。于是，蒸汽和机器引起了工业生产的革命。现代大工业代替了工场手工业；工业中的百万富翁，一支一支产业大军的首领，现代资产者，代替了工业的中间等级。

…………

由此可见，现代资产阶级本身是一个长期发展过程的产物，是生产方式和交换方式的一系列变革的产物。

资产阶级的这种发展的每一个阶段，都伴随着相应的政治上的进展。它在封建主统治下是被压迫的等级，在公社里是武装的和自治的团体，在一些地方组成独立的城市共和国，在另一些地方组成君主国中的纳税的第三等级；后来，在工场手工业时期，它是等级君主国或专制君主国中同贵族抗衡的势力，而且是大君主国的主要基础；最后，从大工业和世界市场建立的时候起，它在现代的代议制国家里夺得了独占的政治统治。现代的国家政权不过是管理整个资产阶级的共同事务的委员会罢了。

资产阶级在历史上曾经起过非常革命的作用。

…………

资产阶级在它的不到一百年的阶级统治中所创造的生产力，比过去一切世代创造的全部生产力还要多，还要大。自然力的征服，机器的采用，化学在工业和农业中的应用，轮船的行驶，铁路的通行，电报的使用，整个整个大陆的开垦，河川的通航，仿佛用法术从地下呼唤出来的大量人口，——过去哪一个世纪料想到在社会劳动里蕴藏有这样的生产力呢？

由此可见，资产阶级赖以形成的生产资料和交换手段，是在封建社会里造成的。在这些生产资料和交换手段发展的一定阶段上，封建社会的生产和交换在其中进行的关系，封建的农业和工场手工业组织，一句话，封建的所有制关系，就不再适应已经发展的生产力了。这种关系已经在阻碍生产而不是促进生产了。它变成了束缚生产的桎梏。它必须被炸毁，它已经被炸毁了。

起而代之的是自由竞争以及与自由竞争相适应的社会制度和政治制度、资产阶级的经济统治和政治统治。

现在，我们眼前又进行着类似的运动。资产阶级的生产关系和交换关系，资产阶级的所有制关系，这个曾经仿佛用法术创造了如此庞大的生产资料和交换手段的现代资产阶级社会，现在像一个魔法师一样不能再支配自己用法术呼唤出来的魔鬼了。……

…………

资产阶级用来推翻封建制度的武器，现在却对准资产阶级自己了。

但是，资产阶级不仅锻造了置自身于死地的武器；它还产生了将要运用这种武器的人——现代的工人，即无产者。

随着资产阶级即资本的发展，无产阶级即现代工人阶级也在同一程度上得到发展；现代的工人只有当他们找到工作的时候才能生存，而且只有当他们的劳动增殖资本的时候才能找到工作。这些不得不把自己零星出卖的工人，像其他任何货物一样，也是一种商品，所以他们同样地受到竞争的一切变化、市场的一切波动的影响。

…………

无产阶级经历了各个不同的发展阶段。它反对资产阶级的斗争是和它的存在同时开始的。

最初是单个的工人，然后是某一工厂的工人，然后是某一地方的某一劳动部门的工人，同直接剥削他们的单个资产者作斗争。他们不仅仅攻击资产阶级的生产关系，而且攻击生产工具本身；他们毁坏那些来竞争的外国商品，捣毁机器，烧毁工厂，力图恢复已经失去的中世纪工人的地位。

在这个阶段上，工人是分散在全国各地并为竞争所分裂的群众。工人的大规模集结，还不是他们自己联合的结果，而是资产阶级联合的结果，当时资产阶级为了达到自己的政治目的必须而且暂时还能够把整个无产阶级发动起来。因此，在这个阶段上，无产者不是同自己的敌人作斗争，而是同自己的敌人的敌人作斗争，即同专制君主制的残余、地主、非工业资产者和小资产者作斗争。因此，整个历史运动都集中在资产阶级手里；在这种条件下取得的每一个胜利都是资产阶级的胜利。

但是，随着工业的发展，无产阶级不仅人数增加了，而且结合成更大的集体，它的力量日益增长，它越来越感觉到自己的力量。机器使劳动的差别越来越小，使工资几乎到处都降到同样低的水平，因而无产阶级内部的利益、生活状况也越来越趋于一致。资产者彼此间日益加剧的竞争以及由此引起的商业危机，使工人的工资越来越不稳定；机器的日益迅速的和继续不断的改良，使工人的整个生活地位越来越没有保障；单个工人和单个资产者之间的冲突越来越具有两个阶级的冲突的性质。工人开始成立反对资产者的同盟；他们联合起来保卫自己的工资。他们甚至建立了经常性的团体，以便为可能发生的反抗准备食品。有些地方，斗争爆发为起义。

工人有时也得到胜利，但这种胜利只是暂时的。他们斗争的真正成果并不是直接取得的成功，而是工人的越来越扩大的联合。这种联合由于大工业所造成的日益发达的交通工具而得到发展，这种交通工具把各地的工人彼此联系起来。只要有了这种联系，就能把许多性质相同的地方性的斗争汇合成全国性的斗争，汇合成阶级斗争。而一切阶级斗争都是政治斗争。中世纪的市民靠乡间小道需要几百年才能达到的联合，现代的无产者利用铁路只要几年就可以达到了。

无产者组织成为阶级，从而组织成为政党这件事，不断地由于工人的自相竞争而受到破坏。但是，这种组织总是重新产生，并且一次比一次更强大，更坚固，更有力。它利用资产阶级内部的分裂，迫使他们用法律形式承认工人的个别利益。英国的十小时工作日法案就是一个例子。

旧社会内部的所有冲突在许多方面都促进了无产阶级的发展。资产阶级处于不断的斗争中：最初反对贵族；后来反对同工业进步有利害冲突的那部分资产阶级；经常反对一切外国的资产阶级。在这一切斗争中，资产阶级都不得不向无产阶级呼吁，要求无产阶级援助，这样就把无产阶级卷进了政治运动。于是，资产阶级自己就把自己的教育因素即反对自身的武器给予了无产阶级。

其次，我们已经看到，工业的进步把统治阶级的整批成员抛到无产阶级队伍里去，或者至少也使他们的生活条件受到威胁。他们也给无产阶级带来了大量的教育因素。

最后，在阶级斗争接近决战的时期，统治阶级内部的、整个旧社会内部的瓦解过程，就达到非常强烈、非常尖锐的程度，甚至使得统治阶级中的一小部分人脱离统治阶级而归附于革命的阶级，即掌握着未来的阶级。所以，正像过去贵族中有一部分人转到资产阶级方面一样，现在资产阶级中也有一部分人，特别是已经提高到能从理论上认识整个历史运动的一部分资产阶级思想家，转到无产阶级方面来了。

在当前同资产阶级对立的一切阶级中，只有无产阶级是真正革命的阶级。其余的阶级都随着大工业的发展而日趋没落和灭亡，无产阶级却是大工业本身的产物。

…………

在无产阶级的生活条件中，旧社会的生活条件已经被消灭了。无产者是没有财产的；他们和妻子儿女的关系同资产阶级的家庭关系再没有任何共同之处了；现代的工业劳动，现代的资本压迫，无论在英国或法国，无论在美国或德国，都是一样的，都使无产者失去了任何民族性。法律、道德、宗教在他们看来全都是资产阶级偏见，隐藏在这些偏见后面的全都是资产阶级利益。

过去一切阶级在争得统治之后，总是使整个社会服从于它们发财致富的条件，企图以此来巩固它们已经获得的生活地位。无产者只有废除自己的现存的占有方式，从而废除全部现存的占有方式，才能取得社会生产力。无产者没有什么自己的东西必须加以保护，他们必须摧毁至今保护和保障私有财产的一切。

过去的一切运动都是少数人的，或者为少数人谋利益的运动。无产阶级的运动是绝大多数人的，为绝大多数人谋利益的独立的运动。无产阶级，现今社会的最下层，如果不炸毁构成官方社会的整个上层，就不能抬起头来，挺起胸来。

如果不就内容而就形式来说，无产阶级反对资产阶级的斗争首先是一国范围内的斗争。每一个国家的无产阶级当然首先应该打倒本国的资产阶级。

在叙述无产阶级发展的最一般的阶段的时候，我们循序探讨了现存社会内部或多或少隐蔽着的国内战争，直到这个战争爆发为公开的革命，无产阶级用暴力推翻资产阶级而建立自己的统治。

我们已经看到，至今的一切社会都是建立在压迫阶级和被压迫阶级的对立之上的。但是，为了有可能压迫一个阶级，就必须保证这个阶级至少有能够勉强维持它的奴隶般的生存的条件。农奴曾经在农奴制度下挣扎到公社成员的地位，小资产者曾经在封建专制制度的束缚下挣扎到资产者的地位。现代的工人却相反，他们并不是随着工业的进步而上升，而是越来越降到本阶级的生存条件以下。工人变成赤贫者，贫困比人口和财富增长得还要快。由此可以明显地看出，资产阶级再不能做社会的统治阶级了，再不能把自己阶级的生存条件当做支配一切的规律强加于社会了。资产阶级不能统治下去了，因为它甚至不能保证自己的奴隶维持奴隶的生活，因为它不得不让自己的奴隶落到不能养活它反而要它来养活的地步。社会再不能在它统治下生存下去了，就是说，它的生存不再同社会相容了。

资产阶级生存和统治的根本条件，是财富在私人手里的积累，是资本的形成和增殖；资本的条件是雇佣劳动。雇佣劳动完全是建立在工人的自相竞争之上的。资产阶级无意中造成而又无力抵抗的工业进步，使工人通过结社而达到的革命联合代替了他们由于竞争而造成的分散状态。于是，随着大工业的发展，资产阶级赖以生产和占有产品的基础本身也就从它的脚下被挖掉了。它首先生产的是它自身的掘墓人。资产阶级的灭亡和无产阶级的胜利是同样不可避免的。

……

选自马克思、恩格斯《共产党宣言》，《马克思恩格斯文集》第二卷，
人民出版社 2009 年版

【作品导读】

本文是马克思和恩格斯合著《共产党宣言》（简称《宣言》）引言及第一章节选。《宣言》于 1848 年 2 月 24 日在伦敦以单行本出版，它的问世，标志着马克思主义正式登上历史舞台。《宣言》自发表以来，全球用 200 多种语言出版了 1 100 多个版本。

《宣言》是在资本主义大工业迅速发展、资本主义社会分化和社会矛盾加剧、阶级矛盾日益突出的背景下产生的。作者运用唯物史观回顾了资本主义的产生和发展过程，分析了资本主义社会基本矛盾运动，提出了"至今一切社会的历史都是阶级斗争的历史""一切阶级斗争都是政治斗争"等著名论断。马克思和恩格斯在文章中还科学地预言："资产阶级的灭亡和无产阶级的胜利是同样不可避免的"。这个预言通常习惯称为"两个必然"，也是《宣言》核心思想。

通过学习《宣言》，掌握其核心思想和分析问题的核心方法，有助于我们穿透现实生活中的种种表象，揭示问题的实质，达到实现"养气知言"般的修身目的。

【作品汇评】

列宁——

"这部著作以天才的透彻鲜明的笔调叙述了新的世界观，即包括社会生活在内的彻底的唯物主义、最全面最深刻的发展学说辩证法以及关于阶级斗争、关于共产主义新社会的创造者无产阶级所负的世界历史革命使命的理论。"[引自《列宁选集》第二卷，人民出版社 1972 年版，第 578 页]

安提戈涅（节选）

[古希腊] 索福克勒斯

人　　物

（以上场先后为序）

安提戈涅（Antigone）——俄狄浦斯（Oidipous）的长女。

伊斯墨涅（Ismene）——俄狄浦斯的次女。

歌队——由忒拜（Thebei）城长老十五人组成。

克瑞翁（Kreon）——忒拜城的王，安提戈涅和伊斯墨涅的舅父。

守兵

仆人数人——克瑞翁的仆人。

海蒙（Haimon）——克瑞翁的儿子，安提戈涅的未婚夫。

忒瑞西阿斯（Teiresias）——忒拜城的先知。

童子——忒瑞西阿斯的领路人。

报信人

欧律狄刻（Eurydike）——克瑞翁的妻子。

侍女数人——欧律狄刻的侍女。

布　　景

忒拜城王宫前院。

时　　代

英雄时代。

七　第三场

…………

克瑞翁　你尊重犯法的人，那也算好的行为吗？

海蒙　我并不劝人尊重坏人。

克瑞翁　这女子不是害了坏人的传染病吗？

海蒙　忒拜全城的人都否认。

克瑞翁　难道市民要干涉我的行政吗？

海蒙　你看你说这话，不就像个很年轻的人吗？

克瑞翁　难道我应当按照别人的意思，而不按照自己的意思治理这国土吗？

海蒙　只属于一个人的城邦不算城邦。

克瑞翁　难道城邦不归统治者所有吗？

海蒙　你可以独自在沙漠中做个好国王。

克瑞翁　这孩子好像成为那女人的盟友了。

海蒙　不，除非你就是那女人；实际上，我所关心的是你。

克瑞翁　坏透了的东西，你竟和父亲争吵起来了！

海蒙　只因为我看见你犯了过错，做事不公正。

克瑞翁　我尊重我的王权也算犯了过错吗？

海蒙　你践踏了众神的权利，就算不尊重你的王权。

克瑞翁　啊，下贱东西，你是女人的追随者。

海蒙　可是你绝不会发现我是可耻的人。

克瑞翁　你这些话都是为了她的利益而说的。

海蒙　是为了你我和下界神祇的利益而说的。

克瑞翁　你决不能趁她还活着的时候，同她结婚。

海蒙　那么她是死定了；可是她这一死，会害死另一个人。

克瑞翁　你胆敢恐吓我吗？

海蒙　我反对你这不聪明的决定，算得什么恐吓呢？

克瑞翁　你自己不聪明，反来教训我，你要后悔的。

海蒙　你是我父亲，我不能说你不聪明。

克瑞翁　你是伺候女子的人，不必奉承我。

海蒙　你只是想说，不想听啊。

克瑞翁　真的吗？我凭俄林波斯起誓，你不能尽骂我而不受惩罚。（向二仆人）快把那可恨的东西押出来，让她立刻当着她未婚夫，死在他的面前，他的身旁。

海蒙　不，别以为她会死在我的身旁，你再也不能亲眼看见我的脸面了，只好向那些愿意忍受的朋友发你的脾气！

海蒙自观众右方下

歌队长　啊，主上，这人气冲冲地走了，他这样年轻的人受了刺激，是很凶恶的。

克瑞翁　随便他怎么说，随便他想做什么凡人所没有做过的事；总之，他决不能使这两个女孩子免于死亡。

歌队长　你要把她们姐妹都处死吗？

克瑞翁　这句话问得好；那没有参加这罪行的人不被处死。

歌队长　你想把那另一个怎样处死呢？

克瑞翁　我要把她带到没有人迹的地方，把她活活关在石窟里，结她一点点吃食，只够我们赎罪之用，使整个城邦避免污染。她在那里可以祈求冥王，她所崇奉的唯一的神明，不至于死去；但也许到那时候，虽然为时已晚，她会知道，向死者致敬是白费功夫。

克瑞翁进宫

　　…………

九　第四场

安提戈涅由二仆人自宫中押上场

安提戈涅　（哀歌第一曲首节）啊，祖国的市民们，请看我踏上这最后的路程，这是我最后一次看看太阳光，从今以后再也看不见了。那使众生安息的冥王把我活生生带到冥河边上，我还没有享受过迎亲歌，也没有人为我唱过洞房歌，就这样嫁给冥河之神。（本节完）

歌队长　不，你这样去到死者的地下是很光荣，很受人称赞的；那使人消瘦的疾病没有伤害你，刀剑的杀戮也没有轮到你身上；这人间就只有你一个人由你自己作主，活着到冥间。

安提戈涅　（第一曲次节）可是我曾听说坦塔洛斯的女儿，那佛律癸亚客人，在西皮罗斯岭上也死得很凄惨，那石头像缠绕的常春藤似的把她包围；雨和雪，像人们所说的，不断地落到她消瘦的身上，泪珠从她泪汪汪的眼里滴下来，打湿了她的胸脯；天神这次催我入睡，这情形和她的相似。（本节完）

歌队长　但是她是神，是神所生；我们却是人，是人所生。好在你死后，人们会说你生前和死时都与天神同命，那也是莫大的光荣！

安提戈涅 （第二曲首节）哎呀，你是在讥笑我！凭我祖先的神明，请你告诉我，你为什么不等我不在了再说，却要趁我还活着的时候挖苦我？城邦呀，城邦里富贵的人呀，狄耳刻水泉呀，有美好战车的忒拜的圣林呀，请你们证明我没有朋友哀悼，证明我受了什么法律处分，去到那石牢，我的奇怪的坟墓里；哎呀，我既不是住在人世，也不是住在冥间，既不是同活人在一起，也不是同死者在一起。（本节完）

歌队长 孩儿呀，你到了鲁莽的极端，猛撞着法律的最高宝座，倒在地上，这样赎你祖先传下来的罪孽。

安提戈涅 （第二曲次节）你使我多么愁苦，你唤醒了我为我父亲，为我们这些闻名的拉布达喀代的厄运而时常发出的悲叹。我母亲的婚姻所引起的灾难呀！我那不幸的母亲和她亲生儿子的结合呀！我的父亲呀！我这不幸的人是什么样的父母生的呀！我如今被人诅咒，还没有结婚就到他们那里居住。哥哥呀，你的婚姻也很不幸，你这一死害死了你这还活着的妹妹。（本节完）

歌队长 虔敬的行为虽然算是虔敬，但是权力，在当权的人看来，是不容冒犯的。这是你倔强的性格害了你。

安提戈涅 （第二末节）没有哀乐，没有朋友，没有婚歌，我将不幸地走上眼前的道路。我再也看不见太阳的神圣光辉，我的命运没有人哀悼，也没有朋友怜惜。

克瑞翁偕众仆人自宫中上

克瑞翁 （向众仆人）如果哭哭唱唱有什么好处，一个人临死前决不会停止他的悲叹和歌声——难道你们连这个都不知道？还不快快把她带走？你们按照我的吩咐把她关在那拱形坟墓里之后，就扔下她孤孤单单，随便她想死，或者在那样的家里过坟墓生活。不管怎么样，我们在这女子的事情上头是没有罪的；总之，她在世上居住的权利是被剥夺了。

安提戈涅 坟墓呀，新房呀，那将永久关住我的石窟呀！我就要到那里去找我的亲人，他们许多人早已死了，被冥后接到死人那里去了，我是最后一个，命运也最悲惨，在我的寿命未尽之前就要下去。很希望我这次前去，受我父亲欢迎，母亲呀，受你欢迎，哥哥呀，也受你欢迎；你们死后，我曾亲手给你们净洗装扮，曾在你们坟前奠下酒水；波吕涅克斯呀，只因为埋葬你的尸首，我现在受到这样的惩罚。

{可是在聪明人看来，我这样尊敬你是很对的。如果是我自己的孩子死了，或者我的丈夫死了，尸首腐烂了，我也不至于和城邦对抗，做这件事。我根据什么原则这样说呢？丈夫死了，我可以再找一个；孩子丢了，我可以靠别的男人再生一个；但如今，我的父母已埋葬在地下，再也不能有一个弟弟生出来。}

{我就是根据这个原则向你致敬礼；可是，哥哥呀，克瑞翁却认为我犯了罪，胆敢作出可怕的事。他现在捉住我，要把我带走，我还没有听过婚歌，没有上过新床，没有享受过婚姻的幸福或养育儿女的快乐；我这样孤孤单单，无亲无友，多么不幸呀，人还活着就到死者的石窟中去。}

我究竟犯了哪一条神律呢……我这不幸的人为什么要仰仗神明？为什么要求神保佑，既然我这虔敬的行为得到了不虔敬之名？即使在神们看来，这死罪是应得的，我也要死后才认罪；如果他们是有罪的，愿他们所吃的苦头恰等于他们加在我身上的不公正的惩罚。

歌队长　那同一个风暴依然在她心里呼啸。

克瑞翁　那些押送她的人办事太缓慢，他们要后悔的。

安提戈涅　哎呀，这句话表示死期到了。

克瑞翁　我不能鼓励你，使你相信这判决不是这样批准的。

安提戈涅　忒拜境内我先人的都城呀，众神明，我的祖先呀，他们要把我带走，再也不拖延时间了！忒拜长老们呀，请看你们王室剩下的唯一后裔，请看我因为重视虔敬的行为，在什么人手中受到什么样的迫害啊！

安提戈涅由二仆人自观众左方押下场

选自《索福克勒斯悲剧五种》，罗念生译，上海人民出版社 2018 年版

【作品导读】

《安提戈涅》是古希腊三大悲剧作家之一索福克勒斯于公元前 442 年创作的一部作品，是全球戏剧史上最伟大的作品之一。

本剧主要写底比斯新任国王克瑞翁在俄狄浦斯之后取得王位。前任国王俄狄浦斯的一个儿子波吕涅克斯勾结外邦进攻底比斯而战死。克瑞翁将波吕涅克斯暴尸田野，并下令谁埋葬波吕涅克斯就处以死刑，而波吕涅克斯妹妹安提戈涅却毅然以遵循"天条"为由埋葬了她哥哥。剧中人物个个性格饱满，克瑞翁专横、海蒙痴情等都非常生动鲜明，安提戈涅更是被塑造成不向权势低头的英雄形象。第四场在安提戈涅被剥夺生命之前，她的好几段控诉思路清晰，说话犀利，文字优美，感人至深，体现了索福克勒斯悲剧的语言面貌。

这里节选第三场和第四场，从安提戈涅被抓捕带到国王克瑞翁面前直至被带下去执行死刑。安提戈涅面对王权发布的死亡威胁为何能宁死不屈？此即本剧焦点——天条不能冒犯！在西方文化史上，安提戈涅已成为一种文化符号。人们从各种角度诠释"安提戈涅之怨"，凸显出本剧深远的价值意义。

【作品汇评】

黑格尔——

"这部悲剧是一切时代中的一部最崇高的，而从一切观点看都是最卓越的艺术作品。"[引自 [德] 黑格尔《美学》（第二卷），朱光潜译，商务印书馆1979年，第204页]

朱迪斯·巴特勒——

"在生者不能跨越的生命边界上安提戈涅行动着，在兼具建构和否定生命的界线上安提戈涅存活着。"[引自 [美] 朱迪斯·巴特勒《安提戈涅的诉求：生与死之间的亲缘关系》，王楠译，河南大学出版社2017年，第102页]

【阅读作品】

《论语》选录

孔 子

曾子曰:"吾日三省吾身。为人谋而不忠乎?与朋友交而不信乎?传不习乎?"(《学而第一》)

有子曰:"其为人也孝弟,而好犯上者,鲜矣;不好犯上,而好作乱者,未之有也。君子务本,本立而道生。孝弟也者,其为仁之本与!"(《学而第一》)

子曰:"人而不仁,如礼何?人而不仁,如乐何?"(《八佾第三》)

子夏问曰:"'巧笑倩兮,美目盼兮,素以为绚兮',何谓也?"子曰:"绘事后素。"曰:"礼后乎?"子曰:"起予者商也!始可以言诗已矣。"(《八佾第三》)

子曰:"《关雎》,乐而不淫,哀而不伤。"(《八佾第三》)

子曰:"质胜文则野,文胜质则史,文质彬彬,然后君子。"(《雍也第六》)

子曰:"兴于诗,立于礼,成于乐。"(《泰伯第八》)

子曰:"诵《诗》三百,授之以政,不达;使于四方,不能专对;虽多,亦奚以为?"(《子路第十三》)

陈亢问于伯鱼曰:"子亦有异闻乎?"对曰:"未也。尝独立,鲤趋而过庭。"曰:'学诗乎?'对曰:'未也。''不学诗,无以言。'鲤退而学诗。"(《季氏第十六》)

子曰:"小子何莫学夫《诗》?《诗》可以兴,可以观,可以群,可以怨。迩之事父,远之事君,多识于鸟兽草木之名。"(《阳货第十七》)

转引自李泽厚《论语今读》,安徽文艺出版社1998年版

【作品聚焦】

孔子作为儒家思想的创始人，他的言论奠定了儒家思想的基本要义。对于儒家来说，仁政和礼治不是抽象的思想体系和管理制度，而是生活中的具体言行。如何做人修身是儒家思想论述最为丰富的部分，形成了成熟完备的实践体系。这里选择的《论语》条目涉及人们日常交往中的思、言、行，其中"吾日三省吾身""绘事后素""文质彬彬，然后君子""兴观群怨"等名言已成为指导我们交友、事亲、说话和学习的重要准则。从中我们可以看到，孔子倡导通过内在的自我反省和外在的礼乐、文辞等方面的学习和约束塑造个人品性。

上善若水

老 子

八章

上善若水。水善利万物，又不争。处众人之所恶，故几于道。居善地，心善渊，与善人，言善信，政善治，事善能，动善时。夫唯不争，故无尤。

六十六章

江海之所以能为百谷王者，以其善下之，故能为百谷王。

七十八章

天下莫柔弱于水，而攻坚；强莫之能先。以其无以易之。故弱胜强，柔胜刚，天下莫不知，莫能行。

选自朱谦之《新编诸子集成（第一辑）·老子校释》，中华书局 1984 年版。

文题为编者所加。

【作品聚焦】

《道德经》是老子思想的集大成著作，也是道家思想的奠基之作。老子认为世界万物对立的两面诸如"大小""有

《上善若水》吟诵1：马连菊

《上善若水》吟诵2：张镱凡

无""虚实""刚柔"等均相互依存而又相互转化。水的特性是"柔"和"卑下",水流貌似没有任何力量,但"至柔"则"至刚"。面对外力阻挡,水似乎没有任何抵抗力——"不争";但无论阻力多么强大,水最终还是一直向前——朝着自己设定的方向走下去,以至柔之性和"不争"实现既定目标。相比于铁之类的刚硬事物,看似刚硬反而容易折断导致失败。水的另一个特点是"卑下"。水流总比别人低,一直在低处流淌。正因为姿态低下,水就能"兼容广纳"为大海。《上善若水》这几则选文即是用"水"来比喻人的修身之路。

朋友四型

余光中

一个人命里不见得有太太或丈夫,但绝对不可能没有朋友。即使是荒岛上的鲁滨逊,也不免需要一个"礼拜五"。一个人不能选择父母,但是除了鲁滨逊之外,每个人都可以选择自己的朋友。照说选来的东西,应该符合自己的理想才对,但是事实又不尽然。你选别人,别人也选你。被选,是一种荣誉,但不一定是一件乐事。来按你家门铃的人很多,岂能人人都令你"喜出望外"呢?大致说来,按铃的人可以分为下列四型。

第一型,高级而有趣。这种朋友理想是理想,只是可遇而不可求。世界上高级的人很多,有趣的人也很多,又高级又有趣的人却少之又少。高级的人使人尊敬,有趣的人使人欢喜,又高级又有趣的人,使人敬而不畏,亲而不狎,交接愈久,芬芳愈醇。譬如新鲜的水果,不但甘美可口,而且富于营养,可谓一举两得。朋友是自己的镜子。一个人有了这种朋友,自己的境界也低不到哪里去。东坡先生杖履所至,几曾出现过低级而无趣的俗物?

第二型,高级而无趣。这种人大概就是古人所谓的诤友,甚至畏友了。这种朋友,有的知识丰富,有的人格高超,有的呢,"品学兼优"像一个模范生,可惜美中不足,都缺乏那么一点儿幽默感,活泼不起来。你总觉得,他身上有那么一个窍没有打通,因此无法豁然怳然，具备充分的现实感。跟他交谈，既不像打球那样，你来我往，此呼彼应，也不像滚雪球那样，把一个有趣的话题愈滚愈大。精力过人的一类，只管自己发球，不管你接不接得住。消极的一类则以逸待劳，难得接你一球两球。无论对手是积极或消极，总之该你捡球，你不捡球，这场球是别想打下去的。这种畏友的遗憾，在于趣味太窄，所以跟你的"接触面"广不起来。天下之大，他从城南到城北来找你的目的，只在讨论"死亡在法国现代小说中的特殊意义"，或是"爱斯基摩人对于性生活的态度"。为这种畏友捡一晚上的球，疲劳是可以想见的。这样的友谊有点像吃药，太苦了一点。

第三型，低级而有趣。这种朋友极富娱乐价值，说笑话，他最黄；说故事，他最像；消息，他最灵通；关系，他最广阔；好去处，他都去过；坏主意，他都打过。世界上任何话题他都接得下去，至于怎么接法，就不用你操心了。他的全部学问，就在不让外行人听出他没有学问。至于内行人，世界上有多少内行人呢？所以他的马脚在许多客厅和餐厅里跑来跑去，并不怎么露眼。这种人最会说话，餐桌上有了他，一定宾主尽欢，大家喝进去的美酒还不如听进去的美言那么"沁人心脾"。会议上有了他，再空洞的会议也会显得主题正确，内容充沛，没有白开。如果说，第二型的朋友拥有世界上全部的学问，独缺常识，这一型的朋友则恰恰相反，拥有世界上全部的常识，独缺学问。照说低级的人而有趣味，岂非低级趣味，你竟能与他同乐，岂非也有低级趣味之嫌？不过人性是广阔的，谁能保证自己毫无此种不良的成分呢？如果要你做鲁滨逊，你会选第三型还是第二型的朋友做"礼拜五"呢？

第四型，低级而无趣。这种朋友，跟第一型的朋友一样少，或然率相当之低。这种人当然自有一套价值标准，非但不会承认自己低级而无趣，恐怕还自以为又高级又有趣呢。然则，余不欲与之同乐矣。

一九七二年五月
选自《余光中集》第五卷，百花文艺出版社2004年版

【作品聚焦】

余光中是我们比较熟悉的作家,其代表诗作《乡愁》表达了游子思乡之情,半个多世纪以来风靡两岸。其实,余光中的散文成就一点也不输其诗歌创作。可谓左手写诗,右手写文。其散文题材丰富,风格多种多样,或抒情或说理,或辨析或考究,常常幽默机智地讽论社会人生。《朋友四型》是余光中的一篇小品散文。文章采用并列结构模式,先说人人都有朋友,然后扣住文题将朋友分为"高级而有趣、高级而无趣、低级而有趣、低级而无趣"四类予以介绍。它就使我们对作者笔下的朋友获得了清晰的认识,同时也在告诫读者"高级而有趣"是我们结交朋友的最好目标!

单元能力训练五（如何观赏戏剧）

能力聚焦

戏剧与戏剧文学

戏剧作为以舞台表演为主的综合艺术，它具有舞台性、直观性、综合性、观众参与性等特点；戏剧文学是与诗歌、小说、散文并列的一种文学样式，是供戏剧演出用的文学"脚本"，也称"剧本"。好的剧本应具有双重价值，即文学价值与戏剧价值。

按表演形式分，戏剧有话剧、歌剧、舞剧；按戏剧结构分有独幕剧、多幕剧；按作品类型分有悲剧、喜剧、正剧等。中国传统戏曲属于广义戏剧大类，表演形式接近歌舞剧。

鉴赏戏剧的方法

一、把握冲突，探索主旨

对于戏剧冲突的把握是鉴赏戏剧的关键，它的具体表现形式有思想冲突、性格冲突、意志冲突和人与环境的冲突等。如何把握戏剧冲突呢？1. 要了解戏剧冲突发生的背景。只有把冲突放在广阔的社会历史背景中，才能较好地把握它。2. 要理清冲突线索，把握其主要矛盾冲突。3. 要善于从戏剧冲突的发展中探索其思想倾向。4. 注意分析戏剧冲突具体如何构成，领悟戏剧的创作旨趣。

二、观其言行，解读人物

古语说："听其言而观其行。"恰恰道出了分析戏剧人物的两个方面。1. 品味个性化的人物语言。优秀戏剧人物语言往往三言两语就能把人物个性展示出来。2. 品味富有动作性的人物语言，即戏剧冲突中人物之间的动作冲突或人物内心活动。3. 品味人物语言中蕴含的丰富潜台词，也即"话外之音"。4. 注意欣赏戏剧人物动作。鉴赏中国戏曲，还要充分考虑戏剧人物行当的表演程式。

三、明晰结构，谙通"门道"

完整的戏剧结构，可使人更容易了解戏剧冲突的因果关系。戏剧结构分为回顾式、开放式、人像展览式三种。回顾式又称锁闭式结构。其特点是出场人物较少，剧情展开的时间、地点高度集中，基本符合"三一律"原则。如易卜生《玩偶之家》。开放式结构是按故事发展的时间顺序展开剧情，人物较多，剧情更为曲折。如莎士比亚《罗密欧与朱丽叶》。人像展览式结构则是以片断方式展示众多的人物形象和社会风貌为主要目的。如曹禺《日出》等。

  四、辨明体式，分类鉴赏

  没有一种艺术像戏剧种类繁多。俗话说"隔行如隔山"，这在戏剧表演与鉴赏中往往如此。仅从中国传统戏曲看，虽然它接近歌曲剧，但其"唱念做打"的四种表演方式就够令人玩味了。唱是演唱，念是念白，做是形体动作，打是武艺功夫。戏曲演员入门既要接受歌舞能力的一般训练，还要接受"唱念做打"各戏曲程式的训练。如唱有唱腔之分、念有韵白、京白之分等。因而，深入研究戏剧不同的体式特点也应是我们提高戏剧鉴赏力的重要方面。

点子库

  戏剧作为一门综合性艺术，如能亲自参与创作或表演可能会收到一些意想不到的效果。尝试学唱一两段比较容易上手的戏曲唱段，如《牡丹亭》中的《忒忒令》，体会唱腔、曲调和行当的韵味；或将戏曲《西厢记》第三本第二折改编成话剧，然后在班上分角色表演。诸如此类，相信有益于提高我们的戏剧鉴赏力。

单元综合训练题

  一、结合荀子《修身》的学习，思考一下如何通过"礼法并重"修身养性。

  二、什么是戏剧？联系作品谈谈中国传统戏曲的渊源与发展。

  三、试分析悲剧《安提戈涅》的戏剧冲突。

  四、试述戏剧剧本与小说的区别与联系。

  五、如何解读和鉴赏戏剧？

  六、如何体味孟子所谓的"浩然之气"？

  七、欣赏白先勇青春版《牡丹亭》，体会杜丽娘的表现程式。

  八、老子说："江海之所以能为百谷王者，以其善下之，故能为百谷王"。联系课文题旨，请以《上善若水》为题写一篇读后感。

  九、谈谈你对《共产党宣言》中所说"资产阶级的灭亡和无产阶级的胜利是同样不可避免的"学习体会。

第六单元 养性文选

论画山水

宗 炳

> 宗炳（375—443），字少文，南朝宋画家。南阳涅阳（今河南镇平）人，家居江陵（今属湖北）。擅长书法、绘画和弹琴。信仰佛教，漫游山川，西涉荆亚，南登衡岳，后以老病才回江陵。曾将游历所见景物，绘于居室之壁，自称："澄怀观道，卧以游之"。所著《论画山水》（又名《画山水序》）为著名画论。

圣人含道映物[1]，贤者澄怀味象[2]。至于山水质有而趣灵[3]，是以轩辕、尧、孔、广成、大隗、许由、孤竹之流，必有崆峒、具茨、藐姑、箕首、大蒙之游焉。又称仁智之乐[4]焉。夫圣人以神法道，而贤者通[5]，山水以形媚道[6]，而仁者乐，不亦几乎？余眷恋庐、衡，契阔荆、巫，不知老之将至。愧不能凝气怡身，伤跕石门[7]之流，于是画象布色，构兹云岭。夫理绝于中古之上者，可意求于千载之下；旨微于言象之外者，可心取于书策之内。况乎身所盘桓，目所绸缪[8]，以形写形，以色貌色也。且夫昆仑山之大，瞳子之小，迫目以寸[9]，则其形莫睹，迥[10]以数里，则可围于寸眸。诚由去之稍阔，则其见弥小[11]。今张绢素以远映，则昆、阆之形，可围于方寸之内。竖划三寸，当千仞之高；横墨数尺，体百里之迥。是以观画图者，徒患类之不巧，不以制小而累其似，此自然之势。如是，则嵩、华之秀，玄牝[12]之灵，皆可得之于一图矣。夫以应目会心为理者，类之成巧，则目亦同应，心亦俱会。应会感神，神超理得，虽复虚求幽岩，何以加焉？又神本亡端，栖形感类，理入影迹，诚能妙写，亦诚尽矣。于是闲居理气[13]，拂觞鸣琴[14]，披图幽对，坐究四荒，不违天励之丛[15]，独应无人之野。峰岫峣嶷，云林森眇[16]，圣贤映于绝代，万趣融其神思[17]，余复何为哉？畅神[18]而已。神之所畅，熟有先[19]焉！

选自《中国美学史资料选编》上册，中华书局1980年版

【作品注解】

[1] 含道映物：（圣人生命体中）包含着"道"而映现于外物。

[2] 澄怀味象：澄清怀抱，使心中无杂念以品味"道"所映现的物象。

[3] 质有而趣灵：质，指山水固有的禀性和美质。有，多。趣同"趋"，使趋向、奔向。灵，指灵秀人物。意为山水具有美好禀性，天下灵秀人物都趋向山林。

[4] 仁智之乐：《论语·雍也第六》曰："知者乐水，仁者乐山。知者动，仁者静。知者乐，仁者寿。"此处点化此语。

[5] 圣人以神法道，而贤者通：圣人以自己的聪明才智体悟和把握"道"；贤者则澄清怀抱，品味由道所显现之物象而通于"道"。

[6] 山水以形媚道：山水以其形制之美很好地体现和反映出"道"。

[7] 伤跕（diǎn）石门：跕，足尖轻踏而行。伤跕，喻登山徐行貌。石门，典出《后汉书·崔骃传》："恨遭闭而不隐兮，违石门之高踪。"泛指山水胜地。

[8] 绸缪：形容眼睛凝视的样子。

[9] 迫目以寸：迫，近。指离眼睛只有一寸的距离。形容离得很近。

[10] 迥：远。

[11] 诚由去之稍阔，则其见弥小：确实是由于距离它（指被观察的山水）远了一些，因而所看见的山水就会更小些。

[12] 玄牝：典出《老子》第六章"谷神不死，是谓玄牝。玄牝之门，是谓天地根。"指衍生万物的本源，这里指造化。

[13] 闲居理气：过着安闲的生活，调整梳理自己的精神情绪。

[14] 拂觞鸣琴：一边饮酒，一边弹琴唱歌。

[15] 天励之丛：指大自然造化出来的丛林。

[16] 峰岫峣嶷，云林森眇：峰峦高远，森林广阔。岫，峰峦；峣嶷，高远貌。

[17] 圣贤映于绝代，万趣融其神思：山林中辉映着古代圣贤吟游山林的情趣，万象生机融入神思之中。

[18] 畅神：使精神舒畅。

[19] 孰有先：谓不分先后。

【作品导读】

《论画山水》是中国画论的重要著述，也是全球最早的山水画论。

魏晋南北朝时期佛教和玄学兴起，以致与美学发生发展的内在联接逐渐紧密，使人的主体地位得以确立。在人物品藻的影响下产生了诸如意象、风骨、有无、形神等美学范畴，对人的对象化即向自然山水视角转移起到了深刻影响。《论画山水》是其代表。

本文论述山水以其形之美进而反映"道"，而圣人生命中蕴涵的"道"，也映现于外物。山水具有美好禀性，圣人都趋向山水，山水便赋予"仁智之乐"，而由此"圣人以神法道"，于是可以悟道。文中论述山水画的创作目的和首要特征是"畅神"，还意味着我国写意绘画风尚已成为一种理论自觉，这在我国传统绘画美学史上具有划时代意义。从此，中国绘画在理论上初步建立起山水画以畅神写意为基本审美标准和体系的范式，且广泛影响艺术的其他门类，对中国思想文化史上天人合一观念的形成和发展具有深远启发。

【作品汇评】

张彦远——

"谢赫之评固不足采也,且宗公,高士也,飘然物外,不可以俗画传其意旨。"
[引自 [唐] 张彦远《历代名画记》(第 2 版)卷六,人民美术出版社 2004 年版]

谢磊——

"'圣人含道映物,贤者澄怀味象。'佛教的圣人和贤者,也不同于儒、道(老、庄)古来的圣贤,佛教的圣人是相对于凡夫的称谓,是见道、断惑、证理的人,是觉者,也即是佛、大菩萨。""宗炳是位画家,但他的画我们已是无从见到了。……倒是一篇《画山水序》使得宗炳名垂千古。"[引自《美术研究》1999 年第 2 期,第 18 页]

一九九八 廿四节气

苇 岸

苇岸（1960—1999），北京人，作家。1988年开始发表作品，成为新生代散文的代表作家之一。1998年为写本文，苇岸在家附近选择了一块农地，在每一节气的同一时间、地点，观察、拍照、记录，最后形成一段笔记。1999年他在病中写出最后一则《谷雨》，同年因肝癌医治无效谢世。

立 春

〔日期：农历正月初八；公历2月4日。时辰：辰时8时53分。天况：晴。气温：5℃——-5℃。风力：四五级。〕

对于北半球的农业与农民来说，新的一年是从今天开始的。

古罗马作家瓦罗在他的著作《论农业》中写道："春季从二月七日开始。"瓦罗所依据的日历，是当时的古罗马尤利乌斯历（尤历乌斯历即后来的公历前身）。在公历中，立春则固定地出现在二月四日或五日。这种情况，至少在本世纪的一百年如此。一个应该说明的现象是，本世纪上半叶立春多在二月五日，下半叶立春多在二月四日。

能够展开旗帜的风，从早晨就刮起来了。在此之前，天气一直呈现着衰歇冬季特有的凝滞、沉郁、死寂氛围。这是一种象征：一个变动的、新生的、富有可能的季节降临了。外面很亮，甚至有些晃眼。阳光是银色的，但我能够察觉得出，光线正在隐隐向带有温度的谷色过渡。物体的影子清晰起来（它们开始渐渐收拢了），它们投在空阔的地面上，让我一时想到附庸或追随者并未完全泯灭的意欲独立心理。天空已经微微泛蓝，它为将要到来的积云准备好了圆形舞台。但旷野的色调依旧是单一的，在这里显然你可以认定，那过早的蕴含着美好诺言的召唤，此时并未得到像回声一样信任的响应。

立春是四季的起点，春天的开端（在季节的圆周上，开端与终结也是重合的)。这个起点和开端并不像一个朝代的建立，或一个婴儿的诞生那样截然、显明。立春还不是春天本身，而仅仅是《春天》这部辉煌歌剧的前奏或序曲。它的意义更多地在于转折和奠基，在于它是一个新陈更番的标志。它还带着冬天的色泽与外观（仿佛冬季仍在延伸），就像一个刚刚投诚的士兵仍穿着旧部褪色的军装。我想古希腊诗人赫西俄德《工作与时日》里的那句"灰色的春季"，正是从这个角度讲的。

雨　水

〖日期：农历正月廿三；公历2月19日。时辰：寅时4时43分。天况：阴，雨雪。气温：3℃——-2℃。风力：一二级。〗

在二十四节气的漫漫古道上，雨水只是一个相对并不显眼的普通驿站。在我过去的印象里，立春是必定会刮风的（它是北京多风的春天一个小小的缩影），但雨水并不意味着必定降雨。就像森林外缘竖立的一块警示标牌，雨水的作用和意义主要在于提醒旅人：从今天起，你已进入了雨水出没的区域。

今年的雨水近乎一个奇迹，这种情形大体是我从未经历过的（它使"雨水"这一节气在语义上得到了完满的体现）。像童年时代冬天常有的那样，早晨醒来我惊喜地看到了窗外的雪。雪是夜里下起来的，天亮后已化作了雨。（如古语讲的"橘逾淮为枳"），但饱含雨水的雪依然覆盖着屋顶和地面。雨落在雪上像掉进井里，没有任何声响。令人感到惊奇和神秘的是：一、雨水这天准确地降了水；二、立春以后下了这么大的雪；三、作为两个对立季节象征的雨和雪罕见地会聚在了一起。

在传统中，雪是伴随着寂静的。此时的田野也是空无一人，雪尚未被人践踏过（"立春阳气转，雨水送肥忙。"以化肥和农药维持运转的现代农业，已使往昔的一些农谚失去了意义）。土地隐没了，雪使正奔向春天和光明的事物，在回归的路上犹疑地停下了脚步。由于吸收了雨，雪有些踢缩、黯淡，减弱了其固有的耀眼光泽。这个现象很像刀用钝了，丧失了锋芒。几只淋湿了羽毛的喜鹊起落着，它们已到了在零落乔木或高压线铁架上物色筑巢位置的时候了。面对这场不合时令的雪，人们自然会想到刚刚逝去不久的冬天；但在一个历史学家眼里，他也许会联想到诸如中国近代的袁世凯昙花一现的称帝时期。

惊　蛰

〔日期：农历二月初八；公历3月6日。时辰：寅时3时3分。天况：晴。气温：14℃—2℃。风力：二三级。〕

二十四节气令我们惊叹和叫绝的，除了它的与物候、时令的奇异吻合与准确对应，还有一点，即它的一个个东方田园风景与中国古典诗歌般的名称。这是语言瑰丽的精华，它们所体现的汉语的简约性与表意美，使我们这些后世的汉语运用者不仅感到骄傲，也感到惭愧。

"惊蛰"，两个汉字并列一起，即神奇地构成了生动的画面和无穷的故事。你可以遐想：在远方一声初始的雷鸣中，万千沉睡的幽暗生灵被唤醒了，它们睁开惺忪的双眼，不约而同，向圣贤一样的太阳敞开了各自的门户。这是一个带有"推进"和"改革"色彩的节气，它反映了对象的被动、消极、依赖和等待状态，显现出一丝善意的冒犯和介入，就像一个乡村客店老板凌晨轻摇他的诸事在身的客人："客官，醒醒，天亮了，该上路了。"

仿佛为了响应这一富有"革命"意味的节气，连阴数日的天况，今天豁然晴朗了（不是由于雨霁或风后）。整面天空像一个深隐林中的蓝色湖泊或池塘，从中央到岸边，依其深浅，水体色彩逐渐减淡。小麦已经返青，在朝阳的映照下，望着满眼清晰伸展的绒绒新绿，你会感到，不光婴儿般的麦苗，绿色自身也有生命。而在沟壑和道路两旁，青草破土而出，连片的草色已似报纸头条一样醒目。柳树伸出了鸟舌状的叶芽，杨树拱出的花蕾则让你想到幼鹿初萌的角。在田里，我注意到有十数只集群无规则地疾飞鸣叫的小鸟（疑为百灵）；它们如精灵，敏感、多动，忽上忽下；它们的羽色近似泥土，落下来便会无影无踪；我曾试图用望远镜搜寻过几次，但始终未能看清它们（另一吸引我注意的，在远处高新技术产业开发区外缘公路边的人行道上，一个穿红色上衣的少女手捧一本书，不停地走过来走过去）。可爱的稚态、新生的活力、知前的欢乐、上升的气息以及地平线的栅栏，此时整个田野很像一座太阳照看下的幼儿园。

"惊蛰过，暖和和。"到了惊蛰，春天总算坐稳了它的江山。

春　分

〖日期：农历二月廿三；公历 3 月 21 日。时辰：寅时 3 时 57 分。天况：晴。气温：8℃——-2℃。风力：二三级。〗

"四时八节"，在二十四节气里，春分是八个基本节气之一。西方古代为了便于农事，曾将一年划分成八个分季，第二分季即"从春分到维尔吉里埃座七星升起"。春分是春季的中分点，同时就一年来说，"春分者，阴阳相半也，故昼夜均而寒暑平"。春分这天太阳正当赤道上方，它将自己的光一丝不苟地均分给了地球南北。人们平日常说：像法律一样公正。实际就此与春分或秋分相比，这是个并不十分恰当的比喻（因为法律最终都要通过法官体现）。在春分前后，如果你早晨散步稍加留意，会发觉太阳是从正东升起的。过了春分，"幽晦不明，天之所闭"的北方人民便明显感到，太阳一天天近了。

在春天的宫廷里，还是发生了一次短暂的政变。三月十八日深夜，大风骤起，连续两天风力五六级，白天的最高气温降至摄氏 3 度。关于世间类似这种突发的、一时的、个别的、偶然的"倒行逆施"，它的最大消极作用，主要还不在其使率真勇为的先行者遭受了挫折和打击，而在其由此将使世间普遍衍生以成熟和大家风度自诩的怀疑、城府、狡黠、冷漠等有碍人类愉快与坦诚相处的因素。

仿佛依然弥漫着政变刚刚被粉碎的硝烟，今天尽管大风已息，气温回升，但仍有料峭的寒意。与惊蛰对照，春分最大的物候变化是：柳叶完全舒展开了，它们使令人欣悦的新绿由地面漫延上了空间；而杨树现在则像一个赶着田野这挂满载绿色马车的、鞭子上的红缨已褪色的老车夫。另外一个鲜明变化，即如果到山前去，你可以看到盛开的总与女人或女人容貌关联的桃花。

"九尽杨花开，农活一起来。"每年到了三月中旬，一般便出九了。但眼下农田除了零星为小麦浇返青水的农民外，依然显得空旷、冷清。现代农业作物种植的单一和现代农业机械器具的运用，不仅使农业生产趋于简便，也使农民数量日渐减少。随着工业文明的推进，人口学家预测，2010 年世界人口达到七十亿，其中城市居民将逾三十五亿，有史以来首次超过农村人口。在人类的昨天，无论东方还是西方，农业和农民都曾备受尊崇。古希腊罗马时期，人们曾用"好农民"或

"好庄稼人"来称赞一个好人（"受到这样称赞的，就被认为受到了最大的称赞"）。古罗马作家加图在他的《农业志》中这样赞美农民："利益来得最清廉、最稳妥、最不为人所疾视，从事这种职业的人，绝不心怀恶念。"如果加图的说法成立或得到我们认同，那么看来人类社会由农业文明向工业文明的转化，不光污毁了自然，显然也无益于人性。

清　明

〖日期：农历三月初九；公历4月5日。时辰：辰时8时6分。天况：晦。气温：17℃—8℃。风力：零或一级。〗

作为节气，清明非常普通，它的本义为，"万物生长此时，皆清洁而明净，故谓之清明"。但在二十四节气中清明后来例外地拥有了双重身份：即它已越过农事与农业，而演变成了一个与华夏人人相关的民间传统节日。就我来说，清明是与童年跟随祖母上坟的经历和杜牧那首凄美的诗连在一起的，它们奠定了我对清明初始的与基本的感知、印象和认识。我想未来也许只有清明还能使已完全弃绝于自然而进入"数字化生存"的人们，想起古老（永恒）的二十四节气。

二十四节气的神奇、信誉与不朽的经典性质，在于它的准确甚至导致了人们这样的认识：天况、气象、物候在随着一个个节气的更番而准时改变。与立春和立秋类同，清明也是一个敏感的、凸显的显性节气，且富于神秘、诡异气氛。也许因其已经演变为节日，故清明的天况往往出人意外地与它的词义相反（这在二十四节气里是个特例），而同这一节日的特定人文蕴涵紧密关联。在我的经验里，清明多冽风、冥晦或阴雨；仿佛清明天然就是"鬼节"，天然就是阳间与阴界衔接、生者与亡灵呼应的日子。

今年的清明，又是一个典型例证。延续了数日的阴天，今天忽然发生了变化：天空出现了太阳。这是可以抬头直视的太阳，地面不显任何影子（与往日光芒万丈的着装不同，太阳今天好像是微服出访）。整个田野幽晦、氤氲、迷蒙，千米以外即不见景物，呈现出一种比夜更令人可怖的阴森气氛。麦田除了三两个俯身寻觅野菜的镇里居民外，没有劳作的农民。渲染着这种气氛的，是隐在远处的一只鸟不时发出的"噢、噢、噢"单调鸣叫。它的每声鸣叫都拉得很长，似乎真是从冥界传来的。这是一种我不知其名、也未见过其形的夜鸟,通常影视作品欲为某一月黑之夜杀机四伏的情节进行铺垫时,利用的就是这种鸟的叫声。

从田野返回的路上,我在那片高新技术产业开发区一家药业公司圈起待建的荒地内,看到一群毛驴,大小约二十头,近旁有一位中年农民。我走了进去,和中年农民攀谈起来。他是河北张北人,驴即来自那一带。这是购集来供应镇里餐馆的。我问:驴总给人一种苦相感,农民是不是不太喜欢它们?中年农民答:不,农民对驴还是很有感情的,甚至比对马还有感情;驴比马皮实,耐劳,不挑食,好喂养,比马的寿命也长。

谷　雨

〖日期:农历三月廿四;公历4月20日。时辰:申时15时16分。天况:晦。气温:26℃—14℃。风力:零或一级。〗

从词义及其象形看,"谷"首先指山谷。瑞典汉学家林西莉在她的著作《汉字王国》中即讲:"我只要看到这个字,马上就会想起一个人走进黄土高原沟壑里的滋味。"当谷与雨并连以后,它的另一重要含义"庄稼、作物"无疑便显现了。

像"家庭"一词的组构向人们示意着只有屋舍与院子的合一,才真正构成一个本原的、未完全脱离土地的、适于安居的"家";"谷雨"也是一个包含有对自然秩序敬畏、尊重、顺应的富于寓意的词汇,从中人们可以看出一种神示或伟大象征:庄稼天然依赖雨水,庄稼与雨水密不可分。

谷雨是春季的最后一个季节,也是一年中最为宜人的几个节气之一。这个时候,打点行装即将北上的春天已远远看到它的继任者——携着热烈与雷电的夏天走来的身影了。为了夏天的到来,另外一个重要变化也在寂静、悄然进行,即绿色正从新浅向深郁过渡。的确,绿色自身是有生命的。这一点也让我想到太阳的光芒,阳光在早晨从橙红到金黄、银白的次第变化,实际即体现了其从童年、少年到成年的自然生命履历。

麦子拔节了,此时它们的高度大约为其整体的三分之一,在土地上呈现出了立体感，就像一个十二三岁的男孩开始显露出了男子天赋的挺拔体态。野兔能够隐身了，土地也像骄傲的父亲一样通过麦子感到了自己在向上延续。作为北方冬天旷野的一道醒目景观的褐色鹊巢，已被树木用叶子悉心掩蔽起来。一只雀鹰正在天空盘旋，几个农民在为小麦浇水、施撒化肥。远处树丛中响起啄木鸟的只可欣赏而无法模仿的疾速叩击枯木的声音，相对啄木鸟的鸣叫，我一直觉得它的劳动创造的这节音量由强而弱、频率由快而慢的乐曲更为美妙迷人。

选自苇岸《太阳升起以后》，中国工人出版社 2000 年版

【作品导读】

二十四节气与物候时令奇异吻合，准确对应，每个节气各有一个中国古典诗歌般的名称。这是语言瑰丽的精华，体现汉语的简约性与表意美，令我们汉语运用者感到骄傲。显然作者被深深感动，在自家附近选择了一块农地，在每一节气的同一时间、地点、观察、拍照、记录。记录的每一段文字语调平和，心意纯粹，有哲理思考，又饱含着浓郁诗情，倾述内心对自然和生活的痴爱。

作者钟情于古老的土地及土地上的一切，悉心白描所看到的意象，启发我们：感受自然外物，应随自然运行规律而动；自然有四季更迭，不同季节风景不同，但同样各有无限风光。大自然的神秘魅力呈现不同的形象，春光明媚、夏日炎炎、秋高气爽、冬日暖阳，每个季节都有诗意；不同的人生季节也有不同的美丽风景，也有四季节律的特征，生命现象从强到弱，从豆蔻年华到白发苍苍，轮回不断，岁月无尽。二十四节气的每一个相同时辰，气温、田野、飞鸟、云朵等物象丰富多彩，如盛宴，是大自然呈现给我们的不同美味；使我们感知到生命的气息，从而拥有一滴雨露润湿的快意，哲学的思考油然发生；顺从自然的律动，与天时合一，既是我们生活的最高智慧，也是人与自然的基本关系，还从另一个角度体现了作者对工业文明的批判和反思。

【作品汇评】

韦清琦——

"深受梭罗、利奥波德等西方自然思想和伦理观念影响的苇岸，其作品的风格不同于环境文学，而更接近在英美被称为自然写作（nature writing）的文体。"[引自《南

京师范大学学报》（社会科学版）2005年第2期，第108页］

颜全彪——

"苇岸的文字是智性和诗性的完美组合。从《大地上的事情》到《一九九八 廿四节气》，苇岸在自觉地转变自己的角色，从有'我'到无'我'，可那个'我'又无时不在，站在文字身边成为另一个'观察者'。没有深沉宏大的叙事与看法，而是一种贴近自然规律和事物本能的文字，……阅读他的文字，我们会获得很多的灵感，发现另一种文字，另一种表达，并且难以模仿。"［引自中国诗文网·评论：2004年3月21日发表］

提 醒 幸 福

毕淑敏

> 毕淑敏（1952— ），祖籍山东文登。国家一级作家，北京市第五届作家协会副主席。内科主治医师，注册心理咨询师。1969年入伍，在喜马拉雅山等地高原部队当兵11年。1989年加入中国作家协会。有《毕淑敏文集》12卷及长篇小说《红处方》《血玲珑》等畅销书。曾获小说月报百花奖、解放军文艺奖等各种文学奖30余次。

我们从小就习惯了在提醒中过日子。天气刚有一丝风吹草动，妈妈就说，别忘了多穿衣服。才相识了一个朋友，爸爸就说，小心他是个骗子。你取得了一点成功，还没容得乐出声来，所有关切着你的人一起说，别骄傲！你沉浸在欢快中的时候，自己不停地对自己说："千万不可太高兴，苦难也许马上就要降临……"我们已经习惯了在提醒中过日子。看得见的恐惧和看不见的恐惧始终像乌鸦盘旋在头顶。

在皓月当空的良宵，提醒会走出来对你说：注意风暴。于是我们忽略了皎洁的月光，急急忙忙做好风暴来临前的一切准备。当我们大睁着眼睛枕戈待旦之时，风暴却像迟归的羊群，不知在哪里徘徊。当我们实在忍受不了等待灾难的煎熬时，我们甚至会恶意地祈盼风暴早些到来。

风暴终于姗姗地来了。我们怅然发现，所做的准备多半是没有用的。事先能够抵御的风险毕竟有限，世上无法预计的灾难却是无限的。战胜灾难靠的更多的是临门一脚，先前的惴惴不安帮不上忙。

当风暴的尾巴终于远去，我们守住零乱的家园。气还没有喘匀，新的提醒又智慧地响起来，我们又开始对未来充满恐惧的期待。

人生总是有灾难。其实大多数人早已练就了对灾难的从容，我们只是还没有学会灾难间隙的快活。我们太多注重了自己警觉苦难，我们太忽视提醒幸福。请从此注意幸福！幸福也需要提醒吗？

提醒注意跌倒……提醒注意路滑……提醒受骗上当……提醒荣辱不惊……先哲们提醒了我们一万零一次，却不提醒我们幸福。

也许他们认为幸福不提醒也跑不了的。也许他们以为好的东西你自会珍惜，犯不上谆谆告诫。也许他们太崇尚血与火，觉得幸福无足挂齿。他们总是站在危崖上，指点我们逃离未来的苦难。但避去苦难之后的时间是什么？

那就是幸福啊！

享受幸福是需要学习的，当幸福即将来临的时刻需要提醒。人可以自然而然地学会感官的享乐，人却无法天生地掌握幸福的韵律。灵魂的快意同器官的舒适像一对孪生兄弟，时而相傍相依，时而南辕北辙。

幸福是一种心灵的震颤。它像会倾听音乐的耳朵一样，需要不断地训练。

简言之，幸福就是没有痛苦的时刻。它出现的频率并不像我们想象的那样少。

人们常常只是在幸福的金马车已经驶过去很远，捡起地上的金鬃毛说，原来我见过它。

人们喜爱回味幸福的标本，却忽略幸福披着露水散发清香的时刻。那时候我们往往步履匆匆，瞻前顾后不知在忙着什么。

世上有预报台风的，有预报蝗虫的，有预报瘟疫的，有预报地震的。没有人预报幸福。其实幸福和世界万物一样，有它的征兆。

幸福常常是朦胧的，很有节制地向我们喷洒甘霖。你不要总希冀轰轰烈烈的幸福，它多半只是悄悄地扑面而来。你也不要企图把水龙头拧得更大，使幸福很快地流失。而需静静地以平和之心，体验幸福的真谛。

幸福绝大多数是朴素的。它不会像信号弹似的，在很高的天际闪烁红色的光芒。它披着本色外衣，亲切温暖地包裹起我们。

幸福不喜欢喧嚣浮华，常常在暗淡中降临。贫困中相濡以沫的一块糕饼，患难中心心相印的一个眼神，父亲一次粗糙的抚摸，女友一个温馨的字条……这都是千金难买的幸福啊。像一粒粒缀在旧绸子上的红宝石，在凄凉中愈发熠熠夺目。

幸福有时会同我们开一个玩笑，乔装打扮而来。机遇、友情、成功、团圆……

它们都酷似幸福，但它们并不等同于幸福。幸福会借了它们的衣裙，袅袅婷婷而来，走得近了，揭去帏幔，才发觉它有钢铁般的内核。幸福有时会很短暂，不像苦难似的笼罩天空。如果把人生的苦难和幸福分置天平两端，苦难体积庞大，幸福可能只是一块小小的矿石。但指针一定要向幸福这一侧倾斜，因为它有生命的黄金。

幸福有梯形的切面，它可以扩大也可以缩小，就看你是否珍惜。

我们要提高对于幸福的警惕，当它到来的时刻，激情地享受每一分钟。据科学家研究，有意注意的结果比无意要好得多。

当春天来临的时候，我们要对自己说，这是春天啦！心里就会泛起茸茸的绿意。

幸福的时候，我们要对自己说，请记住这一刻！幸福就会长久地伴随我们。那我们岂不是拥有了更多的幸福！

所以，丰收的季节，先不要去想可能的灾年，我们还有漫长的冬季来得及考虑这件事。我们要和朋友们跳舞唱歌，渲染喜悦。既然种子已经回报了汗水，我们就有权沉浸幸福。不要管以后的风霜雨雪，让我们先把麦子磨成面粉，烘一个香喷喷的面包。

所以，当我们从天涯海角相聚在一起的时候，请不要踌躇片刻后的别离。在今后漫长的岁月里，有无数孤寂的夜晚可以独自品尝愁绪。每一分钟，都让它像纯净的酒精，燃烧成幸福的淡蓝色火焰，不留一丝渣滓。让我们一起举杯，说：我们幸福。

所以，当我们守候在年迈的父母膝下时，哪怕他们鬓发苍苍，哪怕他们垂垂老矣，你都要有勇气对自己说：我很幸福。因为天地无常，总有一天你会失去他们，会无限追悔此刻的时光。

幸福并不与财富地位声望婚姻同步，这只是你心灵的感觉。

所以，当我们一无所有的时候，我们也能够说：我很幸福。因为我们还有健康的身体。当我们不再享有健康的时候，那些最勇敢的人可以依然微笑着说：我很幸福。因为我还有一颗健康的心。甚至当我们连心也不再存在的时候，那些人类最优秀的分子仍旧可以对宇宙大声说：我很幸福。因为我曾经生活过。

常常提醒自己注意幸福，就像在寒冷的日子里经常看看太阳，心就不知不觉暖洋洋亮光光。

选自《毕淑敏文集》，人民文学出版社 2013 年版

【作品导读】

这是一篇优秀的富有哲理性的散文。文章围绕幸福以朋友谈心的语气娓娓道来，说理生动感人，简洁流畅，情理交融。

首先，幸福是心灵的感受。大多数人迷失于寻找幸福的过程，从自身以外的物质世界寻找幸福；或把幸福等同于器官的舒适，一味追求能带来器官舒适的金钱、地位和声望。幸福是一种心灵的体验，发源于心灵的震颤；幸福并不等于"器官的舒适"，幸福与心灵之外的事物无关。其次，幸福绝大多数是朦胧朴素的。我们认识不到幸福的这种特质，往往会舍近求远。我们拥有幸福很大程度上在于我们能否激发我们心灵的那种震颤。再次，感受幸福需要素质和能力。我们并不缺少幸福，而是缺少感受幸福的心灵。修炼宁静温润的性情，滋养有能动力的心灵，幸福就会长久地伴随着我们。

本文给人最大的启示在于——幸福需要感觉的本领，它并非"可以自然而然地学会"；幸福离不开"器官"，但它大多却又发源于"心灵的震颤"，形成于能够感觉幸福的经过训练的"耳朵"。

【作品汇评】

曹明海——

"这篇散文的语言不仅富丽、优美，闪烁着理性智慧的光辉，而且字里行间迸射出作者的真挚情意，这是因为作者毫不遮蔽地托出她的心灵世界，融进了自身对生命存在的感悟。"[引自《现代语文》2003 年第 4 期，第 13 页]

屈雅君——

"有些人拥有着许多财富，但总觉得自己穷，不知厌足地追逐着；另一些人很穷，可是他们觉着挺富有，用点滴的快乐积攒起生活的能量。哪种人更幸福呢？让我们试着创造幸福：漫漫黄土地，去浇灌一株小树，而后在脑海中演绎一片润泽的绿洲；在寂寞的旅途中抛洒一份真情，并享受心灵碰击的快意……"[引自《语文教学通讯》2004 年第 1 期，第 39 页]

湖 光 水 色

[美]亨利·戴维·梭罗

> 亨利·戴维·梭罗（1817—1862），美国哲学家、思想家、散文作家与自然主义者。生于美国康科德城，毕业于哈佛大学。1845年，他单身只影，拿了一柄斧头，跑进了无人居住的瓦尔登湖边的山林中，独居到1847年才回到康城。代表著作有《瓦尔登湖》《论公民的不服从》等。

瓦尔登的风景是卑微的，虽然很美，却并不是宏伟的，不常去游玩的人，不住在它岸边的人未必能被它吸引住；但是这一个湖以深邃和清澈著称，值得给予突出的描写。这是一个明亮的深绿色的湖，半英里长，圆周约一英里又四分之三，面积约六十一英亩半；它是松树和橡树林中央的岁月悠久的老湖，除了雨和蒸发之外，还没有别的来龙去脉可寻。四周的山峰突然地从水上升起，到四十至八十英尺的高度，但在东南面高到一百英尺，而东边更高到一百五十英尺，其距离湖岸，不过四分之一英里及三分之一英里。山上全部都是森林。所有我们康科德地方的水波，至少有两种颜色，一种是站在远处望见的，另一种，更接近本来的颜色，是站在近处看见的。第一种更多地靠的是光，根据天色变化。在天气好的夏季里，从稍远的地方望去，它呈现了蔚蓝颜色，特别在水波荡漾的时候，但从很远的地方望去，却是一片深蓝。在风暴的天气下，有时它呈现出深石板色。海水的颜色则不然，据说它这天是蓝色的，另一天却又是绿色了，尽管天气连些微的可感知的变化也没有。我看到我们这里的水系中，当白雪覆盖这一片风景时，水和冰几乎都是草绿色的。有人认为，蓝色"乃是纯洁的水的颜色，无论那是流动的水，或凝结的水"。可是，直接从一条船上俯看近处湖水，它又有着非常之不同的色彩。甚至从同一个观察点，看瓦尔登是这会儿蓝，那忽儿绿。置身于天地之间，它分担了这两者的色素。从山顶上看，它反映天空的颜色，可是走近了看，在你能看到近岸的细砂的地方，水色先是黄澄澄的，然后是淡绿色的了，然后逐渐地加深起来，直到水波一律地呈现了全湖一致的深绿色。却在有些时候的光线下，便是从一个山顶望去，靠近湖岸的水色也是碧绿得异常生动的。有人说这是新绿原的反映；可是在铁路轨道这儿的黄沙地带的衬托下，也同样是碧绿的，而且，在春天，树叶还没有长大，这也许是太空中的蔚蓝，调和了黄沙以后形成的一个单纯的效果。这是它的虹色彩圈的色素。也是在这一个地方，春天一来，冰块给水底反射上来的太阳的热量，也给土地中传播的太阳的热量溶解了，这里首先融解成一条狭窄的运河的样子，而中间还是冻冰。在晴朗的气候中，像我们其余的水波，激湍地流动时，波平面是在九十度的角度里反映了天空的，或者因为太光亮了，从较远处望去，它比天空更蓝些；而在这种时候，泛舟湖上，四处眺望倒影，我发现了一种无可比拟、不能描述的淡蓝色，像浸水的或变色的丝绸，还像青锋宝剑，比之天空还更接近天蓝色，它和那波光的另一面原来的深绿色轮番地闪现，那深绿色与之相比便似乎很混浊了。这是一个玻璃似的带绿色的蓝色，照我所能记忆的，它仿佛是冬天里，日落以前，西方乌云中露出的一角晴天。可是你举起一玻璃杯水，放在空中看，它却毫无颜色，如同装了同样数量的一杯空气一样。众所周知，一大块厚玻璃板便呈现了微绿的颜色，据制造玻璃的人说，那是"体积"的关系，同样的玻璃，少了就不会有颜色了。瓦尔登湖应该有多少的水量才能泛出这样的绿色呢，我从来都无法证明。一个直接朝下望着我们的水色的人所见到的是黑的，或深棕色的，一个到河水中游泳的人，河水像所有的湖一样，会给他染上一种黄颜色；但是这个湖水却是这样的纯洁，游泳者会白得像大理石一样，而更奇怪的是，在这水中四肢给放大了，并且给扭曲了，形态非常夸张，值得让米开朗琪罗[①]来作一番研究。

水是这样的透明，二十五至三十英尺下面的水底都可以很清楚地看到。赤脚踏水时，你看到在水面下许多英尺的地方有成群的鲈鱼和

[①] 米开朗琪罗（Michelangelo，1475—1564）：意大利文艺复兴时期的雕塑家、画家、建筑师、诗人。

银鱼，大约只一英寸长，连前者的横行的花纹也能看得清清楚楚，你会觉得这种鱼也是不愿意沾染红尘，才到这里来生存的。有一次，在冬天里，好几年前了，为了钓梭鱼，我在冰上挖了几个洞，上岸之后，我把一柄斧头扔在冰上，可是好像有什么恶鬼故意要开玩笑似的，斧头在冰上滑过了四五杆远，刚好从一个窟窿中滑了下去，那里的水深二十五英尺，为了好奇，我躺在冰上，从那窟窿里望，我看到了那柄斧头，它偏在一边头向下直立着，那斧柄笔直向上，顺着湖水的脉动摇摇摆摆，要不是我后来又把它吊了起来，它可能就会这样直立下去，直到木柄烂掉为止。就在它的上面，用我带来的凿冰的凿子，我又凿了一个洞，又用我的刀，割下了我看到的附近最长的一条赤杨树枝，我做了一个活结的绳圈，放在树枝的一头，小心地放下去，用它套住了斧柄凸出的地方，然后用赤杨枝旁边的绳子一拉，这样就把那柄斧头吊了起来。

湖岸是由一长溜像铺路石那样的光滑的圆圆的白石组成的；除一两处小小的沙滩之外，它陡立着，纵身一跃便可以跳到一个人深的水中；要不是水波明净得出奇，你绝不可能看到这个湖的底部，除非是它又在对岸升起。有人认为它深得没有底。它没有一处是泥泞的，偶尔观察的过客或许还会说，它里面连水草也没有一根；至于可以见到的水草，除了最近给上涨了的水淹没的、并不属于这个湖的草地以外，便是细心地查看也确实是看不到菖蒲和芦苇的，甚至没有水莲花，无论是黄色的或是白色的，最多只有一些心形叶子和河蓼草，也许还有一两张眼子菜；然而，游泳者也看不到它们；便是这些水草，也像它们生长在里面的水一样的明亮而无垢。岸石伸展入水，只一二杆远，水底已是纯粹的细沙，除了最深的部分，那里总不免有一点沉积物，也许是腐朽了的叶子，多少个秋天来，落叶被刮到湖上，另外还有一些光亮的绿色水苔，甚至在深冬时令拔起铁锚来的时候，它们也会跟着被拔上来的。

我们还有另一个这样的湖，在九亩角那里的白湖，在偏西两英里半之处；可是以这里为中心的十二英里半径的圆周之内，虽然还有许多的湖沼是我熟悉的，我却找不出第三个湖有这样的纯洁得如同井水的特性。大约历来的民族都饮用过这湖水，艳羡过它并测量过它的深度，而后他们一个个消逝了，湖水却依然澄清，发出绿色。一个春天也没有变化过！也许远在亚当和夏娃被逐出伊甸乐园时，那个春晨之前，瓦尔登湖已经存在了，甚至在那个时候，随着轻雾和一阵阵的南风，飘下了一阵柔和的春雨，湖面不再平静了，成群的野鸭和天鹅在湖上游着，它们一点都没有知道逐出乐园这一回事，能有这样纯粹的湖水真够满足啦。就是在那时候，它已经又涨，又落，纯清了它的水，还染上了现在它所有的色泽，还专有了这一片天空，成了世界上唯一的一个瓦尔登湖，它是天上露珠的蒸馏器。谁知道，在多少篇再没人记得的民族诗篇中，这个湖曾被誉为喀斯泰里亚之泉[①]？在黄金时代里，有多少山林水泽的精灵曾在这里居住？这是在康科德的冠冕上的第一滴水明珠。

选自《瓦尔登湖》，徐迟译，上海译文出版社 1982 年版。文题为编者所加

【作品导读】

瓦尔登湖是一个独特的诗意盎然的自然空间，它既是大千世界生命体的活动场所，也是作者驻足思索生命的原点。在诗化的、如画般的湖光水色中，作者找到了一个自由置身的空间，一个诗意的精神家园，隐喻了人与自然的关系以及人存在的意义。

亨利·戴维·梭罗是 19 世纪美国超验主义代表人物，强调在自然中寻找人类生存的价值和意义。《瓦尔登湖》描述了超验主义生活体验，呈现出一幅人与自然和谐共存的生活画面；记录了梭罗关于自然的哲学思考，对工业文明带来的生态环境的恶化表达了自己的隐忧；显示了超前的生态意识。特别是面对当今全球生态环境危机愈加严重情况下，《瓦尔登湖》唤醒人们对自然的热爱和尊重。《瓦尔登湖》代表了一种追求完美的原生态生活方式，唤醒了人类的生态意识，其生态伦理价值与审美价值同样重大。

瓦尔登湖地处美国马萨诸塞州东部康科德城的南面，占地 64 英亩。如今，这里因为有了梭罗的小屋以及他的文字，已经成为美国文学的圣地和精神家园。

[①] 传说中文艺女神居住的帕那萨斯山的神泉。

【作品汇评】

徐迟——

《瓦尔登湖》"是一本寂寞的书，一本孤独的书。它只是一本一个人的书。如果你的心没有安静下来，恐怕你很难进入到这本书里去。我要告诉你的是，在你的心静下来以后，你就会思考一些什么。在你思考一些什么问题时，你才有可能和这位亨利·戴维·梭罗先生一起，思考一下自己，更思考一下更高的原则。"[引自徐迟《一本静静的书——〈瓦尔登湖〉译序》，2006年7月7日人民网·人民书城]

【阅读作品】

庐山遥寄卢侍御虚舟

李 白

　　我本楚狂人，凤歌笑孔丘。手持绿玉杖，朝别黄鹤楼。五岳寻仙不辞远，一生好入名山游。庐山秀出南斗旁，屏风九叠云锦张，影落明湖青黛光。金阙前开二峰长，银河倒挂三石梁。香炉瀑布遥相望，回崖沓嶂凌苍苍。翠影红霞映朝日，鸟飞不到吴天长。登高壮观天地间，大江茫茫去不还。黄云万里动风色，白波九道流雪山。好为庐山谣，兴因庐山发。闲窥石镜清我心，谢公行处苍苔没。早服还丹无世情，琴心三叠道初成。遥见仙人彩云间，手把芙蓉朝玉京。先期汗漫九垓上，愿接卢敖游太清。

选自复旦大学古典文学教研组选注《李白诗选》，人民文学出版社1983年版

【作品聚焦】

　　此诗为李白晚年的写景名篇。风格豪放，境界雄奇，诗韵随情感变化转换，跌宕多姿。诗中表现诗人面对挫折，以浪漫豪情抵制愤懑、落寞，以寄情山水的洒脱藐视朝政的不公。流露出一方面想摆脱世俗的羁绊，进入飘渺虚幻的仙境；一方面又留恋现实，热爱人间美好风物的矛盾内心。颇似苏轼诗云"我欲乘风归去，又恐琼楼玉宇，高处不胜寒"所表达的情感。中国文人这种在遭遇坎坷时所产生的出世与入世的矛盾苦闷，以及所表现出的人生状态，体现着中国传统文化中的儒释道思想对中国文人的人格塑造和心理调适作用；儒家的积极入世、道家的出世思想和释家的超脱情绪，随着命运遭际变迁，总能达到一种文化心理的自足。一旦挫折过后，那种"国家兴亡，匹夫有责"的使命感和实现人生理想抱负的愿望，就推动自己又积极投身于现实生活。

《庐山遥寄卢侍御虚舟》朗诵：路雯皓

吃 饭

钱钟书

吃饭有时很像结婚，名义上最主要的东西，其实往往是附属品。吃讲究的饭事实上只是吃菜，正如讨阔佬的小姐，宗旨倒并不在女人。这种主权旁移，包含着一个转了弯的、不甚朴素的人生观。辩味而不是充饥，变成了我们吃饭的目的。舌头代替了肠胃，作为最后或最高的裁判。不过，我们仍然把享受掩饰为需要，不说吃菜，只说吃饭，好比我们研究哲学或艺术，总说为了真和美可以利用一样。有用的东西只能给人利用，所以存在；偏是无用的东西会利用人，替它遮盖和辩护，也能免于抛弃。柏拉图在《理想国》里把国家分成三等人，相当于灵魂的三个成分；饥渴吃喝是灵魂里最低贱的成分，等于政治组织里的平民或民众。最巧妙的政治家知道怎样来敷衍民众，把自己的野心装点成民众的意志和福利；请客上馆子去吃菜，还顶着吃饭的名义，这正是舌头对肚子的借口，仿佛说："你别抱怨，这有你的份！你享着名，我替你出力去干，还亏了你什么？"其实呢，天知道——更有饿瘪的肚子知道——若专为充肠填腹起见，树皮草根跟鸡鸭鱼肉差不了多少！真想不到，在区区消化排泄的生理过程里还需要那么多的政治作用。

古罗马诗人波西蔼斯（Persius）曾慨叹说，肚子发展了人的天才，传授人以技术（Magister artising enique largitor venter）。这个意思经拉柏莱发挥得淋漓尽致，《巨人世家》卷三有赞美肚子的一章，尊为人类的真主宰、各种学问和职业的创始和提倡者，鸟飞，兽走，鱼游，虫爬，以及一切有生之类的一切活动，也都是为了肠胃。人类所有的创造和活动（包括写文章在内），不仅表示头脑的充实，并且证明肠胃的空虚。饱满的肚子最没用，那时候的头脑，迷迷糊糊，只配作痴梦；咱们有一条不成文的法律：吃了午饭睡中觉，就是有力的证据。我们通常把饥饿看得太低了，只说它产生了乞丐，盗贼，娼妓一类的东西，忘记了它也启发过思想、技巧，还有"有饭大家吃"的政治和经济理论。德国古诗人白洛柯斯（B. H. Brockes）做赞美诗，把上帝比作"一个伟大的厨师傅（dergross Speisemeister）"，做饭给全人类吃，还不免带些宗教的稚气。弄饭给我们吃的人,绝不是我们真正的主人翁。这样的上帝,不做也罢。只有为他弄了饭来给他吃的人,才支配着我们的行动。譬如一家之主,并不是挣钱养家的父亲,倒是那些乳臭未干、安坐着吃饭的孩子;这一点,当然做孩子时不会悟到,而父亲们也决不甘承认的。拉柏莱的话似乎较有道理。试想,肚子一天到晚要我们把茶饭来向它祭献,它还不是上帝是什么?但是它毕竟是个下流不上台面的东西,一味容纳吸收,不懂得享受和欣赏。人生就因此复杂了起来。一方面是有了肠胃而要饭去充实的人,另一方面是有饭而要胃口来吃的人。第一种人生观可以说是吃饭的;第二种不妨唤作吃菜的。第一种人工作、生产、创造,来换饭吃。第二种人利用第一种人活动的结果,来健脾开胃,帮助吃饭而增进食量。所以吃饭时要有音乐,还不够,就有"佳人""丽人"之类来劝酒;文雅点就开什么销寒会、销夏会,在席上传观法书名画;甚至赏花游山,把自然名胜来下饭。吃的菜不用说尽量讲究。有这样优裕的物质环境,舌头像身体一般,本来是极随便的,此时也会有贞操和气节了;许多从前惯吃的东西,现在吃了仿佛玷污清白,决不肯再进口。精细到这种田地,似乎应当少吃,实则反而多吃。假使让肚子作主,吃饱就完事,还不失分寸。舌头拣精拣肥,贪嘴不顾性命,结果是肚子倒霉受累,只好忌嘴,舌头也只能像李逵所说"淡出鸟来"。这诚然是它馋得忘了本的报应!如此看来,吃菜的人生观似乎欠妥。

不过,可口好吃的菜还是值得赞美的。这个世界给人弄得混乱颠倒,到处是磨擦冲突,只有两件最和谐的事物总算是人造的:音乐和烹调。一碗好菜仿佛一只乐曲,也是一种一贯的多元,调和滋味,使相反的分子相成相济,变作可分而不可离的综合。最粗浅的例像白煮蟹和醋,烤鸭和甜酱,或如西菜里烤猪肉(Roastpork)和苹果泥(Applesauce)、渗鳖鱼和柠檬片,原来是天涯地角、全不相干的东西,而偏偏有注定的缘分,像佳人和才子,母猪和癞象,结成了天造地设的配偶、相得益彰的眷属。到现在,他们亲热得拆也拆不开。在调味里,也有来伯尼支(Leibniz)的哲学所谓"前定的调和"(Harmonia praes tabilita),同时也有前定的不可妥协,譬如胡椒和煮虾蟹、糖醋和炒牛羊肉,正如古音乐里,商角不相协,徵羽不相配。音乐的道理可通于烹饪，孔子早已明白，所以《论语》上记他在齐闻《韶》，"三月不知肉味"。可惜他老先生虽然在《乡党》一章里颇讲究烧菜，还未得吃道三昧，在两种和谐里，偏向音乐。譬如《中庸》讲身心修养，只说"发而中节谓之和"，养成音乐化的人格，真是听乐而不知肉味人的话。照我们的意见，完美的人格，"一以贯之"的"吾道"，统治尽善的国家，不仅要和谐得像音乐，也该把烹饪的调和悬为理想。在这一点上，我们不追随孔子，而愿意推崇被人忘掉的伊尹。伊尹是中国第一个哲学家厨师，在他眼里，整个人世间好比是做菜的厨房。《吕氏春秋·本味篇》记伊尹以至味说汤那一大段，把最伟大的统治哲学讲成惹人垂涎的食谱。这个观念渗透了中国古代的政治意识，所以自从《尚书·顾命》起，做宰相总比为"和羹调鼎"，老子也说"治国如烹小鲜"。孟子曾赞伊尹为"圣之任者"，柳下惠为"圣之和者"，这里的文字也许有些错简。其实呢，允许人赤条条相对的柳下惠，该算是个放"任"主义者。而伊尹倒当得起"和"字——这个"和"字，当然还带些下厨上灶、调和五味的含义。

吃饭还有许多社交的功用，譬如联络感情、谈生意经等等，那就是"请吃饭"了。社交的吃饭种类虽然复杂，性质极为简单。把饭给自己有饭吃的人吃，那是请饭；自己有饭可吃而去吃人家的饭，那是赏面子。交际的微妙不外乎此。反过来说，把饭给予没饭吃的人吃，那是施食；自己无饭可吃而去吃人家的饭，赏面子就一变而为丢脸。这便是慈善救济，算不上交际了。至于请饭时客人数目的多少，男女性别的配比，我们改天再谈。但是趣味洋溢的《老饕年鉴》（Almanachdes Courmands）里有一节妙文，不可不在此处一提。这八小本名贵稀罕的奇书，在研究吃饭之外，也曾讨论到请饭的问题。大意说：我们吃了人家的饭该有多少天不在背后说主人的坏话，时间的长短按照饭菜的质量而定；所以做人应当多多请客吃饭，并且吃好饭，以增进朋友的感情，减少仇敌的毁谤。这一番议论，我诚恳地介绍给一切不愿彼此成为冤家的朋友，以及愿意彼此变为朋友的冤家。至于我本人呢，恭候诸君的邀请，努力奉行猪八戒对南山大王手下小妖说的话："不要拉扯，待我一家家吃将来。"

选自钱钟书《写在人生边上》，中国社会科学出版社1990年版

【作品聚焦】

钱钟书（1910—1998），中国现代著名作家、学者。《写在人生边上》作于 1941 年，1983 年 12 月列入福建人民出版社"上海抗战时期文学丛书"。其中《吃饭》是一篇学术化议论散文，既鲜明地显示出钱钟书散文的宏观风格定势，理路锋利，造语尖刻，立意精辟，又表现出作者的创造深度，让人感受到一种纯粹学人的风骨。全文以"吃饭"这一人生最基本的生存欲望为叙写对象，揭示司空见惯的世俗存在方式背后所"掩饰"的文化哲学，讽刺人们在名与实、主与次、手段与目的相互掩饰中所编织的游戏。进而把"烹调"与人格之道、治国之道相联系——从"调味"中悟出人生哲学、政治哲学。即完美的人格性情和统治尽善的国家，不仅要和谐如音乐，也该把烹饪的调和视为理想，巧妙地为我们阐明何谓和谐的人生观和政治观。可谓春秋笔法，微言大义。

听　泉

[日] 东山魁夷

鸟儿飞过旷野，一批又一批，成群的鸟儿接连不断地飞了过去。

有时候四五只联翩飞翔，有时候排成一字长蛇阵。看，多么壮阔的鸟群啊！……

鸟儿鸣叫着，它们和睦相处，互相激励，有时又彼此憎恶，格斗，伤残。有的鸟儿因疾病、疲惫或衰老而失掉队伍。

今天，鸟群又飞过旷野。它们时而飞过碧绿的田原，看到小河在太阳照耀下流泻；时而飞过丛林，窥见鲜红的果实在树荫下闪烁。想从前，这样的地方有的是。可如今，到处都是望不到边的漠漠荒原。任凭大地改换了模样，鸟儿一刻也不停歇，昨天，今天，明天，它们继续打这里经过。

不要认为鸟儿都是按照自己的意志飞翔的。它们为什么飞？它们飞向何方？谁都弄不清楚，就连那些领头的鸟儿也无从知晓。

为什么必须飞得这样快？为什么就不能慢一点儿呢？

鸟儿只觉得光阴在匆匆忙忙中逝去了。然而，它们不知道时间是无限的，永恒的，逝去的只是鸟儿自己。它们像是着了迷似的那样剧烈，那样急速地振翮翱翔。它们没有想到，这会招来不幸，会使鸟儿更快地从这块土地上消失。

鸟儿依然忽喇喇拍击着翅膀，更急速，更剧烈地飞过去……

森林中有一泓清澈的泉水，发出叮叮咚咚的响声，悄然流淌。这里有鸟群休息的地方，尽管是短暂的，但对于飞越荒原的鸟群说来，这小憩何等珍贵！地球上的一切生物，都是这样，一天过去了，又去迎接明天的新生。

鸟儿在清泉旁边歇歇翅膀，养养精神，倾听泉水的絮语。鸣泉啊，你是否指点了鸟儿要去的方向？

泉水从地层深处涌出来，不间断地奔流着，从古到今，阅尽地面上一切生物的生死、荣枯。因此，泉水一定知道鸟儿应该飞去的方向。

鸟儿站在清澄的水边，让泉水映照着身影，它们想必看到了自己疲倦的模样。它们终于明白了鸟儿作为天之骄子的时代已经一去不复返了。

鸟儿想随处都能看到泉水，这是困难的。因为，它们只顾尽快飞翔。

鸟儿想错了，它们最大的不幸是以为只有尽快飞翔才是进步，它们以为地面上的一切都是为了鸟儿而存在着。

不过，它们似乎有所觉悟，这样连续飞翔下去，到头来，鸟群本身就会泯灭的，但愿鸟儿尽早懂得这个道理。

我也是群鸟中的一只，所有的人都是在荒凉的不毛之地上飞翔不息的鸟儿。

人人心中都有一股泉水，日常的烦乱生活，遮蔽了它的声音。当你夜半突然醒来，你会从心灵的深处，听到幽然的鸣声，那正是潺湲的泉水啊！

回想走过的道路，多少次在这旷野上迷失了方向，每逢这个时候，当我听到心灵深处的鸣泉，我就重新找到了前进的标志。

泉水常常问我：你对别人，对自己，是诚实的吗？我总是深感内疚，答不出话来。只好默默低着头。

我从事绘画，是出自内心的祈望，我想诚实地生活。心灵的泉水告诫我：要谦虚，要朴素，要舍弃清高和偏执。

心灵的泉水教导我：只有舍弃自我，才能看见真实。

舍弃自我是困难的，甚至是不可能的，我想。然而，絮絮低语的泉水明明白白对我说：美，正在于此。

选自《东山魁夷散文选》，陈德文选译，百花文艺出版社 1989 年版

【作品聚焦】

东山魁夷，是日本享誉世界的画家和散文家。该文以泉水为主题，暗示：人们如为外物所役，在追求高度文明中就将丧失自我、失去心灵的平和与幸福感知。作者借"听泉"感受大自然的美妙，谛听人类的心语，并从中参悟出生活的哲理和人生真谛。将人类未来和现实生存环境联在一起。"田原""丛林"象征着原始的自然状况；"鸟群"象征着奔忙的人类，他们不知道自己的方向和目的地，并非按照自己的意志在行动。作者珍惜森林中那泓泉水，更珍视人心灵中的泉水。森林中的泉水滋养着万物，心灵中的泉水可以使人洞见自己的灵魂，指引人类走出迷途。《听泉》的深刻启示在于：不但要倾听自然界的深沉流泉，更要聆听自己心灵深处的那股泉水的幽然回响。聆听自己的心灵，就会舍弃清高偏执，谦虚朴素；心中有美妙的叮咚泉鸣，才能看见真实，涵养诚实性情，也"就重新找到了前进的标志"。

单元能力训练六（实用快速阅读）

能力聚焦

快速阅读及其特点

平常人的一般阅读速度，在每分钟 400 字左右，根据阅读材料的难易程度，上下有所浮动。快速阅读每分钟能达到 2 000 字以上，甚至可以达到 3 000 字以上。快速阅读不是跳读、略读，是在经过训练或者有相当阅读经验基础上，能够在较短时间内阅读大量文献材料，并能够获取自己需要的文本信息的一种阅读方法。快速阅读需要在阅读时全神贯注，注意力高度集中。一般情况下，需要经常有意识的训练才能获得这种阅读能力。

快速阅读的主要方法

一、浏览法

浏览法是指粗读全文，着意文本关键部分的一种阅读方法。浏览阅读重点注意的关键位置包括篇名、目录、序言、提要、索引及正文提纲性的语句等。浏览法可以快速对文章或书籍形成整体印象，广泛了解文本信息，有助于开阔视野，是博览群书常用的阅读方法。

二、寻读法

寻读法是在文本中搜寻查找特定信息的一种快速阅读方法。在辞典中查阅某个字词的意义或读音；在报纸上查看当天的重要新闻；在产品说明书中查寻某个故障的排除方法；在某本书中通过目录提要寻找自己最感兴趣的内容等，都会自觉不自觉地用到寻读法。

三、猜读法

猜读法是指在阅读了部分材料后，对接下来的文本所可能包含的信息，做出猜想，然后再与阅读内容进行印证比较的一种阅读方法。猜读法使阅读活动处于高度活跃的思维状态，经常使用这种阅读方法，有助于锻炼读者的逻辑思维能力和创造力。

点子库

《论语·雍也第六》中有"智者乐水，仁者乐山"一句，大意是智慧的人喜爱水，仁义的人喜爱山。请结合本单元《论画山水》《湖光水色》《听泉》的阅读体会，谈谈所谓"智者""仁者"的真正涵义是什么？毕淑敏的《提醒幸福》和钱钟书的《吃饭》对日常生活都有深刻的感悟，这些感悟对塑造我们平和敦厚性情以及学习创作是否有帮助？

贰 单元综合训练题

一、写一篇游山随笔，表达《论画山水》中所说的山水所给人的愉悦感。

二、查资料，收集关于二十四节气的农谚，并谈谈你对这些农谚的认识。

三、梭罗《瓦尔登湖》对当前人类生活的深刻启示有哪些方面？

四、梭罗一生未娶，他在《瓦尔登湖》说："不必给我爱，不必给我钱，不必给我名誉，给我真理吧。"他为何连爱都不要？

五、《听泉》中写道："美，正在于此。"这个"美"究竟包含了哪些内容？

六、《提醒幸福》中认为幸福是一种心灵的体验，结合我们对幸福的一般感知，谈谈对这种看法的理解。

七、钱钟书《吃饭》从日常生活细微处着笔，行文娓娓道来，从容不迫，哪些方面体现出作者智慧人生的态度？

第七单元 科普文选

器用（节选）

沈 括

沈括（1031—1095），字存中。北宋科学家、文史家。钱塘（今浙江杭州）人。自号梦溪丈人。所著《梦溪笔谈》刊行于世。《润州图志》称：润州"丹阳县东三十五里有金牛山，一名经山，山东有溪，即梦溪。括尚梦至其处，谪居得此溪，宛如梦中，故名梦溪。"

礼书言罍[1]画云雷之象，然莫知雷作何状。今祭器中画雷有作鬼神伐鼓之象，此甚不经。余尝得一古铜罍，环其腹皆有画，正如人间屋梁所画曲水。细观之，乃是云雷相间为饰，乃所谓云雷之象也。今《汉书》罍字作㸤，盖古人此饰罍，后世自失传耳。（卷十九，第 320 条。）

古剑有沈卢、鱼肠之名，沈音湛。"沈卢"谓其湛湛然[2]黑色也。古人以剂钢[3]为刃，柔铁为茎干；不尔则多断折。剑之钢者，刃多毁缺，巨阙是也，故不可纯用剂钢。"鱼肠"即今"蟠钢剑"也，又谓之"松文"。取诸鱼燔熟，褫去胁，视见其肠，正如今之蟠钢剑文也。（卷十九，第 325 条。）

济州金乡县发一古冢，乃汉大司徒朱鲔墓，石壁皆刻人物、祭器、乐架之类。人之衣冠多品，有如今之幞头[4]者，巾额皆方，悉如今制，但无脚耳。妇人亦有如今之垂肩冠者，如近年所服角冠，两翼抱面，下垂及肩，略无小异。人情不相远，千余年前冠服已尝如此。其祭器亦有类今之食器者。（卷十九，第 326 条。）

古人铸鉴，鉴大则平，鉴小则凸。凡鉴洼则照人面大，凸则照人面小。小鉴不能全观人面，故令微凸，收人面令小，则鉴虽小而能全纳人面。仍复量鉴之小大，增损高下，常令人面与鉴大小相若。此工之巧智，后人不能造。比得古鉴，皆刮磨令平，此师旷所以伤知音也。（卷十九，第 327 条。）

选自胡道静校证《梦溪笔谈校证》卷十九，上海古籍出版社 1987 年版

【作品注解】

[1] 礼书：指司马迁作《史记》中的"礼书"，是八书之一；罍（léi）：酒樽。同"㱹"。

[2] 湛湛然：清澈透明的样子。深的样子，深沉的样子。

[3] 剂钢：合金钢。

[4] 幞（fú）头：包东西的布。古代男子用的一种头巾。

【作品导读】

本文节选自沈括著作《梦溪笔谈》第十九卷，共选其中四条，是一篇人文与科技知识的科普作品。《梦溪笔谈》分乐律、象数、艺文、书画、技艺、器用、异事、杂志、药议等 17 门，现传本 26 卷，又有《补笔谈》3 卷，《续笔谈》1 卷，合共 30 卷，计 609 条笔记。

沈括十分重视调查、观察、实测、比较等科学研究方法，主张"原其理""以理推之"；倡导"见简即用，见繁即变，不胶一法"。第 320 条记今之祭器画雷"作鬼神伐鼓之象"与古铜罍不同，形为古人之饰罍"失传"，实为科学态度之"失传"也。第 325 条是讲宝剑如何用钢最为科学的问题。第 326 条则从发掘的古冢说明"人情不相远，千余年前冠服已尝如此"的人文传承关系。第 327 条详细记载了镜面曲度与成像大小的关系，可见宋代已经具有相当的关于凹凸镜的知识了。本文没有形象比喻，均用描写和陈述语。

学习本文的关键是要掌握沈括重物证、重科学推理的认真态度，学习否定与批判的方法。

【作品汇评】

竺可桢——

"我国文学家之以科学著称者，在汉有张衡，在宋则有沈括。《四库全书总目》谓括在北宋，学问最为博洽，于当代掌故，及天文算法钟律，尤所究心；……自来我国学子之能谈科学者，稀如凤毛麟角，而在当时能以近世之科学精神治科学者，则更少。……正当欧洲学术堕落时代，而我国乃有沈括其人，潜心研究科学，亦足为中国学术史增光。"［引自《竺可桢文集》，科学出版社 1979 年版，第 69 页］

李约瑟——

沈括"可能是中国整部科学史中最卓越的人物"，《梦溪笔谈》则是"中国科学史上的里程碑"。［引自［英］李约瑟《中国科学技术史》第一卷，科学出版社 1975 年版］

胡道静——

"沈括在《梦溪笔谈》中的记述，在于他平时对周围事物的细心观察，而观察的视线不是出于汉代学者强调的'经'，而是'物'，是现实生活中随处可见的'物'。这种研究的意识，使得他能切实地将那个时代我国劳动人民在工艺、工程上的杰出发明记录下来。"［引自《自然杂志》1996 年第 1 期，第 40 页］

雷达——人类的千里眼

毛二可

毛二可（1934— ），中国工程院院士，我国著名雷达专家，北京理工大学雷达技术研究所学科带头人。1995年，当选为中国工程院院士。曾任北京理工大学学术委员会委员，兼任北京电子学会常务理事、总装备部科技委兼职委员、空军科学技术与人才培养顾问。在雷达体制和杂波抑制方面取得重大的科研成果，先后主持和参加了30多项重点科研任务，在我国动目标显示、动目标检测技术等方面做出了重大贡献。

二十世纪三十年代，飞机已大量在军事上应用，如何在远距离上发现敌人的飞机成为军事上急需解决的问题。一些技术先进的国家都进行了利用电磁波探测目标的研究，于是发现了雷达。雷达（Radar）是无线电检测和测距的英语（Radio Detection and Ranging）字头缩写，是用来发现目标并对目标定位的电磁系统。雷达工作时发射一种特殊的波形（例如脉冲调制的正弦波），并且接收目标反射的信号，再根据回波信号的性质确定目标的角度，利用回波的多普勒频率可以测量目标相对于雷达的速度。早期的雷达主要功能是发现目标并测量目标的距离，随着技术的进步，不仅测量精度提高了，而且雷达的功能也不断增加，使目标成像、目标识别等技术也迅速地发展。

第二次世界大战是雷达迅猛发展的时期，雷达已在海、陆、空军武器中得到广泛的应用。从二十世纪六七十年代以来，随着数字信号处理技术和微波技术的发展，雷达技术日新月异，在探测范围、测量精度、分辨力、抗干扰能力等方面均有很大的提高。

相控阵雷达的出现改变了雷达天线机械旋转带来的缺点。它是通过改变雷达天线上每个辐射器的相位使天线波束在空间扫描。由于采用电子移相器，可使天线波束在空间快速地移动，因此可以实时地搜索整个空域并跟踪多个目标。相控阵雷达天线是由很多的辐射器组成，故可以利用多个发射机在空间合成很大的功率，以增加雷达的作用距离。在很多需要实时搜索目标，同时跟踪多个目标的场合均会采用相控阵雷达。

合成孔径雷达极大地提高了雷达的角度分辨力。通常雷达角度分辨力取决于天线孔径与工作波长之比，也就是当雷达工作波长选定后，角度分辨力就取决于天线的口径，大的天线口径可以得到较好的角分辨力。由于实现及使用等原因，天线口径受到一定限制，于是人们将雷达装在飞机或卫星上，对地面有相对运动的回波合成等效的大口径天线以提高角分辨力，这种雷达就叫合成孔径雷达。

合成孔径雷达目前可以做到角度方向和距离方向的分辨力均小于1米，可用于地形测绘、农产品产量预报、抗洪水面测量、军事目标侦察等。与红外、可见光侦察相比，雷达可在有云雨时对地面进行探测。

隐身目标的出现，减小了雷达的作用距离。由于雷达是利用目标在雷达方向反射的电磁波来探测目标的，所以，隐身的目标（如飞机、舰船等）可在外形设计上使反射到雷达方向的电磁波减小，或利用吸收材料减小电磁波的反射，从而使雷达不易探测到目标。在反隐身目标方面，雷达可以将发射和接收两部分分开，使隐身目标在接收的方向仍有较强的回波，或采用较低频率的雷达如米波雷达，使雷达波长与目标的尺寸可比拟，这时外形隐身的作用就减弱了。在米波波段与微波波段相比，使用吸收材料时必须要更厚才能起作用，这就限制了吸收材料应用的效果。

在军事上为了破坏敌方雷达的工作，首先要侦察到敌方雷达的参数，同时根据参数发射某种电磁干扰信号，让敌方雷达接收到虚假信号或强烈的干扰，破坏其正常侦测我方目标的能力。雷达本身也设计有反干扰的措施，总之"有矛就有盾"，雷达的干扰与反干扰正是这样一对不断发展的矛盾。

雷达，作为人类的千里眼，在国民经济和军事上应用的范围不断地扩展，向着看得更远、更清楚、给人们得到更多被探测目标信息的方向发展。

选自毛二可《雷达——人类的千里眼》，《奥秘》2002 年第 5 期

【作品导读】

　　雷达是 20 世纪人类在电子工程领域的一项重大发明，雷达的出现为人类在许多领域引入了现代科技的手段。本文是一篇介绍雷达及其应用的科普文章，注重知识的专业性，具有中国科普文务实的特点。

　　毛二可是我国雷达领域的顶尖专家。他领衔的团队自主研发了多种新体制雷达、导航终端接收机和芯片等系列产品，对我国动目标显示、动目标检测技术做出了重大贡献。在国家权威部门组织的评审中，他们为北斗系统研发的导航芯片在轻便、功耗等多项指标上都排名第一，而且还能兼容 GPS。

　　本文的题目将雷达称为人类的千里眼，以形象的比喻指出了先进的雷达技术在现代人类生活中的广泛应用。文章采取总—分的结构方式构造全文，用下定义的说明方法阐释对象，是一种常见的科普文。首先，从"雷达"的定义入手，随之阐释了其工作原理。其次，详略有序地介绍了多种雷达及其特征，让读者全面了解雷达及其广泛应用。最后，点题收束全文，展望雷达的发展前景，语言简洁有力。

【作品汇评】

　　"人生七十古来稀，在人类漫长的历史上，七十年如白驹过隙般短暂，而对于年逾古稀的毛二可院士来说，他的生命历程没有丝毫的浪费，为国防科技事业做出了卓越的贡献，正如他自己所说：'生命对每一个人只有一次，只有为人民谋幸福的事业才是有意义的，才没有虚度年华。'毛二可院士就是这样一个在国防事业上默默奉献的平凡而又不平凡的人。"[引自止戈网总编室撰稿 2010 年 7 月 10 日]

距离的奥妙

[美] 吴裕祥

吴裕祥（1951— ），美籍华人，美国加州大学伯克利工学博士，教授。现任美国 VGEM 系统公司总裁。2003 年 12 月受聘组建北京师范大学珠海分校软件工程学院，任院长。他发表过的科学著作、论文及研发的软件产品等在国际上产生过重大影响。尤其是他从数学的视角出发对宇宙学的研究，已引起美国太空总署的关注。

肩头压着一挑百斤重担时，只恨不得 20 里山路一步迈到；雨中和心上人共用一把雨伞时，唯愿那几百米大道变成走不尽的天涯小径。心境改变距离。

身在山中看不清大山的雄伟，身在山外闻不到山里的花香鸟语。距离改变感觉。

当人类踏上月球时，踌躇满志的目光可以闪现出征服宇宙的光辉：既然能够把人的笨重的肉体带上月球，当然能够把人类智慧的结晶洒遍宇宙！

真是错得离谱！

站在月球上登高，即使只攀上一步，也远比珠穆朗玛峰高了千百倍！

当我们用地上的尺度来量度天上的距离时，得到的完全是错误的感觉。

所谓"天上一日，地下千年"的老话，倒真的道出了一些宇宙间事物的真谛。

人类登上月球，是因为月球的距离，仍然可以使用人类度量事物的尺度。

一百光年的距离，用人类最快的运载工具，我们需要几辈子来完成？

一百光年外的星球，就我们现在的水平来说，是我们永远的梦！可是宇宙之大是百光年的亿倍。我们的梦，能够延伸到什么地方？

当尺度从公里变换成光年时，人类就变得何等的无能为力。至少在我们看得到的年月里是无能为力的。我们必须面对现实！

月球上攀登一步，要比珠穆朗玛峰高千百倍

1969年7月20日，阿姆斯特朗和艾尔德林登上月球

也许我们最终会发明出超越光速的运载工具来。在那时，我们才可以谈论加入到宇宙运动的游戏中去。在那个时刻到来以前、在我们只能用公里而不能用光年来量度我们的速度或我们的运载工具的速度之前，我们是、也仅仅只能是宇宙演绎的旁观者！我们看的是宇宙过时了的节目。我们看不到宇宙的时装秀！

我们必须发明出超越光速的运载工具来！

只有在那时，人类才够资格踏上探险太阳系之外宇宙的历程！

很难，但是必须去想去做！

如果想都不敢想，我们就没有资格谈论踏上宇宙的探险之路。

距离改变了登月的伟大意义！

登月是相对于地球的伟大，是相对于太阳系的伟大，是相对于以公里为量尺的伟大。登月只意味着人类战胜了重力，但并不意味着人类已战胜了以光年计的距离、或以万年计的岁月，并不意味着人能够跑到离地球多远的宇宙空间中去。在变换成以光年作为距离的度量单位后，登月的伟大也就随着从地球单位到宇宙单位比例尺度的变换而以相应的比例缩小了！

距离创造永恒的梦。

选自 ［美］吴裕祥《谁有权谈论宇宙》，香港文汇出版社2005年版

【作品导读】

这是一篇关于宇宙自然的科普作品。

吴裕祥是有名的华裔科学家，业余创作了大量的科普文章，以介绍人类和宇宙的密切关系。他的科普文集《谁有权谈论宇宙》以诗意的科学手记，从多个崭新的角度对宇宙的认识提出了一些很有意义的看法，这是颠覆传统思维方式的一场革命。作者以缜密的思辨、充满创意的讨论和新的眼光对已有科学的拷问，有助于激发科学家、广大青少年的独立思维及创新精神。

本文谈其中一个问题——距离。距离有时可感，有时可见，有时却不可预料。要说清楚这个问题，需要好的表达能力。本文一开始就用排比的修辞手法指出距离在人们心目中的感觉。文章把挑担和恋爱对象相遇、身在山中与身在山外、攀上珠穆朗玛峰与登上月球或在月球上登高等进行比较，说明距离与心境、与人类理想之间关系的奥妙。

文章用灵动的散文式的语言和科学客观的态度描述了距离的感觉。在看似散淡的语言里，我们看到了行文的逻辑性，包括思辨和推理的缜密。文章用对比的方式设置问题和阐释问题，在一系列设问中，我们学习辩证地看问题。

本文的主旨即在告诉我们常常说的距离只是自己的一种感觉，宇宙中很多东西并不为人所知，生动说明人类何其渺小。学习本文，我们还要学习作者如何运用对比说明和比喻的修辞手法，学习看问题的视角，学会创造性思维。

【作品汇评】

李硕儒——

"无论对牛顿对爱因斯坦，这位'狂徒'都充满了敬畏和崇仰，可是在对两人的贡献作了充分的比较后他说：'爱因斯坦对人类的主要贡献是让人们建立了狭义相对论和广义相对论的思想和方法，从而以一种崭新的观念和更精确的方法来研究宇宙。'遗憾的是他随即又用自己创造出来的文学神话'封闭了人们探求理解相对论的信心，堵塞了对相对论的正确理解'。"[引自李硕儒《谁有权谈论宇宙》，香港文汇出版社2005年版]

一切源于基因

[美] 奥布里·米伦斯基

> 奥布里·米伦斯基，医学博士、科学博士。美国波士顿大学医学院人类遗传学中心主任，教授，多种权威性医学杂志编委。米伦斯基发表了350多篇科学论文，撰写、合著和参编了21本著作，包括已用9种文字出版的《你的遗传命运》。该著作着重介绍了基因的知识，描绘了遗传蓝图的神奇。

你是否意识到在地球上生活着的60多亿人中你有多么的独特？除非你是同卵双生子中的一个或是极其罕见的同卵三胞胎之一，否则不可能还有某人与你有一模一样的基因构成。更让人惊奇的是，人类的基因有99.9%是相同的，而且其中至少有98.5%与黑猩猩的一样。这样看来，只不过是有限的几个基因让我们得以直立行走、创作音乐、推理，以及进行道德判断等。有关人类和黑猩猩之间在基因上的精细差别目前尚不了解，但这一问题不仅只局限在修辞学上说说而已，因为对于癌症和艾滋病（AIDS）这类疾病，类人猿的抵抗力就要比人类强得多。人类和类人猿的生化差别正在被发现，有关这两个物种间遗传起源的研究工作正在进行之中。初步结果显示，一种特定的糖类（唾液酸）正在从人类的所有细胞表面上丢失。这种分子可能有多种作用，例如，它可能影响到基因用来调节各种功能的信号通路。

在每种生物体中，细胞内及细胞之间的实际性和潜在性相互作用及交流的数量是无限的。一般常识认为，任何物种维持生命所必需的细胞功能必定是类似的。既然我们知道所有的身体结构和功能都是由基因所控制，那么人类维持基本生命功能的关键基因，同样也会存在于大多数的灵长类中。对于这一点不应感到意外。随着生物工程技术的发展，一些已经显示在斑马鱼、青蛙、蠕虫和果蝇等物种上共有的基因，有很多也能在人类和其他哺乳动物中（如小鼠和其他啮齿类动物、猪及其他物种）观察到。我们目前了解到，那些高度保守性基因（例如在斑马鱼或青蛙中所见到的）若是以突变形式表现在人类，会导致严重的甚至是致命的疾患。有关基因保守性的知识，对于探测人类基因具有重要的价值。例如，我们研究组曾经在小鼠身上识别出一种掌管色素和其他畸形的基因，我们就得以在人类第2号染色体上定位出一个对等（同等）的区域，结果发现了一种导致瓦尔敦堡综合征（Waardenburg syndrome）的基因（该综合征以不同程度的耳聋、白额、眼睛颜色各异、局部低色素沉着以及宽眼为特征）。

选自［美］奥布里·米伦斯基《你的遗传命运》，张铁梅等译，三联书店2003年版

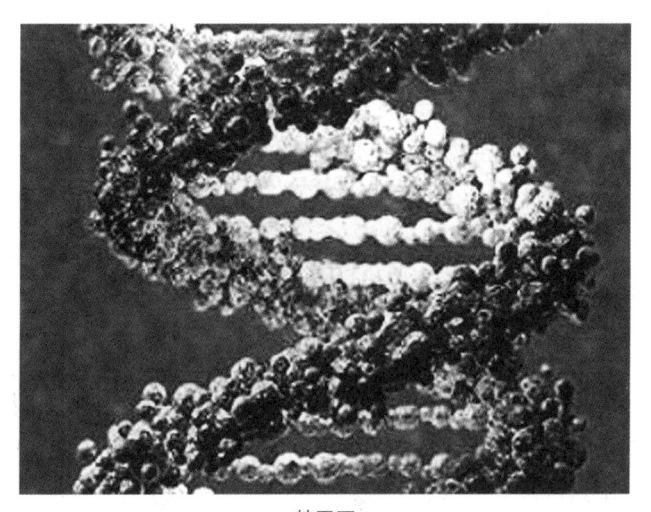

基因图

【作品导读】

这是一篇谈基因的科普作品，作者在《你的遗传命运》著作中开宗明义："如果你认为遗传命运是天注定的，那你就错了。"本文对正确认识人类的过去与未来很有帮助。

基因是一个常萦绕在人的耳边，但又并非人们知其所以然的问题。为了吸引人们注意，奥布里·米伦斯基把基因与遗传命运放在一起谈，把常识和专业知识放在一起比较。文章第一部分首先讲人类个体之间的基因差异，再讲人类和黑猩猩之间的基因

差异，在比较中说明中心话题：基因产生差异。第二部分又谈到细胞和细胞之间的差异，还是回到原点：基因产生差异；同时，谈到人们对基因的发现，并举例说明基因对人体疾病形成的影响。

文章以介绍知识为立足点，把叙述事实作为一种手段，在语言表达上没有修饰成分和细节成分。针对人们隔行的生疏和知识储备不足的情况，作者采取比较或举例说明的方法化难为易，将基因的特性和作用表达得十分清楚。

【作品汇评】

张铁梅——

"米伦斯基博士是一位既有学术造诣也有为人阅历的长者。遗传咨询的职业使他对人的痛苦、弱点有着比常人更深的了解，也使他对病人有着比常人更多的关爱。他将这两者结合起来完成了这本读物。他在向读者宣传、普及遗传学知识与作用的同时，也深深地表达了他对人的尊重与关爱。"[引自［美］奥布里·米伦斯基《你的遗传命运》，张铁梅等译，三联书店2003年版]

【阅读作品】

数学有何用

[英]伊恩·斯图尔特

我们现在已建立了无可争议的概念：大自然充满模式。但我们想把模式怎么样呢？我们能做的是任其自然并赞美模式。与自然交流对我们所有人来说都有好处：它提醒我们，我们是什么。绘画、雕塑和写诗是表达我们对世界、对我们自己的感受的有效和重要方式。企业家的本能是利用自然；工程师的本能是改造自然；科学家的本能在于力图认识自然，搞清楚自然界究竟在发生着什么；数学家的本能是通过寻求贯穿显见部分的普遍性，刻画这个认识过程。我们的内心都具有所有这些本能的一部分，每种本能都既有好的一面又有坏的一面。

我想向你显示数学本能对人类的认识所起的作用，但首先我想谈一下数学在人类文化中的作用。你在购买一样东西之前，通常对想用它做什么有一个明确的想法。如果它是一台电冰箱，你当然想用它来储存食物，但你的想法远不止于此。应该用它储存多少食物？把它放在什么地方较适合？这不仅仅是一个使用问题。你可能想买一幅画，但你仍然会自问把它放在什么地方合适，配有雅致镜框的这幅画是否值所开的价。数学以及其他任何智慧世界观（科学的、政治的或宗教的）都面临同样的问题。你在买东西之前，明白想用它派什么用场是明智的。

那么，我们想从数学中得到什么呢？

每一个自然之模式都是一个谜，它几乎总是很高深莫测。数学在帮助我们解谜方面功勋卓著。在发现隐藏在某个观察到的模式或规律性背后的规律和结构，进而利用那些规律和结构解释正在发生的事情等方面，数学是一套基本上自成体系的方法。数学随着我们对自然认识的不断加深而发展。我在上文提到过开普勒对雪花的分析，但他最著名的发现是行星轨道的形状。开普勒对他同时代的丹麦天文学家第谷·布拉赫（Tycho Brahe）所作的大量天文观测结果进行数学分析，最终得出行星按椭圆轨道运动的结论。椭圆是一种卵形曲线，古希腊几何学家对它作过许多研究，但古代天文学家喜欢用圆（或许多组圆）描述轨道，所以开普勒的结论在当时是激进的。

　　人们常常根据对他们来说是否重要来解释新的发现。当天文学家获悉开普勒的新思想时，他们得到的启示是，那种源于希腊几何学后被忽视的概念或许有助于他们解开预测行星运动之谜。不用费很大的劲他们就可以看到，开普勒已向前迈出了一大步。各种天文现象（如月食、日食、流星雨和彗星）可能服从同样类型的数学。对于数学家来说，他们得到的启示却迥然不同。他们认为椭圆确实是有意义的曲线。他们一眼看出曲线的一般理论可能更加有意义。数学家能得出椭圆的几何规则，并加以修改，看看能得到其他何种曲线。

　　无独有偶，当牛顿史诗般地发现了物体的运动可用作用于物体上的力与物体具有的加速度之间的数学关系来描述时，数学家和物理学家从中得到的东西大不相同。不过，在叙述这些之前，我想对加速度作些解释。加速度是一个难以形容的概念，它不是一个基本量（如长度或质量），它是变化率。实际上，它是"二阶"变化率——变化率的变化率。物体的速度（物体在给定方向上运动的速度）就是一个变化率：它实际上是物体在距某个选定点距离变化的速率。如果一辆汽车以每小时60千米的稳定速度运动，则它距出发点的距离每小时变化60千米。加速度是速度的变化率。如果这辆汽车的速度从每小时60千米增加到每小时65千米，则它按一个确定量加速。这个量不仅取决于初速度和末速度，而且取决于速度变化的快慢。若汽车的时速从60千米增加到65千米，共花了一个小时，则加速度很小；若只用了10秒钟，则加速度相当大。

　　我不想在这讨论加速度的测量，我的着眼点只在加速度是变化率的变化率这一更为一般的问题上。你可以用卷尺测量距离，但测量距离的变化率的变化率则难得多。这就是人类花那么长时间，到了牛顿才发现运动定律的原因。如果这个模式早已成为距离的明显特征，那么我们可能早就把握住运动规律了。

　　为了处理与变化率有关的问题，牛顿和德国数学家戈特弗里德·莱布尼兹（Gottfried Leibniz）各自独立地发明了一个新的数学分支——

微积分。它（事实上和在隐喻意义上）改变了地球的面貌。但由这个发现而引发出来的思想还是因人而异。物理学家继续寻找能够用变化率解释自然现象的其他自然定律。他们用这只铲斗找到了它们——热学、声学、光学、流体动力学、弹性力学、电学、磁学等。尽管诠释以及在某种程度上隐含其中的世界观有所不同，但最深奥的现代基本粒子理论仍然运用着同一类型的数学。即便如此，数学家发现有待探究的一系列问题却全然不同。首先，他们花了很长时间才搞清楚"变化率"的确切含义。为了计算运动物体的速度，必须测量这物体在某时刻所处的位置，确定它后来在一个极短的时间间隔内运动到了什么地方，然后把运动的距离除以所花的时间。但是，若物体正在作加速运动，则结果依赖于所取的时间间隔。如何对待这一问题，数学家和物理学家都有相同的看法：所取的时间间隔应当尽可能地小。要是能取零时间间隔，那再好不过了，但不幸的是此路不通，因为物体经过的距离和所花的时间都将为0，而0/0的变化率毫无意义。非零间隔的主要问题在于，无论你挑选哪个间隔，总存在可以取而代之的更小的间隔，从而得到更精确的答案。采用最小的非零时间间隔该有多好，可是根本不存在这样的间隔。因为给定任意一个非零数，这个数的一半也是非零的。要是时间间隔能取无限地小（即"无穷小"），则万事大吉。然而不幸的是，存在着与无穷小概念相联系的难解的逻辑悖论。特别是，如果我们把自己局限于通常词义上的数，那么根本不存在无穷小。所以，在200多年的时间里，人类对于微积分的态度十分奇特。物理学家利用它来认识自然和预言自然的一些行为方式，取得了巨大的成功。而数学家操心的是它的确切含义和如何最好地给它下定义，使它像一种可靠的数学理论那样管用；哲学家则在论证它毫无意义。最终一切问题都解决了，但你仍会发现各学科之间在态度上的强烈差别。

微积分的故事，告诉了我们数学的两个主要功用：为科学家计算自然正在做什么提供工具，以及令人满意地为数学家提供有待解决的新的问题。这些是数学的外表和内里，它们往往被称作应用数学和纯粹数学（我不喜欢"应用"和"纯粹"这两个形容词，更加讨厌那暗示的分离）。在这种情况下可能显示物理学家所设立的议程：如果微积分方法看上去管用，它何以管用又有何妨呢？如今你会听到以实用主义者自居的人们表达的同样看法。我并不反对这个看法，他们的主张在许多情况下是对的。设计桥梁的工程师有权运用标准的数学方法，即使他们不知道证明这些方法成立的详细又往往是深奥的推理。但我个人感到，如果驾车驶过那座桥而意识到没有人知道那些方法为什么成立的话会很不舒服。因此，在文化层次上，应当有人为实用方法操心，并试图搞清楚到底什么使之管用。那就是数学家所做的一部分工作。他们喜欢进行研究，正如我们将看到的，数学家以外的人得益于各种各样的数学派生产品。

短期内，数学家是否对微积分的逻辑可靠性感到满意，尚无关宏旨。但从长远看，数学家因关心数学本身的内部问题而得到的新思想，证明确实对数学以外的世界很有用。在牛顿时代，不可能预言哪些可能的用途。但我认为你或许可以预言（甚至在那时）哪些用途将出现。数学与"现实世界"之间关系最奇特也是最鲜明的一个特征，在于好的数学（不管它的来源如何）终究是有用的。为什么会这样，有各种各样的理论：从人类心智的结构，到宇宙在某种程度上是由少许数学构件建立的思想。我的感觉是，答案可能相当简单：数学是关于模式的科学，大自然中的模式应有尽有。我承认很难提供大自然何以如此行事的令人信服的理由。或许这个问题应当反过来提：可能关键在于那种能够提出此种问题的生物只有在具有此种结构的宇宙中才可以进化。

不管是什么原因，数学肯定是认识自然的一种有用方式。对于我们观察到的模式，我们想让数学告诉我们什么呢？有许多种回答。我们想了解模式如何发生；了解模式为什么发生（这与前一个问题不同）；以最令人满意的方式建立基本的模式和规律；预测自然将如何演变；为我们自身的目的控制自然；以及实际运用我们所学到的关于这个世界的知识。数学能帮助我们做所有这些事，并且它往往是必不可少的。

选自 [英] 伊恩·斯图尔特《自然之数：数学想象的虚幻实境》，潘涛译，上海科学技术出版社 1996 年版

【作品聚焦】

英国数学家伊恩·斯图尔特（Ian Stewart）是《科学美国人》的《数学游戏》专栏主笔，写了大量的关于数学的科普文章。数学对于非专业人士来说高深且枯燥；而要把它介绍给读者，让读者乐意接受，更是一个难题。

本文开头并不直接谈数学问题，而是用一连串设问把读者带进文章，然后谈人们对数学的本能，进而把话锋转向文章要说的问题：数学有何用？作者用开普勒和牛顿事例说明"数学在帮助我们解谜方面功勋卓著"，再用事例说明数学开创了一种阐释模式，这是其他学科无法达到的，因为它不仅解释自己，还精确地解释其他学科。纵观全文，作者要重点说明的一个观点即是："数学是关于模式的科学，大自然中的模式应有尽有。"作者用"分—总"的形式编排文章，逻辑严密，例证通俗，阐释有力。

单元能力训练七（如何读科普文章）

能力聚焦

科普文章的阅读

科普文章是普及科技知识的一种行之有效的手段，具有广泛的实用价值。它可以在把科学技术转化成生产力从而为人类造福中起到重要作用；也可以让读者了解更多的科技知识，丰富自己的人生旅程。

如何阅读科普文章呢？我们认为，关键在于一观位体，类型鉴赏。因为科普文章大多属说明文范畴，一般不是像阅读文学作品那样通过形象思维去体验，而是多用逻辑思维来分解、推理和归纳，所以，认识科普文章的体裁特点，掌握科普文章的表达规律就显得非常必要了。

一、科普文章的内涵

科普，是科学技术普及的简称。科普文章是用通俗的语言向社会大众传播、推广自然科学和人文社会科学普通知识的文章。科普文章根据自身特性大致可分两种：科普文章和科技小品。

二、科普文章具有的特征

1. 科学性。这是科普文章的基本前提。科普文章的内容主要是介绍科学技术知识，本身就具有科学性。2. 知识性。知识性是科普文章写作目的的具体体现。3. 通俗性。由于科普写作的目的具有普及性，因而文章必须通俗易懂，能为大众广泛接受。

三、科普文章的说明方法

科普文章写作的主要方式就是说明，即用简明的语言文字对事物的性质、形状、成因、关系、功用等作科学的介绍。其说明方法主要有：1. 下定义。就是用精确的语言对事物的本质特征作概括性的说明。2. 诠释说明。即对事物进行简要解释。3. 比较说明。它是把说明对象与同类或不同类事物相比较来揭示被说明对象的性质、特点的方法。当抽象的或者陌生的事物不易被说清楚时，常常运用比较说明。4. 举例说明。就是通过列举事例来说明抽象事物的方法。5. 比喻说明。它是用人们常见的、熟知的事物来比喻说明比较陌生的、抽象的、复杂的事物。另外，还有引用说明、分类说明、数字说明、图表说明、分析说明等。这些说明方法，在科普文章中常常综合运用。

四、科普文章写作的基本规律

一是严谨客观的科学态度。科普文章要说明的是科学知识，来不得半点虚假，或者以偏概全，否则会产生误导，影响人们的生活。二是虚实结合的表达方法。"虚"与"实"结合这里是就材料而言。理论性、观念性的材料称为"虚"，事实、数据、场景、形态、过程等称为"实"材料。只有由"实"到"虚"，或由"虚"到"实"，才能透彻而有条理地说明科学知识。三是条理清晰的结构形式。虽然"文无定法"，但科普文章在结构布局上是有章可循的。使用总分结构、并列结构、递进结构等是科普文章经常采用的办法。四是明白通畅的语言表述。文章离不开语言。科普文章的语言一般化难为易，用语贴切，简练客观，明白通畅。

点子库

奥布里·米伦斯基说："如果你认为遗传命运是天注定的，那你就错了"。作为一位世界资深科学家，他说出这句话肯定是有根据的；但目前持"遗传命运天注定"观点的人实在太多了，可能还包括我们的大学生。建议课外阅读奥布里·米伦斯基的《你的遗传命运》，一定会对你有帮助，至少会增强你对生活前途的信心。

单元综合训练题

一、通过阅读《距离的奥妙》，你最大的感受是什么？就你的见闻举例说明之。

二、请写出下列成语或习语相对应的科学知识点。

南橘北枳——　　　　飞蛾扑火——

井底之蛙——　　　　举一反三——

吐故纳新——　　　　朝霞不出门，晚霞行千里——

鱼游水面，下雨不远——

三、以《梦溪笔谈·器用》为例，具体说说在治学研究方面我们应持的态度和采用的方法。

四、阅读下面文章，回答以下问题：1. 指出本文所用的说明方法。2. 本文的结构如何？3. 谈谈本文的语言特点。

如果地球上没有雪

如果没有雪,世界会变成怎样?不能滑雪、不能乘雪橇……但除了失去这些冬日里的运动乐趣,还有更让人忧心的事情。根据科学家最新的计算机模拟预测,一旦失去雪,地球的平均温度将会上升 0.8 摄氏度。

气候学家介绍说,雪能明显影响气候,它有给地球"降温"的作用,比如反射太阳光,比土壤更加有效地辐射热量。不过,积雪却会使得地表局部温度上升,因为积雪相当于将地表与空气隔离起来,像"棉被"一样将本应扩散到空气中的地表热量束缚住。所以,地球失去雪之后气候会变得怎样,不是一个能轻易找到答案的问题。

美国威斯康星大学麦迪逊分校的气候学家斯蒂芬·瓦夫鲁什日前在旧金山举行的美国地球物理学会会议上报告说,他专门设计了一个计算机模型进行模拟预测。他首先利用美国全国大气研究中心开发的"标准气候模型"进行模拟,气候学家一般都使用这一模型进行全球气候模拟。然后,瓦夫鲁什在此基础上进行了一个小改动:假设任何降落到地表的雪触地后即刻就变成水。也就是说,各地区的总降水量与以往相同,但都变成了降雨的形式。

虽然这一假设对于极地地区很不现实,但得出的模拟结果却让人惊诧:假如没有雪来辐射热量,无雪的极地地区如加拿大北部和俄罗斯等气温会上升多达 5 摄氏度。而另一方面,虽然空气越来越温暖,地表却越来越寒冷。常年冰冻的永久冻土地带从两极向外不断扩大,从全球来看,将平均外延 5 至 10 个纬度的范围。瓦夫鲁什认为,这是由于地表失去积雪的隔热效果造成的。在冬天,没有一层积雪覆盖在上面,地面会损失更多热量,极地短暂的夏天来临时所吸收的热量,不足以弥补这一损失。

伊利诺伊大学气候学家黛安娜·波蒂斯认为,这项研究"非常重要,因为雪的确对地球能量系统意义重大。在全球变暖的趋势下,雪与气候变化之间的关系会更加密切"。

选自《湖北日报》2005 年 12 月 10 日

第八单元 审美文选

我们对于一棵古松的三种态度

——实用的、科学的、美感的

朱光潜

朱光潜（1897—1986），安徽桐城人。中国现代美学家、文艺理论家、教育家、翻译家。1925年出国留学，1933年回国，先后在多所大学任教。新中国成立后任北京大学教授。主要著作有《文艺心理学》《西方美学史》《谈美书简》等，并翻译了《歌德谈话录》、莱辛《拉奥孔》、黑格尔《美学》等西方美学著作。

我刚才说，一切事物都有几种看法。你说一件事物是美的或是丑的，这也只是一种看法。换一个看法，你说它是真的或是假的；再换一种看法，你说它是善的或是恶的。同是一件事物，看法有多种，所看出来的现象也就有多种。

比如园里那一棵古松，无论是你是我或是任何人一看到它，都说它是古松。但是你从正面看，我从侧面看，你以幼年人的心境去看，我以中年人的心境去看，这些情境和性格的差异都能影响到所看到的古松的面目。古松虽只是一件事物，你所看到的和我所看到的古松却是两件事。假如你和我各把所得的古松的印象画成一幅画或是写成一首诗，我们俩艺术手腕尽管不分上下，你的诗和画与我的诗和画相比较，却有许多重要的异点。这是什么缘故呢？这就由于知觉不完全是客观的，各人所见到的物的形象都带有几分主观的色彩。

假如你是一位木商，我是一位植物学家，另外一位朋友是画家，三人同时来看这棵古松。我们三人可以说同时都"知觉"到这一棵树，可是三人所"知觉"到的却是三种不同的东西。你脱离不了你的木商的心习，你所知觉到的只是一棵做某事用值几多钱的木料。我也脱离不了我的植物学家的心习，我所知觉到的只是一棵叶为针状、果为球状、四季常青的显花植物。我们的朋友——画家——什么事都不管，只管审美，他所知觉到的只是一棵苍翠劲拔的古树。我们三人的反应态度也不一致。你心里盘算它是宜于架屋或是制器，思量怎样去买它，砍它，运它。我把它归到某类某科里去，注意它和其他松树的异点，思量它何以活得这样老。我们的朋友却不这样东想西想，他只在聚精会神地观赏它的苍翠的颜色，它的盘屈如龙蛇的线纹以及它的昂然高举、不受屈挠的气概。

从此可知这棵古松并不是一件固定的东西，它的形象随观者的性格和情趣而变化。各人所见到的古松的形象都是各人自己性格和情趣的返照。古松的形象一半是天生的，一半也是人为的。极平常的知觉都带有几分创造性；极客观的东西之中都有几分主观的成分。

美也是如此。有审美的眼睛才能见到美。这棵古松对于我们的画画的朋友是美的，因为他去看它时就抱了美感的态度。你和我如果也想见到它的美，你须得把你那种木商的实用的态度丢开，我须得把植物学家的科学的态度丢开，专持美感的态度去看它。

这三种态度有什么分别呢？

先说实用的态度。做人的第一件大事就是维持生活。既要生活，就要讲究如何利用环境。"环境"包含我自己以外的一切人和物在内，这些人和物有些对于我的生活有益，有些对于我的生活有害，有些对于我不关痛痒。我对于他们于是有爱恶的情感，有趋就或逃避的意志和活动。这就是实用的态度。实用的态度起于实用的知觉，实用的知觉起于经验。小孩子初出世，第一次遇见火就伸手去抓，被它烧痛了，以后他再遇见火，便认识它是什么东西，便明了它是烧痛手指的，火对于他于是有意义。事物本来都是很混乱的，人为便利实用起见，才像被火烧过的小孩子根据经验把四围事物分类立名，说天天吃的东西叫做"饭"，天天穿的东西叫做"衣"，某种人是朋友，某种人是仇敌，于是事物才有所谓"意义"。意义大半都起于实用。在许多人看，衣除了是穿的，饭除了是吃的，女人除了是生小孩的一类意义之外，便寻不出其他意义。所谓"知觉"，就是感官接触某种人或物时心里明了他的意义。明了他的意义起初都只是明了他的实用。明了实用之后，才可以对他起反应动作，或是爱他，或是恶他，或是求他，或是拒他，木商看古松的态度便是如此。

科学的态度则不然。它纯粹是客观的，理论的。所谓客观的态度就是把自己的成见和情感完全丢开，专以"无所为而为"的精神去探求真理。理论是和实用相对的。理论本来可以见诸实用，但是科学家的直接目的却不在于实用。科学家见到一个美人，不说我要去向她求婚，她可以替我生儿子，只说我看她这人很有趣味，我要来研究她的生理构造，分析她的心理组织。科学家见到一堆粪，不说它的气味太坏，我要掩鼻走开，只说这堆粪是一个病人排泄的，我要分析它的化学成分，看看有没有病菌在里面。科学家自然也有见到美人就求婚，见到粪就掩鼻走开的时候，但是那时候他已经由科学家还到实际人的地位了。科学的态度之中很少有情感和意志，它的最重要的心理活动是抽象的思考。科学家要在这个混乱的世界中寻出事物的关系和条理，纳个物于概念，从原理演个例，分出某者为因，某者为果，某者为特征，某者为偶然性。植物学家看古松的态度便是如此。

木商由古松而想到架屋、制器、赚钱等等，植物学家由古松而想到根茎花叶、日光水分等等，他们的意识都不能停止在古松本身上面。不过把古松当作一块踏脚石，由它跳到和它有关系的种种事物上面去。所以在实用的态度中和科学的态度中，所得到的事物的意象都不是独立的、绝缘的，观者的注意力都不是专注在所观事物本身上面的。注意力的集中，意象的孤立绝缘，便是美感的态度的最大特点。比如我们的画画的朋友看古松，他把全副精神都注在松的本身上面，古松对于他便成了一个独立自足的世界。他忘记他的妻子在家里等柴烧饭，他忘记松树在植物教科书里叫做显花植物，总而言之，古松完全占领住他的意识，古松以外的世界他都视而不见、听而不闻了。他只把古松摆在心眼面前当作一幅画去玩味。他不计较实用，所以心中没有意志和欲念；他不推求关系、条理、因果等等，所以不用抽象的思考。这种脱净了意志和抽象思考的心理活动叫做"直觉"，直觉所见到的孤立绝缘的意象叫做"形象"。美感经验就是形象的直觉，美就是事物呈现形象于直觉时的特质。

实用的态度以善为最高目的，科学的态度以真为最高目的，美感的态度以美为最高目的。在实用态度中，我们的注意力偏在事物对于人的利害，心理活动偏重意志；在科学的态度中，我们的注意力偏在事物间的互相关系，心理活动偏重抽象的思考；在美感的态度中，我们的注意力专在事物本身的形象，心理活动偏重直觉。真善美都是人所定的价值，不是事物所本有的特质。离开人的观点而言，事物都混然无别，善恶、真伪、美丑就漫无意义。真善美都含有若干主观的成分。就"用"字的狭义说，美是最没有用处的。科学家的目的虽只在辨别真伪，他所得的结果却可效用于人类社会。美的事物如诗文、图画、雕刻、音乐等等都是寒不可以为衣，饥不可以为食的。从实用的观点看，许多艺术家都是太不切实用的人物。然则我们又何必来讲美呢？人性本来是多方的，需要也是多方的。真善美三者俱备才可以算是完全的人。人性中本有饮食欲，渴而无所饮，饥而无所食，固然是一种缺乏；人性中本有求知欲而没有科学的活动，本有美的嗜好而没有美感的活动，也未始不是一种缺乏。真和美的需要也是人生中的一种饥渴——精神上的饥渴。疾病衰老的身体才没有口腹的饥渴。同理，你遇到一个没有精神上的饥渴的人或民族，你可以断定他的心灵已到了疾病衰老的状态。

人所以异于其他动物的就是于饮食男女之外还有更高尚的企求，美就是其中之一。是壶就可以贮茶，何必又求它形式、花样、颜色都要好看呢？吃饱了饭就可以睡觉，何必又呕心血去做诗、画画、奏乐呢？"生命"是与"活动"同义的，活动愈自由生命也就愈有意义。人的实用的活动全是有所为而为，是受环境需要限制的；人的美感的活动全是无所为而为，是环境不需要他活动而他自己愿意去活动的，在有所为而为的活动中，人是环境需要的奴隶；在无所为而为的活动中，人是自己心灵的主宰。这是单就人说，就物说呢，在实用的和科学的世界中，事物都借着和其他事物发生关系而得到意义，到了孤立绝缘时就都没有意义；但是在美感世界中它却能孤立绝缘，却能在本身现出价值。照这样看，我们可以说，美是事物的最有价值的一面，美感的经验是人生中最有价值的一面。

许多轰轰烈烈的英雄和美人都过去了，许多轰轰烈烈的成功和失败也都过去了，只有艺术作品真正是不朽的。数千年前的《采采卷耳》和《孔雀东南飞》的作者还能在我们心里点燃很强烈的火焰，虽然在当时他们不过是大皇帝脚下的不知名的小百姓。秦始皇并吞六国，统一车书，曹孟德带八十万人马下江东，舳舻千里，旌旗蔽空，这些惊心动魄的成败对于你有什么意义？对于我有什么意义？但是长城和《短歌行》对于我们还是很亲切的，还可以使我们心领神会这些骸骨不存的精神气魄。这几段墙在，这几句诗在，他们永远对于人是亲切的。……悠悠的过去只是一片漆黑的天空，我们所以还能认识出来这漆黑的天空者，全赖思想家和艺术家所散布的几点星光。朋友，让我们珍重这几点星光！让我们也努力散布几点星光去照耀那和过去一般漆黑的未来！

选自朱光潜《谈美》，《朱光潜美学文集》第一卷，上海文艺出版社1982年版

【作品导读】

本文谈到三种人面对古松的不同态度和理解。木材商看古松，关注的是给自己能带来什么利益，是以求善为目的；植物学家对古松的自然生长寻根问底，是以求真为

目的；画家则以欣赏的心态感受古松，得以慰藉、净化灵魂，显然是以求美为目的的。求善（实用）、求真（科学）和求美（美感），三者是人类对所有事物所定的价值。正是由于真善美价值表现不同、目标方向不同，结果也就高下立判了。唯美才是生命存在意义的真正价值所在。当然，也并非只有画家才能感受到古松的美，除去人的职业本能外，我们都是一个个体，都是可以欣赏美的个体。"美是到处都有的，对于我们的眼睛，不是缺少美，而是缺少发现。"让我们都去发现美、珍惜美、创造美吧！这也即《我们对于一棵古松的三种态度》的根本要旨。

【作品汇评】

朱自清——

"这部小书……指给你一些简截不绕弯的道路让你走上前去，不至于彷徨在大野里，也不至于彷徨在牛角尖里。……它矫正你的错误，针砭你的缺失，鼓励你走上前去。作者是你的熟人，他曾写给你十二封信；他的态度的亲切和谈话的风趣，你是不会忘记的。""这却不是大而无当、远不可及的例话；他散布希望在每一个心里，让你相信你所能做的比你想你所能做的多。他告诉你美并不是天上掉下来的；它一半在物，一半在你，……"[转引自朱光潜《谈美书简·序》，长江文艺出版社2008年版，第83页]

中国古代的绘画美学思想（节选）

宗白华

> 宗白华（1897—1986），江苏常熟人。美学家、哲学家、诗人。被称为"中国现代美学的先行者和开拓者"，与朱光潜并称为20世纪中国美学界"双峰"。1949年前，担任国立东南大学（后改为国立南京大学）教授，1949年后，担任北京大学教授。代表著作有《流云小诗》《美学散步》《意境》等。

（一）从线条中透露出形象姿态

我们以前讲过，埃及、希腊的建筑、雕刻是一种团块的造型。米开朗琪罗说过：一个好的雕刻作品，就是从山上滚下来滚不坏的。因为他们的雕刻也是团块。中国就很不同。中国古代艺术家要打破这团块，使它有虚有实，使它疏通。中国的画，我们前面引过《论语》"绘事后素"的话以及《韩非子》"客有为周君画荚者"的故事，说明特别注意线条，是一个线条的组织。中国雕刻也像画，不重视立体性，而注意在流动的线条。中国的建筑，我们以前已讲过了。中国戏曲的程式化，就是打破团块，把一整套行动，化为无数线条，再重新组织起来，成为一个最有表现力的美的形象。翁偶虹介绍郝寿臣所说的表演艺术中的"叠折儿"说：折儿是从线条中透露出形象姿态的意思。这个特点正可以借来表明中国画以至中国雕刻的特点。中国的"形"字旁就是三根毛，以三根毛来代表形体上的线条。这也说明中国艺术的形象的组织是线纹。

……………

从中国画注重线条，可以知道中国画的工具——笔墨的重要，中国的笔发达很早，殷代已有了笔，仰韶文化的陶器上已经有用笔画的鱼。在楚国墓中也发现了笔，中国的笔有极大的表现力，因此笔墨二字，不但代表绘画和书法的工具，而且代表了一种艺术境界。

我国现存的一幅时代古老的画是 1949 年长沙出土的晚周帛画（图一）。对于这幅画，郭沫若作了这样极有诗意的解释：

画中的凤与夔，毫无疑问是在斗争。夔的唯一的一只脚伸向凤颈抓拿，凤的前屈的一只脚也伸向夔腹抓拿。夔是死沓沓地绝望地拖垂着的，凤却矫健鹰扬地呈现着战胜者的神态。

的确，这是善灵战胜了恶灵，生命战胜了死亡，和平战胜了灾难。这是生命胜利的歌颂，和平胜利的歌颂。

画中的女子，我觉得不好认为巫女。那是一位很现实的正常女人的形象，并没有什么妖异的地方。从画中的位置看来，女子是分明站在凤鸟一边的。因此我们可以肯定地说，画的意义是一位好心肠的女子，在幻想中祝祷着：经过斗争的生命的胜利、和平的胜利。

画的构成很巧妙地把幻想与现实交织着，充分表现着战国时代的时代精神。

虽然规模有大小的不同，和屈原的《离骚》的构成有异曲同工之妙。但比起《离骚》来，意义却还要积极一些：因为这里有斗争，而且有斗争必然胜利的信念。画家无疑是有意识地构成这个画面的，不仅布置匀称，而且意象轩昂。画家是站在时代的焦点上，牢守着现实的立场，虽然他为时代所限制，还没有可能脱尽古代的幻想。

这是中国现存的最古的一幅画，透过两千年的岁月的铅幕，我们听出了古代画工的搏动着的心音。①

图一 《人物龙凤帛画》(战国) 佚名

现在我们要注意的是，这样一幅表现了战国时代的时代精神的含义丰富的画，它的形象正是由线条组成的。换句话说，它是凭借中国画的工具——笔墨而得到表现的。

---

① 郭沫若：《文史论集》，人民出版社出版，1961 年版，第 296—297 页

（二）气韵生动和迁想妙得（见洛阳西汉墓壁画）

六朝齐的谢赫，在《古画品录》序中提出了绘画"六法"成为中国后来绘画思想、艺术思想的指导原理。"六法"就是：(1) 气韵生动；(2) 骨法用笔；(3) 应物象形；(4) 随类赋彩；(5) 经营位置；(6) 传移模写。

…………

气韵，就是宇宙中鼓动万物的"气"的节奏与和谐。绘画有气韵，就能给欣赏者一种音乐感。六朝山水画家宗炳，对着山水画弹琴说"欲令众山皆响"，这说明山水画里有音乐的韵律。明代画家徐渭的《驴背吟诗图》（图二），使人产生一种驴蹄行进的节奏感，似乎听见了驴蹄的的答答的声音，这是画家微妙的音乐感觉的传达。其实不单绘画如此，中国的建筑、园林、雕塑中都潜伏着音乐感——即所谓"韵"。西方有的美学家说：一切的艺术都趋向于音乐。这话是有部分的真理的。

图二 《驴背吟诗图》（明）徐渭

再说"生动"。谢赫提出这个美学范畴，是有历史背景的。在汉代，无论绘画、雕塑、舞蹈、杂技，都是热烈飞动、虎虎有生气的。画家喜欢画龙、画虎、画飞鸟、画舞蹈中的人物。雕塑也大多表现动物。所以，谢赫的"气韵生动"，不仅仅是提出了一个美学要求，而且首先是对于汉代以来的艺术实践的一个理论概括和总结。

谢赫以后，历代画论家对于"六法"继续有所发挥。如五代的荆浩解释"气韵"二字："气者，心随笔运，取象不惑。韵者，隐迹立形，备遗不俗。"这就是说，艺术家要把握对象的精神实质，取出对象的要点，同时在创造形象时又要隐去自己的笔迹，不使欣赏者看出自己的技巧。这样把自我溶化在对象里，突出对象的有代表性的方面，就成功为典型的形象了。这样的形象就能让欣赏者有丰富的想象的余地。

所以黄庭坚评李龙眠的画时说，"韵"者即有余不尽。

为了达到"气韵生动"，达到对象的核心的真实，艺术家要发挥自己的艺术想象。这就是顾恺之论画时说的"迁想妙得"。一幅画既然不仅仅描写外形，而且要表现出内在神情，就要靠内心的体会，把自己的想象迁入对象形象内部去，这就叫"迁想"；经过一番曲折之后，把握了对象的真正神情，是为"妙得"。颊上三毛，可以说是"迁想妙得"了——也就是把客观对象真正特性，把客观对象的内在精神表现出来了。

……………

总之，"迁想妙得"就是艺术想象，或如现在有些人用的术语：形象思维。它概括了艺术创造、艺术表现方法的特殊性。后来荆浩《笔法记》提出的图画六要中的"思"（"思者，删拨大要，凝想形物"），也就是这个"迁想妙得"。

（三）骨力、骨法、风骨

前面说到，笔墨是中国画的一个重要特点。笔有笔力。卫夫人说"点如坠石"，即一个点要凝聚了过去的运动的力量。这种力量是艺术家内心的表现，但并非剑拔弩张，而是既有力，又秀气。这就叫做"骨"。"骨"就是笔墨落纸有力、突出，从内部发挥一种力量，虽不讲透视却可以有立体感，对我们产生一种感动力量。骨力、骨气、骨法，就成了中国美学中极重要的范畴，不但使用于绘画理论中（如顾恺之《魏晋胜流画赞》，几乎对每一个人的批评都要提到"骨"字），而且也使用于文学批评中（如《文心雕龙》有《风骨》篇）。

所谓"骨法"，在绘画中，粗浅来说，有如下两方面的含义。

（1）形象、色彩有其内部的核心，这是形象的"骨"。画一只老虎，要使人感到它有"骨"。"骨"，是生命和行动的支持点（引申到精神方面，就是有气节，有骨头，站得住），是表现一种坚定的力量，表现形象内部的坚固的组织。因此"骨"也就反映了艺术家主观的感觉、感受，表现了艺术家主观的情感态度。艺术家创造一个艺术形象，就有褒贬，有爱憎，有评价。艺术家一下笔就是一个判断。在舞台上，丑角出台，音乐是轻松的，不规则的，跳动的；大将出台，音乐就变得庄严了。这种音乐伴奏，就是艺术家对人物的评价。同样，"骨"不仅是对象内部核心的把握，同时也包含着艺术家对于人物事件的评价。

（2）"骨"的表现要依赖于"用笔"。张彦远说："夫象物必在于形似，而形似须全其骨气；骨气形似，皆本于立意而归于用笔。"这里讲到了"骨气"和"用笔"的关系。为什么"用笔"这么要紧？这要考虑到中国画的"笔"的特点。中国画用毛笔。毛笔有笔锋，有弹性。一笔下去，墨在纸上可以呈现出轻重浓淡的种种变化。无论是点，是面，都不是几何学上的点与面（那是图案画），不是平的点与面，而是圆的，有立体感。中国画家最反对平扁，认为平扁不是艺术。就是写字，也不是平扁的。中国书法家用中锋的字，背阳光一照，正中间有道黑线，黑线周围是淡墨，叫作"绵裹铁"。圆滚滚的，产生了立体的感觉，也就是引起了"骨"的感觉。中国画家多半用中锋作画。也有用侧锋作画的。因为侧锋易造成平面的感觉，所以他们比较讲究构图的远近透视，光线的明暗，等等。这在画史上就是所谓"北宗"（以南宋的马、夏为代表）。

"骨法用笔"，并不是同"墨"没有关系。在中国绘画中，笔和墨总是相互包含、相互为用的。所以不能离开"墨"来理解"骨法用笔"。……

现在我们再来谈谈"风骨"。刘勰说："怊怅述情，必始乎风；沉吟铺辞，莫先于骨。""结言端直，则文骨成焉，意气骏爽，则文风清焉。"对于"风骨"的理解，现在学术界很有争论。"骨"是否只是一个词藻（铺辞）的问题？我认为"骨"和词是有关系的。但词是有概念内容的。词清楚了，它所表现的现实形象或对于形象的思想也清楚了。"结言端直"，就是一句话要明白正确，不是歪曲，不是诡辩。这种正确的表达，就产生了文骨。但光有"骨"还不够，还必须从逻辑性走到艺术性，才能感动人。所以"骨"之外还要有"风"。"风"可以动人，"风"是从情感中来的。中国古典美学理论既重视思想——表现为"骨"，又重视情感——表现为"风"。一篇有风有骨的文章就是好文章，这就同歌唱艺术中讲究"咬字行腔"一样。咬字是骨，即结言端直，行腔是风，即意气骏爽、动人情感。

（四）"山水之法，以大观小"

中国画不注重从固定角度刻画空间幻景和透视法。由于中国陆地广大深远，苍苍茫茫，中国人多喜欢登高望远（重九登高的习惯），不是站在固定角度透视，而是从高处把握全面。这就形成中国山水画中"以大观小"的特点。宋代李成在画中"仰画飞檐"，沈括嘲笑他是"掀屋角"。沈括说：

李成画山上亭馆及楼塔之类，皆仰画飞檐，其说以谓自下望上，如人平地望塔檐间，见其榱桷。此论非也。大都山水之法，盖以大观小，如人观假山耳。若同真山之法，以下望上，只合见一重山，岂可重重悉见，兼不应见其溪谷间事。又如屋舍，亦不应见其中庭及后巷中事。若人在东立，则山西便合是远境；人在西立，则山东却合是远境。似此如何成画？李君盖不知以大观小之法。其间折高、折远，自有妙理，岂在掀屋角也！①

画家的眼睛不是从固定角度集中于一个透视的焦点，而是流动着飘瞥上下四方，一目千里，把握大自然的内部节奏，把全部景界组织成一幅气韵生动的艺术画面。"诗云：鸢飞戾天，鱼跃于渊，言其上下察也。"这就是沈括说的"折高折远"的"妙理"。而从固定角度用透视法构成的画，他却认为那不是画，不成画。中国和欧洲绘画在空间观点上有这样大的不同，值得我们的注意。谁是谁非？

选自宗白华：《中国美学史中重要问题的初步探索》，见《宗白华全集》第三卷，安徽教育出版社2008年版。

【作品导读】

宗白华的文章充满诗性智慧，是诗与哲学的统一，有较高的中国古典美学审美意识。读他的文章，像是读诗，也像观画，又像是欣赏优美的散文，能让人轻松地把握其言说内容。

本文分别从线条、气韵生动、骨法用笔侧重对中国传统绘画的美学思想进行论述。强调笔墨情趣，注重气韵生动，突出意气俊爽。作品的

《绘画艺术鉴赏掠影》：李亚宾　孟祥振编

---

① 沈括：《新校注梦溪笔谈》，胡道静校注，中华书局出版1957年版，第170页。

风骨、多变的线条、画者的气韵都依赖于传统的用笔和万物为师，自有妙趣。第四部分照应前文，稍加勾勒归纳。中国古代画家的眼睛是流动的，是"一目千里"，从大自然中"以大观小"，把全部景界组织成一幅具有生命力的艺术画面。"一目千里、以大观小"何尝不是我们对待事与物的一种豁达的人生态度呢？

【作品汇评】

李泽厚——

或详或略，或短或长，都总是那种富有哲理情思的直观式的把握，并不作严格的逻辑分析或详尽的系统论证，而是单刀直入，扼要点出，诉诸人的领悟，从而叫人去思考、去体会。[引自宗白华《美学散步》，上海人民出版社1981年版，第3页]

王德胜——

宗白华发现，中国艺术，如绘画、音乐，它们之所以能够成为世界上最生动的艺术形式，其原因之一，就在于中国艺术最能表达人类难以言状的心灵搏动和生命的韵律；"中画趋向水墨之无声音乐，而摆脱色相。其意不在五色，亦不在形体，乃在'气韵生动'中之节奏。一阴一阳，一开一阖，昼夜消息之理"。[引自王德胜《散步美学——宗白华美学思想新探》，河南人民出版社2004年版，第73页]

书法的美学特征及欣赏原则（节选）

陈振濂

> 陈振濂（1956— ），浙江宁波人。1979年入浙江美术学院（现中国美术学院）师从陆维钊、沙孟海、诸乐三。1981年至今先后在中国美院、浙江大学任教。中国文学艺术界联合会第十届副主席，中国书法家协会第六、七届副主席。专攻书画篆刻理论研究。其"陈振濂书法教学法"获国家级优秀教育成果奖和霍英东教学基金奖。

……

应该说，中国书法是一门独特的艺术。任何其他艺术门类的现成概念、术语、分类方法，都很难直接套用于书法之上。我们不希望国外的一些研究者用对待抽象派艺术的眼光来评论书法，把它简单地看作是一种黑白艺术。事实上，书法除了黑白之外还有些更深刻的内涵。同样，我们也不希望国内的一些研究者用对待绘画的习惯来评论书法，硬在书法中找具象的影子，甚至在抽象的线条与具体的实物间进行牵强的比附，从而使书法与绘画似乎不分彼此。必须承认，书法的一些特征不但有它的不可类比性，而且正因如此，才使它获得了巨大的经久不衰的生命力，无视这一点，就等于否认书法存在的必要性了。

……

（一）以线条作为主要表现手段的独特艺术形式

表意的文字符号，使书法带有明显的抽象属性。它所提供给观众的，就是一些线条。符号是组合线条的一种途径，而线条则是书法创作的最基本元素。

美国评论家库克曾说过，凡是带有明显的横向线（即水平线），通常表示着安闲、和平和宁静；斜线在一幅作品中通常包含着运动；锯齿状线通常包含着痛苦与紧张；圆线或弧线则较圆满而完美。这是一种纯线条的研究。确实，即便是同一粗细的线，长短曲直不同，引起的心理感情也迥然不同，曲线比较能引起舒适感，这是大多数人公认的。

…………

艺术表现要求的不同和使用工具的不同，这种种比较使我们感觉到：书法家们对线条的追求简直有点苛刻。我们可以称书法为纯粹的线条艺术，从某种意义上说，以表意的文字符号为基础，使书法的线条可以不受客观外物的形、光、色所限制，它具有独立的审美价值。因此，对于库克所总结出的直曲、横斜等不同线形的心理效果的结论，中国书法家们当然会感到不满足，因为它只涉及线条的外形，而书法中的线条除了上述之外，还有疾、缓、轻、重、枯、湿以及节奏、衔接、线条的感情内涵、丰富的寓意性等更为复杂的美学内涵，只有了解了它们，才能真正理解书法美之所在。

（二）创作过程中绝对重要的时间属性

同属视觉艺术的绘画，在创作过程中，制作顺序是不严格的。先完成这一笔和那一笔，其间并没有明确的规定。但书法却不同，在每个字的结构关系中，它有笔顺；在一幅作品中，它有字与字之间的推移顺序。这种顺序绝对受到书法家们的尊重。

从特定角度来看，虽然书法只有线条，但它却不是孤立的。每一根线条的头尾，每一组线条的连接（表现为结构），乃至整篇作品的线条呼应（表现为章法），都有特殊而内在的运动规律。这个规律就是既定的序列。它至少为书法带来如下几个方面的好处：

1. 它使书法的创作步骤形成了完整的推移过程，这一过程对于确定书法风格的基调具有重要作用。

2. 它使书法家的抒情活动在线条序列的推移过程中能保持连贯的持续性。

3. 它导致了这样一个事实，书法线条除了空间平面的视觉功能之外，还具备了其他视觉艺术所难以具备的特征：立体的时间属性的渐进。每一组视觉空间（往往表现为结构），本身绝不孤立，而是与上、下组的空间构成紧密的因果关系。

4. 它使书法这一视觉艺术兼具了听觉艺术如音乐的特征：和谐的旋律——线条的旋律。每一作品的线条基调：粗重、轻逸、苍茫、秀润……就是一个个旋律。

由于顺序而导致的时间推移，必然使线条具备了运动的而不是静止的性格（图一），同时也使书法家的感情倾注呈现出一种有线索可循的相对明确的状态。抽象属性的书法提供的线条本身是没有具体内容的；一旦线条按照一定空间，特别是一定时间序列组合起来之后，它立即显示出一种独特的追求方向，就像音符没有内容，而当音符按照一定序列排列起来立即构成美妙的音乐一样。所谓线条的感情内涵，从精确的意义上说，我以为即是指此。

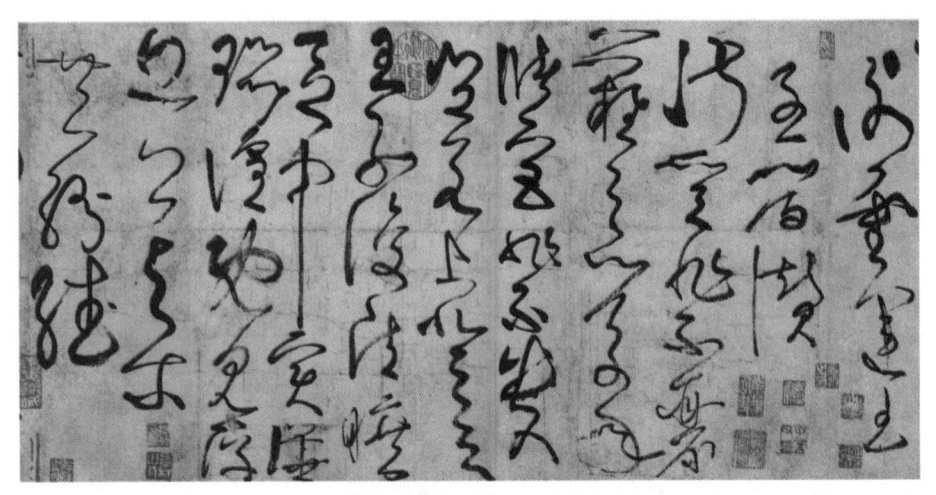

图一 《草书古诗四首》局部（唐）张旭

有人曾称"建筑是凝固的音乐"，与之相比，书法那种在视觉艺术中独一无二的时间性和既成的线条表现手段，也堪称"凝固的音乐"——它的既成效果是空间性的，而它的构成过程则是时间性的。

（三）汉字结构对于书法的重要价值

……从某种意义上说，没有汉字就没有书法。

汉字的方结构造型，就像一个个建筑物一样，本身具备了艺术的对比、平衡、穿插、均匀等素质，它为书法施展艺术手段带来了难以估量的美学价值。

首先，方结构使线条组织不至于杂乱无章，而是有了明确的核心（图二）。每个字有自己的结构核心，一行、一篇字组合起来又构成了大的核心。每一核心都有自己的平衡能力，在不违反它的前提下又可以各施其能，这就叫做"从心所欲不逾矩"。"从心所欲"是变化，"矩"是核心规律的限制。

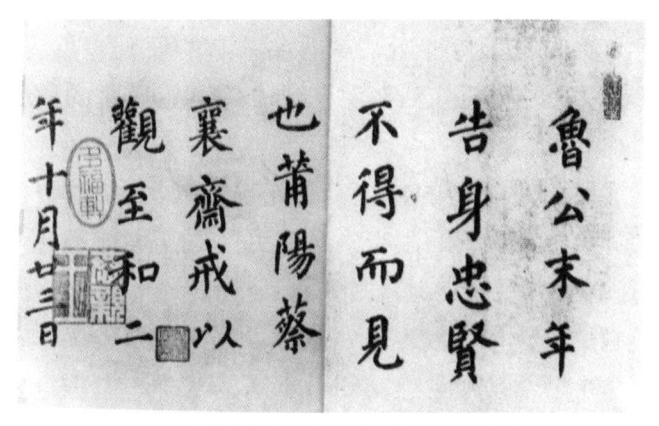

图二 《楷书颜真卿告身帖跋》（北宋）蔡襄

其次，有了核心也就有了向四面扩张的趋向——以核心为起点的运动趋向，固定不变的静止的汉字结构中，包含了运动变化着的态势。它有"正在进行时"（可视的结构）、"过去进行时"和"将来进行时"（虽不直接可视但通过想象可以补充的结构的延伸）。很明显，运动趋向，是连接结构和线条的过去、现在、将来的最大枢纽。

再次，保持了结构，也就使书法的线条（用笔）在更大范围内丰富自己的表现力，每一根线条的提按、粗细乃至撇捺，在结构上都有明显的需要性，它的存在有造型上的理由，为造型的建筑式的美感服务。

更次，空间结构的存在使书法艺术的时间性也能得到更好的体现，它使线条的推移丰富多彩、跌宕多姿，各种疏密不同、方向迥异但依附于结构的线条，在推移过程中显示出美妙多变的旋律展开和音符变换的效果。

总之，汉字的结构美意味着它具有建筑造型的抽象美学特征。在视觉艺术范围内，它是严格按照抽象美的规律构成的，但又不像抽象派绘画作品那样漫无边际，而是一种有规律的空间占领。不但作品本身提供了一个美妙的空间，而且在作品构成的每一基本元素中，也无一不包含着小空间。汉字结构的规定性，不但不会成为书法家感情驰骋的障碍，相反，正是由于这种限制，使得书法家们的情感和技巧显示变得巧夺天工、美妙无比。两者是辩证地存在的。

……………

明确了书法的美学特征后，对书法欣赏的原则也就容易把握了。综上所述，我以为，建立在线条美基础上的书法欣赏的原则应反映在如下几个方面：

1. 由于它的抽象造型的特征，因此它的欣赏也不是自然主义的。必须习惯于以抽象的造型的眼光去欣赏书法，而不必斤斤于在书法的笔划、结构中寻找客观自然对应式的再现。

2. 由于它的不具体性和高度概括性，因此需要发挥丰富的想象以进行补充，这种想象以视觉感受和再创造为基础，它来自生活，但又经过了取舍选择。

3. 由于它的时间推移的特征，因此在欣赏时需要明确的同步式的体验，观众不是旁观者，应该努力"进入角色"，寻找与创作者共同感受的默契。即使两者相隔几百年之久，也应该能找到这种默契。

选自陈振濂《论书法欣赏的特殊性——兼论书法艺术的美学特征》，
《文艺研究》1984 年第 6 期

【作品导读】

中国书法与西洋舶来品美学走到一起，源于 20 世纪 80 年代，此时陈振濂即开始关注书法美学，成为中国现当代书法美学界第一代学人。他从书法自身提取问题，用美学思辨武器来解释书法，为现当代书法审美研究指明了方向。

本文从线条、书写时间、汉字结构论述了书法美学的特征，并将以上三者连为一体，层层剖析，见解独到。他认为书法的线是抽象的，除了方圆外形更多的是通过轻重缓急控笔与干湿浓淡用墨来展现书者的情感；书写的时间是将线连接在一起，使书法这一视觉艺术兼具了听觉艺术如音乐的特

《书法艺术鉴赏掠影》：侯东菊　杜启涛编

征——旋律，每一作品随着书者的心性与旋律定下基调；而汉字方块结构造型的对比、平衡、穿插等素质又为书法施展艺术手段带来了难以估量的美学价值。

每一根线条的头尾，每一组线条的连接表现为结构，整篇作品的线条呼应表现为章法，三者相互成就。鉴赏者应进入"角色"，寻找与创作者的默契，在传统艺术中感受美！

【作品汇评】

沈鹏——

我们的书法理论应从学究气中解脱出来，站在较高的层次上审视、反思、参照、预想……本书较系统地阐述了书法美学的基本原理、形式法则及与其他艺术门类的比较，颇多新颖见解，……它是目前能见到的国内有关书法美学方面一部特色鲜明、见解独到而又相当有深度的著作。[引自陈振濂《书法美学》，山东人民出版社2006年版，第1—2页]

【阅读作品】

造园与造人（节选）

王 澍

近几年，我一边造房子一边教书，身边总有几个弟子追随。我对他们常说的有三句话："在作为一个建筑师之前，我首先是一个文人。""不要先想什么是重要的事情，而是先想什么是有情趣的事情，并身体力行地去做。""造房子，就是造一个小世界。"几年下来，不知道他们听懂多少。

每年春，我都会带学生去苏州看园子。记得今年（2006年）去之前和北京一位艺术家朋友通电话，他问我："那些园子你怕是都去过一百遍了，干吗还去？不腻？"我回答，我愚钝，所以常去。在这个浮躁喧嚣的年代，有些安静的事得有人去做，何况园林这种东西。

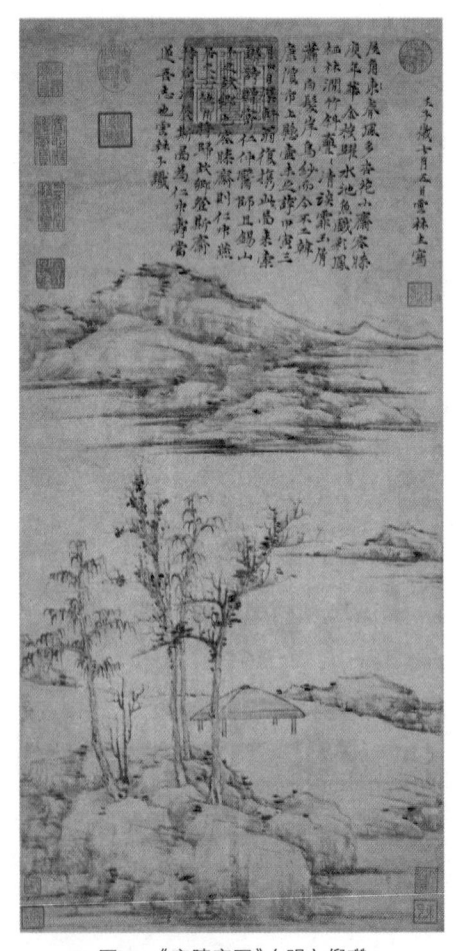

造园，一向是非常传统中国文人的事。关于造园，近两年我常从元代画家倪瓒的《容膝斋图》（图一）讲起。那是一张典型山水画，上段远山，一片寒林；中段池水，倪氏总是留白的；近处几棵老树，树下有亭，极简的四根柱子，很细，几乎没有什么重量，顶为茅草。这也是典型的中国园林格局，若视画的边界为围墙，近处亭榭，居中为池，池前似石似树。但我

图一 《容膝斋图》（明）倪瓒

谈的不是这个，我谈态度。《容膝斋图》的意思，就是如果人可以生活在如画界内的场景中，画家宁可让房子小到只能放下自己的膝盖。如果说，造房子，就是造一个小世界，那么我以为，这张画边界内的全部东西，就是园林这种建筑学的全部内容，而不是像西人的观点那样，造了房子，再配以所谓景观。换句话说，建造一个世界，首先取决于人对这个世界的态度。在那幅画中，人居的房子占的比例是不大的，在中国传统文人的建筑学里，有比造房子更重要的事情。

有意思的是，讲座对象不同，反应差异巨大。对国内学子讲，《容膝斋图》主要引起价值论的讨论。这当然重要，房子不先作价值判断，工作方向就易迷失。我也曾在美国大学里讲，讲座结束后那些美国建筑教师就很激动，说他们今天见到了一种和他们习常理解的建筑学完全不同的一种建筑学。

面对世界的态度比掌握知识的多少更重要。这让我又想起童寯先生。作为庚子赔款那一代的留学生，童先生留学美国宾夕法尼亚大学，游历欧洲，西式建筑素养深厚。但留学归来，却有一大转折，全心投入中国传统建筑史，特别是园林的研究与调查中。治学方向的转变说明了思想与价值判断的大转变。刘敦桢先生在童先生《江南园林志》一书序中写道："对日抗战前，童寯先生以工作余暇，遍访江南园林，目睹旧迹凋零，与乎富商巨贾恣意兴作，虑传统艺术行有澌灭之虞，发愤而为此书。"今日读来，似乎是在写今日中国之现状。不继承自然是一种摧毁，以继承之名无学养地恣意兴造破坏尤甚。

与后来众多研究园林者有别的是，童寯先生是真有文人气质和意趣的。博览多闻、涉猎今古、治学严谨、孜孜不倦固然让人敬仰，但我最记得住的是先生的一段话：今天的建筑师不堪胜任园林这一诗意的建造，因为与情趣相比，建造技术要次要得多。

"情趣"，如此轻飘的一个词，却能造就真正的文化差别。对中国文人而言，"情趣"因师法自然而起，"自然"显现着比人间社会更高的价值。人要以各种方式努力修习才可能接近"自然"的要求，并因程度差别而分出"人格"。园林作为文人直接参与的生活世界的建造，以某种哲学标准体现着中国人面对世界的态度。而文人在这里起的作用，不仅是参与，更在于批判。文征明为拙政园作的那一组图（图二），至今仍镌刻在园内长廊墙上，与拙政园的壮大宽阔、屋宇错杂精致相比，文征明笔下的拙政园只是些朴野的竹篱、茅舍，在我看来，就是对拙政园文雅的批判。事实上，在中国园林的兴造史上，这种文士的批判从来就没有中断过，正是这种批判，延续着这个传统的健康生命。而童寯先生最让我敬重的，除了一生做学问的努力与识悟，更在于其晚年面对一个浮躁喧嚣的年代，毅然不再做建筑设计，这使他几乎代表了近代中国建筑史的一个精神高度。我见过其晚年的一张照片，在他南京小院中，先生身穿一件洗得破出洞来的白色老头衫，双目圆睁，逼视着在看这张照片的我。而我则见他站在一棵松下，如古代高士图中的高士。中国近代建筑史上四个奠基的大师，梁思成、杨廷宝、刘敦桢、童寯，童先生是唯一无任何官职，在公共场合露面最少的一位，但他却可能是对我这样的后学影响最深刻的一位，不仅因为学问，更在于其身上那种中国传统文士的风骨和情趣。

图二 《拙政园图咏》组图（明）文征明

我常猜想，童先生一生致力于园林研究，但生前却没有机会实践，心中定有遗憾，但若有机会，先生又会如何造园，更让我想象。或许从先生所撰《随园考》中可见端倪。随园主人袁枚，杭州才子，二十五岁（乾隆四年）中进士，三十四岁辞官，于南京造随园。园居近五十年，是中国文士中少有能得享大年，优游林下者。如童先生所考，袁枚所购是一废园，园主人姓随，故名随园。袁枚购得后，并不大兴土木，而是伐恶草，剪虬枝，因树为屋，顺柏成亭，不做围墙，向民众开放。和这种造园活动平行，袁枚"绝意仕进，聚书论文，文名籍甚，著作等身，四方从风，来者踵接"。有意思的是，袁枚正是因为和当时主流社会拉开距离，树立另一种生活风范，却真正影响了社会。如袁枚自述，其园不改名，但易其义，随旧园自然状态建造，并不强求。而在童寯关于园林的著述中，单独作文考证的，唯有随园。从中可以体会到先生对于造园一事推崇什么，隐含什么含蓄而坚定的主张。童先生文中特别提到，袁枚旷达，临终对二子说：身后随园得保三十年，于愿已足。三十年后有友人去访，园已倾塌，沦为酒肆。实际上，袁枚经营随园五十年，就有如养一生命。古人说，造园难，养园更难。中国文人造园就是这样一种特殊的建筑学活动，它和今天那种设计建成就掉头不管的建筑与城市建造不同，园子是一种有生命的活物。造园者、住园者是和园子一起成长演进的，如自然事物般兴衰起伏。对于今天的城市与建筑活动，不能不说是一种启示。

造园代表了和我们今天所热习的建筑学完全不同的一种建筑学，是特别本土，也是特别精神性的一种建筑活动。在这个文化方向迷失的年代，不确定的东西最难把握，造园的艰难之处就在于它是活的。童寯先生1937年写到，他去访园，"所绘平面图，并非准确测量，不过约略尺寸。盖园林排当，不拘泥于法式，而富有生机与弹性，非必衡以绳墨也"。但我怀疑童先生的话，今日还有几个人能懂。造园所代表的这种不拘泥绳墨的活的文化，是要靠人，靠学养，靠实验和识悟来传的。……

选自王澍《造房子》，湖南美术出版社2016年版

【作品聚焦】

王澍（1963— ），中国美术学院建筑艺术学院院长、博士生导师。普利兹克建筑奖首位中国籍得主。

"造园与造人"紧密相关，本文开宗明义"三句话"即揭示其中要义。作者认为造园不仅仅是简单的造房子和配以景观，须讲求美学的整体布局，这得益于他对传统绘画的品鉴与感悟。《容膝斋图》的引例即为很好的证明。作者还认为造房子即是造就一个小世界，它当是一个鲜活

的生命体，其成功与否取决于一个文人对世界的态度。在文人看来，造园不是简单的建造技术的展现，而是超越于建筑的文人化的美学情趣的表达。文人不仅仅是建造者、参与者，也是批判者，正是有了文人的批判，传统园林建筑才得以延续。园林建筑的独特性在于它是精神性的一种建筑活动，造园的同时人也会被重新打造！

单元能力训练八（审美能力的培养）

能力聚焦

美与审美

美，使人们懂得享受人生；审美，使人们懂得创造生活。美、审美，从一定意义上是社会的进步，是人们对生活的更高要求。

从美的构成看，可以将美分为形式美和内容美。形式美主要是由对称、平衡、整齐、和谐、节奏、声音、色彩、线条等表象特征来体现的，它具有可感、形象的特点；内容美主要是通过内在涵义来体现，它富有情感性特点。从内容美的表现主旨看，可分为优美、崇尚、悲剧、喜剧；从美的存在形态看，可分为自然美、社会生活美、精神美、艺术美。艺术美是自然美和社会生活美的统一，是最典型、最集中的美。

审美，是人类掌握世界的一种特殊形式，指人与世界形成的一种无功利的、形象的和情感的关系状态。它是主观与客观的统一，理智与情感的统一，具象与抽象的统一。它注重人内在的人文修养，它给人精神慰藉、自由和美感。审美具有三个特点：首先是直觉性，它是对美的形态的直觉感知；其次是情感性，它是人对客观存在的美的体验和态度，包括人的生理因素和人类发展所积淀的普遍因素；第三是愉悦性，它来源于对人的本质力量的肯定，表现为对狭隘功利性的超越和对生命力的追求。

审美能力的培养

一、加强人文修养、树立正确审美观

提高审美能力，须有一定的文化涵养、知识储备和生活阅历，即人文修养。审美观是审美主体对客观事物所保持的一种比较固定的基本态度和看法，它是人们在审美实践中形成的对美的理性认识，一经形成就具有相对的独立性，它制约着人们对现实和艺术的审美导向。树立正确的审美观，就要不断对自然美、社会生活美和艺术美等进行反复鉴赏研究，学会从美的本质上欣赏美。马克思主义的审美观，揭示了审美客体与审美主体的辩证关系、美的本质及其产生发展规律，为正确理解美及美感的时代性、民族性和阶级性提供了科学的理论依据。

二、注重审美情趣、提高想象能力

审美情趣，它是人的审美意识的一个组成部分，是人的审美观点、审美态度、审美理想、审美能力的一种表现和结果。审美情趣因人而异，不能强制，它有个人的独特性和多样性。审美情趣的培养从兴趣开始，兴趣是一种能引起人优先注意，使之伴随着一种良好的情绪去发掘自身潜力甚至能够超越自身能力极限的认识倾向，是引导人进行审美创造的动力之一。审美情趣离不开审美想象，它是审美主体所具有的能使审美情趣延续和审美活动顺利展开的一种能力，是主体在长期的审美实践活动中生成的一种审美习惯。审美想象是一种积极的心理活动，须以主体的审美情趣与经验作为前提条件。审美主体的修养、兴趣不同，对同一个审美对象所想象的结果也不同；审美想象活动还受到审美对象特点制约，因为任何审美想象的目的，都是为了深切感受和领悟对象的美；审美想象活动还与审美者的艺术经验相关联。

三、突出艺术实践、提高审美能力

审美能力只有在与审美对象打交道的过程中才能得到培养提升。一方面，是要自觉通过艺术美与自然美的欣赏来提高审美能力；另一方面，审美能力还可以在多种艺术实践中获得。例如音乐以其动人的节奏与旋律拨动人的心弦，即可培养欣赏者对音乐美的感受能力；文学是借助语言塑造艺术形象，使欣赏者通过感受语言之美来激发丰富的联想与多元的情感体验；书法通过黑与白的交融，展现"绚烂至极归于平淡"的境界美……每一种艺术美都具有独特的审美特点与美感效应，进而充实人的文化修养，提高人的审美能力，使人获得全面发展。

点子库

美与审美同人类社会进步息息相关。自觉地增强对不同艺术的深入鉴赏，也是21世纪大学生应当自觉追求的一种审美境界。例如世界绘画有哪些流派、有何特色？中国书法又有哪些流派、有何特色？建筑作为一种艺术，在世界各国存在哪些共同点和不同点？中国建筑在全球有何影响？各位通过自学探讨必有收获。

单元综合训练题

一、美具有哪些形态，它的存在有哪些现实意义？

二、联系自己鉴赏经验谈谈书法审美的具体途径与方法，写一篇有关颜真卿《祭侄文稿》的赏析文章。

三、什么是审美？请概述它的特点。

四、谈谈你对中国绘画中"骨法用笔"的认识？

五、《造园与造人》一文中体现了作者对园林建筑怎样的理念与情怀？请联系实例谈谈自己的体会。

六、党的十九大报告指出："深入挖掘中华优秀传统文化蕴含的思想观念、人文精神、道德规范，……让中华文化展现出永久魅力和时代风采。"请结合自己的当前学习谈谈你对中国传统空间艺术的认识。

中篇

媒介表达能力培养

第九单元 书面表达概说

一、书面表达的概念和特点

在日常生活中，书面表达与人们的工作、学习、生活密不可分。一个民族的文化发展的大部分成果都凝聚在书面表达之中。那么，何谓"书面表达"？书面表达有哪些特点？这是本节要探讨的主要问题。

（一）何谓"书面表达"？

简言之，书面表达就是写作，即写作主体运用语言符号进行的表现思想、传达情意、沟通信息等复杂的精神劳动。

语言是人类最重要的交际工具。除了语言之外，还有其他一些重要的交往工具。表达是为了交往。大而言之，交往可分为语言交往和非语言交往。非语言交往在社会交往中，特别是在面对面的交往中作用明显，如手势、眼神以及笑声、哭声、叹息等这些"类语言"

都是人们经常用到的。另外，绘画、音乐等艺术也是非语言交往的主要方式。

语言作为人类的交往工具，其具体表达形式又可分为口头表达与书面表达两种。口头表达运用口头语言，它诉之于听觉，是人类最早使用的语言表达形式；书面表达运用书面语言，它诉之于视觉，是继口头语言之后很晚才产生的语言形式，它比口头语言更加简练、准确。运用以上两种语言形式进行交往表达，统称为语言交往。二者各有侧重，互为补充，不能替代。

书面表达是在人类创造文字符号之后才有的，而且随着文字和书写形式的演变而发展。从传统而言，书面表达是以笔为记写工具，通过相应载体（纸介为主）来实现的。但是，计算机的出现打破了书面表达以纸笔为主的一统天下，人们通过计算机对语言符号进行输入操作也正成为人们交往的一种重要形式。准确地讲，这种表达应叫计算机表达。计算机表达与传统的书面表达实质基本一致，只是介体发生了变化。

书面表达的形式很多，包括信函、文件、诗歌、新闻通讯等，可分为两大类：一类是实用文体，一类是文学文体。与口头表达比较，书面表达的优点是不受时空限制，可以扩大交往领域和范围，提高传递和接收信息的准确性；缺点是交往效果受语言文字修养的影响较大，信息传递要求较高。

（二）书面表达的主要特点

书面表达与物质生产劳动和其他精神劳动相比，具有如下特点。

1. 个体创造性

个体创造性，是由书面表达这种特殊劳动的个体化和主观性决定的。

首先，从书面表达的过程来看，总是写作主体单独进行的。书面表达不能搞流水线作业，即使数人合作的编著或共同撰写的长篇，个人所承担的部分还是单独完成的。其次，书面表达是在口头表达的基础上更进一步的、有着明确目的指向的个体精神劳动。无论是表情达意，还是宣事明理，都是为了实现这样或那样的自我主观意图。再次，书面表达本质上还是一种个体创造性的精神劳动。从某种意义上说，独创性是一切书面表达的艺术生命，它体现在各种文体的写作中。

2．人文综合性

语言符号作为书面表达的工具，它可脱离现实时空，可超越历史界限，但不可能脱离人文环境；同时，书面表达又是作者生活、思想、感情、语言、信息传递技巧的复杂的综合体现。

3．实践操作性

书面表达作为一种写作行为，是人类一项特殊的实践活动，具有劳动操作的性质。

这种实践操作性，具体体现在书面表达的过程上。第一，它虽以口头表达为基础和源泉，但却失去了口头表达时的表情态势（语言的直观性），也失去了交际双方当场的迅速反应（场景的现实感），它必须依赖有形的文字写成文章。因此，它不能限于纯粹的内心思考或止于对写作理论的理解与记忆。重要的是落实在"写"这一特殊的过程中，或用笔记写，或用计算机操作表达。第二，写作具有很强的自悟性。唯有在长期的"感知—认识—再感知—再认识"的过程中，才能总结出写作表达的经验，逐步掌握其基本规律。写作虽无定法，但"大体须有"的理论知识和基本技巧，必须在写作的实践中悟而得之。

理解应用

● 讨 论

人生活在语言环境中，人的行为具有对语言表达的依赖性，就书面表达与口头表达有何异同开展讨论。

● 解 释

你如何理解书面表达不是对生活的"照相"或"复制"？（证据支持）

二、书面表达的类型和发展趋势

书面表达总是按照一定的文体类型而进行的，一定的文体类型包括多种特定文体。各种文体适应社会生活的需要而产生，随着时代发展变革而走向成熟。每种文体一旦形成之后，在反映社会生活、传递信息以及表情达意方面都具有了相对的稳定性和文体规范性。

（一）中国古代文体分类的产生与演变

文体分类在我国已有漫长的历史了。早在先秦时期，就出现了文体分类的观念。如《诗经》就分为"风""雅""颂"三类；《尚书》就标出了"誓""命""训""诰"等名目，这是文体分类的孕育期。

汉魏六朝，是我国古代文体分类的重要发展期。曹丕在《典论·论文》中指出："盖奏议宜雅，书论宜理，铭诔尚实，诗赋欲丽。"他把文章分为四科八类，并概括地说明了不同文体的特点。西晋文学家陆机在《文赋》中把文章分为诗、赋、碑、诔、铭、箴、颂、论、奏、说十类，并对各类文体的特点作出了精练的说明。同时期的文学家挚虞在其《文章流别论》中，又将文体分为20类，对文体的区分认识更为细致。

刘勰在《文心雕龙·总术》中指出："今之常言，有文有笔。以为无韵者笔也，有韵者文也。"他从有韵与无韵上将文学作品（文）与应用文章（笔）作了划分，所论及的文体有30多种，可以说，他系统地首创了我国古代文体分类说，对后世的影响很大。

到了明代，吴讷的《文章辨体》将文体分为59类，徐师曾的《文体明辨》更细分为127类，文体因功能而越辨越细。到了清代，姚鼐在《古文辞类纂》中将文体分为13类；曾国藩在《经史百家杂钞》中将文体分为11类。总之，我国古代文体分类经过了一个由简渐繁，又由繁而简的演变历程。这个过程，一方面反映了古代文章类型发展的实际，另一方面表现了人们对文体日益深入的认识。

（二）我国现代文体的分类

始于1915年的新文化运动，在我国历史上是一场伟大的文化科学变革。由此，文体分类出现了以下三种不同情况。

1．根据文章的社会功能划分为两大类：一是审美类型的文学类文体，包括了诗歌、散文、小说、戏剧等；二是实用类型的文体，包括所有实用性文章。

2．根据文章目的和具体用途划分为：文学类、公文类、新闻类、财经类等。

3．根据文章的表达方式划分为：记叙文、议论文、说明文等。

我们认为，虽然"体有万殊，物无一量"，但"文末异而本同"，抓住最主要的，对于一般人来说也就足够了。因而，我们主张人类整个书面表达是由文学创作和实用写作（或非文学写作）两部分构成，具体分类见下表。

现代文体分类

文类	文体	文种
文学作品（审美功能）	诗　歌	自由诗（新诗）、格律诗（旧体诗）、民歌等
	散　文	抒情散文、叙事散文、议论散文等
	小　说	微型小说、短篇小说、中篇小说、长篇小说等
	戏剧文学	话剧、歌剧、戏曲等
	影视文学	各种电影文学、影视剧本
实用文章（非文学作品、实用功能）	消　息	动态消息、综合消息、经验消息、深度报道等
	通　讯	人物通讯、事件通讯、工作通讯等
	报告文学	人物报告文学、事件报告文学等 （以上属于新闻类文章，报告文学亦可划分到文学作品类）
	政　论	思想评论、社论等
	文学评论	作家与各类作品评论
	学术论文	自然科学论文、社会科学论文等 （以上属于理论性文章）

续表

文类	文体	文种
实用文章（非文学作品、实用功能）	行政公文	命令、议案、决定、会议纪要等
	事务文书	计划、总结、方案、调查报告等
	日常应用文	广告、合同、书信等
	行业专用文书	法律文书、外交文书、财经文书等

书面表达体式繁多，但它总是与一定的社会文化背景、生产力水平以及人们的交流需求相适应的。每一种文体的产生、发展和成熟，都是社会生活需要的产物。所谓"文章合为时而著，歌诗合为事而作"[①]。因此，书面表达的体式既是人们在长期的写作实践中所建立、并被普遍遵从的一种规范，但又是变化的，具有历史性的。

（三）书面表达的发展趋势

书面表达是人类传统的表现形式。从某种意义上说，它本身就是一种生命活动。通过语言符号的交流，增强人类文明的活力。尽管现代化的信息媒介很多，诸如影视展现、电脑制作、传真机传递等高科技手段，但以书面文字符号来传播信息依然是极为重要的渠道。曹丕在《典论·论文》中视文章为"经国之大业，不朽之盛事"。写作不仅是人类的一种文化行为，同时也构成并推动着人类文明的发展进程。

21世纪，人类已跨入"知识经济""信息社会"的新时代。在这个文字密集的社会里，我们比以前更需要具备基本的读写技能。这是因为，在知识经济时代，整个社会的本质就是信息的加工、创造、复制、交流与运用，而信息的加工与创造离不开写作。与此同时，物质生产与产品消费的全过程始终伴随着"知识生产"的载体——文章，如市场消费调查、产品研发宣传、企业形象确立等，都需要策划，都需要写作。从时代发展的需要来看，书面表达成为人们更普遍、更高的要求。

[①] 顾学颉校点：《白居易集》卷四五，中华书局1979年版。

当然，正如随着近代大工业的发展、机器印刷术的出现及报纸的诞生，必然出现新闻文体一样，当今社会已进入信息时代、电脑时代、互联网时代，一些新的文章样式也有可能被创造出来。因此，早在明代，李贽即明确告诉我们："诗何必古《选》，文何必先秦。降而为六朝，变而为近体，又变而为传奇，变而为院本，为杂剧，为《西厢》曲，为《水浒传》，为今之举子业，大贤言圣人之道皆古今至文，不可得而时势先后论也。"[1] 对此，我们应当有所应对。

而且，社会总体文明的进步，使享受话语权利的方式变得越来越大众化、多元化。人们都可以通过写作来表明自己对世界的理解与感受。过去"作家写，大众看"的时代格局被打破，写作水平将走向整体提升的新局面。尤其是网络及个人计算机的出现和普及，对写作领域乃至全人类的文化活动的影响都是十分深远的。它改变了传统意义上以纸、笔为工具进行书面表达的方式，为写作提供了种种方便，并开辟了更广阔的写作空间。

随着计算机及信息技术的高速发展，写作也将朝着内容的丰富性与专业化、形式的灵活性与国际化、主体的创新性与智能化、表现手段的独特性与现代化这一全新的方向拓展。人们将能够通过写作视不同的目的与场合进行适当的表达，用自己的语言说世界。从而，赋予写作以崭新的时代气息，并构建一个与现代科学和现代化建设相适应的写作框架，这将是书面表达发展的必然趋势。

理解应用

● 讨 论

电子时代，人们通过电子媒体进行交往正成为一种时尚，语言的书面媒介是否已成为明日黄花？为什么？

● 应 用

就某一种实用文体，为自己班级举办的一次"读书与写作"座谈会写一篇600字左右的评论性文章。

---

[1]〔明〕李贽：《焚书》卷三，中华书局1974年版。

三、书面表达能力及其培养

书面表达是一种综合性的脑力劳动,要求主体具备一定的写作能力。那么,写作能力是由哪些主要因素构成的?如何培养写作能力?这是我们共同期待解决的问题。

(一)书面表达应具备的基本能力

心理科学已有研究成果表明,人脑有四个功能区,即直觉功能区、记忆功能区、判断功能区和想象功能区,并由此构成了智力的四个组成部分:观察力、感受力、想象力和运用(表达)力。要成为一名"写家",主要也就是调动好这四种最为基本的能力。

1. 书面表达主体的观察能力

观察,原是心理学上的概念,属于知觉的范畴。写作观察,是指主体凭借自己的感觉器官有目的、有意识地认知客观事物,从外界获取信息、感受刺激的过程。观察是人们认识客观世界的重要方法,也是摄取写作材料的基本途径。

在人们的各种感觉器官中,眼睛是最灵敏的,它是"心灵的窗口"。据视觉生理学研究,一个正常人从外界接收到的信息,百分之九十以上是从视觉通道输入的。但眼睛不等于眼力,写作要善于静观默察。因为观察是认识的基础,观察能力是写作过程中最基本的一种能力。鲁迅先生在《致董永舒》的信中说:"此后如要创作,第一须观察。"[1]

根据观察的对象,可以分为人物观察、环境观察、场面观察等;根据观察的性质,又可以分为科学观察、实用观察、审美观察等。但无论哪种类型的观察,都要讲究方法。

观察的方法很多,主要方法有:(1)定位观察。即站在固定的位置和方向观察某一特定的对象。观察有着明确的认知目的,这一特点决定了它始终是和有意注意结合在一起的。主体为了认识把握特定

---

[1] 《鲁迅全集》第12卷,人民文学出版社2005年版,第434页。

事物，可以确立一个观察的角度，把目光锁定在观察对象身上。(2) 移位观察。即变换观察的视点，从正侧、远近、俯仰等不同的角度来认识事物的全貌。正如古诗所云："横看成岭侧成峰，远近高低各不同。"(3) 比较观察。它是一种有意识地树立明确参照系的观察。"有比较才有鉴别。"只有着眼于事物的特殊性、差异性，观察的结果才能呈现个性化，写作才有创新性。

2．书面表达主体的思维能力

思维是人脑对客观事物间接和概括的反映。它是人们借助语言，在社会实践的基础上，对丰富的感性材料加以分析、总结，揭示出事物本质和规律的理性认识过程。思维能力主要指想象与联想能力、分析与判断能力等。思维贯穿于写作的全过程，从选材立意到布局谋篇等每一个写作环节都离不开主体的思维活动。思维的种类包括形象思维、抽象思维和灵感思维。

关于思维能力的获得，其要求是：(1) 综合运用，有所侧重。写作不是一种零散思维的表达，而是整体有序的语言文字符号的组合。因此，以上三种思维形式，在人们的思维活动中是不可截然分开的，往往是相互联系、相互作用的。(2) 主动积极，创新思维。思维能力是在书面表达中最主要的一种能力。在文章的写作过程中，要求写作主体主动、紧张、活泼地开展思维活动，去容纳和组织自己的思想、认识，形成合理的结构、完整的篇章。同时，写作主体还应展开创造性思维，才能提高思维的深度与广度，在文章中发前人之所未发。(3) 掌握基本的思维方法。思维方法无外乎归纳与演绎、分析与综合。归纳就是从个别到一般；演绎则是从一般到个别；分析就是在思维过程中把客观事物的整体分解为各个部分、方面、要素，逐个加以研究；综合就是在分析的基础上把对象的各种因素联系起来加以整体考察。

3．书面表达主体的想象能力

想象是指通过观察获取材料后，在头脑中融通升华、重新组合，创造出一种新的形象的心理过程。想象在写作中的作用是多方面的，它能够帮助作者突破时空界限，既可"看到"要描绘的形象，又可"预见"作品的未来。

书面表达的想象运用，应掌握这样几点原则：(1) 想象要以客观现实为基础，不能空想、胡思乱想。即使是"星球大战"之类的科幻小说，仍是有本可依的。它是地球上人类战争的特殊反映，只不过是借助了科学尖端技术经作者头脑的创造想象组合而成的。(2) 想象要有明晰的思路，不能混沌无序。如市场预测报告，是建立在科学的市场调查、市场分析等基础上，并依据大量的事实和数据，再经过合乎逻辑的推断，在顺理成章的表达中获得结论的。(3) 想象要有情感，不能无动于衷。想象的过程始终伴随着写作主体的情感活动。情感不但唤起想象、推动想象，还能随着主体的爱憎、褒贬，或创造、幻想出自己未曾体验过的事物的新形象；或对原有生活图像进行加工改造，使之变形，成为再造形象。

4．书面表达主体的语言运用能力

写作就是在观察、思维与想象的基础上运用书面语言来表达。语言是思想的直接现实，是人类重要的交际工具；语言是创作文章的物质手段。一篇文章质量的高低，在很大程度上取决于写作主体运用语言的能力。

运用语言的基本要求包含以下几点：(1) 掌握本民族语言的使用规范，力求用语准确。首先，必须辨析词义，选用最确切的词语。其次，要根据特定的语境，选用最恰当的词语。再次，用语要合乎语法规则、合乎逻辑，正确地表情达意。(2) 把握文学语言与实用语言的区别，做到因体制宜。(3) 跟上社会前进的步伐，不断从生活中、从人民群众的口头语言中，汲取有时代特色、富于生活气息的新词汇。

（二）书面表达主体的修养

写作活动成败的决定因素是写作主体的自我修养。如何提高主体的写作能力？从根本上来说，就是要全面提高写作主体的综合素养，其中包括人格、意志、智慧、文化品位、生活积累、知识技能等。可以说，写作能力是主体诸多因素所形成的一种"综合效用"。

1．构建主体美好的心灵世界

在写作中，主体对客观事物的反映是能动的、积极的。其思想情感、人格修养、文化素质、个性特征、审美情趣等，无不规定并影响着被反映的客体。不管是文学创作还是实用写作，各种主体因素的影响是客观存在的，要使自己具有较强的书面表达能力，必须努力构建一个美好的心灵世界。

首先，要陶冶情操，培养健康的人格。高尚的人格是主体心灵构建的关键，也是写好文章的首要条件。所谓"文如其人""文品即人品"。可见，"做人"是写作之本。

其次，要加强生活积累，拓展知识视野，提高智能。古人云："世事洞明皆学问，人情练达即文章。"文章是客观事物的反映，生活是写作的源泉。要提高写作能力，主体应不断丰富生活阅历，拓展知识视野，在感知中积累经验。

再次，要加强社会责任感，提升思想认识。文章总是直接或间接地反映出写作主体的人生观、价值观、审美观等诸方面的素养。文章不是无情物，写作是带有情感倾向的人文活动。当主体从事书面表达的时候，就意味着一种社会责任、一种舆论导向，进而影响社会。

2．加强写作技能训练

写作是一种能力，能力是通过训练得来的。

第一，要重视写作基础理论知识的学习，在写作实践中，掌握写作的基本要领。古人讲："文无定法，大体须有。"这是说，文章虽然没有固定的、一成不变的模式，但基本规律和一些要领是可循的。比如前面提到的观察的方法、思维的方法、语言的运用等，都是构制文章的重要手段。同时，从文体来说，各类文章都有自己的特点和写作方法，只有掌握了相应的文体知识与表达技能，才能写出具有"文体感"的文章。

第二，博览精读，研究人文，丰富写作材料。阅读对于写作来说，是不可或缺的重要门径。通过广泛地阅读前贤或时人的名篇佳作，一方面可以开阔视野，活跃文思，逐步掌握写作规律；另一方面，还可以从书本中汲取写作材料，增长人文知识，丰富表达词汇，提高运用语言的能力。

第三，要勤于练笔，循序渐进，才能熟能生巧。我们常说，文章是"写"出来的。写作能力的提高，依赖于"勤写"，即具有锲而不舍地"用功写"的良好习惯。写作是一种相当复杂的精神活动，想要一蹴而就是不可能的。唯有在写作实践中总结经验，不断摸索，才能有所获。

> **理解应用**
>
> ● 讨 论
>
> 责任与道义对公务文书的写作意义尤为重要，所谓"一字入公文，九牛拔不出"。对此，你有何理解？试结合你所熟悉的事情，谈谈作者的素质对书面表达的影响与制约。
>
> ● 解 释
>
> 法国艺术家拉辛说："上帝如果一只手拿着现成的真理，一只手拿着寻求真理的方法，我宁要寻求真理的方法，而不要现成的真理。"结合你的日常书面表达实践，解读拉辛的选择，并简要说明写作者应具备的素养和能力。

【阅读作品】

无书的日子

冯骥才

　　你出外旅行，在某个僻远小镇住进一家小店，赶上天阴落雨，这该死的连绵的雨把你闷在屋里。你拉开提包锁链，呀，糟糕之极！竟然把该带在身边的一本书忘在家中——这是每一个出外的人经常会碰到的遗憾。你怎么办？身在他乡，陌生无友，手中无书，面对雨窗孤坐，那是何等滋味？我吗，嘿，我自有我的办法！

　　道出这办法之前，先要说这办法的由来。

　　我家在"文革"时被洗劫一空。藏书千余，听凭革命造反者们撕之毁之，付之一炬。抄家过后，收拾破破烂烂的家具什物时，把残书和哪怕是零散散的书页都万分珍惜地敛起来，整理、缝订，破口处全用玻璃纸粘好，完整者寥寥，残篇散页却有一大包袱。逢到苦闷寂寞之时，便拿出来读。读书如听音乐，一进入即换一番天地。时入蛮荒远古，时入异国异俗，时入霞光夕照，时入人间百味。一时间，自身的烦扰困顿乃至四周的破门败墙全都化为乌有，书中世界与心中世界融为一体——人物的苦恼赶走自己的苦恼，故事的紧张替代现实的紧张，即便忧伤悒郁之情也换了一种。艺术把一切都审美化，丑也是一种美，在艺术中审丑也是审美，也是享受。

　　但是，我从未把书当作伴我消度时光的闲友，而把它们认定是充实和加深我的真正伙伴。你读书，尤其是那些名著，就是和人类历史上最杰出的先贤智者相交！这些先贤智者著书或是为了寻求别人理解，或是为了探求人生的途径与处世的真理。不论他们的箴言沟通与你的人生经验，他们聪慧的感受触发你的悟性，还是他们天才的思想与才华顿时把你蒙昧混沌的头颅透彻照亮——你的脑袋仿佛忽然变成一只通电发光的灯——他们不是你最宝贵的精神朋友吗？

　　半本《约翰·克利斯朵夫》几乎叫我看烂，散页的中外诗词全都烂熟于我心中。然而，读这些无头无尾的残书倒别有一种体味，就像面对残断胳膊的维纳斯像时，你不知不觉会用你自己最美的想象去安装它。书中某一个人物的命运由于短篇少章不知后果，我并不觉得别扭，反而用自己的想象去发展它，完成它。我按照自己的意志为它们设想出必然的命运变化和结局。我感到自己就像命运之神那样安排着一个个有意味的生命历程。当时，我的命运被别人掌握，我却掌握着另一些"人物"的命运；前者痛苦，后者幸福。

往往我给一个人物设计出几种结局。小说中人物的结局才是人物的完成。当然我不知道这些人物在原书中的结局是什么，我就把自己这些续篇分别讲给不同朋友。凡是某一种结局感动了朋友，我就认定原作一定是这样，好像我这才是真本，听故事的朋友自然也都深信不疑。

"文革"后，书都重新出版了。常有朋友对我说："你讲的那本书最近我读了，那人物根本没死，结尾也不是你讲的那样……"他们来找我算账；不过也有的朋友望着我笑而不答的脸说"不过，你那样结束也不错……"

当初续编这些残书未了的故事，我干得挺来劲儿，因为在续编中，我不知不觉使用了自己的人生经验，调动出我生活中最生动、独特和珍贵的细节，发挥了我的艺术想象。而享受自己的想象才是最醉心的，这是艺术创造者们所独有的一种感受。后来，又是不知不觉，我脱开别人的故事轨道，自己奔跑起来。世界上最可爱的是纸，偏偏纸多得无穷无尽，它们是文学挥洒的无边无际的天地。我开始把一张张洁白无瑕的纸铺在桌上，写下心中藏不住的唯我独有的故事。

写书比读书幸福得多了。

读书是欣赏别人，写书是挖掘自己；读书是接受别人的沐浴，写作是一种自我净化。一个人的两只眼用来看别人，但还需要一只眼对向自己，时常审视深藏自身中的灵魂，在你挑剔世界的同时还要同样地挑剔自己。写作能使你愈来愈公正、愈严格、愈开阔、愈善良。你受益于文学的首先是这样的自我更新和灵魂再造，否则你从哪里获得文学所必需的真诚？

读书是享用别人的创造成果，写书是自己创造出来供给他人享用。文学的本质是从无到有；文学毫不宽容地排斥仿造，人物、题材、形式、方法，哪怕别人甚至自己使用过的一个巧妙的比喻也不容在你笔下再次出现。当它所有的细胞都是新生的，才能说你创造了一个新生命。于是你为这世界提供一个有认识价值并充满魅力的新人物，它不曾在人间真正活过一天，却有名有姓有血有肉，并在许许多多读者心底形象并深刻地存在着；一些人从它身上发现身边的人，一些人从它个性中发现自己；人们从中印证自己，反省过失，寻求教训，发现生存价值和生活真谛。还有，世界上一切事物在你的创作中，都带着光泽、带着声音、带着生命的气息和你的情感而再现，而这所有一切又都是在你两三尺小小书桌上诞生的，写书是多么令人迷醉的事情啊！

在那无书的日子里，我是被迫却又心甘情愿地走到这条道路上去的，这便是写书。

无书而写书。失而复得，生活总是叫你失掉的少，获得的多。

嘿嘿，这就是我要说的了——

每当旅行在外，手边无书，我就找几块纸铺展在桌。哪怕一连下上它半个月的雨，我照旧充满活力、眼光发亮、有声有色地待在屋中。我可不是拿写当作一种消遣。我在做上帝做过的事：创造生命。

一九八九年十月

选自老品编《中国文化名人论读书苦乐》，中央编译出版社 1995 年版

【作品聚焦】

自古以来，文人对读书写作多有论述。本文作者选取新颖的视角——"无书的日子"，即在"文革"动乱的年代里，阅读那些残篇散页，并走上创作道路这一特殊的人生经历，体现了知识分子在逆境中坚守对书的热爱，并从中寻找到掌握自己命运的力量，激发艺术的想象与创作的灵感，由"无书而写书"，失而复得。在质朴而委婉的叙述里，蕴含着作者对读书与写作的"别有一种体味"："读书是欣赏别人，写书是挖掘自己；读书是接受别人的沐浴，写作是一种自我净化。"从写作而言，作者"续编这些残书未了的故事"，也该是他非常宝贵的创作经验。

文章对读书与写作的"思索"，并无简单的议论和说理的直白，而是以充满情思理趣而又多变的艺术手法，来开掘生活的底蕴，咀嚼人生的况味。文字之优美，笔法之简练，结构之谨严，情感之深沉，都堪称散文创作中的佳作。

单元能力训练九（写作观察）

能力聚焦

观察能力训练

写作观察，不是一般人所具有的那种遇到外界某种刺激就会出现的生理机能性的感觉，或心不在焉地随便看看，而是以摄取信息，为写作搜集第一手材料为目的，并始终伴随着思维，渗透着情感的主动的认知活动。因此说，观察能力是书面表达的一项最为基本的素质。本单元已谈到了观察的方法与要求，但对于初学写作者，在观察能力训练中我们还应注意如下两点：

首先，观察必须与思考有机结合。观察是认识的基础。这里的观察，已经包含了对感官捕捉的信息进行分析归纳的思考。观察与思考结合，才能把感性认识上升到理性认识，从熟悉的生活里发现有意义、有价值的东西，探索出可供写作的题材。一方面，事物外在的形态可观可感，通过观察触摸比较容易把握，而内在的规律、特点等则要通过思考去感悟；另一方面，每一种事物、现象的发生发展，看似偶然，但常常存在着一定的必然性，是因果相关的，它同样也需要我们通过思考、分析作出判断。总之，一切没有思考的观察都是枉然。

其次，注意观察自我。写作主体在观察外物时，他的内心活动是瞬息万变、极为复杂的。然而，我们又不能为事物的一些表象所迷惑，特别要注意观察自我的内心世界，捕捉和挖掘灵魂深处之颤动。具体而言，我们在观察过程中应极力开动所有感官，使之产生多种感觉的心理效应，眼脑并用，结合自我体悟与感受，将内心世界与外物激活，努力发现事物的"同中之异"与"异中之同"。既有"自比"，也有"它比"；既有"层次"，也有"差异"；既有总体，也有概貌。应将观察当作自我创造性发现的起点。车尔尼雪夫斯基曾经说过，自我观察一般地会使他的观察力特别敏锐，使他学会以敏锐的眼光观察别人。

点子库

用一架普通照相机为人照相，一般会站在被拍摄者前面。但摄影者也可改变位置，或取四分之三的角度，或取侧面，或蹲在一棵树上往下俯拍，或趴在地面上从一个倾斜的位置拍摄等，对象不变，拍摄的照片却会截然不同。写文章亦同理，观察事物要善于放开五官，思考问题要善于变化角度，它将直接决定作品的创造性价值。如曾经协助丰臣秀吉统一全日本的名将黑田孝高，善于用水作战，曾用水攻陷了久攻不下的高松城，因此在日本历史上有"如水"的别号，他曾写过"水五则"：

一、自己活动，并能推动别人的，是水。

二、经常探求自己的方向的，是水。

三、遇到障碍物时，能发挥百倍力量的，是水。

四、以自己的清洁洗净他人的污浊，有容清纳浊的宽大度量的，是水。

五、汪洋大海，能蒸发为云，变成雨、雪或化而为雾，又或凝结成一面如晶莹明镜的冰，不论其变化如何，仍不失其本性的，也是水。

显然，他对水的观察与思考比一般人要深入得多。又如泥土、空气等，它们也是我们司空见惯的事物，你将会作何观察思考？不妨试试。

单元综合训练题

一、为什么说书面表达具有人文性？

二、试分析自己的书面表达能力结构是否合理？你将如何改善这种能力结构？

三、文学语言与实用语言有何主要区别？

四、观察与思考有何联系？结合你的写作实践，谈谈搜集材料的主要途径。

五、请运用定点观察法，描述学校图书馆总服务台的场景。

六、李煜《相见欢》词云："剪不断，理还乱，是离愁，别是一番滋味在心头。"如果说，烦忧的心绪是一团乱麻，那么思索就是一把剪刀。请结合人生的体验，谈谈你是如何运用这把"剪刀"，行进在思想的丛林里，重见生命的阳光。

七、据新闻报道：有一天，一位来自江浙某地的大一新生在电话里对母亲说，很想吃她做的馄饨。于是，母亲第二天乘飞机赶往儿子的大学所在地，给儿子送来了热乎乎的馄饨。此事在社会上引起了众多的议论，主要看法有：或云，母爱是天经地义的，为儿子送食物是自然的事；或云，儿子想家呗，有什么可指责的；或云，这是一种溺爱，只会给儿子的成长带来负面作用，如此种种。请就此事谈谈你的感想。

八、阅读下面这篇短文，运用你的观察、思维和想象力就乌龟伸头一事再设计几种不同的情境，并加以相应的评点：

温　　暖

林少琼

有个男孩养了只小乌龟。在一个寒冷的冬天，小男孩想让这只乌龟探出头来，用尽了他所能想到的所有办法，却怎么也未能如愿。

他试着用手去拍打它，用棍子去敲击它……但任凭他怎么拍、怎么敲，乌龟就是连动也不动，气得他整天噘着那张小嘴，显得很不开心。

后来，他的祖父看到了，笑了一笑，帮他把那只乌龟放到了一个暖炉的上面。过了一会儿，乌龟便因温暖而渐渐地把头、四肢和尾巴伸出了壳外。

男孩见此开心地笑了。于是，他的祖父对小男孩说："当你想要让别人按照你的意思去做、去改变时，记住不要采取攻击的方式，而要给予他关怀和温暖，这样的方法往往更加有效。"

温暖地待人，你将会得到意想不到的惊喜结果。

选自《读者》2005年第8期

九、根据下列提示，任选一题，写一篇想象作文，不少于1 500字。

1. 《诗经·蒹葭》男女青年最终相遇。
2. 李逵被逼无奈杀了宋江。
3. 宝玉出家后却发现黛玉死而复活。
4. 陆游与唐琬为了爱情违母命私奔。

第十单元 网络时代的新媒介写作

中篇 媒介表达能力培养

　　新媒介写作指直接以网络为载体、用数字式语言为工具进行的写作。这种新形态的写作，将再一次急剧地影响到传播和文明的演进。计算机网络是其科技基础和基本环境，网络语言则是新媒介写作的基本工具。离开网络流通的写作，并非严格意义上的新媒介写作。

一、新媒介写作的科技基础与语言环境

　　说到新媒介，首先认识何谓媒介。所谓"媒者，谋也"，从"女""某"声，其本义是媒人。而"介"，象形，原意是铠甲，演化为传宾主之言、履行辅助宾客饮酒行礼职责的人。媒介就是致使同质或异类的双方发生关系的人和事物。文学媒介则是使文学和人发生关系的载体。它历经语音媒介、纸质媒介和电子媒介三个过程。其中，语音媒介和纸质媒介属于传统媒介，电子媒介则为新媒介。

　　第二次世界大战以后，尤其是近阶段以来，高速发展的电子技术

使文学媒介呈现出多样的新鲜面孔；而以计算机为主的网络技术，将电子媒介的各项功能整合于网络，更使文学创作与传播步入全新阶段。这时，网民身在四海，却如共处一室。他们通过网络快速发表文学作品，然后聚集于网络，迅猛地评点、鉴赏并交流各自的心得，回应网络创作中的诸多现象。

网络是由独立的电脑、计算机系统通过通信技术连接起来所形成的虚拟空间。网络技术的运行必须以计算机为依存。计算机俗称电脑，是一种不需要人工直接干预就能快速对各种数字信息进行算术和逻辑运算的电子设备。计算机网络就是用物理链路将具有独立功能的各个计算机系统连在一起，且以功能完善的网络软件（软件工具、网络协议、信息交换方式及网络操作系统）组成数据链路来交流、传播数字化的信息，从而实现网络资源共享的系统。

网络传播是通过计算机网络的人类信息传播活动。它以多媒体、网络化、数字化技术为核心，以全球海量信息为背景，以海量参与者为对象，来传播存储在光、磁等存储介质上的、由特有的网络语言编写而成的各种文本和超文本。所谓网络语言，是指伴随网络发展而新兴的语言形式。这种语言的来源广泛，广取方言俗语、外语、缩略语、谐音等资源，混合成形态各异的网络语言：拼音或者英文字母的缩写，含有某种特定意义的数字，形象生动的网络动画和图片。这些文字，最初大多为网民为提高网上聊天的效率或某种特定的需要而出现，之后约定俗成而广泛地出现在聊天、论坛等各种互联网应用场合，并渗透到现实生活中。可以说网络语言的出现赋予了语言更多的生命与活力。

网络语言存在于特定的网站上。网站是因特网上一块固定的、面向全世界发布消息的虚拟空间，由域名（也就是网站地址）和网站空间构成，通常包括主页和其他具有超链接文件的页面。网民通过点击网站地址打开网页，开始只能起到搜寻、阅读单纯文本的作用，后来，图像、声音、动画、视频、3D技术都能通过它呈现。这时，网站完全变成一种通信和交流工具，网民通过它发布、获取想要公开的资讯，进而享受网络提供的服务，网站则提供电子邮件服务或在线交流服务等。

可见，计算机网络构成了新媒介写作的科技基础和基本环境，网络语言则是新媒介写作的基本工具，它只有在网站这个特定环境中才能得到生存和发展。至此，我们说：新媒介写作指直接以网络为载体、用数字式语言为工具进行的写作。这种写作，"现在，从一种新式语言的最新发展引发的第三次媒介形态大变化，将再一次急剧地影响到传播和文明的演进。"① 就此而言，那些将纸质文本转化为电子文本的做法，并非严格意义上的新媒介写作。

二、新媒介写作的主要类型

新媒介写作的形式，主要有论坛帖子、博客（微博）写作、电子邮件和手机短信四种。从新媒介写作角度而言，大体经历了从集体网站（论坛）到个人网站（博客与微博）的转变过程。它们的交互性渐次由公开交流转向私下探讨。

1. 论坛帖子

论坛又名网络论坛、BBS，全称为 Bulletin Board System（电子公告板）。它是一种交互性强、内容丰富而及时的 Internet 电子信息服务系统。它提供一块公共电子白板，用户在 BBS 站点上既可以原创信息并将之发布，又可转载、评点、讨论、发布别人的信息，还可参与别人的讨论、聊天，等等。论坛一般由站长（创始人）创建，并设立各级管理人员对论坛进行管理。这些管理人员，包括论坛管理员（Administrator）、超级版主（Super Moderator，俗称"总版主"）、版主（Moderator，俗称"斑竹"）。超级版主拥有低于站长（创始人）的第二权限。

每个论坛都是以网站为依托，国内著名的论坛主要有天涯论坛、百度贴吧、搜狐社区、凤凰论坛、新华社社区等。在论坛中，注册成员发表的言论被称为"帖子"；论坛及讨论区的留言，则被称为"发帖""回帖"。发帖者被称为"楼主"，第一个回帖被称为"沙发"。试

---

① ［美］罗杰·菲德勒：《媒介形态变化：认识新媒介》，明安香译，华夏出版社2000年版。第20页。

举一例：

周四　荐诗　陈超　除夕　特别小的徽帜

师力斌	发表于　2012-5-25　09:17 | 只看该作者 | 倒序浏览 电梯直达 主楼
53 主题	除夕，特别小的徽帜
0 听众	陈超
1160 积分	
版主	她老了
《北京文学》副主编	十年前，他已撒手归去 刚才，这个生养我的老妇人 双手各端一杯红酒 与对面空虚的座椅碰杯
注册时间 2012-3-8	
帖子 269	现在，她独自躲进厨房 摩挲着那把只剩下二分之一的菜铲
相册：0	（孩子们多次想扔掉它） 被他俩的岁月磨小的，特别小的徽帜
日志：0	
好友：2	
收听：TA	沙漏中 盐粒簌落 来路茫茫 　　陈超的诗有相当明显的西方现代诗的气质，我猜想他的内心有某种执着的艺术追求，日常的感受，表达出来有陌生化的效果。这首写父母之间感情的，以除夕这一特定的时间展开，从几个简单的动作切入，在叙事与抒情的结合上，显现出异常的冷静和超常的刻制，如果是我自己，肯定会搞得很煽情，但陈超没有。这是我比较欣赏的。另，这一首与风华推荐的鬼鬼的那首墓地诗，总让我感觉有一种相似之处，但态度和情感完全不同，这是我荐此诗最主要的缘由，即意与鬼鬼诗对比。

第十单元　网络时代的新媒介写作

从上述例子可知，一个完整的帖子由左右两部分组成。左边主要介绍帖子发起者和参与者的诸多信息，右边则由两排组成，而第一排主要呈现帖子发表时间、反查帖子意见发表者的诸多信息、帖子所在的位置，第二排是讨论的内容。细看"电梯直达主楼"的字样，可知此帖子是由师力斌发起。话题是向各位网友推荐陈超的诗《除夕，特别小的徽帜》。

之所以用这个帖子为例,是因为它对问题讨论得比较充分、深入。从一首具体的诗歌谈到对中国文学传统的继承,对西方文学的借鉴以及二者的融合问题。可谓由点及面,颇具启发性。下面摘引第7楼和第13楼的两个帖子:

黄裔	发表于 2012-5-26 03:55 | 只看该作者 | 倒序浏览　　7楼
3 主题 2 听众 1244 积分	游客 71.9.36.x 发表于 2012-5-26 02:36 "我不反对学西方,相反鼓励大家多向西方学习。但学什么?跟谁学?是个大问题。比如……"
左岸老文友 注册时间 2009-6-6 帖子 263 相册 1 日志 0 好友 6 收听 TA	这些话有些泛泛而谈了。 　　吃饭时我又想了一忽儿,文学向西方学什么,这真是个大问题,是我也不大能搞懂的问题,但还是有点直觉。有点肤浅的体会。拿直观的政治来说吧,我国台湾学西方到现在就学得比较成功;大陆学西方,就学得积病颇多。 　　对上边一首诗,我初读时对第一段颇喜欢,(除了二杯红酒。因为中国人祭奠亡人,一般是没有用红酒的)到了第二段就读得不顺畅,第三段就有了读一些国内翻译之作的感觉,这种感觉到底是什么,我一时也真的很难说清楚…… 　　第二段那个老妇形象,简直就不是中国的老妇人倒是像西方厨娘,还不是西方正宗老太太,而是下人厨娘,因为大抵只有这些人会对"菜铲"那样留恋。再说,中国传统的夫妻,恩爱夫妻,日常体现的并不多是在一处烧菜什么的,小家户是妇人做饭丈夫吃,大家户是保姆做饭夫妇在一桌同就餐。所以,菜铲这个意象,更多来自翻译体中,因为西方诗中,多有这些坚硬的日常的东西入诗,如盐、铁之类的。 　　第三段,沙漏中盐粒掉落,更是吃烤鸭就大蒜,喝XO吃猪头肉的感觉了。诚然台湾有一种叫沙漏的,是为造盐而设的。但作者描写的"盐粒簌落"倒是比较明显说的此"沙漏"为时器,也即计时的装置。将这二个意象叠加,沙漏是古典,盐是现代诗中之常见,二者硬性插入,非但没有古典与现代结合之妙,反倒使诗里前后体现的精神气质变了。

在第7楼,黄裔首先收听并转引"游客"对此诗的评论,然后回应"游客"引申的问题"向西方学什么、跟谁学",认为此诗是翻译体,常将西方坚硬的日常的东西入诗,还将古典意象与现代诗中的常见意象生硬叠加,大煞风景。

师力斌	发表于 2012-5-29 17:23 | 只看该作者 13楼
53主题	
0听众	
1160积分	
版主	
《北京文学》副主编	
注册时间 2012-3-8	
帖子269	
相册：0	
好友：2	
收听：TA	

为了大家的方便，我还是把此前发在另一处与黄兄商榷的帖子发在此。另，针对上述中西文化的比较，我觉得过于庞大了，很容易流于感受，还是从小处论起，更有建设性。

黄兄高论学习了，我要消化消化。现在脑子里想的有这样几点：一、陈超这首诗到底怎么样；二、新诗要不要向西方学习；三、新诗到底向西方学了哪些东西。

前两个比较容易回答。这首诗我个人认为是非常不错的诗，好就好在陌生化，他将浓重的怀念之情写得节制。黄兄也提到，他用了日常生活的符号，如菜铲、红酒、厨房、座椅，但他表达的感情却好像不是中国式的。因此，我也说，陈有一种偏执追求，与其说是对西方现代诗的写法的追求，不如说是要借以改变中国诗原有的写法，艺术贵在创新，这首诗描写的感情是普遍的，即一个失去丈夫的老妇对于往昔岁月的回顾与思念。注意，可能不单单是对丈夫的思念，夫妻感情是中国传统诗歌的重要内容，最有名的如苏轼的那首《江城子》……陈超的这首诗似乎有相似的内容，但是，他的感情内容要暧昧得多，诗歌并没有明确交代东坡式的爱情态度，而只是客观叙述，而且引入了一个马原式的先锋派小说般的叙述视角"我"，即老妇人的儿子。整首诗是儿子眼中观察到的母亲，在除夕，这样一个中国人特殊的日子里的举止。他妈是什么样的心情呢，肯定是沉重，是孤独……还有思念，因为"她双手各端一杯红酒，与对面空虚的座椅碰杯"，还有恋旧，对当年新婚后的物件的留恋，比如那把菜铲，孩子们多次想扔掉……这把菜铲是被"他俩的岁月磨小的徽帜"，是两个人的岁月的纪念，而非一人。所有这些，都是以日常的、在场的、描述性的形象，来表达一种情感上的"忆往昔岁月"，尽在不言中，用词的刻制与情感的浓烈，形成了强大的张力。

对了，菜铲这个词，是极其中国化的，是中国老百姓常用的东西，我每天都要用，我父母每天也得用呵，不用就吃不上饭，黄兄何以说是来自西方翻译体？寻常百姓都应该会用到吧，这可能是生活环境的差异所致。然而，这个词是全诗的诗眼，因为此诗的"徽帜"恰恰是菜铲，而非别的，菜铲、红酒、厨房、座椅都构成了普遍人家日常生活的重要场景，就是吃饭呵，可以想象一家人围在一起，锅碗瓢盆，叮当作响，其乐、其怒、其争、其议、其吵，而现在"皆茫茫"，儿女竟然要扔掉，这不是割老太太的心头肉？之所以说丰富，或者本诗的主题大于爱情，是因为或许还会忆起当年的喜怒哀乐，是五味瓶，是为这个家，互相帮助，互相搀扶，或者是互相忍让，互相煎熬……这些，诗没有交代，留下了想象的空间，这也是我喜欢这首诗的重要原因，陈超没有苏轼那么高雅，但他写出了大众的婚姻，写出了一种人世间的拼搏与拼搏之后的老境凄凉，这就足够了。如果说前两节有西方诗的痕迹，那么，最后一节"茫茫"句反倒是中国化的，不管是红楼梦的那句"白茫茫一片真干净"，还是苏轼的这句"十年生死两茫茫"，显然，陈超在用典，只不过不是那么明显罢了。这也可以反证陈追求中西结合。

第二个问题，新诗要不要向西方学习，这其实不是问题。……

三、新诗到底学到了什么？这个问题太大，黄兄始终对西化或者欧化有怀疑，我也有怀疑……怀疑是好事，但我不造成故步自封，不要因噎废食。兄心仪的是台湾的新诗，……我内心也觉得台湾诗从古典吸取养分更多些，大陆这三十年更西化些……但这并不能阻碍我们向西方优秀的东西学习。……

在13楼，师力斌首先针对黄裔的评论提出了三个问题，然后依次对这三个问题进行讨论，得出了不同的结论。可见，网络不仅传递了信息，也达成了讨论。

2．微博写作

从网站论坛到博客写作意味着网络写作从公共领域进入私人领域。在博客写作中，写手的自由度增强，而写作的交流性大大降低，除非特别出名的博客，一般的博客很少有人问津。所以，相对于论坛的热闹，博客写作则显得安静。随着微博出现，这种状况有所改变。与博客写作相比，微博写作的篇幅只能限制在140字中，但我们不能因此而否定微博。首先，微博是信息传播地。2012年诺贝尔文学奖颁发前，微博上就有今年诺贝尔文学奖获得者是莫言的传闻，并迅速得到证实。此后，莫言赴瑞典领奖更成为微博关注的热门话题。北京时间12月8日零点30分，莫言在瑞典学院发表演讲，其主题是"讲故事的人"。在约40分钟的演讲中，莫言追忆了自己的母亲，回顾了文学创作之路，并与听众分享了三个意味深长的"故事"。

同时，微博还是一个很好的公共平台。诗人蓝蓝于2012年借助微博进行了一项调查，题目是"现行教育体制是爱惜学生还是在戕害学生"，下设两个选项：一、废除择校升学考试，停止义务教育产业化；二、继续支持现行教育体制。参与投票者4 555人，其中4 417人选择一，占97%，138人选择二，占3%。据蓝蓝统计，参与投票者包括工人、个体经营者、作家、诗人、科学家、留学生、演员、军人等。投票者分别来自北京、上海、广州等大城市，以及新疆、内蒙古、海南等边远地区。同年11月12日，新京报对这项调查做了报道，题目是《诗人发起微博投票，为孩子"减压"》。在此基础上，蓝蓝写了《致教育部的一封公开信》，并以长微博的形式发表。

3．电子邮件与手机短信

电子邮件是借助专门邮箱发送的私密信息。它需要知道对方的电子邮箱地址。和传统信件相比，它速度快，一旦发送，对方即可收到。同时，电子邮件有一定格式，诸如称呼、问候、正文、祝福、署名、日期等，但不像信件那么严格。手机短信相当于私人电报，它的终端不再是计算机，而是手机。短信以短为特色，方便快捷。特别是手机

QQ的出现促成了短信聊天的连续性。

综上所述，论坛发帖、博客写作、电子邮件和手机短信构成了当前新媒介写作的主要类型。需要说明的是，新媒介写作仍然要基于传统写作的功力，一个缺乏写作功力的人即使运用新媒介进行写作也不能创作出超过他本人水平的作品。从这一意义上来说，新媒介写作只是载体的变化，这种变化更有利于信息的传播。

三、新媒介知识文选

信息高速公路与电视电脑

从20世纪90年代初以来，一些传播专家就一直在预言，在下一个十年中，所谓的信息高速公路网络将通过某种正如未来学家乔治·吉尔德所称的电信电脑——一种将电信和计算机的特性混合起来的新装置，给几乎每一个人带来一个能提供交互信息、娱乐、购物和个人服务不断扩展的世界。看来没有人怀疑这种技术的可行性或建设这些网络和装置的明智性。事实上数十家传播公司已经投资成百上千亿美元，给世界重新架设能够传输大容量数据的高速光纤电缆。几乎所有的电脑和日用家电公司都在积极地开发他们自己心目中的电视电脑版本。看来也没有任何人怀疑，每一个机构和每一个企业都要受到电子媒介新形态的挑战和改变——这些新形态是，不受地域或国家边界的限制并且具有从传统的把关者手中夺取信息和娱乐的控制权而武装个人的能力。

两 个 极 端

然而，那些描写人们究竟将怎样应用这些网络和这些网络提供的服务方面，各种预想却大相径庭。这些预想有许多是对现存媒介技术的线性延伸，或是与飞机带有十个螺旋桨发动机的想象等十分相似的概念。有一个例子，持续了超过六个十年之久，就是家用印刷机（传真机或打印机）能够为每一个订户生产出用户印刷版的报纸和杂志。

另一个例子就是把视频点播技术作为未来的电视预想了不止三个十年。在另一个极端的，都是些技术上更富于进取心的预言。就像在20世纪三四十年代对火箭飞机的预想一样，这些预言都期望着发生突然的、大胆的跃进。其中一些走得远的甚至预言：等到今天十来岁的年轻人到了中年的时候，录像将取代文字和口语成为信息的主要传媒，人们将通过某种先进的虚拟现实（VR）的形式去"亲身经历"各种事件，而不是仅仅依靠观看、收听或阅读。

同样五花八门的是，关于这些全球网络和混合装置使得人类信息传播和商业贸易新系统成为可能。比如说，关于未来的流行看法是，常常预见到传统的银行和货币系统将为在线金融服务和数字现金所取代；在电子市镇会议和电脑化民意测验与选举系统的基础上，向参与式民主回归；由于用户定制式的生产系统和个人信息与娱乐服务系统的出现，带来大批量生产和大众媒介的寿终正寝。

仅有的确定性

尽管专家们对于等待着我们的未来提出了众多各不相同甚至互相矛盾的看法，但是谁都同意这样的确定性——社会和人类传播系统将一起变革并且往往是以出人意料的方式发生变革。某些在下个世纪将会发生的变革，毫无疑问会与当今的社会价值观念和标准相冲突。广受欢迎的传播媒介形式可能会叫上不同的名字，还可能会用于不同的方式。但是不管社会和媒介会如何变化，我们都可以有理由肯定，它们将会一如既往，继续体现并建立在过去经验的基础之上。以史为鉴，我们将看到，塑造我们未来的力量实质上同样就是曾经塑造我们过去的力量。

选自［美］罗杰·菲德勒《媒介形态变化：认识新媒介》，明安香译，
华夏出版社2000年版

【作品聚焦】

20世纪下半期以来，新媒介层出不穷。这篇短文在发展的框架里介绍新媒介，与其说它介绍的是新媒介现状，不如说是其未来。作者认为，无论是线性延伸还是突然跃进，新媒介始终处于这两种极端之中，它的发展难以预料，唯一可以确定的是新媒介是在传统媒介的基础上发展过来的。本文用笔疏放，但轮廓鲜明，向读者生动地呈现了新媒介发展的背景与远景。

单元能力训练十（关于表达新媒介的发展与运用）

能力聚焦

知识经济时代需要每个人成为阅读者，而网络时代则使每个人的写作成为可能。这种写作并非专业写作，而是面向生活的简单写作：传递信息、交流感情、表达看法。从某种意义上说，不具备这种简单写作能力的人就是当代文盲。但是，大学生不能满足于简单写作，应该使自身的写作具有较强的专业性。为此，笔者推荐网上流传的《网络写作的若干条戒律》：

网络写作的第一要义是尊重网络，尊重网络即尊重它所代表的社会空间。

网络写作的第二要义是要尊重他人——包括你的论敌，尊重他人，才会得到他人的尊重。

网络写作的第三要义是要尊重语言，尊重语言才会使你成为真正的写作者。一味耍酷的网络语言，可以成为流行，不过，通常它也只是流行。

网络写作不只是在线写作。尽管你可以在线写作任何文字，但是，人类真正重要的、杰出的、成熟的作品，都来自离线写作。深思熟虑和反复修改，仍然是一切写作的真谛。

互联网是发言者的天堂，但是，沉默的旁观，也同样使人受益。因为，最好的思考者都是冷静的。

不要对一切来自网络的信息都信以为真。网络上的虚假和欺骗比现实中更多，因为在互联网上弄虚作假的成本更小。网络上的偏见和谬见更多，因为奇谈怪论在互联网上的流传更广。

进一步的，不要对网络语言过分信以为真——尽管，在未来某个成熟的网络时代，网络可能是极其真实的。作为人类交流的一种间接符号，语言是现实的影子；而当语言来自更为表象化的网络媒介时，你所看到的，通常只是影子的影子。

在现实中忧郁和孤僻的人们，有可能在网络写作上分外活跃。对于他们来说，网络生活是一种对人际交流缺陷的弥补；但是，这种弥补有时是饮鸩止渴。应该切实地改善性格、人格和人生处境，而不能完全依赖虚幻之境。失之于现实的，仍然应该补之于现实。

真正严格意义上的网络出版或发表，应该具备以下五个要素：作者具有可识别的真实身份，来自严肃而负责任的写作，不违背法律及伦理，言之有物，刊登于有公信力的网络媒体。

网络写作的责任，等同于大众媒体责任。虚拟的言行，一样有可能触犯现实的刑律。网络没有秘密可言，要学会保护你笔下的当事人，包括保护你自己。思想无疆界，写作有准绳。

网络写作不仅是文字，未来的网络写作者，有可能是以视频、音频全副武装起来的人；即使如此，在任何时候，你仍然应该苦心修炼语言文字的技能。

网络写作不仅是汉语，未来，众多网络写作者会精通外语；即使如此，你仍然应该葆有对汉语写作的热爱和忠诚。因为，不只是悠久、独特、有力，而且，汉语的确是美好的。

不管你如何依赖网络写作，都不可放弃对纸面书写的练习。纸面书写更加严整和郑重。纸面书写更加独立和安静。纸面书写饱含着对汉字的深沉体认，它所传承的不仅是书法，而且是中国文化的精神。纸面书写更加接近写作的本质。

最后，我要总结并陈述以上戒律中最为重要的部分：比网络更重要的，是现实；比写作更重要的，是人生。

点子库

新媒介写作的出现是时代发展的必然结果，它对每个人都提出了学会写的要求。尽管新媒介写作主要属于大众写作，对写作者的要求不高，只要掌握基本的汉语文化知识就可以完成，并且操作起来也非常方便。但如何做到更准确、简洁、有力地表达自己，还需要不断练习，多种书写方式结合，并用心提高，而不能因为有了新媒介就自动降低自己的写作水准。

单元综合训练题

一、多伦多麦克卢汉研究所所长戴里克·德·科克霍夫将电脑空间视为三个层面的技术整合：1. 内部：计算机性能的迅速发展；2. 外部：连接网络计算机技术的国际标准化；3. 互动：在虚拟现实中，人类与机器之间的仿生互动性。结合这种观点，谈谈电脑空间是如何虚拟现实，并作用于现实的。

二、有人认为："在现实中忧郁和孤僻的人们，有可能在网络写作上分外活跃，对于他们来说，网络生活是一种对人际交流缺陷的弥补；但是，这种弥补有时是饮鸩止渴。应该切实地改善性格、人格和人生处境，而不能完全依赖虚幻之境。失之于现实的，仍然应该补之于现实。"你认为计算机到底是弥补了现实还是抽空了现实，为什么？

三、新媒介是科技发展的结晶。德国思想家瓦尔特·本雅明认为科技具有两面性，科技的发展一方面催生了新的艺术形式与审美观念，另一方面也毁灭了传统的艺术形式和审美观念。试谈谈你对科技与文学关系的认识。

四、网络语言中的部分用语是因同音或相近音而借用的，如杯具、木有等，你认为它与古代汉语中的通假字是否反映出同样的文化心理？

五、现有的新媒介写作包括哪些类型，未来还可能出现哪些类型，它是否会对当前新媒介写作造成根本改变或重大突破？

六、新媒介写作与传统写作的差异体现在多方面，比如写作的艺术性与大众性，用词的准确性与谬误性（有时甚至故意写错，或发现错了也不改），写作速度的快与慢，写作数量的多与少，写作之后的修改与不修改，等等。你认为它们的差异只是体现在专业性与业余性方面吗？

七、"网络写作不仅是文字，未来的网络写作者，有可能是以视频、音频全副武装起来的人；即使如此，在任何时候，你仍然应该苦心修炼语言文字的技能。""不管你如何依赖网络写作，都不可放弃对纸面书写的练习。纸面书写更加严整和郑重。纸面书写更加独立和安静。纸面书写饱含着对汉字的深沉体认，它所传承的不仅是书法，而且是中国文化的精神。纸面书写更加接近写作的本质。"这两段文字谈到文字在新媒介写作中的核心位置，并强调纸面书写更接近写作的本质，这些说法你是否赞同？试说出你的理由。

第十一单元 日常应用文选

××局党的群众路线教育实践活动工作总结

> 该文由四川省人力资源和社会保障厅直属机关党办万克江供稿。
>
> 该文坚持中国共产党为人民服务的宗旨,对该局一年来党的群众路线教育实践活动进行了全面总结。结构完整,观点鲜明,经验丰富,是一篇单位专项工作总结的好范文。

按照中央和省委的部署,我局党的群众路线教育实践活动在省委群众路线教育实践活动领导小组的正确领导下,在省委督导组的悉心指导下,精心组织安排,狠抓工作落实,确保了教育实践活动有力有序有效推进。

一、基本情况

我局教育实践活动自××月××日启动以来,认真学习贯彻党的十八大、十八届三中全会精神,紧紧围绕保持党的先进性和纯洁性,以"为民、务实、清廉"为主要内容,紧扣"着力加强和改进作风,切实为人民群众提供更加优质高效的××服务"这条主线,坚持突出部门特点、彰显实践特色、体现创新精神,科学筹划,严密组织,高标准、高要求、高质量抓好工作落实。通过全局××个党组织和××名党员的共同努力,顺利地完成了"学习教育、听取意见";"查摆问题、开展批评";"整改落实、建章立制"三个环节的各项工作任务,取得了明显成效。我局被省委"群教办"推荐为中央督导组督导单位,开展活动的情况受到××、××等省领导的肯定,××等多家媒体对活动情况进行了报道,活动成效受到社会群众的广泛认可。

二、主要做法

(一)抓组织保障,营造活动氛围。为推动教育实践活动落到实处,我局坚持把教育实践活动作为一项重大政治任务,列入重要议事日程。省委教育实践活动动员会议召开后,局党组第一时间召开动员大会,发动全体党员投入到教育实践活动。建立了党组书记为第一责任人、分管领导为主要责任人、各支部书记为直接责任人的组织领导体系。围绕中央和省委要求,结合××工作特点、广大人民群众关切和期盼,响亮提出了将"着力加强和改进作风,切实为人民群众提供更加优质高效的××服务"作为活动的工作主线。同时,第一时间研究制定了我局《教育实践活动实施方案》,明确了活动的指导思想、总体要求、目标任务、基本原则和方法步骤;印发了教育实践活动各阶段《工作安排明细表》,明确工作内容和时限要求;局机关、局属各单位在显著位置悬挂了活动标语、放置了活动板报,在局门户网站开设了教育实践活动专栏,将活动每一个环节的情况公之于众,实现了活动全员覆盖,营造了开门评风的良好氛围。

(二)抓学习教育,筑牢为民意识。为着力增强党员干部的群众意识,强化群众观念,切实改进作风,我局紧扣活动主题,扎实搞好思想发动和学习教育。在进行层层思想发动的基础上,先后召开了××

次中心组专题学习（扩大）会议，组织处级以上党员领导干部带头学习交流。各基层党组织也主动采取多种方式，组织党员干部完成规定学习任务。注重以典型引路的方式提高教育实效性，在全局发起了向在××重大泥石流灾害中因抢救群众生命财产而英勇牺牲的××同志学习的热潮。组织全局党员干部开展"解民难、听意见、受教育"活动，深入洪涝重灾区参与防汛减灾、群众安置、恢复重建等帮扶工作，先后为受灾群众送去热水器、电视机、布衣柜、棉被、过冬衣物、大米、食用油等急需生活用品，组织××名党员领导干部帮助修复被损毁的乡村道路，深入开展实践课堂教育。扎实搞好正反典型教育，组织党员干部通过收看"两片一书"增强反腐倡廉意识；组织党员干部参加专题辅导报告会，进行形势政策教育等。

（三）抓基层"问症"，深入查找问题。为把作风建设特别是"四风"方面存在的突出问题查实、查准、查透、查深，我局积极采取有力措施"问症"基层，"问计"群众。一是坚持开门评风，征求意见查问题。精心设计了包含××个大项××个小项的问卷调查表，并采取发征求意见函、网上设置征求意见专栏、召开专题座谈会等多种方式，广泛听取兄弟部门、下级机关、基层单位、服务对象、党内外和基层群众的意见和建议，收回调查问卷和征求意见函××余份。二是注重"百姓听音"，专题调研查问题。将调查研究与征求意见、查摆问题在基层同步开展，制定了开展作风建设的专题调研方案，局领导先后××批、××余人次，局属单位先后多批、××余人次到执法监管部门、窗口单位、"挂包帮"联系点以及与群众联系紧密的基层单位开展"百姓听音"，从××、××等具体问题入手，查找"四风"之弊，解决民生难题，共走访座谈群众××人次，形成了一批高质量的调研报告，为进一步找准问题、促进整改、推动工作奠定了基础。

（四）抓对照检查，剖析思想根源。为扎实推进教育实践活动"查摆问题、开展批评"环节工作，不断增强活动实效，我局紧扣实际设计自选动作，提出做到"五个三"的明确要求。即：在提出"四风"表现时，做到"三忌讳"：忌不中要害、避重就轻、千人一面；在撰写个人剖析材料时，做到"三深入"：深入分析问题、剖析根源、研究努力方向；在谈心交心时，做到"三碰面"：主要领导与班子成员之间要碰面、班子成员与分管单位负责人之间要碰面、支部书记与处室党员干部之间要碰面；在召开专题"两会"时，做到"三不怕"：不怕较真、不怕脸红、不怕碰硬；在服务群众时，做到"三惠民"：创新惠民思路、完善惠民举措、开展惠民活动。重点在"真"（真心找问题，提出"四风"表现，敢于揭短亮丑），"深"（深入查原因，剖析思想根源，敢于刨根问底），"诚"（诚恳提意见，开展批评与自我批评，敢于碰硬红脸），"实"（实在定措施，明确努力方向，敢于开拓创新）上下功夫、见成效。在认真制定实施方案、精心组织学习讨论、广泛征求意见建议、深入开展谈心交心、撰写对照检查材料的基础上，局班子集中 2 天时间召开了专题民主生活会，深刻查摆班子及个人"四风"方面存在的主要问题，剖析产生问题的原因，提出今后的努力方向，带头开展批评与自我批评。各支部也都按要求召开了专题组织生活会，进一步梳理和找准了"四风"方面和××事业发展方面存在的问题。

（五）抓整改提升，破解发展难题。坚持把发现问题、解决问题贯穿活动始终，做到边学边查边改。特别是在整改落实、建章立制环节中，牢牢把握整改提高这个关键，坚持以民心所向为整改方向，按照"准、狠、韧"的要求，着力在"真转真改真为民、求实求新求发展"上下功夫，不断巩固和扩大教育实践活动成果。一是强化措施明责任。……二是正风肃纪转作风。……三是改善民生促发展。……在局领导示范引领下，全局上下正有力有序推进信访积案清理和化解、深化系统政风行风建设等群众关心的重点工作。

（六）抓制度建设，构建长效机制。为打赢反对"四风"问题的攻坚战，我局在全力解决现实问题的同时，着力建立健全反对"四风"、推进事业发展的各项规章制度，构建为民务实清廉的长效机制。按照体现群众意愿、体现改进作风、体现提高效率、体现工作规律的要求，坚持于法周延、于事简便的原则，进一步对涵盖贯彻党的群众路线、政务事务管理、依法行政、政务公开、财务统计、资金分配、党风廉政建设等方面的制度进行集中梳理，已修订完善制度××项，正在修订完善制度××项。

三、主要成效

（一）党员干部受到深刻教育，宗旨意识、群众观念明显增强。……通过深入扎实的教育实践活动，全局党员干部普遍受到一次党性党风的深刻洗礼，得到一次党内生活的严格锻炼，大局意识、法纪意识、责任意识和强民意、集民智、解民忧的意识明显增强，贯彻执行党的群众路线的主动性、积极性和坚定性进一步增强，解决自身问题、做好群众工作、推动科学发展、促进社会和谐的能力进一步提升。

（二）"四风"问题得到有效解决，正风肃纪、转变作风持续推进。围绕解决"四风"突出问题，全局上下联动，持续推进正风肃纪专项治理，认真制定并落实整改措施，取得了明显成效。（具体成效略）

（三）××事业得到加快发展，改善民生、××取得实效。全局各级党组织坚持把教育实践活动与贯彻党的十八大、十八届三中全会和省委十届三次全会精神紧密结合，与实现××事业跨越式发展目标紧密结合，做到了两手抓、两不误、两促进。（具体成效略）

四、基本经验

（一）必须始终坚持把抓好学习教育、思想理论武装贯穿于教育实践活动的全过程。思想认识的深化，取决于学习的不断深入。各级党组织始终坚持把抓好学习教育、思想理论武装贯穿于教育实践活动全过程。……在教育实践活动推进过程中，不断增强学习贯彻群众路线的自觉性和坚定性，为高标准、高要求、高质量搞好教育实践活动奠定了扎实的思想理论基础。

（二）必须始终坚持把边学边改、边查边改贯穿于教育实践活动的全过程。开展教育实践活动的全部价值和意义在于解决问题。局党组始终围绕落实"为民务实清廉"要求，坚持把解决"四风"问题作为这次教育实践活动的重点，以解决这一问题带动其他问题的解决。……

（三）必须始终坚持把发挥支部作用、狠抓工作落实贯穿于教育实践活动的全过程。党支部是党的基层组织中的战斗堡垒和政治核心，是党联系群众的桥梁和纽带，是党的战斗力的基础。……通过支部作用的发挥，达到了上情下达、创造性地开展工作的目的。

（四）必须始终坚持把开门搞活动、走群众路线贯穿于教育实践活动的全过程。……我局始终坚持请群众参与、让群众评判、受群众监督，……整改进展、效果都要接受群众评价，确保教育实践活动取得让群众看得见、真满意的效果。

五、下一步工作打算

（一）深化作风改进，进一步抓好整改落实、健全作风建设长效机制。要在目前工作基础上，……不断提高自身建设、××工作制度化、规范化、科学化水平，更好地树立部门良好形象。

（二）巩固扩大成果，认真组织搞好教育实践活动中的"回头看"活动。……认真落实惠民项目、办好民生实事，进一步增强教育实践活动实效。

（三）着眼能力提升，进一步加强基层党组织和党员干部队伍建设。……一是加强机关党组织负责人队伍建设。……二是加强机关党员干部队伍建设。……三是坚持学以致用，用以促学。……

（四）注重源头治理，进一步推进政风行风建设。一是突出抓好理想信念和党性党纪教育。……二是大力推进机关政风行风建设。……提高群众满意度，进一步树立部门良好形象。

——选自《应用写作》2014 年第 3 期（有删减）

【作品导读】

首先，文体特色鲜明。较好地体现了工作总结概括性、客观性和科学性的基本特点。

其次，结构完整。公文式总结标题简洁明了；正文部分采用小标题形式也很清晰，"基本情况"为开头，"下一步工作打算"为结尾，中间部分为总结主体。开头简单概括总结的目的；主体部分由主要做法、主要成效、基本经验组成，内容充实；结尾部分阐述了该局党的群众路线教育实践活动下一步工作的努力方向。

再次，语言简练。如"我局紧扣实际设计自选动作，提出做到'五个三'的明确要求"，即"三忌讳""三深入""三碰面""三不怕""三惠民"，是专项工作经验总结的高度概括，语言凝练。同时，在表达上叙议结合，"主要做法"部分以叙述为主，记叙了具体的过程；"主要成效"部分，以议论为主，突出了活动的作用和意义。

该总结如果还能在主体部分增加一两个具体典型的材料，其说服力会更强。

人格才是最高的学位

白岩松

> 白岩松，中央电视台著名主持人，1968年8月20日出生于呼伦贝尔市。主持过《新闻周刊》《感动中国》《新闻1+1》等节目。本文是其在全国新闻界"做文与做人"演讲比赛中的演讲稿，内容围绕比赛主题，阐述了做人的重要性，获得了演讲比赛特等奖。

很多很多年前，有一位学大提琴的年轻人去向本世纪最伟大的大提琴家卡萨尔斯讨教：我怎样才能成为一名优秀的大提琴家？

卡萨尔斯面对雄心勃勃的年轻人，意味深长地回答：先成为优秀而大写的人，然后成为一名优秀而大写的音乐人，再然后就会成为一名优秀的大提琴家。

听到这个故事的时候，我还年少，老人回答时所透露出的含义我还理解不多，然而随着采访中接触的人越来越多，这个回答就在我脑海中越印越深。

在采访北大教授季羡林的时候，我听到一个关于他的真实故事。有一个秋天，北大新学期开始了，一个外地来的学子背着大包小包走进了校园，实在太累了，就把包放在路边。这时正好一位老人走来，年轻学子就拜托老人替自己看一下包，而自己则轻装去办理手续。老人爽快地答应了。近一个小时过去，学子归来，老人还在尽职尽责地看守。谢过老人，两人分别！

几日后是北大的开学典礼，这位年轻的学子惊讶地发现，主席台上就座的北大副校长季羡林正是那一天替自己看行李的老人。

我不知道这位学子当时是一种怎样的心情，但在我听到这个故事之后却强烈地感觉到：人格才是最高的学位。

这之后我又在医院采访了世纪老人冰心。我问先生，您现在最关心的是什么？老人的回答简单而感人：是年老病人的状况。

当时的冰心已接近自己人生的终点，而这位在八十年前五四爆发那一天开始走上文学创作之路的老人心中对芸芸众生的关爱之情历经八十年的岁月而仍然未老。这又该是怎样的一种传统！

冰心的身躯并不强壮，即使年轻时也少有飒爽英姿的模样，然而她这一生却用自己当笔，拿岁月当稿纸，写下了一篇关于爱是一种力量的文章，然后在离去之后给我们留下了一个伟大的背影。

今天我们纪念五四，八十年前那场运动中的呐喊、呼号、血泪都已变成一种文字停留在典籍中，每当我们这些后人翻阅的时候，历史都是平静地看着我们，这个时候，我们觉得八十年前的事已经距今太久了。

然而，当你有机会和经过五四或受过五四影响的老人接触后，你就知道，历史和传统其实一直离我们很近。

世纪老人在陆续地离去，他们留下的爱国心和高深的学问却一直在我们心中不老。但在今天，我还想加上一条，这些世纪老人所独具的人格魅力是不是也该作为一种传统被我们向后延续？

前几天我在北大听到一个新故事，清新而感人。一批刚刚走进校园的年轻人，相约去看季羡林先生，走到门口，却开始犹豫，怕冒失地打扰了先生。最后决定，每人用竹子在季老家门口的土地上留下问候的话语，然后才满意地离去。

这该是怎样美丽的一幅画面！在季老家不远，是北大的伯雅塔在未名湖中留下的投影，而在季老家门口的问候语中，是不是也有先生的人格魅力在学子心中留下的投影呢？只是在生活中，这样的人格投影在我们的心中还是太少。

听多了这样的故事，便常常觉得自己是只气球，仿佛飞得很高，仔细一看却是被浮云托着，外表看上去也还饱满，但肚子里却是空空。这样想着就有些担心啦，怎么能走更长的路呢？

于是，"渴望年老"四个字对于我就不再是幻想中的白发苍苍或身份证上改成六十岁，而是如何在自己还年轻的时候，便能吸取优秀老人身上所具有的种种优秀品质。

于是，我也更加知道了卡萨尔斯回答中所具有的深义。怎样才能成为一个优秀的主持人呢？心中有个声音在回答：先成为一个优秀的人，然后成为一个优秀的新闻人，再然后是自然地成为一名优秀的节目主持人。

我知道，这条路很长，但我将执著地前行。

选自《应用写作》，2014 年第 10 期

【作品导读】

演讲稿旨在表明对某一问题的看法，重在说理。这篇演讲稿紧扣比赛主题"做文与做人"，演讲观点即标题：人格才是最高的学位。

本演讲稿开头用提问方式，形成悬念，引起听众关注。主体结构使用照应手法，多次点题，突出主题。首先是标题亮题，接着是开头点题。通过卡萨尔斯关于优秀大提琴家成长三部曲的教导强调成人比成才更重要，是"人格才是最高的学位"的变体。然后再根据主题需要，又穿插三个饶有兴味的小故事，寓理于事，启发听众思索。整个演讲稿不是板着面孔讲道理，而是利用故事阐述观点，结尾再照应标题，余音绕梁。

本篇演讲语言将口语和书面语结合，具有直接性、通俗性、可接受性特点；书面语较长，又具有修饰性和典雅性。由此长短结合，既有口语的简洁明快，又有书面语的华美大方。

"佛系"抑或奋进：青年职业价值观调查（节选）

曾燕波

> 曾燕波是上海市社会科学院社会学所研究员。本报告选取出生于1980年及以后的上海青年，含在上海学习、生活、工作的户籍与非户籍常住青年5 000余人，就其职业价值观进行了广泛、深入的调查。通过对不同青年职业价值观分析后得出："奋进"是主体，"佛系"是部分，体现了调查报告的客观性，对主管部门具有参考价值。

一、问题的提出

就业，是一个与人们生活联系最为密切的问题，因为选择职业就几乎等于选择了今后的生活方式，而人们对于劳动就业的认识和看法就是就业观，劳动者的就业观对就业状况有着重要影响，它是随经济体制和就业体制的变革而发展的，在我国，随着社会环境的变化，青年的就业观经历了一个漫长的演变过程。

…………

随着扩招后的大学毕业生人数大幅增长，"精英教育"转为大众化教育，大学毕业生就业难、失业和就业"质量"不高给大学生带来困扰。传统的就业观一时难以转变，造成找工作时高不成低不就，理想与现实存在较大差距。……在未就业的大学毕业生群体中，有一部分是对社会提供的发展空间和工作机会不满，宁愿找不到工作也不愿到西部、到内地去。就业地域大多选择大城市和沿海发达地区，就业部门定位在三资企业、国有大中型企业和政府机关及事业单位，对于工作条件的期望值较高，故而导致了千军万马过独木桥的局面。然而，在经济发达地区，面对严峻的就业形势，不少大学生一再降低就业标准，甚至于出现"零工资"就业。一些大学毕业生抱着"先就业，再择业"的观念，规避就业经验歧视，寻找得到理想职业的机会。

改革开放 40 年，青年人失业基本呈上升趋势，青年失业率高、就业困难易导致就业质量不高，产生大量的大学毕业生专业不对口、跳槽频繁等问题。……为了深入了解社会成员的生存处境、期望和心态，以及可能遭遇的困难，寻求解决问题的方法和途径，为政府相关部门的政策制定提供建议，2016 年 4 月，《中国就业、生活及价值观调查》课题组依据科学的抽样方法对上海社区青年和高校学生进行问卷调查。

二、研究的基本情况

本课题研究对象主体是出生于 1980 年及其之后的上海青年，包括在上海学习、生活、工作的户籍与非户籍常住青年。课题组通过分层抽样的办法，抽取了浦东新区、杨浦区、嘉定区、闵行区、徐汇区和黄浦区等六区的 25 个街镇、50 个居村委会作为二级抽样框，并从这 50 个居村委会中，按照等距抽样的原则，抽取了 3 212 名已经参加工作或待业在家的社区青年作为调查样本。……

同时，我们采取多阶段分层随机抽样的方法抽取在校读书的大学生。总共抽取了八所高等院校（包括 985 高校 2 所，211 高校 2 所，二本院校 1 所，大专与高职院校 3 所）的 32 个专业的 1 884 名大学生作为样本。……

大学生样本与社区青年样本合计 5 096 人，共同构成为本研究的调查对象。在总体样本中，男性青年占 40.9%，女性占 59.1%；党员与预备党员占 14.2%，非党员占 85.8%……

三、结果与分析

在全部问卷调查的 5 096 名青年中，有 1 884 名大学生；在 3 212 名社区调查的青年中，职业身份主要是工薪阶层，……在数据分析中可以看出，青年对职业要求虽理性，但有较高期待，如收入、单位性质、地点等；也有不少困惑和实际困难，比如专业不对口、跳槽频繁等，青年从事的职业和所学专业完全对口的只占 1/5（19.5%），多数青年（63.6%）有过跳槽行为，这些均对青年职业发展产生不利影响，需要青年自身克服障碍和政府相关部门的政策帮扶。

（一）大学生的求职心态较为平和，传统就业观念仍占主流

与扩招之初大学毕业生急躁的求职心态相比较，现在的大学毕业生对于就业难的现实情况已习以为常了，亦转变了"精英"心态，能比较客观地面对现实。

1. 经济发达地区仍然是大学生就业地点的首选

大学生对经济发达地区就业的偏爱有目共睹，这很难用"转变就业观念"的动员就能有效解决的大学生结构性就业难问题，目前发达地区对不发达地区的"人才掠夺"仍是问题。在本次调查中，当问到大学生最想去的工作地点时，对北上广深等一线大城市的向往仍占第一位（66.8%），远超其他选项。在经历过前几年远离北上广到重返北上广之后，大学生对特大城市的信念更为执着，在与一些青年的访谈时，大学生小A表示：大城市机会多，而且社会环境更为公平，在小地方的熟人社会没有关系是万万不行的。青年对经济发达地区偏爱程度的深入分析对我们进行政策引导会有帮助。

通过深入分析我们发现，出生时的户口类型对大学生最想去就业地点具有很强的相关性。城市生源的大学生想去北上广深等一线大城市就业者更多（70.0%）；……对于出国，城市生源的大学生选择者更多。

…………

家庭经济情况非常好的大学生对就业地区的选择更为弹性，选择一线大城市的相对少于其他家庭经济条件的大学生，但对发达地区二线城市的选择相对较高，对就业地区持无所谓态度的比例最小；家庭经济情况很不好的大学生对就业地区的选择分化严重，对一线大城市和国外的选择比较高，同时，持无所谓态度的也是最高的，见表1。

表1　家庭经济情况与大学生最想去工作地点的关系（%）

	非常好	比较好	一般	不太好	很不好
北上广深等一线大城市	51.4	68.5	68.8	59.4	60.7
发达地区的二线城市	18.9	7.5	8.9	8.2	4.7
发展中地区的二线城市	8.1	1.4	1.2	2.3	2.7
欠发达地区的二线城市	0.0	0.0	0.1	0.0	0.0
发达地区的三、四线中小城市	8.1	0.3	1.2	2.2	1.3

续表

	非常好	比较好	一般	不太好	很不好
发展中地区的三、四线中小城市	0.0	0.3	0.4	0.8	1.3
欠发达地区的三、四线中小城市	2.0	0.9	0.8	0.0	0.0
小乡镇	0.0	0.0	0.5	0.8	0.0
农村	0.0	0.6	0.2	1.2	1.3
国外	8.1	8.4	5.0	5.3	9.3
不确定	0.0	2.8	4.7	7.3	3.3
无所谓	3.4	9.3	8.2	12.5	15.4

对于想去北上广深等一线大城市大学生的分析发现，是否有留守儿童经历产生显著影响，有留守儿童经历的大学生想去北上广深等一线大城市的占59.8%，没有留守儿童经历的大学生想去北上广深等一线大城市的占67.3%，说明在城市中长大的农民工二代不可能回到家乡，而是选择留在一线城市或去其他一线城市。

2. 大学生首选就业单位是国有事业单位的比例最高

在对大学生的调查中，当问到"毕业后您最想去的工作单位类型"时，表示去国有事业单位（如学校／研究机构／医院等）的占比最高，为31.7%；其次是外资企业，占19.1%，再次是党政机关（15%）和自主创业（14%），接下来才是国有企业，占12.5%，其他如私营企业、集体企业的只占5.7%。……可以说，传统的就业思想在大学生中仍有一定市场，但是明显的变化是对做公务员不如前几年有热情，而对于国家事业单位的青睐、对创业认同度的提升。

对个人经济条件的进一步分析发现，个人的经济条件在本地所处的水平对择业意愿的影响显著，个人经济条件在本地非常好和很不好的青年更多地选择党政机关，个人经济较好、一般、不太好的青年更多地选择国有事业单位。对于选择党政机关的两个极端经济水平的青年，经济非常好的青年有更多的社会资源有更多的可能进入党政机关做公务员，也不在意当前公务员待遇不如前些年水平的现实，而经济很不好的青年也很想去做公务员表明其更强烈地想利用公务员这一身份改变现状，争取社会地位。相对而言，关于创业，经济状况不好的青年有更多的选择，见表2。石红梅的调查也表明，大学生拥有的学术性人力资本每增高一个单位，其就业单位在党政机关、国有企事业单位的概率就上升2.3%。同时，家庭社会性资本越多的大学生，其到党政机关和国家企事业单位就业的比率越高。……

表2 个人的经济条件在本地所处的水平对择业意愿的影响（%）

	非常好	比较好	一般	不太好	很不好	不好说
党政机关	40.0	19.6	15.3	13.2	22.7	19.0
国有事业单位	20.0	29.6	33.2	33.6	21.8	25.7
国有企业	10.0	9.6	12.6	12.6	11.8	8.6
集体企业	0.0	1.2	1.9	1.9	2.3	1.9
私营企业	6.7	3.8	3.1	3.1	2.3	5.7
外资企业	16.7	23.8	18.1	16.4	15.0	17.1
不去任何单位，想自主创业	6.6	10.8	13.6	17.6	17.7	20.0
军队	0.0	0.8	0.9	0.8	3.6	0.0
其他	0.0	0.8	1.3	0.8	2.8	2.0

大学毕业生有工作理想和个人爱好，但是，鉴于当前就业形势的艰难和创业的不确定性，不少大学生对毕业后能找到满意的工作信心不足，调查数据显示，充满信心者占1/5（20.6%），有一点信心的占35.6%，一般的占1/3（30.7%），有一点没信心的占11.7%，几乎没信心的占1.5%，在这一点上群体间没有显著差异，……

（二）社区青年求职热情不高，啃老或当全职太太现象有增长趋势

在对社区问卷分析过程中发现，社区青年求职热情不高。……学历越高有工作的比例越大，有工作的初中及以下文化程度的青年占74.2%，高中、中专、职高、技校文化的青年占79.5%，大学专科/高职文化的青年占89.3%，大学本科文化的青年占91.6%，硕士研究生文化的青年占95.0%，博士研究生文化的青年占100.0%，博士后文化的青年占81.8%。

青年失业的原因多种多样。当问到失业青年没有工作的最大原因时，理由分别为：不找工作是打算继续上学（21.1%）、怀孕/生子/照顾孩子（20.2%）、找不到合适的工作（19.6%）、打算创业（11.7%）、为照顾家人回归家庭（9.8%）、身体不好（3.8%）、被裁员（2.8%）、不想工作（1.6%）、不需要工作（1.3%）、其他（8.2%）。从户口类型进一步分析发现，外地青年在怀孕/生子/照顾孩子上失业的比例远高于上海青年，这和很多人没有老人帮助照顾有关；农业户口青年比城市户口青年、外地户口比上海本地户口青年有更多人回归家庭；上海青年比外地青年因为找不到合适的工作比例更高，也说明本地青年更挑剔，见表3。

表3 不同户口类型青年失业原因比较（%）

户口类型	想升学	怀孕/生子/照顾孩子	回归家庭	生病	被裁员	找不到	不想工作	不需要工作	想创业	其他
上海农业	24.2	15.2	0.0	6.1	6.1	27.3	6.1	0.0	9.1	5.9
上海非农	22.7	14.5	9.4	4.8	3.4	21.0	1.4	1.7	12.8	8.3
外地农业	10.3	44.8	10.3	0.0	0.0	10.3	0.0	0.0	10.3	14.0
外地非农	24.0	44.0	24.0	0.0	0.0	8.0	0.0	0.0	0.0	0.0

在进行学历分析时发现，在因怀孕/生子/照顾孩子而失业的青年中，大学学历青年失业比例高于中学学历青年的失业比例，说明短时失业者中高学历较多，具体数据为：……在回归家庭照顾家人这一长期失业者中，最高学历和最低学历者多，中间学历者相对较少，总体上来讲，这也是主动失业和被动失业的体现，具体数据为：初中及以下学历的人占13.3%，高中、中专、职高、技校学历的人占9.0%，大学专科/高职学历的人占10.8%，大学本科学历的人占7.6%，研究生学历的人占16.7%。

值得注意的是，失业青年中将来也不打算工作的比例不小。失业青年没有去找工作的占多数（66.9%），以后也不打算工作的占15.5%。而在以后也不打算工作的青年中，初中及以下文化程度的青年占36.8%，远高于其他学历人群；女性（19.1%）高于男性（9.1%）10个百分点；婚姻状况对就业意愿产生影响，未婚青年就业意愿相对较高，见表4。

表4 婚姻状况不同的青年的就业意愿（%）

	未婚	初婚有配偶	离婚	合计
正在找	35.9	31.4	28.6	32.5
没在找	64.1	68.6	71.4	67.5
打算工作	88.2	81.8	100.0	83.7
不打算工作了	11.8	18.2	0.0	16.3

"同居""再婚有配偶""丧偶"人数较少，数据没有代表性，这里不做比较。

（三）青年创业的潜力不断得以发挥，政策性指导成为青年的重要需求

在调查中，当问到青年是否有创业的打算，回答从未考虑过创业的青年占44.5%，将近一半；偶尔想过创业，但没认真准备的青年占46.8%，两者合计占91.3%。认真考虑过创业，并做了准备的青年占4.7%；已经开始创业的青年占4%，两者合计占8.7%，这一占比虽然不到1/10，但是在青年中的比例是相当可观的，这是近年来进行创业教育，落实青年创业政策的结果，青年在这一过程中也做过心理上的准备和认识上的转变。

进一步分析发现，学历、父母职业、户口类型、家庭经济条件等对此均有显著影响。男生创业情况好于女生；个人的经济条件在本地不太好的青年更多地考虑创业，但个人的经济条件在本地好的青年已创业的比例高，这也说明青年个人的经济水平和已创业之间存在正向关系。同样，自认为是中产阶级的青年考虑创业比例少于不自认为是中产阶级的青年，但自认为是中产阶级的青年已经创业或者认真准备的人更多，其中的原因之一就是创业需要资源，条件好的人更有可能创业，见表5。

表5 青年创业意愿的影响因素(%)

		从未考虑	偶尔想过但没准备	认真考虑并做了准备	已创业
性别	男	41.5	47.7	5.9	4.9
	女	46.7	46.2	3.8	3.3
个人经济条件	非常好	58.6	20.8	10.3	10.3
	比较好	57.3	30.8	3.4	8.5
	一般	46.9	44.6	4.2	4.3
	不太好	39.6	50.7	6.4	3.3
是否自认为中产阶级	是	39.3	43.7	8.2	8.8
	不是	45.8	46.6	3.9	3.7
	不清楚	45.2	43.6	7.0	4.2

然而，多数青年（91.3%）还是没考虑要创业，当问到他们不考虑创业的原因时，认为创业风险太大/没有安全感的占56.8%，认为创业环境太差的占7.0%，觉得做工作更踏实的占12.7%，自己缺乏创业的条件的占14.1%，自己缺少创业能力的占6.8%，其他原因的占2.6%。当问到他们将来有可能创业吗？回答完全可能的占6.6%，有些可能的占21.2%，基本不可能的占47.4%，说不清的占24.8%。对于有创业打算的青年，他们在时间上考虑自己在未来1年以内创业的占4.2%，在未来2年以内创业的占7.0%，未来3年以内创业的占6.8%，未来5年以内创业的占9.0%，未来10年以内创业的占9.5%，说不清楚的占63.6%。

青年创业政策对青年创业有极大的促进作用，然而有不少青年不掌握或掌握不够相关信息，见表6，这需要相关政府部门和高校做好这方面的宣传及服务工作，青年自身也要主动关注这方面的信息。

表6 青年对相关青年创业政策的了解程度(%)

	没听说过	听说过但不了解	了解内容	不清楚
关于发展众创空间推进大众创新创业的指导意见	24.4	42.5	5.3	27.8
大学生创业引领计划	12.6	56.1	9.5	21.8

续表

	没听说过	听说过但不了解	了解内容	不清楚
关于扶持小型微型企业健康发展的意见	14.2	53.2	9.1	23.5
关于进一步推动科技型中小企业创新发展的若干意见	18.4	47.5	7.3	26.8
关于深入开展科技特派员农村科技创业行动的意见	27.1	36.6	4.6	31.7

四、主要发现与讨论

本次调查发现，青年就业观念已潜移默化地发生了变化，具体表现为：一是大学生的求职心态较为平和，转变了精英就业观念，然而传统就业观念仍占主流，比如：经济发达地区仍然是大学生就业地点的首选；大学生对于就业单位有了更为现实的考虑，国有事业单位选择的比例最高。二是社区青年求职热情不高，观念性障碍是最大的问题，啃老或当全职太太（先生）现象有增长趋势。三是青年创业意愿有所提升，政策性指导成为青年的重要需求。

就业是当代青年发展的重要依托，职业价值观对青年的职业前途影响极大，青年要么"佛系"，要么进取。我们应该看到，当代青年生活在物质财富丰富的时代，从小没有体会过匮乏，对于物质的获得与失去并没有像他们的前辈那样敏感，一些人的心态是：如果不特别努力就可以生活得不错，那就普普通通过安宁的日子好了。……其中一部分青年之所以成"佛系"，不是他们不想努力，而是因为努力带来的痛苦逐渐压倒回报带来的快乐，试着看开一切。于是，他们不再像前辈一样，将奋斗视为人生最重要的部分。户籍、房价、教育、医疗、社会保障等让这一代青年背负着巨大负担，然而，在职场竞争激烈的年代，更多的青年是：即使有再多的困难和压力，他们也想要靠个人奋进，实现"草根逆袭"。

在职场供远远大于求的情况下，由于青年掌握的社会资本不同而产生的不公平竞争对青年发展和社会发展是不利的，政府有责任采取有效措施来扭转这一局面。青年生存与发展问题至关重要，如何帮助青年成长成才，实现理想，需要相关部门的政策性引导。首先，要制订相应的青年就业创业的社会政策，建立健全社会保障制度，有效促进青年就业；其次，要加强对青年就业观健康发展的引导，这是解决青年就业问题的关键因素；再次，要扩大实施职业生涯教育范围，对青年进行有针对性的技能培训。把实施职业生涯教育的范围从大学生扩展到社区青年，把职业教育的内容从技能扩展到职业观念、职业信心、职业认定，从而提高青年的就业力。

选自《当代青年研究》，2018年第6期，有改动

【作品导读】

"调查"是"报告"基础。要写好调查报告，须采取多种调查方法，如问卷调查、个别访谈、开座谈会、实地调查等，尽可能全面掌握第一手材料。本报告在调查环节做得比较扎实。

本报告结构清晰，采用"问题——基本情况——调查结果与分析——结论和对策"结构。标题使用网络流行词"佛系"（即不喜不悲，无欲无求），具有一定时代感。第一第二部分是报告前言，告知调查基本情况；第三部分为主体，是调查报告重点，包括结果与分析；第四部分为结论：虽然处于职场竞争激烈的年代，面临诸多困难，更多青年仍想通过个人奋进，实现"草根逆袭"。但是，一部分青年在求职问题上的"佛系"状态与新时代"奋进"节拍不一致，各级政府及有关单位应采取有效措施助其健康成长、成才。

第十六届全国"挑战杯"大学生科技作品（调查报告）获奖作品

《全国"挑战杯"调查报告获奖作品选题研究》：鲁晓霞

单元能力训练十一（求职文书、总结、演讲稿）

能力聚焦

求职文书的写作

一、求职简历

求职简历是求职者将自己个人信息和经历简要表述的书面求职材料。可分为表格式和文章式两种。表格式求职简历一般是按大致统一的表格对应填写，注意真实客观，对自己求职岗位关系密切的可在相应栏目重点表述。文章式求职简历标题一般是"求职简历"或"姓名+求职简历"；主体部分为个人基本情况、求职意向、相关成果、求职优势等；另可根据需要提供证明材料附件。

二、求职信

求职信就是向有关单位或个人推荐自己从事某种工作的书信，通常由称谓、开头、正文、结尾、附件、署名和日期组成。求职信的写作：一要诚意包装。即用平实语言表达对求职单位和岗位的认识，不浮夸，很坦诚。二要突出能力。求职就是"推销自己"，将相关能力突出表达。三要全面报告。包括个人基本情况、求职缘起、求职目标、求职条件以及期望面谈的心情等。

三、求职简历和求职信的区别

第一，形式不同。求职信属于"书信"；求职简历则是求职者关于求职履历的介绍。第二，内容不同。求职信是向用人单位作自我推荐；求职简历则是个人情况简述。第三，效果不同。求职简历呈现出单向沟通态势；求职信不仅要"知己"，更要"知彼"，呈现出双向沟通态势。第四，适用场合不同。求职信是"一对一"；求职简历是"一对多"，适用于多个工作岗位的送达。

总结的写作

总结是集体或个人对过去一段时间工作和思想的回顾，从中找出经验和教训，用以指导今后工作与学习的事务性文书。

总结一般分为综合性总结和专题性总结。前者是对一定时期内各项工作的全面回顾；后者是就某个方面进行专门回顾。总结特点：第一，实践性。它既从实践中来，又将指导以后的实践。第二，理论性。它需要从实践中找到带有规律性的东西，带有一定理性认识。第三，自我性。常用第一人称"我""我局"或"本部门"等。

总结结构包括标题、基本情况简述、主文和落款四个部分。写作方面：一要实事求是。回顾过去工作与学习应全面客观。只有这样，总结才有意义。二要善于从一般现象中提炼出具有普遍性的东西。三要主次分明。应抓住最能反映本质特点的事实来写，不能漫无边际罗列现象。四要详略得当。那些能深刻揭示事物本质、具有巨大说服力的材料可详写，其他少写或不写。五要叙议结合。叙述是反映实践中"做了什么"，议论是从中提炼"做得怎样"，两者不能分离。

演讲稿的写作

演讲是指在公众场合借助有声和态势语言，针对某个问题发表自己的见解和主张并进行宣传鼓动的一种交际活动。演讲稿可分为命题演讲、即兴演讲和论辩演讲。

演讲稿的特点：第一，针对性。它须是听众最感兴趣的问题，还要充分考虑听众、主题和场景实际。第二，声韵美。演讲稿的语言既有口语表达的通俗特点，又应注意语言组织的抑扬顿挫。第三，综合性。涉及写作、时政、公关、宣传、心理等多个因素。

演讲稿的写作，注意以下两方面：首先，重视结构设计。标题应点明演讲主题；称谓要贴切、别致；开场白要新颖诱人；主体应做到围绕中心论点，用强有力的逻辑推理说出精辟感人的观点；结尾要耐人寻味。其次，突出演讲稿的特点。一要把观点旗帜鲜明地亮出来。二要感情真切，只有饱含挚情才能感染听众。三要波澜起伏，善于运用悬念、抑扬、对比等手法，让人为之心动。四要论证充分，恰当使用多种论证方法讲述道理。五要晓畅易懂，本着"上口""入耳"原则，对艰深的专业术语和抽象概念，力求用浅显明白的语言进行表述。以上主要是就命题演讲而言，至于即兴和论辩演讲的内容要求也基本相通；重在临场发挥，重在对演讲主题或论辩背景要有充分掌握。

🅟 点子库

"挑战杯"全国大学生系列科技学术竞赛已成为校内外非常关注的热点，能为此写一篇具有创新性调查报告自然是大学生的普遍诉求。主动学习研究"挑战杯"已获奖作品的优长应是个好办法。

《第十六届全国"挑战杯"调查报告一等奖作品选评》：鲁晓霞

单元综合训练题

一、为什么说总结的重点在于从现象中寻找规律性？

二、你认为求职文书写作最重要的是什么？

三、请分析耶鲁大学 300 年校庆盛典校长致辞的特色：

今天，我们不要只说耶鲁的历史上出了五位总统，包括几十年来接踵入主白宫的老布什、克林顿和小布什；也不要只说耶鲁是造就首席执行官最多的大学摇篮。我们更应该记住，耶鲁的毕业生中有 3 位诺贝尔物理学奖、5 位诺贝尔化学奖、8 位诺贝尔文学奖和 80 位普利策新闻奖、格莱美奖等奖项的获奖者。耶鲁，我们的耶鲁，自始至终坚持为人类文明和社会进步服务的理念！

四、勤俭节约是中华民族的传统美德，请设计相关问题在就读学校进行广泛调查，写一篇 3 000 字的调查报告。

五、请以"我的中国梦"为题，写一篇 5 分钟的演讲稿。

第十二单元 新闻报道文选

在和平厅见证历史

薛建华　陈斌华　周解蓉　赵新兵

> 薛建华等四人均为新华社记者，薛建华任新华社香港分社副总编、新华社亚太总分社副总编。
>
> 从1992年起，台海两岸授权机构——大陆的"海峡两岸关系协会"和台湾的"海峡交流基金会"就两岸关系问题开始进行事务性接触和商谈，并达成著名的"九二共识"（海峡两岸均坚持一个中国的原则）。1993年4月，首次举世瞩目的"汪辜会谈"在新加坡海皇大厦举行；1998年10月，辜振甫率台湾海基会代表团访问上海、北京，汪道涵与辜振甫在上海再度会面，受到了各路媒体的关注。

（新华社上海10月14日电）"欢迎您到上海来！""很高兴在上海

见到您！"

海协会长汪道涵精神矍铄，红光满面，声音洪亮。他微笑着向海基会董事长辜振甫伸出右手。

清癯健朗、鹤发童颜的辜振甫先生趋前一步，迅即握住伸过来的手，许久，两只手交叉重叠地紧握在一起。

汪辜握手（新华社供图）

此时，镁光灯闪成一片。今天下午这历史性的一刻，立即被记录在数百名中外记者的照相机和摄像机中。

这是两岸授权民间团体领导人自新加坡"汪辜会谈"五年后的再次握手，也是他们在祖国大陆的首次握手。"握手"这一和平的礼节源自中世纪，骑士们以此表明手中未持武器。但海峡两岸这次握手，则跨越了1 000多个日日夜夜和波澜起伏的海峡风云。

因此有舆论认为："汪辜两位老先生再度握手，将对改善两岸关系气氛产生重要的推动作用。"

今天会晤的场地选择在上海外滩江畔的和平饭店。下午5时35分，饭店和平厅里灯火通明。"和平饭店、和平厅"，这一精心的安排引起记者浮想联翩。

古人有言："和为贵"。由邓小平提出的解决台湾问题的科学构想，就是"和平统一、一国两制"。

和平饭店、和平厅，"和平统一、一国两制"。"和平"是当今世界的潮流，和平统一是两岸人民的共同心愿。

宾主落座后，汪道涵与辜振甫互致问候、亲切交谈。

五年前的1993年4月27日，汪道涵和辜振甫在新加坡首都握手，成功地举行了第一次"汪辜会谈"。这次会谈成果显著，标志着两岸关系迈出了历史性的重要一步。

当时，汪道涵78岁，辜振甫76岁。随后五年，两岸关系迭经波折。再度重逢，两人已从古稀之龄步入耄耋之年。

虽然光阴荏苒，但两人依然神清气爽，尤其是年长两岁的汪道涵会长更显神采奕奕。在场的年轻记者纷纷感慨：这么健康，一点也不像那么高龄的人。

会见厅里的沙发座位呈倒 U 字形。汪道涵和辜振甫的两侧分别是海协常务副会长唐树备、海基会副董事长兼秘书长许惠祐等两会负责人士。

照相、摄影的十分钟很快就过去了。记者被请出场外，汪辜两位老先生随即就双方共同关心的问题包括政治问题，坦率地进行了对话。

退出和平厅的记者们，此时才得闲凭窗眺望，但见十里外滩已是华灯初上，车水马龙，一片繁华景象。

选自颜雄主编《百年新闻经典》上册，湖南大学出版社 2000 年版

【作品导读】

这是一则令全世界尤其是全体华人关注的动态消息。

这则消息在写作上有如下特点：1．这条消息采用的是侧面报道两岸关系的方法。两岸关系在当时非常敏感，从正面报道的话很难把握，而侧面报道就能较好地呈现难为人知的东西。单从标题来说，作者是从空间和时间的比较和联结中下功夫，以此来表达作者的主张和观点，真是妙不可言。2．利用背景材料烘托主题。消息的第五自然段，交代了五年前的"汪辜会谈"，然后从更广泛的角度介绍了"握手"这一礼节所代表的内涵。这些背景材料有力地说明了"汪辜会谈"的历史意义。3．作者的观点隐藏在幕后。如消息的结尾"退出和平厅的记者们，此时才得闲凭窗眺望，但见十里外滩已是华灯初上，车水马龙，一片繁华景象"。从字面上看这里是客观的环境描写，但仔细琢磨，我们又可以感觉到里面包含的丰富和深刻的内涵。

理解应用

● 写 作

通过自己到周边采访写一篇动态消息。

利在当代　功在千秋

贾西平

贾西平，1957年生，现任《人民日报》高级记者、《人民日报》教科文部主任。已发表了60余万字的新闻作品，部分作品曾获"中国科技好新闻奖"等多项奖励。

1992年6月，联合国环境与发展大会提出并通过了全球可持续发展战略《21世纪议程》；1994年7月4日，国务院批准我国第一个国家级可持续发展战略《中国21世纪人口、环境与发展白皮书》。本文即是关于我国实行可持续发展战略的一篇深度报道。

……中国是一个发展中大国，人口占世界总人口的1/5，中国的经济起飞必然令世界瞩目。然而，中国是按传统的粗放模式发展经济，或是像某些国家那样进行掠夺式经营，还是走一条发展与环境相协调的新路？

一切关心中国命运的人都在关注着。

十一届三中全会确立的解放思想、实事求是的思想路线，是指引我们打开未知领域之门的一把钥匙。在以江泽民同志为核心的党中央领导下，中国人民毅然选择了一条可持续发展之路。

一个陌生的名词，从世界传入中国
——可持续发展战略的确立是思想解放的重要成果

"可持续发展"一词变成中国老百姓的口头语是近几年的事。

在相当长的时间里，我国人口急剧增加，生产力水平低下，亩产徘徊在三四百斤。为了解决吃饭问题，人们以为只有扩大耕地面积，才能生产出足够的粮食。修筑梯田、围湖造田、开垦荒地，遍及神州大地。这种指导农业的思想，在工业生产过程中也不同程度地存在。翻开如今已发黄的报纸，赫然一个标题："大家动手，把960万平方公里的宝藏都找出来！"不错，发展是硬道理。中国落后，求发展的心情更加急切。但是，这种粗放型生产方式，不仅生产效率低下，解决不了真正的发展问题，而且造成了资源的浪费和生态环境的破坏，严重威胁着后续的发展进程。显然，这种方式在中国这样一个人口多、底子薄、人均资源贫乏的国家里是难以为继的。中国应该走一条社会、经济、人口、资源、环境相互协调的发展道路，既要满足当代人的需要又不危及后代人满足其需求的发展，即一条可持续发展的道路。

走可持续发展道路，实质上就是对发展作理性的限制。为了全局的利益，而放弃局部的利益；为了长远的利益，而放弃眼前的利益；为了多数人的利益，而放弃小团体的利益。这种选择是需要眼光和胆识的。

以江泽民同志为核心的党中央是实践解放思想、实事求是思想路线的表率。党中央审时度势，对中国经济发展的国情作出科学的分析，毅然突破常规，作出了走可持续发展道路的决策。1992年在巴西举行

沙漠逼近"塞上江南"（王广壮摄，新华社供图）

的联合国环境与发展大会上,李鹏总理代表中国政府向世界庄严承诺:中国作为最大的发展中国家,将保持经济与环境保护协调发展,把《21世纪议程》付诸行动。

…………

一个发展中的大国,保持经济与环境基本协调发展
——可持续发展战略的实践创造了世界经济史上的奇观

为了实施可持续发展战略,党中央、国务院制定了一系列适合中国国情的方针政策,正确处理和协调了环境与发展二者之间的关系,为遏制环境质量恶化、改善生态状况做了大量工作。

我国大力开展了江河污染治理、国土资源整治、荒漠化治理、防护体系建设、生物多样性保护等工程。黄河、长江等7大流域水土流失综合治理已经展开。加大荒漠化治理力度、推广节水灌溉技术、加强草原和生态农业建设等项工作的开展,使我国生态环境建设和保护进入了一个新阶段。目前"三北"防护林体系已长达4 500公里,全国已设立自然保护区600余处。

治理污染,果断决策。淮河流域水污染治理是我国空前的水污染治理工程。经过流域4省人民的共同努力,依法取缔、关闭污染严重的小造纸、小印刷、小制革、小土焦等"十五小"企业,基本实现了国务院要求1997年全流域工业污染源达标的排放目标,干流水质趋于好转。

…………

为了保护环境、控制污染、合理利用资源,我国制定了一系列法律法规。据不完全统计,迄今我国已制定了6部环境保护法,9部与环境相关的资源法律,30多件环境法规,70多件环境规章,900多件地方性环境法规,90多项强制性污染排放标准和环境质量标准,近期还将完善污染防治和生态环境方面的法律法规。可以说,一个基本适合我国国情的环保法律体系已初步形成。我国颁布的《中华人民共和国刑法》,首次将严重破坏环境与资源的行为定为犯罪。截至去年底,我国依法取缔和关停了污染严重的6 500多个小企业。

……改革开放20年来,我国国民生产总值平均每年增长9.8%。在人均耕地资源低于世界平均水平、自然灾害相当频繁的情况下,

1997年农业总产值比1978年增长了2.4倍，基本解决了12亿人口的温饱问题。中国的成就举世公认，创造了世界经济史上的奇观。

可持续发展战略与科教兴国战略相互依存，共同发展
——奏响了社会经济发展的协奏曲

邓小平同志说："科学技术的发展和作用是无穷无尽的。"走可持续发展道路，就必须紧紧依靠科学技术。被国际上誉为"杂交水稻之父"的袁隆平院士培育成功的杂交水稻优良品种，至1993年已在我国推广1.6亿公顷，增产粮食2 400亿公斤。他率领科研人员又相继培育成功三系法杂交稻、二系法杂交稻，近年来，超级杂交稻育种已初露端倪。

在经济社会发展的方方面面，科学技术总是在创造着奇迹。许多人类所面临的热点、难点、重点问题，必须而且只有到科学技术中去寻找答案。

几十年来，我国科技工作者培育的农作物优良品种已有三四千种，目前我们所能见到的农作物，差不多都是更换了四五代的新面孔！

焦炭是冶金工业的主要原料。过去炼焦厂用水将灼热的焦炭熄灭，称为湿法熄焦。这种做法要造成大量的水污染，成为钢铁工业主要污染源之一。上海宝山钢铁公司在我国率先采用干法熄焦技术，即用冰冷的氮气灭火。用这种方法不仅制取的焦炭质量大为提高，还能将熄焦后的高温氮气用来发电，发过电的氮气再制造合成

三峡水电站（杜华举摄，新华社供图）

氨，不仅治理了污染，还进一步创造了经济效益，实现了资源的循环利用。

……

我国人口众多，资源缺乏，生态环境脆弱，所承受生存与发展的压力特别大，实施可持续发展战略任重道远。今年长江、嫩江、松花江特大洪水给人民生命财产造成的损失再一次给我们敲响了警钟。

然而，不论前进的道路上有多少艰难险阻，只要我们沿着以江泽民同志为核心的党中央开辟的可持续发展道路走下去，就一定能用我们劳动的双手迎来伟大祖国山清水秀的明天！

选自《人民日报》1998年12月8日第一版。有删节

【作品导读】

这是一篇入情入理、阐述充分、分析透彻的深度报道。它有以下几个特点。

第一是题材的重要性。这篇报道涉及当今发展与环境的重大问题，这个问题关系到中华民族的成败与兴衰。

第二是主题的深刻性。记者对所写题材开掘得相当深刻，首先从国情出发分析了中国的历史和现状，肯定了"可持续发展道路"的正确性。然后从几个不同侧面报道了我国在实施可持续发展方面所做的主要工作。它不仅报道现象，还抓住事物的本质；不仅要叙述清楚事件本身，而且要揭示"可持续发展"的深层含蕴；不仅要确认事件的现状，还要预测"可持续发展道路"的发展趋势。

第三是析事明理，条理清晰，层次分明。导语部分用悬念设问的方法开端，然后提出可持续发展的重要性和必然性，使文章内容向主题——可持续发展利在当代功在千秋——过渡，接着引述了我国实行可持续发展所取得的进步。文章既以情感人，又以理服人。

理解应用

● 讨 论

深度报道和议论文有什么区别？

● 解 释

与消息比较，结合本文说明深度报道的特点。

百姓心中的丰碑

——追记公安局长的楷模任长霞

戴 鹏 徐运平

戴鹏、徐运平，均为人民日报记者，戴鹏任《人民日报》河南记者站采编部主任。由他们二人采写的人物通讯《百姓心中的丰碑》曾获第十五届中国新闻奖一等奖。

……5月22日，在登封市公安局长任长霞不幸因公殉职一个多月后，我们来到登封追寻英雄的足迹，听百姓们含泪讲述长霞的故事，真情似颍水清澈，朴实如嵩岳无华，像追忆逝去的亲人。从那悲痛凝重的氛围里，我们真切地感悟到，一个人们心目中的"好官""好公安局长"与百姓的血肉联系，感悟到"天地之间有杆秤，秤砣就是老百姓"的朴素哲理。

任长霞

1

其实，百姓的眼泪很金贵，也很慷慨，就看是对谁。她抹亮了嵩岳一片蓝天，还给了登封一方平安，百姓就把泪洒给她，把心掏给她，用口为她铸碑。

嵩岳无言，颍水低回。雨像泪一样飘洒，泪如雨一般倾诉。面对每一位受访者的泪眼，记者视线模糊，无法拍照，无法笔记。

4月14日20时40分，当任长霞为侦破"1·30"案件从郑州返回登封途中突遇车祸因公殉职后，登封"黑幛白花漫嵩山""城巷尽闻嚎啕声"，仿佛一夜之间出了无数诗人，使整个山城涌动着诗的潮水、哀的旋律。4月17日，14万群众自发为她送行，其哀其痛，其悲其壮，撼天动地，千年历史的古城登封前所未有。

一个眉清目秀的柔弱女子，一个到任仅3年的公安局长，何以能在这么短时间内赢得60多万百姓的如此爱戴、如此尊崇？！

"她才40岁，叫这么好的人走恁早，苍天它真的没长眼呐！"发出这声哀怨的是当地"王松涉黑团伙"的受害者、告成镇农民冯长庚。伴着窗外的细雨，他含泪向记者讲述任长霞如何除掉这个社会毒瘤，为民伸张正义的故事。

登封位于郑州、洛阳、平顶山的结合部，多年来，治安形势严峻，大案积案较多，群众对公安工作意见很大。以登封避暑山庄老板王松为首的涉黑团伙，就是一个没人敢碰的毒瘤恶疮。他纠集家族成员、两劳释放人员组成黑恶势力团伙，私买枪械，私设刑堂，在白沙湖一带为非作歹，伤人过百，命案累累。冯长庚就因为在水库边洗脚，被王松手下诬为偷鱼而被刺一刀、打断5根肋骨。

在一个局长接待日里，冯长庚试探着向任长霞诉说了自己的冤情，倾吐了不敢明告状，却又不甘心的苦衷，引起了任长霞的高度重视。在派人密访暗查掌握基本案情后，任长霞决心打掉这个背景复杂、组织严密、危害极大的犯罪团伙。经过专案组几个月的艰苦侦查，"王松涉黑团伙"所有成员全部被捉拿归案。作为全国十大打黑案件之一的典型案例，登封市公安局受到了有关部门的表彰。消息传开，老百姓奔走相告，称颂任长霞敢于打黑碰硬，为民除害。

"像这样棘手的案件，她可以找一千个借口搪塞，找一万个理由推脱，可她没有，她情愿为咱百姓当靠山！"冯长庚的话也说出了君召乡海渚村村民陈振章的心声。2002年4月16日，陈振章被涉黑团伙"砍刀帮"的成员砍了两刀，一直上访告状，是任长霞组织干警，端掉了这个以李新建为首的犯罪团伙，为百姓除了害，也为他讨回了公道。

"任局长是真心为咱百姓办事的官儿。老天爷啊，咋不让我这个老婆子替她去死哩？"满头白发的韩素珍说起任局长老泪纵横。

1990年9月8日晚，君召乡韩素珍的女儿和另一名女孩儿被犯罪分子强奸杀害，由于种种原因，案件长期未破。2001年5月，任长霞在"局长接待日"上了解这一情况后，决心拿下这一陈年积案。2002年8月26日，犯罪嫌疑人赵占义被抓获归案，11年的悬案有了结果。

"要是嵩山搬得动，我就用它为任局长立碑！"韩素珍为表达对任长霞这位"女神警"的崇敬之情，筹措1 000元钱，为她铭刻了一块正面镌刻着"有为而威邪恶畏，为民得民万民颂"14个大字的"功德碑"。2003年4月10日，她带领君召乡郭岭村的村民们敲锣打鼓，来公安局给任长霞立碑。任长霞坚辞不让，村民们说啥也非立不可。任长霞最终没有拗过，同意让大家把碑立在公安局后院一个不显眼的地方。等乡亲们离去后，任长霞立即让民警把碑拆了。村民们事后感叹："任局长能拆掉石碑，可她拆不掉俺老百姓的心碑！"

在回放4月17日任长霞葬礼的录像资料中，一幅写有"痛悼亲人任长霞"，落款为"上访老户"的巨幅挽幛格外引人注意，一头挂着的那包药来回晃动，尤为显眼。"来路短，去路长啊！长霞闺女为我们落下了一身毛病，带上点儿药也好御个风寒，免灾祛病。"老上访户张生林老汉未语泪流，泣不成声。

作为村民代表，张生林向上级反映村里财务混乱问题，受到报复，被打成重伤，颅骨至今塌陷。由于案子长期得不到公正处理，无奈之下，他常年上访，历尽艰辛。对他的申诉，任长霞极为重视，很快使案情获得重大突破。每次见他，总是问寒问暖，逢年过节，多有体恤。就在任局长牺牲前的4月12日晚，他应约来到任长霞的办公室，向她汇报一名打人凶手潜逃回村的重要线索。当任长霞得知张生林连小病都没钱看时，抓起电话就向市民政局局长"说情"求援，为他申请救济。接着，她又把自己的常用药给张生林老汉挑了一大包，并约定15日她从郑州开会回来再说案情，弄准了立即抓人。

"可在4月14日她就走了，走时啥也没带……"送行那天，张生林约了另外6位"上访老户"凑钱为任长霞做了挽幛，早早来到了她的灵前。

…………

2

莫道尽铁血，英雄也流泪。她的泪流淌着女人的天性，天性的慈悲，慈悲的纯真，闪耀着彩霞般的丽晖，映照出一位公安局长执法为民、关爱百姓的深切情怀。

嵩岳无言，颍水低回。雨像泪一样飘洒，泪如雨一般倾诉。

面对每一位受访者的泪眼，记者视线模糊，无法拍照，无法笔记。

"我娘死我都没有这么伤心，没磕这么多头，没跪这么久。"5月24日上午，在陈秀英家的堂屋门前，陈秀英将任长霞的遗像双手捧在怀里，泪流满面："我每天都要看看任局长，咋也看不够啊。在灵堂送行那天，我排了两次队，转了两圈，只为多看任局长一眼。"

2000年9月16日，中岳区任村村民陈秀英在一起纠纷中被打成重伤，事发后犯罪嫌疑人潜逃外地。陈秀英在医院做了两次手术，头上留下小碗口大的塌陷伤痕。由于案件迟迟未破，陈秀英踏上了上访告状之路。

"2001年5月的一个局长接待日，我到市公安局去申诉。那天的情景我到死都忘不了。任局长拉着我的手，问我啥事儿？我把告状材料递给她，她看了材料后，轻轻地摸了一遍我头上那块去掉颅骨仅剩头皮包着的软坑，她惊讶地说了声'咦！咋打成这样！'她的泪水一下流了下来，双手扶住我的肩问：'人呢？'我说：'跑了。'任局长说：'你放心，跑到天涯海角我们也要把他抓回来！'当时在场的100多个告状乡亲中许多人都哭出了声。""任局长的心咋与咱老百姓的心贴得这么近，对咱这么亲！她也不嫌弃俺农村妇女蓬头垢面身上脏，在我头上摸了一遍又一遍。你知道，就这一摸，把俺的心都摸暖啦！"从公安局出来，陈秀英抑制不住情绪失声痛哭。经过两年多的艰苦侦查，今年2月，任长霞指挥民警终于将犯罪嫌疑人抓获归案。从那以后，陈秀英每次进城看病买药办事情，都要到公安局门口转转，总想看看任局长。

…………

女性的慈悲是博大的。因为博大才显得伟大。

"任妈妈这一走，我又成了没妈的孩子！"登封市直二中初一女生刘春雨还没开口就失声痛哭，泪滴像断了线的珠子洒落在她手中的作文簿上——《我心中一盏不灭的灯》。窗外，风摇月季，雨打花蕾。小春雨断断续续讲述着她被"任妈妈"收养的一段情缘。

2001年5月，大冶镇西施村煤矿发生瓦斯爆炸事故，刘春雨的父亲不幸遇难。两年前失去母亲的刘春雨成了一名孤儿。任长霞在处理这起事故中得知这一情况后，眼含热泪拉过小春雨的手："孩子，从今往后你就是我的亲闺女！"自此，任长霞独自承担了小春雨生活和学习的全部费用。

"任妈妈要是活着，她一定会给我送来生日礼物！"5月24日，记者采访小春雨时，这天正巧是她14岁的生日。她说，前年她过生日，任妈妈给她穿鞋的那一幕总是出现在眼前。

…………

按当地习俗，披麻戴孝摔老盆，是亲生长子为父母送葬时才能行的最重的大孝礼仪，可在5月17日送别任妈妈那天，小春雨披麻戴孝，在任长霞的遗体旁久跪不起，哭成泪人。……

怀有这种感情的又何止一个小春雨？2002年1月，任长霞为了使更多的孩子得到救助，向民警发出倡议，在全局开展了"百名民警救

嵩山脚下万众洒泪送英杰（新华社供图）

助百名贫困学生"的活动。全市有126名贫困学生得到了干警们的救助，重返校园。在为任长霞送行的那天，孩子们哪一个不是手扶灵柩，声声哭喊着他们敬爱的任妈妈！

3

她是个优秀的公安局长，却不是一个优秀的女儿、妻子和母亲。她把有限的生命时光几乎全都用到了事业上，留给家人亲友的唯有痛惜的泪水。

嵩岳无言，颍水低回。雨像泪一样飘洒，泪如雨一般倾诉。

面对每一位受访者的泪眼，记者视线模糊，无法拍照，无法笔记。

"说不生她的气是假的！几个月见不了她一面，好不容易回来一次，几句话，一顿饭就走了。我就是再想她，也不敢给患有脑出血的老伴说，只有独自落泪，一哭半夜。我给邻居说，我算是给公安局生了个闺女。说实话，她心里很少有家的概念、父母的位置。"任长霞的母亲抹了一把泪："再想，她也对，家人再亲就这几口儿，那登封可有60多万人呐，不这样真的不中啊！"

"她的时间就像桶里的豆子，抓给事业上的多了，剩给家人的就少了。在这方面她固执得很，必须按她的原则办。说白了，工作上的事，群众的事不能挤，唯一能挤的就是给家人的时间。"任长霞的丈夫卫春晓律师说。"当初，我下班早了，给她倒杯水；她下班早了，给我倒杯水。多少回，她小鸟依人般偎在我怀里。随着她肩上的担子逐步加重，这些慢慢都没有了。她偶尔回家一次，也是不停地打电话说工作，或者倒头就睡，叫都叫不醒。'春晓，咱老夫老妻了，我真的太累，顾不了家，你多担待点儿'。"看似刚烈的卫春晓泪花闪闪……

"其实，妈妈很爱我，就是因为她太忙，很少有时间回家陪我。今年3月16日，我患病在医院动手术，痛得全身流汗，特别想妈妈，忍不住就给她拨通了电话。妈妈说，工作忙完了就来陪我。我听到妈妈在电话那头哭：'卯卯，好孩子，妈妈腾开手，一定去看你，一定！'为了让妈妈到医院来看我，也好让她借机休息一下，我故意在医院里多待了几天，可直到我出院，妈妈也没顾上来看我一回。妈妈从来说话算数，可这次却永远地失信了……"任长霞的儿子卫辰尧一边讲述一边痛哭。

"要用百分比打分，你给妈妈多少分？"卯卯沉思了片刻："顶多80分，因为她陪我的时间太少了！"

又一个80分！面对同样的问题，长霞的丈夫给了她同样的分数！

记者的泪水夺眶而出……是的，只有完美的神，没有完美的人！

作为一个普通的人，一个普通的女人，如果说任长霞也有她的不足和缺陷，那无疑是一种英雄的残缺，残缺的美丽，美丽的崇高！

…………

说到舍小家为大家的任长霞，她曾经的搭档、郑州市公安局副局长、全国优秀刑警队长杨玉章说："干公安局长这一角儿，别说是女同志，就是大老爷们儿也得咬牙硬挺，恨不得一天当作两天过，一个身子分成仨。长霞就是再优秀，登封治安状况那么复杂，她既要破案、扫黑、带队伍，还要接访、调研、顾群众，她能有多少时间来顾及家人？！"这位剽悍的铁血汉子硬是半分钟没说话，生生把将要流出的泪水憋了回去。

"闻讣沈阳已吞声，泪水随机过百城。此后无计可问谁，九躬难尽战友情。"闻知噩耗时，任长霞的战友、登封市公安局政委刘丛德正在沈阳出差，在火速赶往登封的途中挥泪写下了这首小诗。

3年来的并肩战斗，他们结下了深厚的战友情谊。"长霞逢事总是想别人的多，想自己的少。她到登封后的3个春节，都因为事情多，是在局里过的。2004年大年三十，长霞又坚持让我回家过年，她值班。我知道，她爹因脑出血半瘫痪，娘的身体也不好。让我回家，老婆孩子围着，我怎么安心吃得下饺子？那天晚上，我带着爱人一起去看望了她的父母。"

刘丛德把头埋入双手，声音哽咽："今年的春节她真的回不去了！长霞，你是顾不上了，就让我们替你尽孝吧，你放心走好！"

嵩岳无言，颍水低回。雨像泪一样飘洒，泪如雨一般倾诉。

面对每一位受访者的泪眼，面对照片上英雄的微笑，记者视线模糊。

大德无碑，大道无形。谁心里装着百姓，百姓就把你刻上心碑！

历史就这么公道!

选自《人民日报》2004年6月3日第五版。有删节

【作品导读】

这是一篇人物通讯。这类通讯以报道先进人物的模范事迹及其崇高的思想境界为主。多以主题深刻、选材典型、表现手法灵活见长。

本文作者着重报道了任长霞这位女公安局长的事迹。作品表现人物，直接描写人物行为、语言的并不多，而是主要采用间接手法，借老百姓之口来刻画人物，通过记者从多方面了解到的事实材料来表现人物，特别是老百姓对这位女公安局长的谈论、感谢、爱戴、赞美等，有几处还恰切传神地运用了细节描写，对表现任长霞的形象起到了重要作用。作品可分为三个部分：第一部分写她执法如山、敢于碰硬；第二部分写她关爱百姓、慈悲博大；第三部分写她一心奉公、舍小家为大家。全文属于典型的横式结构通讯。

理解应用

● 讨 论

作者具体运用了哪些写作手法来表现任长霞这个人物？

● 解 释

试与前面两篇消息比较，说明通讯与消息有何不同。

单元能力训练十二（消息与通讯的写作）

能力聚焦

消息的写作

消息即狭义的新闻，它是对新近发生的事实的报道。因此，真实、短小、快速、简明成为消息的基本特征。

消息的分类比较复杂，常见的消息分类是从写作的角度来划分的，可分为动态消息、综合消息、典型消息、述评消息和深度报道五种类型。

动态消息，也称动态新闻，这种消息迅速、及时地报道国内国际的重大事件，报道在社会改革中的新人新事、新气象、新成就、新经验。综合消息，也称综合新闻，指的是综合反映带有全局性情况、动向、成就和问题的消息报道。典型消息，也称典型新闻，这是对某一部门或某一单位的典型经验或成功做法的集中报道，用以带动全局、指导一般。述评消息，也称新闻述评，它除具有动态消息的一般特征外，还往往在叙述新闻事实的同时，由作者直接发出一些必要的议论，简明地表示作者的观点。深度报道，是揭示新闻事实内部联系的一种连续性报道形式。它除了报道新闻事实，还揭示和说明新闻事实产生的原因及结果，揭示"新闻背后的新闻"。它以"深度"见长，是新闻写作中最具有现代气息的"后起之秀"。

以上五类消息，动态消息较为常见，也较易写作。同学们可以经常练习写一些动态消息，在实践中提高新闻写作能力。

消息的写作，须得把握好如下三点：

一、消息结构的采用。消息采写要"闻风而动"。消息的常见结构形式有"倒金字塔结构""金字塔结构""自由式结构"等。这里重点介绍第一种。"倒金字塔结构"要求把最重要的内容放在消息的最前面，把次重要的内容放在稍后，依据材料的重要性依次排列，这种结构方式很像倒置的金字塔。其好处是符合新闻的特点，符合读者的阅读心理。

这种结构的导语一般应具备五个要素，即新闻界熟知的何时、何地、何人、何事、何故。

二、消息标题的制作。消息标题即消息的题目。俗话说，"读书看皮，读报看题"。读者往往根据标题来选择阅读对象。标题拟得好，一方面能准确揭示消息的主要内容，另一方面也能吸引读者阅读。消息标题有单行、双行和多行之分。但无论采取哪种标题形式，均要根据消息内容和表达的需要，力求做到准确、精练、醒目和生动。

三、消息导语的制作。消息的开头一般要有"电头"，如"本报讯"。"电头"后紧接的是导语。导语是一则消息最重要的事实的概括。它可以是一句或几句话，也可以是一两段话。消息导语要抓住最重要的新闻事实，不能把次要内容塞进导语；要讲究可读性，不要将一连串的名词术语塞进导语；遇到专业性概念，应尽可能写得形象新颖、简短通俗。

通讯的写作

什么是通讯？通讯是一种运用文学手法详细深入报道人物和客观事物的新闻文体。通讯是在消息的基础上发展起来的，有人曾形象地比喻消息像拍发的电报，通讯则像邮寄的书信。它和消息比较起来有以下共同之处和不同之处。共同之处：1. 都要求内容真实新鲜。2. 都要求时间快速。不同之处：1. 内容上，消息简洁概括，通讯详细丰富。2. 结构上，消息程式性强，通讯创造性强。3. 表达方式上，消息比较单一，通讯则丰富多样。4. 语言上，消息简洁朴素，通讯则形象生动。5. 写作技巧上，消息手法简单，通讯手法多样。6. 风格上，消息朴实，通讯富有文采。7. 时效上，通讯不如消息迅速及时。

通讯有许许多多名目，如：特写、专访、侧记、札记、巡礼、速写、集纳、散记、记者来信、新闻小故事。一般分为四大类型：人物通讯，事件通讯，工作通讯，风貌通讯。

通讯在写作上的要求是：第一，提炼具有时代精神的主题。第二，精选材料。第三，巧于安排结构。第四，采用灵活多样的表达方法。

通讯是对具有新闻价值的人物和事件的详尽报道。以人物为中心的通讯，写好人物的重要性不言而喻。而以事件、经验、风貌为中心的通讯，也不可能完全脱离人物。在通讯写作中，要特别注意让人物"活"起来。栩栩如生的人物形象对于任何通讯都是有重要意义的。如何让人物"活"起来呢？一是在行动中刻画人物；二是在事迹中展现人物的灵魂；三是在生动的细节中展现性格。以上三点，并不构成并列的关系，比如第三点和前面的两点就有交叉，如能很好地把握这三点，在通讯中一个个鲜活的人物就会跳出来。

点子库

一、由学生在近期报纸上挑选一篇动态新闻,要求是采用"倒金字塔结构"的,并说明它的优点。

二、建议学生课外阅读几篇优秀通讯作品,然后分小组讨论并进行点评。

单元综合训练题

一、怎样才能保持新闻报道的真实性?

二、新闻怎样才能做到新鲜?

三、什么是新闻的"一事一讯"?

四、以校园生活为题材写一则 600 字左右的消息。

五、下面这篇新闻稿的段落已被打乱。请按"倒金字塔结构"的要求重新予以排列,并指出这篇新闻在写作上的主要特色。

我国第一台类人型机器人亮相

国防科技大学这一成果标志着我国机器人技术跻身国际先进行列。

A. 在军用智能机器人实验室,一群类似大螃蟹的爬行物,引起了记者的浓厚兴趣。实验室主任马宏绪博士告诉记者,这就是当今国际间普遍重视发展的微型机器人,又叫昆虫机器人。随着纳米技术发展,其体积可制成昆虫大小,能完成许多特殊环境中人类难以从事的工作,军事应用前景十分广阔。

B. 据有关专家介绍,类人型机器人适用于广泛的应用领域,不仅可以在有辐射、有粉尘、有毒等环境中代替人们作业,而且可以在康复医学上形成一种动力型假肢,协助截瘫病人实现行走的梦想。

C. 机器人基础研究的"水涨",带动了应用型机器人的"船高"——全自动无人驾驶汽车、核化侦察机器人、地面移动智能机器人等相继问世,形成了军用机器人系列。

D. 在我国第一台两足机器人满十周岁时,中国第一台类人型机器人呱呱坠地。今天,这个高 1.4 米、重 20 公斤的"新生儿"在国防科技大学首次亮相。有关专家称，类人型机器人的问世，标志着我国机器人技术已跻身国际先进行列。

E．与此同时，机器人相关课题研究也取得长足进展。机器人神经网络系统、生理视觉系统、双手协调系统等成果，先后获国家或军队科技成果进步奖。在国家"863计划"和国家自然科学基金的支持下，随着相关课题研究不断深入，中国类人型机器人将更加聪明伶俐。

F．记者在实验现场看到，与10年前通过鉴定的两足步行机器人相比，这台我国独立研究的名为"先行者"的类人型机器人，如今不仅"长"出了身躯、脖子、头部与双臂，还具备了简单的语言功能，其行走功能更是今非昔比：行走频率从每6秒一步，到每秒两步；从只能平地静态步行，到能转弯上坡自如地动态步行；从只能在已知环境步行，到可在小偏差、不确定环境中行走。

六、采访学校中一位有影响的教授，或社会上在某一方面有成就、有特点的人物，写一篇人物通讯。

七、你认为深度报道是一种特定的新闻体裁吗？如果不是，它在新闻报道中又是什么？

第十三单元 学术论文文选

杂交水稻超高产育种

袁隆平[①]

1. 超高产水稻的概念

什么叫水稻超高产育种，迄今并没有一个统一的标准和严格的定义，因此各家各派提出的产量指标并不相同。

1980年日本制定的水稻超高产育种计划，要求在15年内育成比原有品种增产50%的超高产品种，即到1995年要在每公顷原产5.00~6.50 t糙米的基础上提高到7.50~9.75 t（折合稻谷约9.38~12.19 t）。[1] [2]

1989年国际水稻研究所提出培育"超级稻"，后又改称"新株型"育种计划，[3]目标是到2005年育成单产潜力比现有纯系品种高

[①] 袁隆平（1930— ），著名杂交水稻育种专家。1973年成功培育出世界上首例杂交水稻。历任湖南杂交水稻研究中心主任、国家杂交水稻工程技术研究中心主任。1995年当选为中国工程院院士。

20%~25%的超级稻,即生育期为120 d的新株型超级稻,其产量潜力可达12 t/hm²。

1996年我国农业部立项的"中国超级稻"育种计划,[4]产量指标见表1。

表1 超级稻品种(组合)产量(t/hm²)指标*

Yield standards (t/hm²) for the super rice in china.

类型阶段 Phase	常规品种 Conventional rice				杂交稻 Hybrid rice			增产幅度 Yield increase
	早籼 Early season indica	早中晚兼用籼 Triple-purpose indica	南方单季粳 South japonica	北方粳 North japonica	早稻 Early season indica	单季籼、粳 Single season rice	晚籼 Late indica	
现有高产水平 Present level	6.75	7.50	7.50	8.25	7.50	8.25	7.50	0
1996—2000年 In 1996—2000	9.00	9.75	9.75	10.50	9.75	10.50	9.75	15%以上 Over 15%
2001—2005年 In 2001—2005	10.50	11.25	11.25	12.00	11.25	12.00	11.25	30%以上 Over 30%

* 连续两年在生态区内2个点,每点6.67 hm²面积上表现。

* It is required that the grain yield be up to the standards at 2 locations of an ecological area with a planting scale of 6.67 hm² hectares at each location for 2 consecutive years.

超高产水稻的指标,当然应随时代、生态地区和种植季别的不同而异,但笔者认为,在育种计划中应以单位面积的日产量而不用绝对产量作指标比较合理。这种指标不仅通用而且便于作统一的产量潜力比较,因为生育期的长短与产量的高低密切相关,对生育期相差悬殊的早熟品种和迟熟品种要求具有相同的或相差很小的绝对产量,显然是不科学的。

根据当前我国杂交水稻的产量情况、育种水平,特别是最新的突破性进展,笔者建议在"九五"期间超高产杂交水稻育种的指标是:每公顷每日的稻谷产量为100 kg。这个指标与国际水稻研究所提出的相同,但是,依据现已获得的试验结果,笔者充满信心地预见,我国新近育成的两系法亚种间杂交组合会比国际水稻研究所至少提前 5 年在较大面积上（6.67 和 66.67 hm² 级）实现这一超高产指标。

2. 超高产稻株的形态模式

优良的植株形态是超高产的骨架，自从 Donald 提出理想株形的概念[5]以来，国内外不少水稻育种家便围绕这一育种上的重要主题开展了研究，设想了各种超高产水稻的理想株型模式，如库西的少蘖、大穗模式，黄耀祥的"半矮秆丛生快长超高产株型模式",[6] 杨守仁的"理想株形"和"巨型稻",[7] 周开达的"重穗型",[8] 等等。当然，这些模式是根据一定的理论和实践经验设计出来的，对水稻超高产育种都很有参考价值。但是，必须指出，设想能否成为现实，尚有待实践证明。

近年来，江苏农科院与本中心协作，用培矮 64S 作母本，通过大量测交筛选，从中选到几个具有超高产潜力的苗头组合，其中培矮 64S/E32，1997 年在南京、苏州、高邮 3 个点共试种 0.24 hm²，平均实收产量 13.26 t/hm²。培矮 64S/E32 属中熟中稻组合，全生育期 130 d 左右，因此可以说，该组合已在 0.07 hm² 级水平上达到每公顷日产稻谷 100 kg 的超高产指标。

对该组合作了较详细的观察后，我们得到一些重要启发，悟出超高产杂交水稻在形态上最主要的特点是上部 3 片功能叶要长、直、窄、凹、厚。修长而直挺的叶片，不仅叶面积较大，而且可两面受光和互不遮蔽；窄而略凹的叶片，所占的空间面积小但整叶的面积并不因窄而减小；较厚的叶片光合效率高且不易早衰。总之，具有这种形态结构的水稻品种，才能有最大的有效叶面积指数和光合功能，为超高产提供充足的源。

库大源足是高产的前提，可是，包括笔者在内的许多水稻育种工作者，在进行超高产育种设计时，重库轻源，片面追求一定的穗数、每穗粒数和千粒重，其结果往往是库大源不足，不能实现超高产。

下述 2 个组合是库很大且相等但产量相差悬殊的实例。

培矮 64S/E32 在江苏农科院试验田的产量结构是 260 万穗 /hm²，260 粒 / 穗，结实率 88%，千粒重 23.5 g，理论产量 13.95 t/hm²，实产

12.87 t/hm² （江苏农科院邹江石交流材料）。

29S/510 在本中心试验田的产量结构是 270 万穗 /hm²，236.7 粒 /穗，千粒重 25 g，受精率 90%，如果每个受精粒都能充实的话，理论产量可达 14.25 t/hm²，而实际产量只有 7.35 t/hm²。

根据典型株的测定，本中心试验田的培矮 64 S/E32，上部 3 叶平均每叶面积为 75 cm²，长度为 53.2 cm，29S/510 分别为 41 m² 和 39 cm。由于 29S/510 上部 3 片功能叶面积较小而薄，再加上倒二叶较披，所制造的光合产物不能装满大库，以致秕粒高达 35% 以上，实际产量不高。由此可见，在进行超高产育种时，在扩库的同时，更要特别重视"开源"。就水稻育种的现状而论，增源是实现超高产的关键环节。

参照培矮 64S/E32 这个已具有超高产潜力组合的植株形态，针对长江中下游生态区的中熟中稻（生育期 130 d 左右），我们初步提出如下的超高产稻株形态模式，供育种家们参考和指正。

（1）株高 100 cm 左右，秆长 70 cm 左右，穗长 25 cm 左右。

（2）上部三叶的形态特点如下：① 修长。剑叶 50 cm 左右，高出穗尖 20 cm 以上，倒二叶比剑叶长 10% 以上，并高过穗尖，倒三叶尖达到穗中部。② 挺直。剑叶、倒二叶和倒三叶的角度分别为 5°，10° 和 20° 左右，且直立状态经久不倾斜，直到成熟。③ 窄凹。叶片向内微卷，表现较窄，但展开的宽度为 2 cm 左右。④ 较厚。培矮 64 S/E32 上部 3 叶 100 cm² 的干重为 0.98 g，而产量为 8.25 t/hm² 的一般高产组合 312S/ 桂云粘为 0.73 g。

（3）株型。适度紧凑，分蘖力中等，灌浆后稻穗下垂，穗尖离地面 60 cm 左右，冠层只见挺立的稻叶而不见稻穗，即典型的"叶下禾"或"叶里藏金"稻。

（4）穗重和穗数。单穗重 5 g 左右，每公顷穗数 270 万左右。

（5）叶面积指数和叶粒比。以上部 3 叶为基础计算，叶面积指数 6.5 左右，叶面积和粒重之比为 100∶2.3 左右，即生产 2.3 g 稻谷上部 3 叶的面积要有 100 cm²。

（6）收获指数为 0.55 以上。

3. 技术路线

根据杂交水稻育种的特点，原则上超高产育种要从两个方面着手：一是充分利用双亲优良性状的互补作用，在形态上作更臻完善的改良；二是适当扩大双亲的遗传差异，以进一步提高杂种优势的水平。二者密切结合，相辅相成。关于形态改良，已在前面述及，现就第二个问题扼要提出我们正在进行和即将实施的技术路线。

3.1 利用亚种间的杂种优势选育超高产组合

亚种间杂交稻比品种间杂交稻具有更强的杂种优势，因此，这是当前最现实的有效途径。在近期内以打"短平快"为主，即以培矮64S为重点，进行更广泛的测交筛选，从中选出超高产组合。培矮64S是一个株叶形优良，亲和谱较广，配合力良好的籼粳中间型光温敏不育系，用它不仅选配出一批通过省级审定、已在大面积生产上应用的高产两系法先锋组合，而且还选出如培矮64S/E32等几个超高产苗头组合。据此，笔者深信，只要对准前述的形态模式，不论用籼稻还是粳稻测交，选到超高产组合都有较大的可能性。

从长远着眼，为了更充分地发挥亚种间的杂种优势和提高超高产育种的效率，我们计划的重点是放在各种类型广亲和系的选育上，其中包括不同熟期的籼型、粳型和籼粳中间型的恢复系和不育系，特别是广谱的广亲和系，为选育各种熟期和适应不同生态地区的超高产组合打好基础

3.2 利用野生稻的有利基因选育超高产组合

1995年，我们与美国康奈尔大学合作，采用分子标记技术，结合田间试验，在野生稻（O. rufipogon L.）中发现两个重要的QTL基因位点，每一基因位点具有比日产潜力为80 kg/hm² 的高产杂交稻威优64增产18%左右的效应。[9] 通过分子标记辅助选择技术，选育携有该两个QTL位点的相应亲本的近等基因系正在进行中。

3.3 利用新株型超级稻选育超高产组合

库西预言，[10] 国际水稻研究所培育的新株型稻将比现有的高产纯系品种增产20%，新株型稻将用于选育籼粳亚种间杂交稻，其产量又可增加20%~25%，二者相结合，可把热带水稻产量潜力提高50%。

1995年，在本中心试验田我们对国际水稻研究所初选的21个新

株型品系作过观察，发现这些材料的优点是秆粗、穗大、分蘖少，但籽粒不充实，产量很低。它们同样存在着库大源不足的缺点。尽管如此，我们对该所的新株型育种计划仍寄托着很大的希望，因为目前这些品系还只是属于初选材料，缺点难免。一旦新株型水稻品种育成，将其应用于杂种优势育种上，水稻的产量潜力很可能会再跃上一个新台阶。

【参考文献】

[1] 佐藤尚雄. 水稻超高产育种研究. 国外农学·水稻. 1984.(2)：1~16.

[2] 全田忠吉. 应用籼粳杂交培育超高产水稻品种. JARQ. 1986.19（4）：235~240.

[3] Khush.G.S. Prospects of and approaches to increasing the genetic yield potential of rice. In "Rice Research in Asia.Progress and Priorities". edited by R. E. Evenson et. al. CAB International and IRRI. 1996. 59-71.

[4] 中国农业部. 中国超级稻育种——背景、现状和展望. 中国农业部编：新世纪农业曙光计划项目. 1996.

[5] Donald. C. M. The breeding of crop ideotypes. Euphytica. 1968. 17: 385-403.

[6] 黄耀祥. 水稻丛化育种. 广东农业科学. 1983.(1)：1-5.

[7] 杨守仁. 张步龙. 王进民等. 水稻理想株形育种的理论和方法初论. 中国农业科学. 1984.(3)：6-13.

[8] 周开达. 马玉清. 刘太清等. 杂交水稻亚种间重穗型组合的选育——杂交水稻超高产育种的理论与实践. 四川农业大学学报. 1995.13（4）：403-407.

[9] Xiao J. Grandillo. S. Ahn. S. N. et al. Genes from wild rice improve yield. NATURE. 1996. 384: 223-224.

[10] Khush. G. S. Prospects of and approaches to increasing the genetic yield potential of rice. In "Rice Research in Asia. Progress and Priorities". edited by R. E. Evenson et. al. CAB International and IRRI. 1996: 59-71.

选自《杂交水稻》1997 年第 6 期

文末参考文献按 GB/T7714 国家标准校改标注

【作品导读】

袁隆平作为世界一流科学家，本文为我们学写学术论文指明了方向。第一，概念界定清晰明确。学术研究的专业性导源于研究前提，其中最重要的就是研究边界的确立。作者梳理了国内外各种"超高产水稻"标准，进而提出"每公顷每日的稻谷产量为 100 kg"超高产新目标，即为后续研究框定边界。第二，对相关研究历史与现状的充分描述，为"理想株形"确立奠定基础。作者对 1980 年日本、1989 年国际水稻研究所、1996 年我国农业部等几家超高产水稻指标进行了详尽梳理，然后才提出"在育种计划中应以单位面积的日产量而不用绝对产量做指标"论断及总结出理想株形。第三，材料翔实，论证严谨。对工科而言，核心证据主要是实验数据。作者以江苏农科院和他所负责的杂交水稻技术研究中心协作培育的培矮 64S/E32 作母本，从多年研究经验总结出超高产杂交水稻的株形特征，从而确保了该品种株形特点的有效性和高价值。

中国古代艺术时空观及其结构创造（节选）

黄念然[①]

> 内容提要：中国古代的时空一体观对艺术创造产生了深远的影响，突出体现为在艺术创造中形成了"身度"的时空、"气化"的时空、"节律"的时空和"境象"的时空四种主要艺术时空观念，并直接影响了中国古代艺术结构创造的基本理念。"身度"时空观之根身性体验、"气化"时空观之阴阳对待的思维方式、"节律"时空观中对空间结构中的节奏韵律的重视，以及"境象"时空观中的境界式超越，为我们理解中国艺术的生命意识、宇宙意识和超越意识及其结构创造理念的民族性、独特性提供了深刻的启示。
>
> 关键词：古代艺术；时空观；艺术结构；思维方式

……在中国传统文化中，"时间与空间是交织在一起的：空间是时间的表象，时间是空间的展开。'时'与'位'共同构成了事物的规定性。……这种时空观构成了传统思维的基本框架——时空共振、时位相关、天人合一的宇宙图式。……"[1]这种时空互渗、"宇""宙"合一、"时""位"相关的观念在先秦元典中随处可见。……以自然万物内在的生命节律（而非以不可逆的、矢量的、可等值等量的时间测度为标准）去感知时间；以我为"原点"，以自我身体的感知为仪表在一种"处境化空间"中进行"根身性"体验；以阴阳二气的相互摩荡、渗透、往复、循环等运动而形成的气场以及此中生命能量的聚散运行去解释宇宙之源起、创生、演化；在法象思维引导下，将时空中的一切境、象看作是"道"的显现；这些构成了中国古代时空一体观的基本内容。它对传统艺术创造产生了巨大的影响，表现在艺术时空处理

[①] 黄念然（1967— ），华中师范大学文学院文艺学教授，博士生导师。所著《20世纪中国古代文学研究史·文论卷》2006年由东方出版中心出版，系"十五"国家重点图书出版规划项目。

上，不仅以"是"训"时"，而且还以"此"训"是"，"此时"与"此地"不分，作为方向、方位的"方"，既具有空间上的属性，又有"方才""方今""方来"等时间上的内涵。[2] 这种时空一体观以潜在的方式制约着中国古代艺术创造，形成了四种艺术时空并对古代中国人的结构创造理念产生了深远的影响。

一、"身度"的时空

个体在时空中的存在就是身体。作为中国古代原生态的时空观念，"以身为度"，即以身体这一最自然的"仪表"来感知、推测时空以及二者之间的关系。[3] 如：《尚书·大禹谟》中的"天之历数在汝躬（身）"就是强调以身测时的亲身践履；《周易》中的"近取诸身""安身而后动"，也是强调以自我身体为基准、尺度去对宇宙时空进行观察、理解。在古人看来，在宇宙中"体道""尽性"均与自我身体密切关联。前者如王夫之所说，"即身而道在"（《尚书引义》）；后者如颜元所说，"尽性者实征之吾身而已矣；征身者动与万物共见而已矣；……"（《存人编》卷1）。可以说，古代中国人的空间是一种"根身性"的"处境化空间"，它既是对自在、客观的空间的消解，也是对作为"广延物"的"物自体"的消解；古代中国人的时间是一种"验之于身"的时间，在"生、时不二"的哲学理念下，中国人所理解的生命和时间，均有当下，有作息，有征候，有吉凶，有超越，有男女（"雌雄代兴"）。[4] "以身为度"强调的是在吾"身"的测度中把握万有世界之同源、同构、互摄、互渗关系，以及此中的身心体验或生命意识。……

"以身为度"的时空观对中国古代艺术结构创造的影响主要体现在两个方面：其一，"外度"式结构处理。即以吾身为原点、基点，向外辩证地考察艺术创造中所遇到的左右、上下、远近、前后、内外等空间位置及其关系。书法对字划的上下左右排列便非常重视并有严格的要求，如包世臣提出，"书之道，妙在左右有牝牡相得之致"（《艺舟双楫·述书上》）等等。可见，古人执笔作书，自我身体器官的对称性是其艺术结构处理的重要心理参照。在古人看来，舞者，乐之容也，"有俯仰张翕之容，行缀长短之制。"[5] 在传统舞蹈中，舞蹈者的"圆、曲、拧、倾、含"等动态化的身体姿态或造型，在疾徐、进退、俯仰、收放之韵律美的呈现中，同样遵循其身所置处的上下、左右、远近、前后等空间关系上的结构性安排，并大多遵循由内向外"划圆"、由终点回归起点的运动原则——"圆"和"回"构成了中国传统舞蹈最基本的审美规范。其二，"内度"式结构处理。亦即将"外度"的视界返回到身体本身，从自我身体的内在有机性、整体性出发，以身体或其部位（如骨、脉、筋等）去感悟、类比艺术结构创造问题。这种有机自然主义的"以身为度"理念在中国古代艺术关于结构整体性问题的理论总结中随处可见，如张怀瓘《书断》论书云："字之体势，一笔而成，偶有不连，而血脉不断。"杨载《诗法家数》论律诗云："须要血脉贯通，音韵对应，对偶相停，上下匀称。"刘勰更强调文章结构"必以情志为神明，事义为骨髓，辞采为肌肤，宫商为声气"。以"脉"为例，中国艺术结构构制理念围绕它便创造出诸如血脉、筋脉、气脉、脉络、义脉、文脉、意脉、理脉、情脉、语脉、句脉、伏脉、过脉、脉理、脉相等众多范畴，形成了以"脉"为核心的范畴群。像"骨""筋"之类以身为喻去阐释结构问题并构成丰富的范畴群的核心范畴不在少数，都充分体现了中国古代艺术结构创造的"根身性"特点。

二、"气化"的时空

按照刘文英的看法，中国古人观察时空主要有三种眼界或基本向度，即从"道"观时空（老庄）、从"心"观时空（佛禅空宗、陆王心学）和从"物"观时空（柳宗元、刘禹锡、张载、方以智、王夫之诸人为代表）。[6]实际上这三种眼界或向度都是气化的时空观。因为，老庄虽以"道"观时空，但同时又认为"万物负阴而抱阳，冲气以为和"（《道德经》第42章），将世界的运动变化归因于阴阳二气的相互作用。王充《论衡·齐世》曰："万物之生，俱得一气。"柳宗元认为昼夜之"窅黑晰眇，往来屯屯，庞昧革化，惟元气存，而何为焉！"[7]张载在《正蒙·神化》中明确提出："天之化也运诸气，人之化也顺夫时；非气非时，则化之名何有？化之实何施？"[8]朱熹也主张"理未尝离乎气"，理依气而存，因为"气"能"凝结造作"，能"酝酿凝聚生物"。[9]杨东明云："盈宇宙间，只是浑沦元气，生天生地，生人物万殊，都是此气为之。"[10]王夫之释"气化"更为精辟、全面：

"气化者,气之化也。……其一阴一阳,或动或静,相与摩荡,乘其时位以著其功能,五行万物之融结流止,飞潜动植,各自成其条理而不妄。"[11]

气化的时空观对传统中国艺术结构创造的影响突出体现在三个方面:一是将阴阳二气之摩荡、聚散、变化视作宇宙或时空运动的根本规律,由此形成了阴阳对峙的中国式思维方式,并深刻反映到艺术结构创造中。如《乐记·乐礼》即云:"地气上齐,天气下降,阴阳相摩,天地相荡,鼓之以雷霆,奋之以风雨,动之以四时,暖之以日月,而百化兴焉。"在《乐记》看来,音乐正是秉承阴阳二气之和合而成,其种种节律规则(或结构)暗合春夏秋冬之时序和人的社会存在之秩序,并最终达至与天地同和、同节、同构。二是重视艺术之"势"(或"气势")的创造与生成。以高效能的结构布置模式去储能、蓄力、得势,向为古人所强调。如姜夔《续书谱·草书》强调书法用笔之"有缓有急",之"有锋"与"无锋",之"承"上与"引"下,须"皆以势为主"。王原祁认为:"作画但须顾气势轮廓,……若于开合起伏得法,轮廓气势已合,则脉络顿挫转折处,天然妙景自出,暗合古法矣。"[12]在林纾看来,文之雄健全在气势,"故深于文者,必敛气而蓄势"(《春觉斋论文·气势》)。三是将"气"直接看作是绾合、统帅艺术结构之篇法或章法的关键枢机,古人谓之气贯、气完、气合、气绾、气宰。他们强调,一篇之中,"气"应一以贯之。而一句之中,那"不见句法"的"篇法之妙"和"不见字法"的"句法之妙"皆是"神合气完使之然"(王世贞《艺苑卮言》卷1)。无"气"之"章法"形同木偶;有"气"之全篇,则如江盘峡束、万牛回首。"气"在文章结构中居于主导地位。作为结构创造的关键枢机,气还体现在创造主体本身,刘勰《文心雕龙·风骨》云:"缀虑裁篇,务盈守气。"这强调的是主体的"守气"对于文章结构布局的重要性。

三、"节律"的时空

中国古代时空观还表现出鲜明的以时间统摄空间的时间性思维特征。中国古人依时而行的生产方式、视时而动的政治原则、顺时相随的思维方法、与时偕行的人生准则,共同铸就了中国古典哲学"时间地看待世界"的显著特征,[13] 受此影响,中国艺术在处理艺术中的时空关系时,更重视展现空间结构中的节奏韵律,强调以时间统率空间,以此赋予宇宙以流转不已的生命气韵。

在绘画中,中国绘画的特殊形制——"长卷"在物象的构置和结构的处理上以移步换景、以大观小的多视点观照方法让空间在时间的流动中进行承接交待,合理转接,就充分展示了上述的节律化的时空观念。如南唐顾闳中的《韩熙载夜宴图》,全卷分为五个场景(琵琶独奏、六幺独舞、宴间小憩、管乐合奏、宾客酬应),每一场景均采用一扇屏风来分割空间、营造美感,将先后进行的活动展现在同一画面上,把绘画的空间构图性与叙事的时间性完美融合在一起。它所唤起的结构感正如阿恩海姆所分析的那样,并非是放映机所带来的观者无深度知觉或情感楔入的片带观看体验,而是"观者意识到它在作品整体中的存在,他的注意力从左到右扫过连续性的画面,在每个时刻都停留片刻表现出对其中心重点的关注,逐步积累而建立起整体的结构"。[14] 相似者还有顾恺之的《洛神赋图》。清代沈宗骞《芥舟学画编·取势》更以四时运转之动态节奏譬喻绘画创作之位置经营:……为寻求这种节奏韵律,中国绘画甚至"不问四时",最典型者便是王维的"雪中芭蕉"。可见,古代画家是"在时间中徘徊移动,游目周览,集合数层与多方的视点谱成一幅超象虚灵的诗情画境。"[15] 正是这种"用心灵的俯仰的眼睛来看空间万象"的节律化时空观,使得中国诗画中所表现的空间意识,既不像那"代表希腊空间感觉的有轮廓的立体雕像",也不像那"表现埃及空间感的墓中的直线甬道"或"代表近代欧洲精神的伦勃朗的油画中渺茫无际追寻无着的深空","而是'俯仰自得'的节奏化音乐化了的中国人的宇宙感。"[16]

在诗歌中,古人认为声韵、词法、句法、篇法在空间结构处理上均应体现诗歌的音韵美、节律美。比如,在胡震亨看来,"韵"乃歌诗之"轮"。沈德潜认为,诗中韵脚如大厦之"柱石"无论是"轮"还是"柱石",都是强调声韵在全诗整体音乐美中的结构性作用。个中道理,恰如朱光潜先生在分析"韵在中文诗里何以特别重要"这一问题时所指出的,"韵是去而复返、奇偶相错、前后相呼应的","它好比贯珠的串子,在中国诗里这串子尤不可少","中文诗用韵以显出节奏,是中国文字的特殊构造所使然"。[17] 因此，在中国诗歌中，"重叠""接字""趁韵""颠倒"甚至"回文"等关乎语言的各种空间结构安排首先要考虑音韵美或节奏美。字词的排列与运用在古人看来，也要充分考虑结构开合与内在旋律的统一。以字法论，盛唐诗人就善于在实字中辅用虚字。就句法言，"大凡诗中好句，左瞻右顾，承前启后，不突不纤，不横溢于别句之外，不气尽于一句之中"。[18] 总之，中国诗赋多将生命视为时空中绵延之河流，将审美心理体验放到时空的更迭切换中去腾挪展开。……

在书法中，古人强调"起笔"与"承笔"要有"呼"与"应"，结体时"联处"能断，"合处"能离，全幅结撰须有避让呼应之妙，都是强调在字的间架结构处理中追求一种韵律美。包世臣《艺舟双楫·述书》认为，字之"九宫"中"必有精神挽结之处，是为字之中宫"，"必审其字之精神所注，而安置于格内之中宫"，方能"随其长短虚实而上下左右皆相得矣"。[19] 也就是说，单体或通幅书法之"俯仰映带，奇趣横出"均依赖于"精神挽结之处"这一节奏点而展开。翻看古代书论，这样的审美追求触眼即是。最典型的是明代解缙《春雨杂述·书学详说》谈书法之"布置间架"时，详细描述了书法创作的节奏美：

> 若夫用笔，毫厘锋颖之间，顿挫之，郁屈之，周而折之，抑而扬之，藏而出之，垂而缩之，往而复之，逆而顺之，下而上之，袭而掩之……[20]

在古代园林中，对节律美的追求突出体现为对"良辰"（时）与"美景"（空）之和谐相融所造成的曲折、回环、往复、幽深之意境美的高度提倡。……质言之，"注重运用各种构景要素于迂回曲折中形成渐进的空间序列；通过视点的推移彰显出空间变化的节奏感；利用障景营造'路转溪头忽现'的景观效果；注重'移竹当窗，分梨为院'，'虚阁荫桐，清池涵月'的虚实节奏的变化"[21] 是中国古代园林大多遵循的构园理念，其核心则是追求空间变化中的节律美。个中堂奥，正如宗白华先生所说，"我们的宇宙是一阴一阳、一虚一实的生命节奏，所以它根本上是虚灵的时空合一体，是流淌着的生动气韵。"[22]

四、"境象"的时空

中国哲学本质上是一种崇尚"变""易"的心象意识学，其时空观的心理基础主要源于传统的"法象"思维（如"观物取象""取象制器""观象明时""以象明理""依象明事""立象见意"等）。……在艺术追求上则体现出崇"外"、尚"远"、倡"空"三种突出倾向。

其一，崇"外"。古代中国艺术对"外"（如景外景、象外象、笔外笔、墨外墨、言外意、弦外音、韵外味等）的推崇，暗含着对艺术结构之内外关系中的显中之隐、在场背后的不在场或未出场之事物的重视，暗示着索隐启蔽的开启，也昭示着中国艺术时空并不限于镜像化地反映物理时空，还折射着丰满的人生在场方式的诉求，追求着更为开放的审美大时空。这在中国艺术诸门类中皆有体现。如"义生文外""境生象外"。在古人看来，诗魂在字句之外。基于此，王国维才在评价南宋词人姜夔时说："古今词人格调之高，无如白石。惜不于意境上用力，故觉无言外之味，弦外之响，终不能与于第一流之作者也"（《人间词话》第42则）。善诗者得言外之意，善画者得墨外之意。绘画固然要"象形"，但当求之于形象之外，故古人强调绘画之气韵当于笔墨之外去寻求。就通幅书作之章法而言，"其悬针垂韭之笔致，横直转折安排之紧凑，四方三角等之配合，空白疏密之调和，诸如此类，竟能给一段文字之全篇之美观"[23]，其原因不外乎字外有笔、有意、有势、有力。张岱《陶庵梦忆》有言，"庐山面目反于山外得之"，这是游园者别样的心理体验。……

其二，尚"远"。中国古代艺术"尚远不尚近"，倾向于向"远"求其韵味和意境。在古人看来，显者为近，隐者为远，"近"是有限，"远"为无限。"远"在内涵上"既有空间的广大无垠，又有时间的久远绵长"[24]，是中国人宇宙意识的特殊体现。古人之"远"既是积极进取的人生态度（如"路漫漫其修远兮，吾将上下而求索"），更是与世俗保持距离的隐逸智慧（如"非淡泊无以明志，非宁静无以致远"，"心远地自偏"），"是迷离恍惚的眼，是若有若无的心，是从容自适的人生态度，是不为世系的高世情怀"[25]。中国传统艺术之"远"实为在时空距离中安顿、展开和关照生命过程所获得的一种精神境界或艺术境界。……

在古人看来，艺术结构创造与"远"之间也有着莫大的关联。如潘岳《笙赋》石："迩不逼而远无携，声成文而节有序。"这是将乐音的近不侵逼、远不游离、有节有序看成是"笙"音高妙境界形成的根本原因。篇章与句群的结尾所形成的深远寄托早为文章家所注意，如刘勰《文心雕龙·附会》便说："若夫绝笔断章，譬乘舟之振楫；会词切理，如引辔以挥鞭。克终底绩，寄深写远。"七律所呈现的"言灵变而意深远"的诗境同其节奏、句法、结构的多样化创新同样有着内在的关系。如刘熙载《艺概·诗概》即云："律诗中二联必分宽紧远近，人皆知之。惟不省其来龙去脉，则宽紧远近为妄施矣。"……

其三，倡"空"。受传统道、玄、佛禅思想的影响，中国哲学尚无、倡空。道、玄以"无"诠释世界本源，相对于"有"，其中还存在着"形"的多寡之辨，佛禅所推崇的"空"则指一切事物皆无自性，即包括时空在内的万事万物皆依赖各种因缘、条件生灭。……可以说，道、玄及佛禅贵"无"尚"空"的思想直接启发了中国艺术向"空"而生，在心识（思、意、情等）与外境（物、象、形等）的复杂关系中去"空"观世界，在静寂、无差别的时空向度中去超越世俗生活的羁绊，在超越时空的个性精神之大解放、大自由中去着意创造富有玄意或禅境的"空灵"世界。

…………

中国艺术的"空"观精神也直接影响着其艺术结构创造。"留白"作为画面整体结构处理的关键，即被无数作手反复论及。著名的"马一角"和"夏半边"画法就是充分考虑空间结构上的"留白"所带来的艺术效果。对于何为"留白"，张式《画谭·论画山水》曾说："烟石渲染为画中流行之气，故曰空白，非空纸，空白即画也。"实际上，并非只有"烟云渲染"处即空白，按照华琳的看法，山石之阳面、石坡之平面、山足之杳冥、树头之虚灵"皆是此白"，因而，就画面结构处理而言，"务使通体之空白毋迫促，毋散漫，毋过零星，毋过寂寥，毋重复排牙，则通体之空白，亦即通体之龙脉矣"。[26]这种将"空白"视为"龙脉"的看法正体现出艺术结构的整体性观念。书法的"布白"亦被反复论及，被视为"入手要诀"（朱和羹《临池心解》），字中之布白，逐字之布白，行间之布白，均须通盘考虑。叙事作品之情节结构处理的"实写"与"空写"(或"虚写")也往往是小说或戏曲评点家们着力发掘的对象。如金圣叹在评批《西厢记》时，借鉴佛教空无学说，以近20则的饱满篇幅，不仅揭示了《西厢记》中"实写"与"空写"的辩证关系，而且深入探讨了《西厢记》结构层次安排中所隐藏的"空无"美学。[27]

结　语

……原点发生→视域外拓→文艺民族性的挺立→境界式超越，显示出中国艺术时空观不断演进的逻辑理路。就其对中国艺术结构创造的影响而言，每一种艺术时空均催生出不同的结构创造理念，如："身度"的时空催生了结构创造的对称性、整体性要求，"气化"的时空催生了阴阳对峙的结构思维模式和"势"论结构观，"节律"的时空催生了艺术结构创造中的节奏论，"境象"的时空催生了于艺术形式结构法则之外求其韵味、意境的艺术理念，等等，所有这些，为我们理解中国艺术及其结构创造理念的民族性、独特性提供了深刻的启示。

【参考文献】

[1] 李宪堂. 中国传统时空观及其文化意蕴 [J]. 东方论坛. 青岛大学学报，2001.(03)：7—9.

[2] 钱锺书. 管锥编. 第1册 [M]. 北京：中华书局. 1979：174—175.

[3] 张再林. 以身为度——中国古代原生态时空观初探 [J]. 西北大学学报（哲学社会科学版）. 2012.(1).

[4] 张再林. 以身为度——中国古代原生态时空观初探 [J]. 西北大学学报（哲学社会科学版）. 2012.(1).

[5] 蔡邕. 月令章句卷上 [M]. 藏庸辑. 从书集成续编. 第80册 [M]. 台北：台北新文丰出版公司. 1988年影印本：647.

[6] 刘文英. 中国古代的时空观念 [M]. 天津：南开大学出版社. 2000：48—67.

[7] 柳宗元. 柳宗元集 [M]. 北京：中华书局. 1979：365.

[8] 叶朗. 中国历代美学文库（宋代卷上册）[G]. 北京：高等教育出版社. 2003：216—217.

[9] 朱子语类. 第 1 册 [M]. 北京：中华书局，2007：3.

[10] 黄宗羲. 黄宗羲全集. 第 7 册 [M]. 杭州：浙江古籍出版社. 1992：756.

[11] 王夫之. 张子正蒙注 [M]. 北京：中华书局. 1957：32.

[12] 王原祁. 雨窗随笔 [A]. 俞剑华. 中国画论类编 [G]. 北京：人民美术出版社. 1957：170.

[13] 傅道彬.《月令》模式的时间意义与思想意义 [J]. 北方论丛. 2009(3).

[14] 阿恩海姆. 中心的力量——视觉艺术构图研究 [M]. 张维波等译. 成都：四川美术出版社. 1991：184.

[15] 宗白华. 美学散步 [M]. 上海：上海人民出版社. 1981：133.95.

[16] 宗白华. 中国诗画中所表现的空间意识 [J]. 新中华. 1949.(10).

[17] 朱光潜. 诗论 [M]. 朱光潜全集（第 3 卷）[G]. 合肥：安徽教育出版社. 1987：188．189．238.

[18] 薛雪. 一瓢诗话 [A]. 郭绍虞. 清诗话 [G]. 上海：上海古籍出版社. 1999：692.

[19] 叶朗. 中国历代美学文库（清代卷下册）[G]. 北京：高等教育出版社. 2003：378.

[20] 叶朗. 中国历代美学文库（明代卷上册）[G]. 北京：高等教育出版社. 2003：41.

[21] 黄念然. "折"与中国古代艺术结构创造 [J]. 文艺研究. 2018 (3).

[22] 宗白华. 美学散步 [M]. 上海：上海人民出版社. 1981：133. 95.

[23] 邓以蛰. 书法之欣赏. [M]. 邓以蛰全集 [G]. 合肥：安徽教育出版社. 1998：168.

[24] 张晶. 广远与精微 [J]. 文学评论. 2004 (4).

[25] 朱良志. 中国艺术的生命精神 [M]. 合肥：安徽教育出版社. 1995：297.

[26] 华琳. 南宋抉秘 [A]. 俞剑华. 中国画论类编 [G]. 北京：人民美术出版社. 1957：296—297.

[27] 周锡山. 金批《西厢》美学论. 上海师范大学学报. 哲学社会科学版. 2013.(6). 对金圣叹"无"的美学理论及其结构层次观作了精彩分析.

选自《文学评论》2019 年第 6 期，有删节

文末参考文献按 GB/T7714 国家标准校改标注

【作品导读】

人文学科主要研究文化精神领域的问题，它和现实生活的关系往往是间接的甚至是隐蔽的，问题意识对人文学科研究显得更为重要。本文通过对四种艺术时空观相对应的艺术结构分析得出结论：中国古代艺术时空观以及艺术结构创造具有鲜明的民族性、独特性。从更宏大学术背景来看，是对当下强调文化自信的具体回应。

本论文逻辑结构严谨规范。文章分三大部分，由引言（虽然没有标明）、正文、结语组成。引言从中国传统艺术时空结构的原初性引出研究对象；正文对"身度"时空、"气化"时空、"节律"时空、"境象"时空及其对艺术结构的影响进行了逐一分析；结语对中国四种艺术时空的关系进行了阐述，指出与此相对应的四种艺术结构创造理念，最后落实到与中国艺术民族性、独特性的关联上。

对于人文学科中某些长期被关注的对象，其文献资料丰富，文献法研究自然成为相应学术论文写作的重要特色。本论文所研究的主题相对古老，文中关于文献的比对与互证比比皆是，体现了深厚的学术含量。

单元能力训练十三（学术论文写作）

能力聚焦

学术论文概说

学术论文，又称科研论文，是报告学术成果、论证学术观点的文章体裁。学术论文的前提是学术研究。它不仅仅是一个写作问题，更重要的是研究，是作者研究能力和水平的综合反映。学术论文可分为人文科学论文和自然科学论文。它们既有学术论文写作的一般要求，也有各自的自身规定性。

学术论文写作

一、选题。选题事实上就是确定问题。构成问题的要素有两个：一是没有人研究或研究不够的；二是有价值的。二者缺一不可。当然，选题还有一点就是可行性，再有意义的问题如没能力完成也白搭。

二、写作提纲。提纲由论文标题和章节纲目构成。标题是文章眼睛，不宜过长，要明白易懂。章节纲目一般由引言、正文、结语三大部分组成。引言和结语相对简单；正文是主体，条目应详细严谨。

三、引言与结语写作。引言是引出问题，并介绍论文要旨，往往需对重要概念进行界定。结语是经过严密逻辑推理和论证所得出的最后结论。在全文中篇幅很小，但在整个文章中必不可少。

四、正文写作。正文又称本论。它是全文重点，要求观点明确，对象集中，材料可靠，分析充分，逻辑严密。观点统率材料，材料支撑观点是其核心。要坚持"立言有证""例证不孤"，同一观点的论证在材料上要体现层次，提高材料的使用效率。

五、注释与参考文献。注释是对本文篇名、作者等特定内容所作的必要补充和说明，一般用页下注；参考文献是本文写作参考著述目录，一般按序列于文末，应按中国国家标准管理委员会的文末参考文献著录规则标注。

点子库

学术论文写作"六台阶式"训练法

即指立足学术论文写作实践进行"台阶式"训练。

一、第一级台阶：确定学术论文选题及学术论文最佳写作角度。重在按已有基础及作者所具备的条件对写作进行可行性论证。

二、第二级台阶：学会搜集与整理学术论文写作材料。重在围绕某个论题搜集有关原始材料和已有研究材料。

三、第三级台阶：理清论文写作线索与论文布局。注意围绕选题拟定论文写作提纲；再根据写作提纲，拟定每个条目的写作路径。

四、第四级台阶：学会运用学术论文话语方式完成初稿。

五、第五级台阶：对初稿进行修改。注意使用突出论点、完善论据、过渡勾连等技巧，提高写作质量。

六、第六级台阶：完善论文提要、关键词、注释与参考文献。

单元综合训练题

一、选一篇与你所学专业有关的学术论文，阅读后回答：1. 问题是什么？2. 结论是什么？3. 论据有哪些？4. 为该论文拟出一个写作提纲。5. 分析该论文参考文献的构成。

二、根据专业学习情况，拟定你所学专业范围内的一个毕业论文选题，并围绕该选题搜集系列研究资料。

三、在研读上述系列研究资料基础上，撰写一篇千字研究综述。

四、谈谈学术论文写作与文学创作在语言表达上的异同。

五、以小组为单位，模拟举行论文答辩会或开题报告会。

下篇 口头表达能力培养

第十四单元 口头表达概说

一、口头表达的内涵与特点

口头表达即说话。"说话"的实际意义指向是多层面和不确定的,因此,当我们在对其内涵和特点进行追问和探寻时,我们不仅能对自身的现状及追求目标有一个准确定位,而且能激发提高口头表达能力的信心。

(一)口头表达的内涵

口头表达即说话,是与书面语言表达相对应的一种语言表达方式。当然,这仅仅是从语义层面所作的解释。口头表达作为一种实际的语言行为,其意义指向是十分丰富和不确定的,因为"说话"有一般的说话和艺术的说话,有低水平的说话和高水平的说话,因此,对其理解实际上呈现出多样化和多层次的特点。

对"口头表达"的实际意义,我们至少要作以下三个方面的理解。

首先，虽然"口头表达"即指"说话"，但是此"说话"非彼"说话"。当人们专门提及"说话"一语时，往往还隐含对该行为的某种特殊的期待和要求，这就赋予"口头表达"或"说话"某种技术或艺术层面的内涵。换言之，此"说话"其实是指"会说话""能说话"，或指"说话技巧"和"说话能力"，也就是人们通常所说的"口才"。因此，"口头表达"——"说话"——"会说话"——"口才"，实际具有内在的相同的意义指向，而我们此处所讨论的"口头表达"其实就是指"口才"。

其次，"口头表达"作为一种具有"技术含量"的语言行为，其"技术含量"指数却是不定的。戴尔·卡耐基给"口才"所作的"五字定义"对我们有所启发。这"五字定义"是：有效地说话。虽然"有效"一词也极为模糊，但卡耐基的"五字定义"之所以广为流传并为众人所接受，正是由于它的平易、它所具有的意味深长的低姿态以及这种低姿态给人们带来的某种信心。

戴尔·卡耐基

再次，"口才"绝不只是"口上之才"，也不是有些人说的"耍嘴皮子的学问"，它是一个人多种能力和多方面修养的综合反映。

（二）口头表达的特点

会写的人不一定会说，这是一个不争的事实。这一事实正说明口头表达有其自身独有的规律和特点。

1．内容的随机性

口语不像书面语那样可以有较长的时间推敲内容，即使有了准备，也常常由于对话情境的变化而不得不改变讲话内容。而且，由于语音是稍纵即逝的，也不能重复，因此在口头对话中，特别要求集中注意力，迅速听辨、判断并组织应答言语。

2．表达的综合性

口头表达通常表现为一种面对面的话语形态，听者和说者的关系更为直接。就说话人而言，不仅内容要有针对性，还可以用语气、语调的变化来表达微妙而复杂的思想感情，同时还可以借助表情态势来增强表达效果。就听话人来说，他们对说话人是既在"察言"，也在"观色"，也就是说全方位地接受信息。

3．语言的通俗性

因为语音是稍纵即逝的，要让人迅速接受语言信息，说话人的言语必须通俗易懂。从语法角度看，口语的修饰成分少，自然句多，短句多；从词汇角度看，口语多用俗语、谚语等，还有所谓的"口头禅"；再者就是语气词的使用较为普遍。

4．应用的广泛性

因为口头表达操作运用更为便捷，表情达意更为生动，所以，古往今来它都是人类社会应用最广泛且最有实效的交际手段。

理解应用

● 讨 论

据《语言漫谈》载：有一秀才要买柴，便对卖柴者喊："荷柴者过来！"卖柴者只听见"过来"，但还是走了过去。秀才又说："其价几何？"卖柴者听见了一个"价"字，便报了价钱。秀才嫌贵，便摇头晃脑地说："外实而内虚，烟多而焰少，请损之。"卖柴者不知秀才说的是什么，挑着担子就走了。

就以上材料分小组展开讨论。请说说二人交际失败的原因，结合自己在口头表达方面的真切体会，谈谈"说"与"写"的区别。

● 有效说话与自我评价

争取有效说话是人人都可能的，其关键在于恰当的自我评价。"认识你自己"，阿波罗神庙前的这道铭文再次成为我们进行自我超越的重要谕示。在口头表达方面，由于个人的条件、起点不一样，期望达到的目标也各不相同，因此，要想有效地提升自己，不妨在训练前先进行一些必要的自我审视和定位：我在口头表达方面潜在的优势是什么？最大的障碍是什么？现阶段最需攻克的难关是什么？要实现的第一个目标是什么？一次次追问，一次次行动，必将一步步迈向成功。

二、口头表达的原则与要求

口头表达不能一味追求"口若悬河",说得多不等于说得好,说得快不等于说得妙。当然,"好"和"妙"并没有一个绝对统一的标准。不过,凡事都有底线,也就是基本原则。违反了这些原则,"好"和"妙"也就无从谈起了。

口头表达是最具有个性色彩的语言表达方式。不同的地域,不同的个体,在语法、词汇特别是语音上往往有着自己独特的表达习惯,而且口头表达的临场性也决定了它的随机性和灵活多变性,因此,很难用某一个严格的标准和模式来规定和评判它,但相对的或基本的原则和要求却是可以把握的。

1. 文明礼貌

"言语之美,穆穆皇皇",《礼记》中的此语告诫我们:言谈的美在于谦恭、和气、文雅。

谦恭,指谦逊、虚心、诚恳、恭敬。具体来说就是:不趾高气扬,不贬损他人,不虚言,不妄言,不抬杠,不自夸。和气,指态度温和,语气婉转,给人以大度、大量、大气之感。文雅,指言语纯洁、健康、文明,不脏不俗,不低级趣味,声音轻柔,举止得体。

2. 清晰明了

语无伦次、词不达意、啰唆含糊是口头表达最大的忌讳。要想把话说清楚、说明白,至少要在以下四个方面努力:第一,吐字清晰。口头表达的主要媒体是"语音",语音的质量直接影响着表情达意的效果。第二,中心突出。口头表达最忌无的放矢、东拉西扯、不着边际,这样的说话徒然浪费时间和生命。第三,条理分明。口头表达是主体"内识"的"外化",是对客观事物规律化、条理化的反映。只有思路清晰,才有表达上的清晰。第四,用词准确。口头表达在将思维转换成语言的过程中,最关键的一步是选词,因为词汇是组成语言的基本单位。

3. 切合语境

语言是社会现象,它存在于社会之中,服务于社会生活,同时也受到社会环境的制约。我们将这种制约着语言运用的环境因素称为"语境"。口头表达与社会生活联系得最为紧密，因此，所受到的环境制约也最多。这就要求我们在说话时应充分考虑环境因素，不要"目空一切"，生搬硬套，为说话而说话。

4．声情并茂

人们在说话时不仅要表达思想，还要表达情感。口语相对书面语而言，其优势和特点正突出体现在"表情"方面。说话人应该充分展示口头表达的这一优势和特点，让自己的说话有声有色，富有感染力。

理解应用

● 个案分析

以下是一个关于口头表达的经典范例。根据你对口头表达原则和要求的理解，具体分析当事人是如何体现这些原则和要求的？

1993年底，香港宝莲禅寺天坛大佛举行开光大典，新华社香港分社社长周南与港督彭定康一起被邀请作主礼嘉宾。仪式结束后，彭在答记者问时贬低我港澳办关于香港问题的声明"并不是一份有特别吸引力的圣诞礼物"。记者就此请周南发表意见。周南考虑到在宗教仪式上展开外交争论是不合时宜的，无奈记者追问再三，周南只得作答。周南笑言道："谁搞'三违背'定会苦海无边，罪过罪过！谁搞'三符合'自是功德无量，善哉善哉！"末了一句"阿弥陀佛"，引出在场的人阵阵笑声和掌声。

三、口头表达媒介的演变与掌握

一个国家和民族标准语普及的程度，是衡量其文明程度和国民素质高低的重要标志。我国作为一个多民族的国家，方言非常复杂，从"雅言"到"普通话"，我们清楚地看到一个民族对统一而规范的口头表达媒介的追求。全面推广普通话是社会发展的需要。

（一）从"雅言"到"普通话"

普通话是现代汉民族的"标准语"或"共同语"。其实，汉民族标准语源远流长。早在先秦时期，华夏民族就产生了自己的民族共同语——"雅言"。《论语》中有"子所雅言，《诗》、《书》、执礼，皆雅言也"的记载。编纂于汉初的中国古代第一部词典《尔雅》，其"尔"即"靠近"的意思，"雅"即"雅言"，书名即表示要推广当时的民族共同语。汉代以来，"雅言"改称为"通语"，扬雄《方言》一书就在记录西汉各地方言的同时记录了这种"通语"。明清时期，汉民族的共同语又称为"官话"。"官话"即宋元以来的北京话，它被公认为当时汉语口语媒介的代表，是现代汉语北方话的雏形。这种口语在当时由于取得了"官话"的地位得以通过衙门机关迅速传播到各地。清朝政府甚至颁布法令，"凡不谙官话者，不准送试"，同时还出版了推广官话的《正音咀华》，逐渐将官话推向全国。辛亥革命以后，随着经济和救亡运动的发展，文字改革、言文一致、口语统一的要求日益迫切，拼读官话的字母符号也纷纷诞生。1913 年，蔡元培主持的教育部颁发了"国音汇编"，审定了 6 500 多字的"国音"，此时的共同语始称"国语"。中华人民共和国成立之后，中国科学院于 1955 年召开了现代汉语规范问题的学术会议，会上确定了汉民族共同语在语音、词汇和语法上的标准，同时将汉民族共同语称为"普通话"。

从"雅言"到"普通话"，我们清楚地看到一个民族对统一而规范的"共同语"的追求，看到"共同语"对于人们的社会交往、对于社会政治经济的发展有着怎样举足轻重的作用。

今天，普通话这种以北京语音为标准音、以北方话为基础方言、以典范的现代白话文著作为语法规范的现代汉语标准语，在经过 50 多年的推广后，已普遍地运用于世界所有华人居住地。它不仅是汉族人民的共同语，也是全国各族人民的族际交际语，是法定的工作语言和绝大部分地区的教学语言。

（二）普通话速成指要

1. 明确自身方言与普通话的主要差异

普通话包括语音、词汇和语法三个方面，学习普通话必须兼顾这三者。方言与普通话比较，语音之间的差异较大，词汇次之，语法再次之。如果仅就语音方面说，其差异主要表现在声母、韵母、声调和音变等方面。声母的差异主要体现在 zh、ch、sh 和 z、c、s 的分辨，n 和 l 的分辨，f 和 h 的分辨，zh、ch、sh 和 j、q、x 的分辨，清音声母和浊音声母的分辨等方面；韵母的差异主要体现在前鼻音尾韵母和后鼻音尾韵母的分辨，o 和 e 的分辨，u 和 ou 的分辨，合口呼与齐齿呼的分辨，是否有韵头 i 和 u 的分辨等方面；声调的差异主要体现在调值和古入声字的读音上；音变的差异主要体现在轻声和儿化方面。

2. 了解声韵拼合规律

了解声韵拼合规律包括三方面的内容。首先，了解普通话的声韵拼合规律。例如，双唇音和舌尖中音 d、t 能跟开口呼、齐齿呼、合口呼韵母拼合，不能跟撮口呼韵母拼合，双唇音拼合口呼限于 u，等等。其次，了解方言的声韵拼合规律。这里我们并不是让学习者从语言学的角度去研究方言，而是大致了解哪些声韵拼合是方言有而普通话没有的，哪些又是方言没有而普通话有的，学习时增加普通话有而方言没有的，去掉方言有而普通话没有的。再次，寻求方言与普通话的对应规律。普通话是现代汉民族共同语，方言是局部地区的人们使用的语言，是民族语言的地方分支，它们是同源异流的关系，表现出"同中有异、异中有同"的语言特色。但就一般学习者而言，需要了解的是从方言看与普通话的对应规律。例如，有的方言 b、p、m、f 与 ong 可以拼合，而普通话 b、p、m、f 不能与 ong 拼合，通过整理方言中 bong、pong、mong、fong 音节字发现，这些字在普通话里的读音，声母与方言的相同，但韵母都读 eng。

3. 把握学习的重点和难点

从学习普通话的不同阶段来看，学习的重点和难点是不断变化的。学习初期，重点在语音；语音问题基本解决以后，就要将重点转移到词汇和语法。普通话语音、词汇和语法学习的难点对所有方言区的人来说，都具体表现在方言与普通话的主要差异上。就普通话三要素来看，语音又是学习的重点和难点。不同方言区的人，语音学习的重点和难点可能不一样，有的在声母，有的在韵母，有的在声调。一般而言，声调的学习难度要大一些，克服方言声调需要的周期也相对较长。

4. 掌握科学的训练方法

普通话是口耳之学，口耳之练是提高水平的必要途径。有的人天天练习普通话，可谓"口干舌燥"，但效果就是不理想，为什么呢？原因之一是练习的方法不得当。掌握科学的训练方法，首先，要合理安排训练序列。就听和说而言，在掌握基本语音理论的基础上，训练序列要由听音到发音，即先训练分辨正确与不正确读音的听辨能力，再训练准确发音的发音能力。其次，要精心安排训练内容。训练内容不能简单地停留在字、词上，也不能一味地放在说话中，要注意不同训练内容的不同作用和效果。训练内容要合理构架，以单音节字词为起点、以多音节词语为基础、在朗读和说话中培养语感的内容体系。

（三）普通话水平测试的内容和方法

普通话水平测试是推广普通话工作的重要组成部分，是使推广普通话工作逐步走向科学化、规范化、制度化的重要举措。

普通话水平测试一律以口试的方式进行。测试的范围是国家测试机构编制的《普通话水平测试用普通话词语表》《普通话水平测试用普通话与方言词语对照表》《普通话水平测试用普通话与方言常见语法差异对照表》《普通话水平测试用朗读作品》《普通话水平测试用话题》。

普通话水平测试试卷包括五个部分，满分为100分。第一部分，读100个单音节字词，限时3.5分钟，共10分。测查应试人声母、韵母、声调读音的标准程度。第二部分，读100个多音节词语，限时2.5分钟，共20分。测查应试人声母、韵母、声调和变调、轻声、儿化读音的标准程度。第三部分，选择判断，限时3分钟，共10分。包括10组词语判断、10组量词与名词的搭配、5组语序或表达形式判断。测查应试人掌握普通话词汇和语法的程度。第四部分，朗读一篇400个音节的短文，限时4分钟，共30分。测查应试人使用普通话朗读书面作品的水平。第五部分，命题说话，限时3分钟，共30分。测查应试人在无文字凭借的情况下说普通话的水平。

理解应用

● 讨 论

一、结合自己的经验谈谈为什么要全面推广普通话。

二、在所在班级选择几种有代表性的方言，说说它们与普通话的区别。

● 设 计

结合个人实际制订一个提高普通话水平的训练计划。

【阅读作品】

语言的功能与陷阱

王 蒙

　　文学是语言的艺术,所以人们研究文学时对语言的问题会有很多的兴趣。我在这儿讲一点个人的体会,这些体会可能都非常粗浅,碰到真正的教授,特别是在座的还有语言学专业的老师和学生,可能让你们见笑。我只是谈一点个人的体会。

　　我先说语言的功能。语言的功能实在是太大了。马克思主义认为人和动物的根本区别是劳动,劳动创造了人。我相信马克思主义经典,他们提出这样的命题当然有他非常科学的根据,我就不仔细说了。1949年8月我到中央团校学习,第一章就是猴子变人,而猴子变人就是劳动所起的作用,恩格斯专门写过这方面的论述。同时我总是琢磨,语言在使人成为人上起的作用,好像不应该比劳动小。马克思主义还有一个理论,说是因为劳动的需要促进了人的语言的发展,这是无疑的。反过来说语言对人的社会生活,包括对劳动,它所起的作用也是不能低估的。这种作用实在是太大,使你觉得有没有比较充分的语言,是人和动物的一个很鲜明的界限,也是一种文明发达不发达的一个很鲜明的界限。我从理论上解决不了这个问题,但这是我始终心里憋着的一句话,就是劳动创造了人的同时,我们敢不敢在这儿说,语言也创造了人?我们能不能设想一个没有语言的人类?我们能不能设想一个没有文字的发达的文化?以上讲的这些,算是绪论。

　　语言的最基本功能可能不需要我细讲,就是它的表意和交流的作用。当然,据说其他的动物也有类似语言的东西。欧洲还有马语家,能够和马对话。最近我在电视里看到国外一个地方,出现一个马的杀手,一个精神变态者专门杀马,为了破案,请了马语专家和当时在作案现场的马来交谈,询问杀手的长相是什么样。我觉得这是一个很惊人的故事。中国古代也有类似的故事,例如公冶长的故事等。但是起

码马语没有人语那么发达。如果马语比人语还发达的话,那么今天在这个讲台上的,可能就是一匹公马。(笑声,掌声)

我还常常想到语言的记录与记忆的功能。各种的事情都是一瞬间,所谓"俯仰之间已成陈迹"。成了陈迹以后,当然会留下许多东西。很多的成了遗物,但是更充分的记载靠的是文字,而文字记录的当然就是语言。有时候我觉得这世界上什么东西都在迅速地消逝着,那么我们看到的,能够存留下来的呢?除了遗物而外,就是文字,就是文字的记录。

…………

我觉得语言还有一种帮助思想、推动思想的功能,不但变成思想的符号,变成思想的载体,而且变成思想的一个驱动力,成为激活思想的一个因素。我曾经很喜欢一篇文章,一个英国人写的,文章的题目叫做《作家是用笔思想的》。他讲的就是作家思想过程和写作过程是分不开的,并不是作家想好了一切才能写作的,恰恰是只有在写作的过程中,他才使自己的思想慢慢地变得明晰,使他的形象慢慢地变得鲜明,使他的故事开始找到了由头,从这个由头发展到那个由头,从那个由头又和另外一条线发生了联系。我觉得他说得非常对。

小时候我老想一件事,怎么那个巴尔扎克能写那么多东西啊,巴尔扎克的脑袋得多大啊,否则他怎么能装那么多的故事、那么多的人物呢?后来我才明白,并不是那些故事都现成地装在巴尔扎克的脑袋里的,脑袋里装着四百多部故事,不可能,会累死的。巴尔扎克不停地生活、感受,头脑中不停地生发着各种各样的语言,这些语言编织起来,串起来,他从这一串又会引起那一串,这中间有联想、有判断、有分析、有追忆、有比喻。比喻甚至于也不是事先就想好的,事先想好,这一般不大可能。当然我不能够绝对地这么说,因为作家里有各种的例外。我听过一次老舍先生的讲演,他说茅盾先生是最有计划最仔细的一个人,他的任何一部长的作品,在写作之前都写了很仔细的提纲,然后他基本上按提纲写下来。我知道的作家能够这样有计划的只有茅盾先生一个人。其他的大部分作家(我不知道赵玫你是不是这样)在写作过程中,他的思想是慢慢地获得一种形式,慢慢地变得有一点明晰,又慢慢地产生新的困惑。在写作的过程中,一个故事的开端,就像种棵树一样,初始的想法就像是一颗种子。刚开始写的那几章,就好像在那儿松土，拱动，然后开始发芽，长出一枝枝子来了，又长出别一枝来了，然后它的主干也长得粗一点儿了，这个时候它又受到了风霜雨雪，或者是正面的，或者是反面的影响，它又发生了一些变化，等等。相反，如果你不用语言来梳理你的思想，不用语言来生发你的思想，不用语言去演绎你的思想，那么你的思想是不可能成熟起来的。

....

语言要讲语法，语法方面不是我的长项，所以我不仔细说，说深了容易露怯。我想语法的许多东西和逻辑是分不开的，语法的发达和逻辑的严密有非常密切的关系。所以语言的发展和逻辑学的发展、思辨的发展有非常密切的关系，可以说语言推动了思想和逻辑的发展。

语言不仅仅有推动思想的作用，它还有很强烈的煽情的作用，它有形成、推动和发育人的感情的作用，以至于有些时候，我现在想不清楚，究竟是语言形成了感情，还是感情形成了语言。……

我最近喜欢钻牛角尖，老琢磨语言文字的修辞作用。我觉得人类文化的一个基本的功能，就是修辞，当然这是把修辞的意义从更宽泛的角度上来考虑。比如说求爱，或者说求偶，那么不同的词，代表着不同的文化含义，差别实在太大了。比如《阿Q正传》，阿Q向吴妈求爱，阿Q脑袋里想的是小孤孀吴妈，他的语言是什么呢，突然他跪下了："我和你困觉，我和你困觉！"这是阿Q的语言，他缺少修辞（笑声），他太缺少修辞了。如果是徐志摩呢（笑声，掌声），如果是徐志摩，他说"我是天空里的一片云，偶尔投影在你的波心，你不必讶异，更无须欢喜……"，就完全不一样了，其实他们想的是 the same job，干的是一样的活。如果要是薛蟠呢，薛蟠我就不能引用了，不堪引用了。贾宝玉就不一样，贾宝玉住在大观园里，他写的那些诗和薛蟠的当然不一样，林黛玉也不一样。所以修辞对于人的作用实在是太大了。修辞不仅仅影响了人的语言，而且影响人的生活的一切的一切。

如果你在商店里买东西，和售货员发生了冲突，这个时候你考虑一下修辞的问题，你的表现就会得体得多，文明得多。如果你对待自己的孩子，对一件事非常震怒的时候，你考虑一下修辞的问题，我觉得你的表现会更与南开大学师生的身份更加契合。

所以说，修辞的功能，是一种文化的功能。这是不可缺少的，有修辞和没有修辞是不一样的。所以我到各个大学都讲，特别是对大学的男生们讲，你们一定要关心文学，爱文学，一定要会修辞，否则将来你们怎么写情书呀，而如果你们情书写得不好，爱情上是不可能成功的。（掌声）同时我也要忠告所有女生，如果你们接到一封情书，文理不通，语言无味，错字连篇，对如此之徒的求爱根本不予理睬。（笑声）

....

当然文学本身还有一种艺术的功能，一种审美的功能。语言本身，语言和文字，尤其中国的文字它本身就非常的漂亮，本身它就有一种形式的美感。这个事情我也觉得非常的奇怪，这个审美的过程，有时候我常常觉得这是一个进行无害处理的过程，它好像有一种化学的作用。大家知道，我个人对中国的古典文学也非常有兴趣，也是愿意读这方面书的一个学生，所以我才有机会很感动地读了罗先生的书。还有一个我喜欢读的是李商隐的诗，李商隐的诗相当消极、相当颓唐。一次科举考试没有成功，他居然在诗里说"忍剪凌云一寸心"。这话说得太重了，那时候他还很年轻啊！很多人由于喜爱李商隐的诗，非常同情李商隐，认为李商隐仕途的挫折就是由于当时的牛李党争，由于唐朝政治的黑暗和腐败造成的。我丝毫不怀疑这个，但是我同时觉得李商隐这个人的心理的承受力是相当差的。所以我老设想，如果从组织人事部门的角度考察李商隐，你当然可以把他封为诗歌大王、诗歌天霸，这都可以，但是你很难任命他当干部，哪怕是做南开大学中文系的系主任。但是他把这些悲哀的东西、消极的东西、颓废的东西变成了非常美丽的艺术品。比如说："红楼隔雨相望冷，珠箔飘灯独自归"，这本身悲哀极了，但是他又是珠箔、又是红楼、又是雨、又是归，他变成了一个美的艺术品。比如写爱情的压抑，人和人相通或者交往上的困难，特别是爱情交往上的困难，他说："身无彩凤双飞翼，心有灵犀一点通"，甚至于他说得非常颓废："春心莫共花争发，一寸相思一寸灰"，真是消极到极点了。然而这种情绪一旦变成了文字，变成了艺术品以后，很整齐，有对仗，有音韵，又有非常美好的形象。李商隐还善于用蝴蝶、花呀、玉呀等各种美丽、富贵的形象来描写他自己颓唐的心情，我觉得这就是李商隐对他的颓唐心情的无害化处理。你看他诗的时候，不担心他会自杀，不会有那种紧张感。相反，你除了觉得他很悲哀以外，又会觉得他的这种遣词造句，他的这种精致，他的这种匠心，他的这种营造一个精神园地、一个精神产品的能力太强了。

……………

那么我还要说，语言和文字还有一种功能，有一种信仰的功能，有一种神学的功能，就是对于很多人来说，语言文字可以神圣到变成一种信仰，它可以变成神。各个民族都在寻找一种奇怪的、独特的、秘密的，甚至是诡秘的语言和文字，认为找到了这种语言和文字以后就可以获得超自然的力量，可以获得超自然的坚强。比如我们都知道"芝麻开门"，你如果掌握了它，就可以使密室的石门洞开，而所有的金银财宝、各种财富就会属于你。我们知道起码有一些佛教教派，他们认为有一个词叫做：唵吗呢嘛咪哞。它来自梵语，就是南无阿弥陀佛。但是你念到这些字的时候，就和弥勒佛相连，会感到一种平安，而且感到佛的力量会帮助你战胜魔的力量。当然也有反动会道门，如解放初期的一贯道，张口闭口就是"无太佛弥勒"。人们使某一些语言、某一些概念、某一些词语凌驾于人的生活，使你对它有所崇拜、有所敬仰，而这些东西除了在语言中存在以外，你很难在现实中、实际生活中把它抓住。比如说"神圣"，比如说"终极"，谁看得见"终极"？看不见，也听不见。但是几乎所有民族的语言里，都有类似于"终极"这样的词。总会有一些非常神圣、非常伟大、非常崇高的一些词，这些词不但表了意，不但审了美，不但做了记录，而且它本身可以膨胀起来，可以升高起来，本身成为一种价值，成为一种标准，成为一种理想，甚至于成为上帝，成为神。

所以，语言和文字所起的作用，你要是琢磨起来实在是琢磨不完。它还有一些跟上面说的相比较似乎是很细微的作用，比如说形式的作用，比如说游戏的作用等。语言游戏、文字游戏太多了，而且这个游戏是天生的，不需要别人来教授的。20世纪60年代初期，那时候北京小孩子中流传着一个童谣，这个童谣没有任何人教授背诵，但是几乎所有的小孩都会，我待会儿一说你们也都会，而那些被教授、被推广的童谣，却都忘了。那首童谣就是："一个小孩写大字，写、写、写不了，了、了、了不起，起、起、起不来，来、来、来上学，学、学、学文化，画、画、画图画，图、图、图书馆，管、管、管不着，着、着、着火了，火、火、火车头，头，头，打你的大背儿头。"这童谣既不像记录，也不像交流，交流什么呢？但是它传播开来了。我只能把它解释成文字的游戏。是不是里面有更深奥的内容？我现在看赵玫的表情，依她的年纪，她好像对这个有更深的体会。

…………

还可以说很多，我刚才已经说得很多了。但是大致上我说了语言的三方面的功能。一个功能是现实有用的功能，包括交流，包括表意，包括记录，包括传之久远，这是现实的和有用的功能。第二个功能是生发和促进的功能，它推进思想、推进感情、推进文化、创造文化。第三个功能是一个浪漫的功能，是语言和文字离开了现实或者超出了现实的功能。

下面我想讲一下语言的另一面，就是：语言是一个陷阱。语言为什么又可能是一个陷阱呢？因为语言发达以后，就会产生麻烦，第一个麻烦，最简单的一个麻烦就是语言和现实、和你的思想感情脱节，这是完全可能的。

今年10月份的《读书》杂志上有一篇文章，是通过轮扁斫轮的故事，来讲言能不能表达意的问题。大家都知道，《庄子》上有这么一个故事，轮扁就是一个会砍车轮的木匠。齐桓公在那儿看书，轮扁路过，说道：桓公，您在看什么？桓公说：我在看圣人的书。轮扁就说：无非是糟粕而已。桓公就有些不高兴了，说：我看是圣人的书，你居然敢说是糟粕，你给我讲讲，为什么是糟粕？讲不出道理来，我就要惩罚你。轮扁就说：我是做车轴辘的，我全靠自己的经验，靠我的摸索，研究出一套砍轮子的方法，特别是把握砍削力度的关键时刻，动作慢了轮子则甘而不固，动作快了轮子则苦而不入，这种精微的力度把握，能够用语言用书来教吗？如果语言连教会人砍轮子都做不到，它还能教会你治国平天下吗？因此，能够写出来的都是糟粕，真正的好东西是写不出来的。这个砍轮子的木匠，确实厉害呀。如果这个木匠在这儿，我决不敢应聘当南开大学的兼职教授，我们要请他做学术领头人哪。

我们中国常常讲的言不尽意，言有尽而意无穷，就是你那些最微妙最重要的体会，恰恰是语言所表达不出来的。砍轮子你表达不出来，教游泳你也教不出来呀。如果你就靠一本又一本书，哪怕你买一千本关于游泳的书，也学不会游泳。记得我小时候看武侠小说，看得入迷了，我曾经积攒多少天的买早点的钱，买了一本太极拳图解，最后我发现按照书练太极拳太困难了，那真是比推翻三座大山还困难。你要学会太极拳，就得请一个师傅，面对面地教给你，把你的肩膀"叭"一砸，这儿太高了，腿抬起点儿来，这儿慢一点，那儿远一点，就行了，否则你学不会。

言不尽意而外，还有一个文不尽言。有很多语言的内涵是文字所无法表达的，语言除了有相应的字以外，还有语调，还有语速，还有语境，还有说话者的表情，还有说话者的身份等等。

....

即使是好的、成功的语言表达和文字表达，也还面临着可能异化的命运，变成了俗套。本来很好的一句话，被变成了俗套，就变成了虚伪，变成了教条，变成了机械重复。这样的例子也是不计其数，我就不一一举了。就是说，它已经丧失了它原本的、原生的力量，那种鲜活，那种魅力。这是一种情况。

还有一种情况呢，本来很好的一句话，太普及了，就把它降低了，过于通俗化了。我把它称之为"狗屎化效应"。本来两个人之间学术争论，很有趣味。可是，两边的仗义的老哥们、小哥们都出来了，然后就开始互相揭发隐私，最后就变成一种争吵。比如说，仁孝忠信，礼义廉耻，那都是多么好的词啊，但是这些词最后变成了什么？变成了人们最厌恶的、最没有新意的、最拿不出精神成果的人所重复的话。再比如说中庸之道，中庸之道现在是很吃不开的，你一讲中庸马上让人感觉到你是一个含含糊糊、两面讨好、模棱两可、不男不女、不阴不阳这样的人。所以说不管多么好的命题，不管多么好的语言都是有懈可击的。只要你把这个话说出来了，就能被驳倒。毛泽东说：马克思主义的道理千条万绪，归根结底就是一句话，就是造反有理。这个可是太容易驳倒了，要就这一句话的话，那么马克思主义出那么多书都没用了吗？当然不是。其实毛泽东很精彩，只有毛泽东敢这么说，谁敢这么总结马克思呀？算了，有些例子不要举了，因为我再举例子，我举的每个例子都会被你们及时地驳倒。

所以我觉得对语言文字的东西，在发挥其奇效的同时又要看到它薄弱的一面，对我们来说是非常必要的。语言文字还有一个陷阱，就是语言文字它可以反过来主宰我们，反过来扼杀我们的创造性，扼杀我们活泼的生机。

中国的历史最具明证了，毛主席也是痛感这一点的。他在延安的时候曾经非常愤激地说：教条主义不如狗屎，狗屎还可以肥田，但是教条主义，连肥田的作用都没有。毛主席为什么这么愤激？因为他看到了这一点，就是你如果把共产主义当作教条，把马克思主义当作教条，把联共（布）党史读本当作教条，其结果，这些东西就会主宰你，就会造成危害，甚至是灭顶之灾啊！正如我前面所说的，这既是语言的功效，也是语言的陷阱。

……………

《伊索寓言》里有这样一个故事。伊索是个会说话的奴隶，奴隶主说：伊索，你给我做一道菜，把世界上最好的东西做成菜。然后伊索就端上来了，全部是舌头，就是口条。奴隶主又说：伊索，你把世界上最坏的东西做成菜拿上来。然后伊索又端上来了，还是舌头，还是口条！口条是最好的，也是最坏的。但是也不能把它们平分秋色，我觉得好的还是为主的。我希望我们南开大学的同学们在语言和文学的学习上取得更大的成就，并希望大家及时把我说的话驳倒，免得我误导大家。谢谢。（掌声）

选自《文学自由谈》，2004 年第 1 期。有删节

【作品聚焦】

关于作家王蒙的这篇在南开大学所作的学术演讲，撇开其学术性、思想性不谈，单就其九次掌声、五次笑声的现场效果记录来看，足见其深谙口头表达之道。学术演讲不在于煽情而在于清晰缜密、生动透彻。王蒙出于对"清晰缜密"的考虑，时时不忘留下思维的"路标"，且不失时机地引导、概括和总结。而为追求"生动透彻"，演讲者则誓将"比喻""例证"以及"风趣幽默"进行到底。此外，正如演讲者在演讲中所说的，语言除相应的字以外，还有语调、语境、演讲者的表情、身份等元素，这些我们虽不得身临其境地感知，但从讲词所呈现出来的自然、亲切、具体、形象等特征上，我们不难体察演讲者强烈的听众意识以及控场欲望和能力。

单元能力训练十四（心理素质与口头表达）

能力聚焦

心理素质与口头表达

心理素质对于口头表达的意义是显而易见的。特别是对于一些"初学者"来说，心理素质往往决定着一次"说话"能否顺利完成，当然也决定其最终的效果。事实上，有许多满怀热情并渴望能够享受慷慨陈词之快感的人，都遭遇过面对听众时的心慌意乱，甚至是精神崩溃、落荒而逃。可见，良好的心理素质是口头表达效果良好的重要前提和根本保证。良好的心理素质通常表现为如下三个方面。

1. 强烈的成功欲

欲望是人所共有的心理现象，也是人们思想行为所共有的一种内在驱动力。就口头表达而言，其成功欲表现为一种获得交际效益的欲望和快感。如果作进一步的剖析，它则是征服欲、社会责任感和渴望行动等心理动态和意识的统一。成功欲是促进一件事情成功的主观因素，当然也是事情成功的必要条件。在多数情况下，成功欲还外化为一定程度的激动、兴奋和紧张，所以，有经验的说话人通常都不十分惧怕"紧张"。在他们看来，"紧张"并不见得就是坏事，恰恰相反，这种"紧张"甚至是十分自然、必要和有益的。我们应该正确对待"紧张"问题，及时调整好自己的心理状态。

2. 充分的自信心

自信心指一种对自我的认同和肯定，它是说话者重要的心理支柱。自信心可以坚定说话者的意志，可以充分发挥说话者在各种复杂情况下思维的创造性，还可以增强说话者现场表达的自如度和表现力。一位心理学家曾做过这样的实验：对一个内向、胆怯、不善言辞的女孩给予充分的肯定、赞扬，很快，该女孩的言谈举止就变得大方得体，较先前判若两人。实验说明，对许多人来说，不是不能，而是不自信。

3. 坚强的自制力

自制力就是人们根据需要对自我情绪和情感（包括喜怒哀乐和紧张等）进行调节控制的能力。自制力不仅是重要的心理能力，也是意志力的表现。自制力的根本作用在于抑制和克服消极心理的影响，调动和发挥积极心理的功能，以保证说话者主动适应各种语言环境，充分发挥口头表达潜力，在任何情况下都能获得良好的表达效果。

在口头表达中，最需要控制的不良情绪还是"紧张"，准确地说是"过度紧张"。虽说一定程度的紧张是自然的甚至是必要的，但"过度紧张"就像一根绷断了的弦，是发不出任何乐音的。

点子库

口头表达与自制力

一、控制紧张的方法：1. 生理缓解法。就是通常所说的"深呼吸法"。2. 心理调节法。就是用积极的心理暗示赶走消极的心理暗示的方法。针对可能有的消极心理暗示，不妨抢先用另一些暗示来取代它："某某人的讲话也很一般""我只要把心里的想法讲清楚就行"等。3. 转移目光法。就是将听众投射到自己身上的具有压迫感的目光暂时地移开以缓解紧张的方法。

二、自制力训练法：1. 目光对接训练。有意识地与他人的目光相碰或对视，尽量做到亲切、镇定、自然。2. 话题激将训练。用一些刺激性的话题诸如"脆弱啊，你的名字就是女人！""四肢发达的人大多头脑简单"等激怒说话人，同时要求说话人在"还击"时控制情绪，做到镇定自若、不卑不亢。3. 意外应变训练。设置各种偶发事件，或者设计一些难题、怪题，或者故意提出反对意见，要求说话人以诚恳的态度或巧妙的措辞轻松顺利地化解。

单元综合训练题

一、"会写的人不一定会说"，这种说法对吗？为什么？

二、说与听的关系如何？

三、要做到说话清晰、准确应注意些什么？

四、选择一篇散文，运用普通话声情并茂地朗读。

五、如何克服演讲中的"怯场"情绪？

六、阅读下面文章并回答如下问题：1. 主人公在文章前后发生了什么样的变化？为什么会发生这样的变化？2. 如何在几秒钟内变得自信？3. 塑造自我形象对口头表达有何意义？

姿态改变人生

朱丽叶·彼尔森

他看起来像个了不起的大人物。记得那个中年男子在柜台前付款的时候，我曾不由自主地这样想。某些地方使他与众不同，连那个帮助顾客包装物品的小男孩也看出这一点。他充满敬意地看了他一眼，手里包装的速度也比平常快了。

他到底有什么与众不同呢？他长得那么平常，看起来好像长得很高大，我仔细看看，其实他比人们的平均身高还要低一些，穿着一件简单的周末运动服。

当他转过身离去的时候，我又禁不住盯着他看了看。原来，他昂首挺胸，好一派男子汉的风度，他气宇轩昂地走出超级市场。

相比之下，我们这些人相差得多么悬殊呀！给他结账的售货员像霜打过的一样。其他那些提着篮子的顾客也和我一样，都无精打采。我从侧门的镜子看了看自己，多么像疲惫的家庭主妇啊。

突然，我记起了母亲在我儿时反复强调的一句话："昂首挺胸，就像上面有绳子扯着你耳朵一样！"

我不知不觉挺起胸来，镜子里面映出了一个自信的女人。可是，当我匆匆忙忙在下午5点交通高峰时期通过拥挤的街道回到家，又忙着准备晚餐时，优美的身姿又荡然无存了。

第二天在百货公司试衣服时，我又想起了这件事。我试了几件衣服，不是这儿鼓起来，就是那儿紧巴巴的，都不合适。我想，也许换个角度，看起来会好一点。我发现自己的姿势太糟糕了。我猛地想起超级市场见到的那个中年人，挺拔的身躯看起来那么令人赏心悦目。如果我也这样，穿起衣服是不是能好看一些呢？

我挺起胸来，再看看穿在身上的衣服，那些难看的鼓包和皱褶都不见了，线条和轮廓也显现出来了，我喜欢这件衣服。

"真漂亮！"帮我试衣服的店员赞许地说，"你喜欢这一件吗？"

"是的，它使我苗条多了。"我说。

啊，真的，我好像减轻了两三公斤体重。我想起了以前在杂志上看过的减肥文章的标题："怎样在几星期内减轻体重？"我现在有了一个新标题："怎样在几秒钟内苗条起来？"

　　挺胸抬头之后，我是不是显得年轻了一些呢？我觉得的确如此。于是，我又有了一个新标题："怎样在几秒钟内显得年轻一些？"我还发觉，平时上商店买东西时腰痛的感觉也消失了。开车回家的路上，我觉得自己在其他方面也得到了改善，比如，呼吸的方法也不同了，我进行深呼吸，内脏都各就各位，十分舒适，不像以前那样挤在一起了。这样，又一个标题在我的脑际涌现出来，"怎样在几秒钟内觉得舒服一些？"

　　然而，没过多久，我就有些不习惯了。多年养成的坏习惯总是难以纠正过来，也许就是这个原因，我不大想去参加晚上的舞会。我弓着腰，低着头，总觉得和那些人合不来。我怕举止不得体，说出有失身份的话来，惹别人笑话。

　　晚饭后，我勉强地穿上那身新衣服，走到镜子前，看了看自己的形象。我命令自己挺起胸来，并想象有绳子扯着我的耳朵往上拉，尽量地挺胸抬头。就这样，我决心去参加今天晚上的舞会。

　　使我惊奇的是，我的姿势改变了我的外表。使我更惊奇的是，它同时改变了我的精神、态度和自我感觉。当我昂首挺胸的时候，头脑产生了细微的信号——我信心十足，知道自己的价值。据我观察，其他人的反应也在发出信号——他们尊重我！

　　我开始觉得轻松起来，与周围的人们交往也更大方而且得体了。啊！我多么自信，多么开朗，在社交场合多么得意啊！

　　夜晚，我躺在床上，想到晚会上的奇迹，于是，又一个新标题出现在我的脑海中："如何在几秒钟内变得自信？"

　　此后的几周，我发现坚持挺胸昂首的好姿势，使我获益匪浅。我挺起身躯，感觉到自己比从前好得多了，内心深处，也更加幸福愉快了。

　　后来有一天，我又去商店买东西。售货员似曾相识地看着我，问道："你是个大人物吧？"

　　"嗯，也可以这么说，"我说，"我是大人物，我们大家不都是大人物吗？"

　　　　　　　　选自沈启编著《学好口才闯天下》，黑龙江美术出版社 2005 年版

第十五单元 口头表达的基本方法

一、选用词语的方法

口头表达要取得好的效果，必须准确用词和适当选句。注意同义词的理性意义、色彩意义及用法方面的差异；恰当地使用语气词，使话语说得委婉、顺畅；根据表达内容和语言环境的需要，选择最恰当的句式。

（一）词语的选用

词是语言的基本材料。一个人语言掌握好坏的根本依据在于他的词汇是否丰富，进而，在口头表达时必须选好词，用好词。

1. 同义词的选用

现代汉语词汇存在大量的同义词。同义词是指意义相同或相近的词。同义词根据其义位的差异分为等义词和近义词。义位完全相同，在任何语境中都能替换的同义词叫等义词，如"大夫—医生"。近义词是指义位的理性意义和色彩意义不完全相同的一组词，如"成绩—成就"。同义词之间的细微差异，表现在词的理性意义、词的色彩意义和词的用法三个方面。

(1) 词的理性意义的差别

词义中同概念有关的意义部分叫做理性意义，词典对词目所作的解释主要是理性意义。同义词理性意义的差别主要表现在词义的侧重点、词义的轻重程度、词义的范围大小、词义所表示的集体与个体等方面。

第一，词义的侧重点不同。词义的侧重点不同是指同义词的词义在强调的方面不同。例如："才能—才干—才智—才华"，均指人们在各种社会实践中表现出来的优异认识能力和创造能力。但"才能"表示知识和能力，侧重指人对知识、技能的掌握情况；而"才华"则指人表现于外的才能，侧重指文学艺术方面的能力和特长等。

第二，词义的轻重程度的差别。一组同义词在词义上有轻重、强弱的不同。例如："优良—优秀—优异"，都表示在某一方面很好。"优良"强调十分好和相当好，意思比较宽泛，词义比较轻一些；而"优异"就有"特别好，好得不同凡响，出类拔萃"的意味，词义比"优良""优秀"都重。

第三，词义的范围大小的差异。一组同义词的几个词义在所指称对象的范围大小上不同。例如："供养—赡养"，都有向另一方提供生活所需的意义，但"赡养"意义范围较小，只用于对父母或年长者的奉养。

第四，词义所表示的集体与个体的差别。词义所表示的客观对象有的是个体的，有的是集体的。例如"马"和"马匹"是一组同义词，都表示"马"这种客观事物。但"马"既可以指具体的"一匹马"，表个体，也可以指"很多马"，表集体；"马匹"只可用来表示集体。

(2) 词的色彩意义的差异

一些同义词的词义具有口语色彩和书面语色彩的语体差异。在口头表达中，一般应使用口语词，尽量少用书面语词。如："鼓励—鼓动—鼓舞"，都表示振奋、激励的意思。"鼓励"着重指激发、勉励，使之进取，带褒义色彩；"鼓动"着重指用语言文字等激发人们的情绪，使之行动起来，属中性词，可以指好事，也可以指坏事；"鼓舞"着重指使人振作起来，增加信心和勇气，带褒义色彩。

（3）词的用法方面的差异

第一，搭配对象不同。由于词义的侧重点、范围和约定俗成的语言习惯的不同，一些同义词的搭配对象往往不同。例如："充足—充沛"，都指能满足需要。但"充足"的搭配对象多是自然界或物质方面的东西，如"光线充足""经费充足"；"充沛"的搭配对象大多是"精力""感情"。

第二，词性和句法功能不同。有些词义的差别表现为词性和句法功能的不同。例如："突然—忽然"，都可以作状语，指动作行为变化快，出乎意料。但"突然"是形容词，有"突如其来"的意思，可以作谓语、宾语、状语和补语，如"情况很突然""出现得突然"；"忽然"是副词，指时间短促，只能作状语。

2．语气词的选用

语气词是在句尾或句中停顿处，表示种种语气的词。它不作句子成分，也不表示成分与成分、分句与分句之间的语法关系，但是它可以表示句子的疑问、祈使、感叹、陈述的语气。以下以"啊"为例加以说明。

"啊"的语法意义是使语气和缓，增加感情色彩，它可以表示感叹语气、疑问语气、祈使语气、陈述语气等。口头表达中，正确使用语气词"啊"，可以收到美化语言的修辞效果。

（1）在反问句、选择句或有疑问代词的问句里，用语气词"啊"在语感上要缓和些。例如：

你怎么这样处理？
你怎么这样处理啊？

（2）用在祈使句的后面，可以把请求、劝告的语气表达得更充分，不致被误解为指责或教训对方。例如：

不要拘束，都坐下！
请不要拘束，都坐下来啊！

（3）用在表达批评、质问内容的句子中间的停顿处，也可以起到舒缓语气的作用。例如：

你真是一错再错！
你啊，真是一错再错！

（二）句式的选用

句式就是句子的形式。句子的形式是多种多样的，从结构上看，有单句和复句；从句子成分的位置看，有常式句和变式句；从语气上看，有肯定句和否定句；从主语是施事还是受事的角度看，有主动句和被动句；从字数上看，有长句和短句。句式不同，表达效果就不一样。

1. 常式句与变式句

现代汉语的语序比较固定。就单句而言，一般是主语在前，谓语在后；谓语在前，宾语在后；修饰语在前，中心语在后。就复句而言，一般是偏句在前，正句在后。这种形式的句子是常式句。有时，根据表达内容、说话目的、态度的不同，也可以在不违反语法规则的前提下，把常式句的句子成分或分句位置作些变化，于是就有了变式句。例如：

走吧，你！（主语和谓语倒装）
看来老赵是不会来了，他的身体还没有完全恢复。（偏句和正句倒装）

2. 肯定句与否定句

肯定句和否定句表达的意思基本相同，但语意的轻重、强弱有差别。否定句还有单重否定句、双重否定句和多重否定句之分。一般地说，单重否定句的语意比肯定句轻些、弱些。例如："这孩子聪明。""这孩子不蠢。"前者用肯定句语意重些，后者用否定句语意就轻得多。

双重否定句常常是连用两次否定，也有用一个否定词加上否定意义的动词或反问语气构成的。双重否定表示的是肯定，但比一般的肯定句语气更强、更加肯定。例如：

每一个优秀的人，都是靠智慧和拼搏取得成功的。
没有一个优秀的人，不是靠智慧和拼搏取得成功的。

3. 主动句与被动句

主语是动作行为的发出者的句子叫主动句，主语是动作行为的接受者的句子叫被动句。一般来说，主动句比被动句更明确有力，平时用主动句的时候也多些。但在有些时候，为了突出被动者，或主动者不需要说出、或不愿说出、或无从说出时，选用被动句比选用主动句更为合适。例如：

人们的热情被激发起来，演出广场顿时成了欢乐的海洋。（主动者不需要说出）

"文革"时期，他被强迫离开生活了30多年的城市。（主动者不愿说出）

理解应用

● 讨 论
因词、句使用不当而造成的不良口语有哪些？

● 解 释
就词、句的选用而言，怎样做到语气表达有礼貌？

二、处理语调的方法

口语借助语调丰富话语内容,加强表达效果。语调即语言的轻重缓急和抑扬顿挫的腔调。处理语调的方法包括升降的处理、停顿的选择、重音的表达和语速的控制等。

书面语言单靠抽象的文字符号传递信息,是无声的,没有辅助手段;口语则可以借助语调加强表达效果,即通过不同的音高、音强、音长和音色的处理,不同速度的变化,来丰富话语内容。

语调有狭义和广义之分。狭义的语调指一个语句的音调模式,也就是语句音高变化的总体轮廓,即将语调等同于句调。广义的语调指语言的轻重缓急和抑扬顿挫的腔调,包括句调的抑扬、语音的轻重和节奏的快慢等。我们所说的是广义的语调。

(一)升　　降

语调的升降指人们说话时语句声音高低抑扬的变化。语调的升降变化可以使语言产生抑扬顿挫的音乐美。语调的升降大体可分为四种。

1. 平调(→)。该调子平稳舒缓,没有明显的高低变化。常用来表示严肃、沉痛、冷淡等情绪。用于陈述说明性语句。例如:

我们的真切呼唤没能把他唤醒。(沉痛)
你想怎么办就怎么办吧。(冷淡)

2. 升调(↑)。该调子由低到高,句末音节上扬。常用来表示疑问、反问、号召等语气,大多与急切、亢奋的情绪相联系。用于问句和感叹句。例如:

难道你还不知道这件事?(反问)
这篇文章是她写的?(惊异)

3．降调（↓）。该调子先平后降或者先高后低，句末音节下降。常用来表示肯定、感叹、请求、祈使等语气，大多与郑重、坚定的情绪相联系。用于感叹句、祈使句和某些陈述句。例如：

多么雄伟的建筑哇！（感叹）
你就原谅他吧！（请求）

4．曲调（∨或∧）。该调子升降起伏多变，或升高再降，或降低再升。常用来表示含蓄、讽刺或意在言外。用于表双关的语句。例如：

您可真是宰相肚里能撑船哪。（讽刺）

（二）停　顿

人们在说话或朗读时，段落之间、语句中间的间歇叫停顿。口语是靠声音传达内容的，要使内容传达得好，必须注意停顿的位置。同一句话停顿的地方不同，意思就不一样。例如：

我看到他｜很紧张。（紧张的是我）
我看到｜他很紧张。（紧张的是他）

1．语法停顿

语法停顿指表示各种语法关系的停顿，包括标点符号显示的停顿和部分句中停顿。标点符号是书面语的重要组成部分，在口语中则需要用停顿来表示（一般用竖线表示停顿，竖线越多，停顿时间越长）。停顿的规律一般是：句号、感叹号、问号的停顿时间长于分号、逗号、顿号，分号的停顿时间长于逗号，逗号的停顿时间长于顿号。句中破折号和省略号的停顿时间需要酌情处理。冒号的停顿时间可长可短。

句中的语法停顿是指显示句子内部各种结构关系的停顿，它的主要依据是句子成分之间的结构关系。在一般情况下，主语和谓语之间、谓语和较长的宾语之间、修饰语和中心语之间，都可以停顿。

2. 强调停顿

为了强调某一事物或突出某个语意、某种感情所作的停顿叫强调停顿。强调停顿不受语法停顿的限制，往往是根据表情达意的需要来决定停顿的地方和停顿的时间。强调停顿的时间比语法停顿的时间要稍长；停顿的位置也比较灵活。例如：

一阵清风徐来，娇艳鲜嫩的盛期牡丹 | 忽然整朵整朵地坠落，铺撒一地绚丽的花瓣。

在"忽"字前停顿一下，将牡丹的"娇艳鲜嫩"和"忽然坠落"形成强烈的对比，突出了牡丹"由青春而死亡，由美丽而消遁"的带有悲壮色彩的凋谢，同时充分地表达了作者对牡丹花落的惋惜和赞赏之情。

（三）重　　音

重音是指在口头表达中需要着重突出或强调的字、词或短语。同一句话，重音位置不同，强调的内容不一样，句子的意思也有细微的差别。

1. 语法重音

根据句子的内部语法关系说得重一些的音节是语法重音。语法重音的位置比较固定，有一定的规律：句子中的谓语、定语、状语、补语一般重读；句子中的疑问代词、指示代词一般重读（"．"表示重读）。例如：

伤口疼得厉害。（补语）
骑自行车的是谁？（疑问代词）

2. 强调重音

为了突出句中的主要意思或强调句中的特殊感情而说得重一些的音节是强调重音。强调重音可以突出话语重点，使话语潜在的意义表达得更加充分；可以表达强烈的感情，使语言感情色彩丰富，增强感染力；可以使对比、反衬、比喻、夸张、排比等修辞手法更加鲜明，更具形象性或气势。例如：

这件事太难办了。（强调"难"的程度）
天才的十分之一是灵感，十分之九是汗水。（通过与"灵感"的对比，突出"汗水"的重要性）
骆驼很高，羊很矮。（以对比重音突出骆驼和羊的特点）

需要说明的是，所谓的"重"并不是一味地加强音量、提高音高。表达重音的方法可以是多样的，如通过声音的高低变化，或高读或低读；利用声音的强弱对比，或重读或轻读；凭借声音的长短、急缓变化，或快读或慢读；借助各种装饰音，如笑音、哭音、气音、颤音等。这些方法可以单独使用，也可以同时运用。

（四）语　　速

语速是说话时语流的快慢。语速是由表达的内容和话语环境决定的，它不仅能准确地传达出说话人或作品的思想及感情态度，也是形成语调节奏的重要因素。语速一般可以分为快速、中速和慢速三种。快速一般用于叙述急剧变化的事情，刻画人物活泼、机警、热情、狡猾的性格，表示说话人斥责、质问和雄辩的声态，表达紧张、激动、惊惧、愤恨、欢快、兴奋的心情，适用于行动迅速、性格豪爽、作风果断、聪明机智的人。中速一般用于感情没有多大变化的地方，或者用于一般的记叙、议论或说明的场合。慢速多用于叙述平静、庄重的情景，表达平缓、宁静、沉郁、庄严、悲伤、沮丧等心情，适用于行动迟缓、性格憨厚、作风懒散的人。例如：

语文教学有实的一面，也有活的一面，两者相依相生，相辅相成，不可偏废。（中速）

洪水冲开大堤，朝村庄汹涌而来，眼看就要淹没屋顶。（快速）

语速和停顿关系密切，停顿少，语速快；停顿多，语速慢。一个句子，说出的快慢不同，表达的态度感情不一样。

理解应用

● 讨 论

重音和重读是一回事吗？如何表达重音？

● 解 释

停顿总是和连接相对而言。停顿的方法有哪些？

三、把握语境的方法

口头表达都是在一定的环境中进行的，并受环境的制约。常言说的"看什么人说什么话""到什么山唱什么歌"，就是语境对口头表达的要求。

语境就是言语交际的环境，是指在交际过程中传递和接受某种语言信息时所依赖的言语内外的主客观环境。在口语中，言语内环境指说话的前言后语，言语外环境可分为主观语境因素和客观语境因素。主观语境因素包括说话者的认识水平、思想修养、心理背景等，客观语境因素包括说话的对象、时间、场合等。口语交际的主、客观语境因素，都对言语的选择和表达效果产生影响。

（一）说话要看对象

常言说："射箭要看靶子，弹琴要看听众。"无论是单向口语还是双向口语，都包含着信息的发送和接收两个方面，要使发出的信息得到及时而准确的接收，口头表达就要看交际对象。

1. 说话要注意年龄的差异

处于不同年龄阶段的人，由于人生阅历、智力水平和感受能力的不同，他们对言语的识别能力和对语言的理解能力也不一样。对不同年龄阶段的人说话时，应根据其年龄的生理和心理特点有所区别。

2. 说话要注意性别的差异

男性和女性言语反应上的差别，是由性别的心理差异引起的。一般说来，男性观察问题和处理事情从全局着眼，不太拘泥于细枝末节；女性则富有同情心，有一定的依赖心理，在生活中往往处于被动。这些心理上的差异，使得他们在言语接收时表现出不同的特点。

3. 说话要注意文化程度的差异

对文化程度低的人说话，语言要通俗，不要说书面语，不要使用非常专业的专有名词，以免产生交际障碍。对文化程度较高的人说话，态度要谦逊，语言要文雅，用词要得体。

4. 说话要注意身份的不同

人在社会活动中，总是以一定的身份出现的。同一个人，在不同的关系、不同的场合，他的身份是不同的。人在口头表达时要考虑自身和对方的身份，选择恰当的表达方法。

5. 说话要注意心境的不同

所谓心境是指人的一种较微弱、持久而具有感染力的情绪状态。喜怒哀乐是每个人都有的情绪，在某个特定的时间内，人都处于某一心境之中。由于心境的不同，人们对同一句话的反应也不相同。

（二）说话要看场合

场合的基本因素是指说话的时间、空间和交际情景。言语交际总是在一定场合进行的，交际双方对言语形式的采用和理解，都要受到一定场合的影响。

1. 正式与非正式

交际场合的氛围有正式与非正式之分。一般说来，在正式场合所表达的内容及采取的形式应当是比较庄重、严肃的，说话要做好充分准备，表达要谨慎，不可想到哪儿说到哪儿。在非正式场合说话要随便一些，话题可以随意转换，谈东谈西、谈深谈浅都行，如果"一本正经"反而使人感到局促、不自然，也失去了随意交流的那一份和谐与轻松。

2. 喜庆和悲痛

交际场合的氛围有喜庆和悲痛之分。说话应与场合的气氛协调。在喜庆场合应说给人带来快乐的事，增加喜庆气氛；在悲痛的场合不要说逗乐的话，要尽量避免提及可能导致他人更加悲痛的话题。

3. 公开和私下

交际场合有公开场合和私下场合之分。公开场合，如教师上课、大会发言等，一般听众多，交际面广。口头表达时内容要正确、周严、简洁，声音要洪亮、清晰，让每一个人都听得清楚、明白。私下场合，如朋友之间少数人的谈话等，一般听众少，交际面窄，气氛比较随便。在这种场合下交际双方的距离比较近，关系比较融洽，一些不便于在公开场合谈论的话题可以在私下场合表达出来。

理解应用

● 讨　论

怎样理解"看什么人说什么话""到什么山唱什么歌"？

● 解　释

怎样做到说话得体？

四、运用态势语的方法

口头表达具有两种物质手段：一是声音，二是态势。在这两大物质手段中，有声语言往往处于主导地位，态势语处于辅助地位。态势语是指在一定程度上能表达思想感情的表情、手势、身姿等。态势语可以替代某些有声语言，弥补其不足；可以强化某些有声语言，增强其表现力和感染力。

作为交际信息载体的态势语，是口头交际双方文化修养和审美能力的体现。从总的方面看，和谐、自然、适度是态势语运用的美学要求。

（一）表　　情

表情主要是指人的面部五官在内心感情的驱使下所表现出的喜、怒、哀、乐、悲、恐、惊等情态变化。

在面部表情中，最丰富最能感染人的是眼神。

眼神的运用有三种方法：一是环视，指视线向四周作有意识的流转，环视全场。环视有利于掌握整个现场动态，照顾全场，是对所有听众的尊重。二是注视，即注意地看，把视线集中到某一局部。注视有亲密注视、社交注视和公事注视之分。亲密注视是亲人或恋人之间使用的注视行为。社交注视是社交场合的视线交流，视线停留在对方双眼与嘴部之间的部位，用于舞会及各种类型的友谊集会。公事注视是用于公事场合的视线交流，视线停留在对方前额的一个假定的三角形部位，一般在商务谈判、外交活动中使用。三是虚视，即眼睑半开半合，眼神似看非看。虚视往往与环视、注视结合起来使用，使眼神不至于飘忽或呆板，也可以表示思考，给听众留下沉着、机敏的印象，还可以用来消除紧张、胆怯的心理。

此外，微笑也是表情的重要内容。它可以沟通感情，融洽气氛，化解矛盾。在交际中适当使用微笑，能获得意想不到的效果。但也不要滥用，要分清场合，适当使用。

（二）手　　势

手势指用来示意的手和臂的各种动作态势。它在态势语中使用频率最高，动作最明显，表达最自由，因而表现力、吸引力和感染力也最强烈。它不仅能辅助有声语言，有时还可以替代有声语言。正因为如此，有人将手势称为"口头表达的第二语言"。

从表意作用上看，手势有指示性手势、象形性手势、情意性手势和象征性手势。指示性手势用以指明所涉及的人或事物及其所指位置，如用手指表示数字、数量、序号、日期等，可加强直观性、条理性和亲切感。指示性手势有实指和虚指之分。象形性手势用以模拟人或物的形状、体积、高度等，增加明确、具体的印象，一般略带夸张，只求神似。情意性手势用以表达强烈的情感，渲染气氛，增强感染力。象征性手势表示某种象征意义，使抽象的思想具体化，引起听话人的联想和想象。

从活动区域上看，手势有上区手势、中区手势和下区手势。肩部以上的手势动作为上区手势，一般带有赞许、肯定、积极、兴奋等意义；肩部以下到腰部的手势动作为中区手势，多表示严肃、坦诚、平等、亲近等意义；腰部以下的手势动作为下区手势，常表示鄙视、憎恨、厌恶、否定、反对等意义。

在手势运用中，我们尤其要学会握手。握手除了表示见面时的礼节外，还承载着丰富的情感信息。如当他人遭受失败时，握手表示理解和鼓励；与合作的人握手，表示期待；与对立的人握手，表示和解，等等。握手还要注意主动与被动之分，要注意力度适中等。

（三）身　　姿

身姿指人的身体姿态的状态和变化。身姿不仅可以起到强化口语信息的效果，还可以反映一个人的素养、气质、风度以及思想、性格等。

1. 站姿

站姿是身躯站立的姿态，主要通过肩、腰、腿、脚等部位动作的变化体现。不同的站姿表示不同的意义。弯腰曲背式的站姿，给人以精神不振、意志消沉、心情压抑、老态龙钟的感觉；两手叉腰式的站姿，往往表现自信、兴奋和进攻；双腕交叉式的站姿多用于女性，表示紧张或拘束不安；反背手的站姿或表示权威、自信、亢奋，或表示思索、犹豫。

标准站姿要求上半身挺胸收腹，腰直，双肩平齐、舒展，双臂自然下垂，两眼平视，嘴微闭，面带笑容；下半身双腿靠拢，两腿关节与髋关节展直，身体重心落于两脚中间。在正式场合，不同性别要求略有差异：男士在站立时双脚可稍稍叉开，但最多与双肩同宽；女士在站立时双脚成"V"字形，脚后跟应尽量靠近。在舞台上人们则一般站成"丁"字步，两腿不要紧贴在一起，前后交叉距离不要太大。

2．走姿

根据行走时的姿势，走姿可以分为以下几种类型：第一，轻盈型。步伐轻巧，重心上提，速度稍快，表示喜悦、兴奋。第二，高昂型。抬头挺胸，昂首阔步，步幅大，表示自信或傲慢。第三，思索型。步伐迟缓，踱来踱去，眼睑下垂，眼睛俯视，表示思索。第四，焦虑型。步幅或大或小，速度快，眼睛平视或俯视，不停地来回走动，表示焦虑。第五，沉重型。步伐沉重，步幅小，速度慢，表示痛苦、沮丧、自卑或紧张。

3．坐姿

根据场合的不同，坐姿分为严肃坐姿、随意坐姿和半随意坐姿。身体直立，双腿并拢或略微分开（女性多为双膝并拢或脚踝交叉），为严肃坐姿。该坐姿适用于谈判、重要会议等较正式、严肃、隆重的场合，以示郑重。背靠沙发或椅子，双手或放在扶手上，或交叉于胸前，或交叉靠在头后，两腿自然落地或跷二郎腿，为随意坐姿。该坐姿只适用于亲人、非常亲近的朋友之间，表示亲密和友好。半随意坐姿介于二者之间，适用于交谈、接待、非重要会议等场合，有利于营造和谐、融洽的气氛。

理解应用

● 讨 论

态势语的民族特征体现在哪些方面？

● 解 释

态势语的交际功能有哪些？（证据支持）

【阅读作品】

语言的崇拜和迷信

王希杰

> 语言,这位原"披着厚面纱的女郎"确实需要我们从四面八方——物理、化学、生物、社会、系统论、资讯理论、控制论、甚至协同学(着重研究构成系统要素或子系统之间的协调同步作用的理论)等方面,来窥视她那神秘而美丽的面容。
>
> ——仲焱《语言学奇境》

(一)神秘而美丽的面纱

对语言本质的再认识,也可以从语言的崇拜开始。对语言的崇拜,这也是对语言的一种认识,也是一种语言观。

古代印度人非常崇拜语言。在婆罗门教人眼中,语言不但是神,而且是最伟大的女神。在《梨俱吠陀》(Rigveda)中,这语言女神芳名叫做伐克(Vak),她曾经这样宣称:

我说这话时,神人皆喜欢:"我心爱的人,我使他强大,我使他成为婆罗门弟子,伟大的先知,我使他聪慧,我为鲁德拉(雷神)弯弓,射死仇恨婆罗门教的敌人。我为人民作战,我渗透天地。我把父亲背上世界的顶峰;我的出处是在海水里;我从那里出来,混在众生中,身躯触及苍穹,我呼吸如风,比天还高,比地还大,我是这样伟大的。"(第十卷第125颂)

在公元前1500年,用古代梵文写成的,印度婆罗门教最古老的经典《吠陀》(Veda)(意为"智慧")一书中,就有许多赞美诗是奉献给语言女神的,说她从一开始就同诸神在一起,完成了丰功伟绩,造就了无数奇迹。但是人所知道的只不过是其中的一部分。在其中的《奥义集》(Upanishads)中,说语言是母牛,而呼吸是公牛,正是语言和呼吸生出了人心——难怪我们今天还说,语言是一个人心灵的窗口!——在婆罗门教人的心目中,牛就是神的象征。

（二）不可思议的魔力

在阿拉伯，在《天方夜谭》（即《一千零一夜》）中"芝麻芝麻快开门！"阿里巴巴就这样轻松自如不费吹灰之力地打开了通向金银财宝大仓库的牢固的巨大的石头门。

在《西游记》《封神榜》中神仙或妖怪们常有什么葫芦一类的宝贝玩意儿，一叫你的名字，哪怕是假名化名笔名异名讳名也好，你一答应，便呀地一下把你吸了进去，叫你永世不得翻身。如来大佛爷只凭了几个音节，便把大魔头天不怕地不怕的孙悟空镇压在那五行山下了；而什么本事也没有的唐僧老和尚，只要一念那紧箍咒，咱们的齐天大圣便服服帖帖规规矩矩五体投地而再不敢乱动了。

佛教徒念经，道士们鬼画巫，无数巫师，巫婆们念念有词，哼哼唧唧，什么人间奇迹都可能出现的，活人死了死人活了，怪哉。

气功家凭语言治病，催眠师靠语言催你入睡，语言家靠语言预测未来。

在中国民间，吉日良辰，要讨个口彩，要忌讳一些词语，有些话是说不得，说了是后果不堪设想的。孩子病了可以去叫魂，"小三子，回家呀！"孩子夜间哭闹，办法是到岔路口贴一张告示："我家有个夜啼郎，过路君子念一遍，一觉睡到大天光！"新建筑落成，要写上几个大字："姜太公在此，百无禁忌"！在中国"泰山石敢当"也是遍布四方的。在古时候，播种的时候，还要主人去反复高声大叫大喊一些有关性的粗话脏话，这样才有丰收的希望。唐诗中有一句"胡麻好种无人种"，怪，丈夫出门当大兵了，妻子难道连胡麻也不会种了么？不怪，没有男主人种的胡麻是没有丰收的希望，这当然是"无人种"了，怎能叫葛鸦儿不呼唤"正是归时君不归"呢？！

"文革"期间，把一个人的名字倒过来写，在一个人的名字上打上一个"×"，这可是不好闹着玩的事儿呀！现在，带8的号码身价百倍。旅游区最新式的旅游纪念品是小棺材——升官发财！

所有这一切，都是语言的崇拜，前提是：语言符号同客观事物之间有着某种神秘的联系。现代语言学认为，语言符号的本质特点是任意的即同客观事物之间并没有什么本质的联系。这是语言科学化的一个重要标志，推动了现代语言学的长足进步。

但是，任何真理向前再走半步又便是谬误。如果把语言符号同客观事物之间的联系快刀斩乱麻，一刀而断，恐怕也就不那么妥当的了。其实，语言符号同客观事物之间还是有些联系的，我们应当承认它，并且研究它。这一联系是民族的历史和文化所赋予的，甚至可以说，是民族的历史和文化把语言符号同客观物理世界有条件地联系起来的；民族的历史和文化是语言符号同客观物理世界之间的中介物。这不仅同语言符号的任意性没有什么矛盾，而且是必要的补充和保证。

选自仇小屏、钟玖英主编《灵活的语言——王希杰语言随笔集》，
万卷楼图书股份有限公司（台湾）2004年版。有删改

【作品聚焦】

本文用大量生动形象的事例说明了语言的任意性和社会性之间的关系。透过语言崇拜和迷信的现象，我们看到，语言符号与客观事物之间的关系，既不是一定有直接联系，也不是完全无关。语言符号通过人类的文化世界而与客观物理世界接轨。语言崇拜的背后是一个民族的人们理解词义的特有方式，其添加给词义的附加意义和感情色彩是民族智力独创性与理解力的体现。所以，要正确认识和运用语言，避免把语言和事物或现象简单地合而为一的错误观点，消除语言迷信。本文将抽象的道理寓于形象生动的介绍之中，语言通俗、活泼，说理透彻。

论　言　谈

［英］弗朗西斯·培根

有些人说话，只图博得机敏的虚名，却并不关心对真理的讨论，仿佛语言形式比思想实质还有价值。有些人津津乐道于某种陈词滥调，而其意态却盛气凌人，这种人一经识破，就难免成为笑柄。真正精于谈话艺术者，是善于引导话题的人；同时又是那种善于使无意义的谈话转变方向者。这种人可算作社交谈话中的指挥师。单调无聊的谈话会令人生厌，因此，善于言谈者必善幽默。但这种幽默，并不意味着

对一切事物都可以拿来打趣。例如关于宗教、政治、伟人以及别人的苦恼等等，决不应作为话题加以取笑。在有的人看来，如果说话不够刻薄，便不足以显示自己聪明，其实这种习性应该予以根绝。正如古人关于骑术所说的："要紧掣缰绳，但少打鞭子。"

那些喜欢出语伤人者，恐怕常常过低估计了被伤害者的记忆力和报复心。谈话中善于提问，必能多有受益；而所提问题，如果又恰是被问者的特长，那就比直接恭维他还有利。这不仅能使听者获得教益，也能使被请教者感到愉快。但提问应当掌握好分寸，以免使询问变成盘问，使被问者难堪。作为客厅中的主人，应当使在座的每个人都分享发表意见的机会，以免有人产生被冷落之感。遇到有人独占谈局，主人就应当设法将话题转移。还要记住，善于保持沉默也是谈话的一种艺术。因为如果你对于你有所了解的话题不动声色，那么下次遇到你所不懂得的话题，你保持沉默，人们也不会以为你无知。关于自己个人的话题应尽量少讲，至少不要讲得不得当。我有个朋友，他总用这样的话讽刺一个自吹自擂的人，他说："此公真聪明，因为他居然对自己无所不知。"人只有在这样一种形式下宣扬自己，才可能不招致反感。这就是以赞扬他人优点的形式来衬托自己的优点。谈话的范围应该广泛，好像一片原野，每个人行走其中都能左右逢源；而不要成为一条单行道，只能容纳自己一个人。谈话时切不可出口伤人。我有两位贵族朋友，其中一位豪爽好客，就是喜欢骂人。于是另一位便经常这样询问那些参加过他家宴会的人，"请说实话，这次席上难道没有人挨骂吗？"等客人谈完，这位贵族就微笑说："我早猜到他那张嘴，能使一切好菜改变味道。"关于谈话的艺术还应当了解：温和的语言其力量胜过雄辩。不善答问者是笨拙的，但没有原则的诡辩却是轻浮的。讲话绕弯子太多令人厌烦，但过于直截了当又会显得唐突。能掌握此中分寸的人，才算精通了谈话的艺术。

选自〔英〕培根《人生论》，何新译，华龄出版社1996年版

【作品聚焦】

　　本文就谈话的艺术提出了自己的见解。作者从如何引导话题、如何提问、如何组织谈话及谈话的内容和语言等方面入手，表现出了对谈话艺术的精辟见解，今天读来仍然能给人以思考和启迪。诸如"真正精于谈话艺术者，是善于引导话题的人；同时又是那种善于使无意义的谈话转变方向者""谈话中善于提问，必能多有受益""作为客厅中的主人，应当使在座的每个人都分享发表意见的机会""温和的语言其力量胜过雄辩"等，可谓深得谈话三昧。文章论述缜密严谨，语言凝练，富含哲理。

单元能力训练十五（声气传神与口头表达）

能力聚焦

声气传神技巧

声气传神技巧，主要指的就是语气，要善于将情、气、声三者融为一体。具体而言，要把握好以下三点。

一、把握语气的综合性

语气是感情、篇章及语音形式的结合。思想感情既要由词句篇章来负载，又必须通过语调、语势等语音形式来传达。在口头表达中，语音是感情、篇章的体现，只是说话者往往不能使语音形式恰当地反映出感情和篇章的特色，或有情无声，或有声无情，这就会影响表达的效果。

二、把握语气的多样性

语言内容的思想感情无比丰富，语言形式也多种多样，这就使得语气具有多姿多彩的复杂形态。语气的强弱、清浊、长短、深浅、宽窄、粗细的变化，都可以产生不同效果。如气满则声高，气提则声凝，气短则声促，气粗则声重等，而不同语气，不同的发音效果，则又可表达不同的感情色彩。语气的多样性是语言丰富性的反映，也是人们语言能力强的一种表现。

三、把握语气的行进性与交错性

语气也是一种艺术创作，只有不断地实践，才有可能真正把握。如一个演讲者在演讲中，固然具有某种相对稳定的基本语气形态，或称基调，但在演讲过程中，具体的语气必须随着演讲内容的发展而发展，依着演讲者情绪的变化而变化。这样，演讲中的具体语气就必然呈现出行进的交错状态。[①]

点子库

要做一个善于口头表达的人，有一个办法就是学习听别人说话。从某种意义上说，听的重要性不亚于说。不会听就不会说，会说肯定会听。比如说，听别人说一个故事，别人说完后你能立即将故事既有条理又很

《匆匆》朗读、讲解及其脚本：雷蕾

---

① 参见欧阳友权等编著：《实用口才训练》（修订本），中南大学出版社2002年版。

生动地复述出来吗？如不能，就说明你听的能力不行。听力训练，可以在每天听广播新闻后再为别人复述，以训练注意力；也可以以小组为单位阅读故事材料后，再由个人回答故事的主题是什么，以及故事说了哪几个人等，以训练理解力。

单元综合训练题

一、指出下列同义词的差别。

波动—摇动—摆动　坚固—牢固　本性—天性　考察—考查

疾苦—困苦—痛苦　推翻—颠覆　贪心—贪婪　颓废—颓唐—颓丧

二、下列多义句有多种含义，请利用语调的停顿或重音把每一种含义表达出来。

1. 父亲死了儿子很伤心。

2. 三乘以四加八等于多少？

3. 他怕我们说不好。

三、分析下列同义话语的优劣。

1. 下面是一次总结会上两位同学的发言，你认为他们谁说得更好？

（1）"我的缺点是小气，比较看重钱。"

（2）"我生长在农村，从小家境贫寒，养成了节俭的习惯，一分钱恨不得掰成两半花。"

2. 某大学经济系教授讲课旁征博引、生动风趣，引来不少外系的学生旁听，结果本系的学生没了座位。为了解决这个难题，两个系的课代表各有不同的表达。请分析他们的表达及效果。

（1）"为了尽可能地保证经济系的同学有座位，旁听的同学不得坐前八排。"

（2）"为了尽可能让旁听的同学有座位，经济系的同学请坐前八排。"

四、朗读下面的语段，注意安排好停顿、重音、升降和语速。

夜，大雪飘飞。将近晚上9点的时候，医生正在家里看书，电话铃响了。

"请找凡艾克医生。"

"我就是。"医生回答。过了一会儿，凡艾克听到话筒里传来另一个人的声音："我是格兰福斯医院的黑顿医生。我们刚接到一个男孩，他的脑袋被子弹打中了，现在非常衰弱，也许活不长了。我们得马上给他动手术，可是你知道，我不是外科医生。"

"我这儿离格兰福斯九十多公里，恐怕——"凡艾克犹豫了一下，"对了，你请过马萨医生没有？他就在你们镇上。"

"我们去过电话，他今天碰巧外出了。"黑顿答道。

"哦！可怜的孩子。无论如何，我会尽快赶到你们医院。"

…………

崭新的小汽车在雪地里艰难地行驶。刚到郊外，车前突然窜出一个身穿黑大衣的男人，凡艾克急忙刹住车。车未停稳，那男人已经敏捷地打开车门钻了进来。

"请你马上下车！"男人低声命令道，"我有枪。"

"我是医生，"凡艾克很镇静，"我现在要赶去抢救一个情况危急的——"

"别废话！"裹着破旧黑大衣的人粗鲁地打断了他的话，"你赶快下去，别惹我生气。"

凡艾克被迫下了车，眼看着车子飞驰而去。他在雪地里站了好一会儿，愣愣地看着大雪把车轮印重新覆盖，才猛地清醒过来，急忙到附近寻人家。用了将近半个小时，他才在一户人家找到电话，召唤出租汽车。

五、朗读一篇你所喜欢的散文，注意语调的综合处理。

六、利用多媒体播放优秀演讲片段，请同学们指出在演讲过程中演讲者所使用的态势语，并分析其态势语的辅助意义。

第十六单元 交际口语

一、交际口语的概念与原则

交际是人类最基本的活动，口语是最主要的交际工具，口语交际是最重要的交际形式。掌握口语交际的基本原则和常用策略，是提高口语交际能力的重要途径。

（一）口语交际与交际口语的内涵

口语交际属交际范畴，是以口语为形式的人与人的社会活动；交际口语属口语范畴，既是交际工具，又是交际产品。离开了口语，就没有口语交际；脱离了交际条件，也就不能为特定的交际目的做出恰当的口语选择。口语交际与特定的交际场景（如前文所说的客观语境和主观语境）相关联，因而具有可变性与复杂性。口语交际的过程，就是交际各方根据交际场景不断进行言语选择的过程。

（二）口语交际的基本原则

简言之，口语交际基本原则是"得体性"，它既是口语交际中双方应共同遵守的基本要求，也是最高目标。具体说，得体的口语交际可从三方面着手：以合作为前提，以礼貌为准则，以调节为策略。

1．合作原则

（1）量的准则。说话人既要满足交际所需的信息量，又不能超出交际所需的信息量。也就是说，说话要适量，信息量过少或过多都不合适。如在面试或者各种正式面谈中，话太少显得不自信、木讷或内向；话太多给人以毛躁、不稳重之感，且言多必失。

（2）质的准则。信息真实是口语交际质的核心。一个谎言往往要用更多的谎言去掩盖，势必会陷入不断说谎与补救中，一旦被发现还可能因诚信问题而影响个人前途。说话如缺乏足够证据也会影响"质"。在媒体发达时代，海量信息真假难辨，要特别注意对"质"的分辨。

（3）关系准则。要说相关的话，尤其是面对问题时。若说话人问东答西，答非所问，即暗示说话人在这一话题上不合作、不感兴趣或有其他语用意图，交流效果可想而知。

（4）方式准则。说话要清楚明了，避免晦涩和歧义。语言形式有限，而所要表达的意思无穷。尤其在口语中同音字的情况很多，即便是书面语，也有因结构层次等原因而造成的同形异义现象。

2．礼貌原则

（1）赞誉准则。要避免贬低别人，尽量多赞美别人。人人都有得到他人认可的心理期待，美言一句三冬暖，恶语伤人六月寒。我们对他人的评价不妨更高一点，对自己的评价不妨更低一点，这也是"宽以待人严于律己"的表现。

（2）谦逊准则。要尽量减少表达对自己的赞誉，有时还应有意贬低自己。如使用贬义限定词的方式指称自己及相关之物；用低量的程度来限定自己及自己相关之物的积极状态，以减少对自己的赞誉等。比如自己是"鄙人"，自己的房子是"寒舍"，作品是"拙作"等。

(3) 一致准则。要尽量减少表达自己同别人的不一致，求同存异。人们常常倾向于跟自己观点一致的人进行深入交流。当然，言语交际中有分歧也很正常。即使在分歧或冲突之下，先寻找双方一致的地方，再来讨论分歧与否，也会更容易让人接受。

(4) 同情准则。要减少表达自己同别人感情对立的内容，要少树对立面；尽量减少同别人的不和；尽量增大对别人的同情。尤其是当别人处于困境中寻求倾诉与帮助时要有恻隐之心，感同身受。当讨论分歧时，要换位思考，减少或者淡化对立，以和为贵。

(5) 慷慨准则。慷慨不仅体现为物质上的给予，很多时候更表现在言语上。要尽量减少表达利己的观点，交谈中多替对方考虑，多说说自己在当下某件事中能做些什么可能的让步或者贡献。锱铢必较，优先关切自己利益的人，一定不受欢迎。

3．言语调节原则

(1) 趋同策略。当说话人改变自己的讲话方式，以顺应对方的讲话方式，就是在使用趋同策略。例如，人们为了表示对尊者长者的欣赏与礼貌，顺应其言语风格；也可以为了表示对弱者、幼者的同情，迁就其言语风格。言语趋同涉及语言的各个层面，如语音、语调、停顿、语速、用词、句法等。

(2) 趋异策略。趋异是交际的一方改变自己的讲话方式，以有别于对方的讲话方式，以达到保持自身社会身份特征、与受话人保持距离的目的的一种策略。例如小品《小崔说事》中的白云，就连续使用趋异策略以显示自己"名女人"的身份。

在实际的言语交际中，说话人应根据特定语境和表达意图，综合运用言语交际的若干准则。口语交际中的各方应相互适应，互相协商，在不断的调节中达成共识。

理解应用

● 讨 论

结合具体场景，谈谈口语交际中哪些场景会优先使用谦逊准则，以及我们常用的表示谦逊的手段。

● 理 解

如何理解"得体性总则"是口语交际中双方应当共同遵守的基本要求，也是口语交际的最高目标。

二、交际口语中的语言策略例谈

口语交际带有明确的交际目的，语言在此过程中发挥着传递信息与协调人际关系的功能。语言使用得体，则既定的信息传递目的得以实现，人际关系得以建立、维持或者加深；语言使用不得体，不仅既定交际目的不能达成，还会产生其他负面影响。因此，选择恰当的语言策略显得尤为重要。

（一）拜　　访

拜访，就是访问，是一个敬词。拜访通常带着明确目的，拜访的对象也往往是因工作或生活期待见面的人。拜访熟识的尊长，情况会更简单。若是慕名如约到访，则情况稍复杂。如何通过短暂而顺利的言语交际完成既定交际任务，这是拜访者须特别注意的。

1. 有备而访

为顺利实现拜访目的，拜访者须对受访者的基本信息有所了解。首先要弄清受访者的确切身份。准确地称呼对方，是顺利拜访的开始。其次要了解受访者的近况以及特别关注点。这将有利于显示拜访者对受访者的关注和尊敬。三是寻找共同关注点。它可作为拜访交谈中打破僵局或者即将冷场时的备用话题，也有利于拉近双方的距离。四是对此次拜访目的的实施有所预判。对可能出现的意见分歧、请求遭受拒绝等有相应准备。五是进行必要的物质准备。如果是某项工作咨询，则须带上相关文档资料等，以便现场查阅与处理。

2. 明确目的

拜访虽带有明确目的，但通常并不宜开门见山地向受访者提要求。成功的拜访可分为三步：一是做好铺垫。一般从寒暄开始，进行简要的自我介绍。二是循序渐进。在双方都有一定了解后，合乎时机地提出拜访的真实目的或具体要求。三是适可而止。在真实意图抛出，受访者也做出了相应的回应之后，应当见好就收，初次拜访更应适可而止。

3．正心诚意

拜访者的态度，是拜访目的达成最为关键的因素。受访者一般为尊者或长者，那些花言巧语、虚情假意是不可取的。唯有正心诚意，坦率谦恭，才是赢得受访者好印象的途径。正心是指心要端正而不存邪念；诚意，指要真诚而不自欺。

（二）寒　　暄

寒暄的目的不在于信息传递，而在于人际关系协调。寒暄是一场会话的开端，也可能是一场相识的开始，还可能是一场会话的全过程。大方得体的寒暄，往往能给对方留下美好印象。寒暄常有以下方式：

1．聊天式

寒暄，在《现代汉语词典》中指"见面时谈天气冷暖之类的应酬话"。聊天气阴晴雨雪、气温冷暖，是大家所共知的寒暄套话，也是陌生人之间最保险的寒暄语。尤其是在双方无任何了解，又得说点什么的时候，那就从天气开始聊吧。

2．问候式

问候，体现出说话者对听话人的礼貌与关心，是最简单的寒暄方式。不同的文化，有不同的问候语。最通用的当然是"你好！"或者"您好！"之类，除此以外常用的还有"你去哪里？""上午好！""初次见面，请多关照！"等。

3．赞美式

赞美体现对被赞美者的认同与友好，能够瞬间拉近与被赞美者之间的距离。得体的赞美是既贴切当下情景，又真实可信的。对于初见者，往往是赞美对方外在的魅力。以赞美作为会话或者相识的开始，对听说双方来说都是非常愉悦的。

4．敬慕式

此类寒暄常常是向权势地位较高的尊者、长者发出。许多年轻人、资历尚浅者都非常希望得到前辈的指点，这时可直接抒发对他们的尊敬与仰慕，主动地寒暄。诸如"久仰大名！""我拜读过您的文章！"等都是常用的寒暄语。

5．触景生情式

许多寒暄高手会撇开上述那些特定套语，采用触景生情式的即兴寒暄。如就刚完成的某项工作，或将要做的事情，甚至是周边环境等开展寒暄。这些触景生情内容，常常是听说双方共知且当下共同关注的话题，以此寒暄，得体又自然。

（三）赞　　美

赞美，是对自身所支持的对象表示肯定的一种表达。心理学实验证明渴望被人赏识是人最基本的天性。我们该如何赞美？

1．养成赞美的习惯

很多人可能习惯把赞美留给尊者、长者，但对自己下属以及身边亲近的人往往会吝啬赞美。我们信奉"信言不美，美言不信"或"良药苦口，忠言逆耳"，事实上美言也有神奇力量。"这个世界从不缺少美，而是缺少发现美的眼睛"，我们应学会赞美。

2．发现赞美的内容

在人际交往中，既要对别人真正让你心服的方面不吝赞美，也要对那些虽不够完美却值得肯定之处予以赞美。赞扬的对象可以是听话人自身所具有的某些特征，如长相、人格优点等，也可以是与听话人有关联的人或物（如儿女等），还可以是当下对方期待被认可的方面。

3．把握夸的尺度

赞美往往带有"夸"的成分。怎样夸才是得体的？须知，夸赞要有量级观念，宜同级或临级赞美，不可越级赞美。例如把及格水平评价为"完全合格"或"良好""比较好"是可以的，但说成"优秀"就不妥当了。

（四）拒　　绝

拒绝也是言语交际中的常有情况。因拒绝的方式方法问题导致影响人际关系的和谐，甚至引起冲突或矛盾的也并不少见。一般说来，被拒绝的对象权势地位越高，说话人拒绝的礼貌程度要求越高；越重要越原则的事情，拒绝越要果断，哪怕对方位高权重。

1．直接拒绝

一般用于平等关系的亲朋之间，或权势地位高者对权势地位低者，或者在一些原则性问题的处理上。例如，在新冠肺炎疫情期间，各地采取封闭式管理避免交叉感染。在纪律面前，哪怕是地方领导，守卫也应一视同仁，将其直接拒绝在关卡之外。

2．求得谅解

因说话人个人原因而不得不拒绝的情况下，说话人可以对拒绝的理由加以说明，以此来求得对方的谅解。如因工作安排，因病或因家庭成员等特殊情况无法满足对方要求，只要加以说明一定会得到对方的谅解。

3．爱莫能助

有些事情合乎个人情感，却不符合现有规章，对于这类要求的拒绝，往往不是针对某个人，而是受制度或者条件所限。因此，可以在认同别人的要求合情的情况下，说明规则是对事不对人的，劝对方接受。

4．找挡箭牌

有时会将拒绝理由推给其他方。最好拿上级部门或某个组织做挡箭牌。但将矛盾转嫁甚至可能是无中生有地转嫁给其他个人，是不道德也是不明智的，会增加新的难题或者矛盾。

5．迂回诱导

有时候，对方的要求接近无理，又没有什么规章制度可循，甚至还可能有些咄咄逼人。对于这样的要求，则可以根据对方的逻辑，引出一个对方都不能接受的事实，从而迂回地诱导对方主动撤回自己的要求。

6．转移注意

熟人之间往往很多人拉不下面子来拒绝对方满怀期待的眼神和笑脸。如确须拒绝的，可先拒绝再补救。补救可采用转移注意法。例如当我们因拒绝而伤了熟人的面子，可以转而提起对方最近别的事实，以此表示对对方的关注与友好，求得谅解。

（五）说　　服

人们有意识地通过言语劝导促使对方接受自己的观点或者建议，这种行为就是说服。一般说来，被说服的对象越是处于权势关系的上方，说服者越要注意策略；越是原则性的问题，或者错误的观点，说服者越要以理服人。

1．巧用同理心

人是有情感的，要使对方站在说话人一方，可充分运用同理心，引起对方的情感共鸣。在电视剧《我的前半生》中，女主人罗子君就是巧用同理心说服律师和法官，赢得其儿子的抚养权。在法庭辩论阶段，罗子君放弃律师为她准备好的一条条理由，却饱含热泪述说自己成长于一个虽物质相对贫乏，却满是爱、责任与信任的家；同时又对比前夫所在的虽物质充裕却充满孤独、算计和背叛的家，进而引起了在场所有人的情感共鸣。

2．迂回渐进法

在说服行为中，有时直接否定他人观点，容易让人产生排斥心理甚至是敌意。为避免此类现象发生，说服者可选择先认同对方，自己做出让步。通过看似一致、轻松自由的交谈，迂回地逐步让对方认识到自己的观念或行为有不明智之处，进而取得一致观点。

3．典型事例法

"事实胜于雄辩"。当活生生的例子摆在面前，对方很容易由此类推至自身，从而做出相应的选择。它既可以是类似对方观点导致失败的例子，也可以是与对方观点相反而导致成功的例子。

4．纵横对比法

没有对比就没有高下。一经对比，选择也就有了答案。对比既可是横向比较，跟别人比；也可纵向比较，跟过去比。通过比较，自己优于别人，或现在优于过去，都能很好地说服他人。在一些竞争性场合，说服者往往会对比不同的做法，从而突出自己优势。

（六）化解言语冲突

在口语交际中，并非所有的人在任何时候都是合作的、礼貌的、得体的。个体在与他人的言语互动中，随时都可能受到其他人的言语威胁。如何得体地回应言语冲突，既制止对方的言语威胁，又维护自己的面子，还能显示自己良好的素养是一门学问。

1. 选择沉默

"言而当，知也；默而当，亦知也"。当我们碰到无力反抗、不屑于回应，或明知理亏的言语威胁时，沉默不失为明智的选择。沉默过后可当作对方不曾有过言语威胁，继续说自己想说或想做的事。保持沉默是无声的抵抗，可能具有以静制动的力量。

2. 瓦解冲突

当对方的话语威胁到自己，若不加以回应，会引起对方或旁人的误解，而这误解又不是你希望看到的，就需用言语加以回应。《三国演义》中周瑜的计谋总比诸葛亮慢半拍，每次诸葛亮说什么，周瑜都会掩饰内心的不服气，故作欣喜地说"正合我意"。

3. 以牙还牙

有些语言威胁，触犯了原则或者底线，若不加以回应，可能会造成不良后果，这就必须直面问题。可直接针对对方不正确的看法，逐一予以反驳。典型的案例如女研究生"奔驰漏油维权事件"。面对奔驰售后的推诿与言语攻击，女研究生坐在奔驰车上忍辱泣诉，对奔驰售后的若干回复逐一予以反驳，言辞严厉，条理清楚，有理有据，显示出良好的教养。

理解应用

● 讨 论

结合实例，谈谈言语交际中如何区分赞美与"拍马屁"？

● 理 解

如何理解言语交际中的"同理心"？

三、演讲与面试

（一）演　　讲

1．演讲的含义与作用

演讲又称"演说""讲演"，是以口语为主要形式，辅以体态语，针对某一主题向听众表达自己观点的一种言语交际活动。演讲既"讲"又"演"，以讲为主，以演为辅，演讲词是基础，讲和演是关键。

演讲主要起到两个方面的作用：一是实现演讲的既定目的。根据演讲的主题，演讲可分为政治演讲、法庭演讲、学术演讲、仪式演讲、教育演讲等，通过演讲表明自己的立场、提出自己诉求、介绍自己的成果、表达某种礼仪或宣传某种观点或事迹，带有很强的鼓动性和说服性。二是塑造演讲者的人格。演讲是一种综合的口语实践活动，优秀的演讲者总是有着较强的记忆力、丰富的想象力、敏锐的观察力、严密的思维等突出特征。各种竞赛、选拔或者竞聘通常有演讲这一环节，我们很多时候就是从演讲中对演讲者进行整体判断。

2．演讲的前期准备

在演讲前要做好三个方面准备。一是了解演讲现场的基本信息。包括演讲主题、性质、对象、场地、听众人数等，其中主题和对象尤为重要。不同类型的主题，话语体系差别很大。客观性的演讲侧重以理服人，主观性的演讲重在以情动人。听众的身份特征不同，对演讲预期不同，共知信息与感兴趣的信息也会有明显差异。例如，同样的观点，面向专家学者的论证式演讲与面向普通群众的普及式演讲是不一样的。同样的竞选演讲，面对同学与面对老师又是不一样的。二是材料准备。对于听众而言，是相继面对多个人的演讲，讲者要让自己在多个候选中胜出，演讲内涵非常重要。因此，在撰稿与演讲前要做大量的材料收集工作，要寻找听众感兴趣且自己有体会的内容，注意扬长避短。三是充分演练。如非即兴演讲，则应在登台演讲之前进行充分的演练。演练，不仅是熟悉演讲的内容，还包括节奏的控制。最好的办法，是把一次次的演练录下来，不断调整自己讲的节奏与演的方式。

3．演讲的开头和结尾

良好的开头是成功的一半，但万事开头难，开篇的第一句尤其难。在面对面的演讲语境下，一个好的开头能迅速把握演讲的现场，引起听众的兴趣，赢得听众的进一步关注。开头通常在"新"字上做文章。常见的手法主要有故事式、图画式、对比式、设问式、开门见山式。无论采用哪一种开头，都应该让听众感受到启发式的善意，而不是炫耀式的故弄玄虚。

一场好的演讲其结尾一定是让人印象深刻久久不能忘怀。结尾处，应该也是演讲的高潮处，观点明确，掷地有声，让人深思，言有尽而意无穷。结尾通常在"力"字上做文章。常见的结尾主要有总结式、引用式、激励式、呼吁式、赞颂式、幽默式。在理论性的演讲中，一般采用总结式的结尾；在政治性的演讲中，一般采用激情式；在教育性的演讲中，一般采用激励式、呼吁式、赞颂式；日常的演讲中则可以使用幽默式。在自然而然的笑声、掌声、激情或者思考中结束演讲，是比较圆满的方式。但这个"力"要适度，高潮是水到渠成的，要避免哗众取宠。

4．演讲的现场表现

（1）注意仪表。演讲是一种公共场合的言语交际，仪表的端庄尤为重要。这种端庄体现在妆容、着装、举止、声气上。从迈向舞台的那一刻起，一举一动都在听众和评委的关注之中，不可大意。妆容以淡雅为宜，着装以精神为佳，举止应沉着稳重，声气与态势语言应契合演讲的内容，不可冗余繁复。

（2）控制声音。演讲中最容易出现的两个问题是声音持续高亢和声音做作。声音持续高亢是紧张的表现，且连带的语速也会快。这样的节奏，会增加听众和评委的负担，演讲者自己也会不堪重负，嗓音沙哑甚至出现破声。声音做作，往往出现在女性的演讲中，表现为尖、细、薄，此类声音类似噪音，很不悦耳，再真挚的情感如果配上做作的声音，也显得虚假。每个人音色不同，用原声就好，尽量学会科学发声，防止嗓子在连续发声中受损。

（3）把握节奏。演讲中的轻重缓急尤为重要。强调突显部分用重音，在次要或者虚化的内容上用轻音。在铺垫的内容上轻缓，在高潮的部分重急。忧伤之处轻缓，欣喜之处轻快，期待之处绵长，祈使之处急促，追问之处呐喊。于悬念处停顿，给听众留有思考与期待的余地；在排比处一气呵成，造成雄壮磅礴之势。声音的表现应契合文辞的内容，不可脱离演讲的具体内容片面追求吐字发音。

（4）及时调整。正式场合的演讲，听众一般都比较配合，非正式场合的演讲者若不能迅速抓住听众，听众注意力的流失会很明显地体现出来。无论哪种场合，演讲者都应根据现场听众的眼神、面部表情、议论等反馈情况对自己的声音与节奏进行调整。当听众抬头率及参与度不高时，应投入更多的激情，让你自己快速兴奋起来。当现场因悬念设置而有议论声时，可以让节奏慢下来，缓缓揭开悬念；当现场有议论时，可以通过增加停顿，回以微笑等方式，以示互动。经验丰富的演讲者，会根据现场的具体情况对内容进行适当的调整，以更好地契合当下的演讲语境。

（二）面　　试

面试是对应试者当面进行考查测试。面试作为考试选拔中的重要环节，在整个考核中往往占有较大比例，有些面试不合格者甚至可以直接淘汰。

1．面试考核的基本形式

面试考核一般会采用问答式。考官的提问有的是在面试前已经设定好了的；有的是根据考生的回答而即兴追问或联想式相关提问。面试大多是即兴作答，也有可能在抽取试题之后给考生预留一定的时间进行答题准备，这些往往是比较复杂的专业问题。无论哪种形式，公平的面试在形式上对所有考生都一致。

2．面试前的相关准备

除某种专业专项技能竞赛式面试以外，其余面试往往既考核考生的性格品德，也考核业务能力与潜能。有备则无患。比如，准备一段简要的自我介绍，归纳出自己的特长所在，初步了解所要应聘的岗位或者单位、自己所要投入的师门或者学校等。

面试往往有自我介绍环节，许多同学最容易采用平淡的流水账式。有的同学不问场合，就是逐一介绍自己家里有什么人，在哪里读的书，喜欢做些什么运动，有些什么特长之类。这样千篇一律的自我介绍，是不会给考官留下深刻印象的。面对不同的场合，对不同的人，因不同的目的，自我介绍应不一样。比如，面试教师岗位时的自我介绍，至少应该谈谈你与教师岗位的缘分、与教师职业相关的经历和你特别有感触的一个事情，以及你对教师职业的理解等，要具有针对性。如果是研究生入学考试面试，则应紧扣你所要报考的专业来谈缘由或经历等。

3. 升学面试的内容与技巧

升学面试的核心在于"学"。对求学者，老师一般关注以下五个方面：谦虚的品德、勤奋的态度、扎实的基础、创新的精神、远大的志向。在一般性的了解，如自我介绍等环节后，老师会重点考核专业积累情况。比如在研究生面试当中，通行的惯例是询问专业书籍阅读方面的情况，从而了解应试者的专业积累与创新精神。升学面试要注意以下几个方面：

（1）注意着装。虽是专业面试，着装也不可马虎，它是考官对考生的第一印象，从着装也可推断出主人的审美、性格等。着装基本要求应当整洁、精神、大方，以适合面试目标身份为标准。

（2）保持微笑。微笑，既是礼貌的表现，也是从容自信的心理状态的外显。无论是开场白的部分，还是中间遇到难题甚至卡壳或者口误的情况下，只要不是严肃或者沉重的话题，应尽量保持微笑。

（3）态度真诚。很多面试都有品德考察这一项。无论是选人还是用人，都是以德为先。在面试这种场合考察一个人的品德，主要看人是否真诚。故说话要诚实有礼，切不可给考官留下虚伪的印象。

（4）寻找眼神支持。很多考生在面试时都来不及或者不敢看考官，这是紧张的表现。走进考场之后，可以环视考官，跟考官进行眼神问候。同时也可以寻找其中与你有眼神交流的人或者你认为最友善的面孔进行眼神互动。

（5）把握节奏。有的考生一上来就答题，结果嘴比脑子快，脑子跟不上了，一开场就蒙了。最好的办法是进场先环视，既是问候，也是快速适应。考官每提到一个问题，可以稍作停顿再作答，给自己预留思考的时间，让表达更有条理。

（6）控制音量和语速。声音太大，会增加考官听觉负担；声音太小，则显得不自信；语速太快，则思维容易跟不上，出现卡顿；语速太慢，则显得思维迟钝。

（7）扬长避短。面试中考生对于自己的长处，可以谦虚地展现；对于自己的短处，应当巧妙地回避。回答问题时应注意策略，对于自己有把握的事情，可以谦虚地说透；对于自己没有把握的事情，尽量少说甚至不提。

4．求职面试的内容与技巧

面试有其共通的技巧，例如上面提到的种种方式方法，但因面试目标不同，考核的核心内容与技巧也不完全一样。求职面试的核心在于"值"，如何体现应试者在这份职业或者这个岗位上的价值是关键。如果你不能说明你是在这个职业的竞争者中最优秀的，至少你也要说明你是若干合格者中的那一个。求职面试中，求职者要积极主动地运用语言策略充分地展示自己，并注意以下几点。

（1）有条理地表达观点。求职面试中主要考察求职者的能力，应试者准确而有条理地表达自己的观点尤其重要。说话没有条理的人，思维也一定是不清晰的。日常交际中要加强话语表达条理性的训练。常用办法是运用总分式和并列式或递进式表达自己观点，先总括自己的观点，然后再逐条举例或者逐步深入进行阐述。

（2）得体地展示优点。应试者要通过面试短短的一席话给面试官留下良好印象，就要注意展示自己的优点。优点展示应把握三点：一要适时。"言未及之而言，谓之躁；言及之而不言，谓之隐"。二要适度。即使是对方可能看中的优点，也应用比较谦虚的方式表达，谦虚是美德。过于谦虚与骄傲都不妥当。三要适量。当说则说，也不可多说，不顾时间和场合滔滔不绝地说，会给人以骄矜之感。

（3）策略性地说明缺点。每个人都有自己的不足，面试官往往能很快在众多应试者的比较中一针见血地指出每个应试者的短板。其实，重要的不是应试者是否有不足之处，而是应试者如何看待自己的不足。对于自己明显的不足，不必强词分辩，要策略性地说明这个不足并不构成影响胜任这一职业的充分条件，或你也可从扬长避短的角度予以说明。例如，当有人质疑你的基础或者积累时，你可以强调学习的能力与谦虚的态度能补偿当下某些方面的不足。

（4）幽默式地化解尴尬。幽默需要智慧，也是气质与气度的体现。面试者一句幽默的话语，既能显示自己的智慧，又能化解面试官面对众多考生千篇一律的回答时的枯燥之感，瞬间博得考官的好印象。尤其在一些尴尬的问题或者处境中，应试者一个幽默，准能将尴尬转化为愉悦。考场或者演出当中经常会有各种意想不到的小事故，在一次演出中，某歌手上场时踩着裙子不慎摔倒，现场气氛有些尴尬。这位歌手爬起来之后自嘲道："生活不容易哈，我们很多时候就是这样摔倒了又爬起来，甚至连滚带爬的！"当然，如果日常生活中没有养成幽默的习惯，就不要苛求能在面试中速成了。

（5）灵活地处理各种考验。面试是考验。应试者说话应从实际出发，讲究策略性，正所谓"水无常形，语无定格"。要学会正面回答和侧面回答的灵活运用。前者要紧扣主题，言简意赅；后者可语言迂回而又不走题。求职面试中，面试官往往还会有意设置一些语言陷阱，求职者要学会敏锐地识别这些陷阱，使用防御式语言策略，具体情况可参看阅读本教材《当心面试中的语言陷阱》。

理解应用

● 理　解

如何理解演讲词情感的温度与思想的深度之间的关系。

● 应　用

求职面试中求职者要注重表现自己在目标职业上的能力与价值，请对照此要求，为自己准备一份求职时的自我介绍。

【阅读作品】

当心面试中的语言"陷阱"

唐黎标

每位应聘者都希望能找到自己心仪的工作,用人单位则希望能找到优秀的人才。每位应聘者都想在短短一席话中努力表现出自己的优点,以便给对方留下良好的印象。而面试官为了不选错人,也许会在面试中设置陷阱,以探测应聘者的智慧、性格、应变能力和心理承受能力。因此,面试者在面试前要做好充分的准备,才能巧妙地绕开而不至于一头栽进去。

激将式的语言陷阱

这是面试官用来淘汰大部分应聘者的惯用手法。采用这种手法的面试官,往往在提问之前就会用冷峻、严肃,甚至怀疑、尖锐、咄咄逼人的眼神逼视对方,先令对方心理防线步步溃退,然后冷不防用一个明显不友好的发问激怒对方。面对这种发问,应聘者如果被激怒了,那就已经输掉了。

类似的问题诸如:A.你经历太单纯,而我们需要的是社会经验丰富的人。B.你性格看上去似乎属于内向型,这恐怕与我们的职业不合适。C.简历上大学期间你没有担任学生干部的经历,会不会影响你的工作能力?D.我们需要名牌院校的毕业生,你并非毕业于名牌院校。E.你的专业怎么与所申请的职位不对口?

应聘者碰到上述情况,要头脑冷静,明白对方在试探不必与他较劲。你可以微笑着回答:A.我确信,所有的人都是从经历单纯到丰富,只是经历的时间有长短。而我可能是能很快成为社会经验丰富者的那一类。B.据说内向的人具有专心致志、锲而不舍的品质。另外,我善于倾听,因为我感到应把发言机会多多地留给别人。C.我想,担任学生干部只是显示工作能力的方式之一吧!D.听说比尔·盖茨也未毕业于哈佛大学。E.当下最抢手的是复合型人才,而外行的灵感也许会超过内行,因他们没有思维定势没有条条框框。

挑战式的语言陷阱

这类提问的特点是从求职者最薄弱的地方入手。对于应届毕业生，面试官也许会问：A．你的相关工作经验比较欠缺，你怎么看？B．（对女大学生）女性常常会对自己的能力缺乏自信，你怎么看？

如果回答"不见得吧""我看未必"或"完全不是这么回事"，那么也许你已经掉进陷阱了。因为对方希望听到的是你对这个问题的看法，而不是简单生硬的反驳。对于这样的问题你可以用"这样的说法未必全对""这样的看法值得探讨""这样说法有一定的道理，但我恐怕不能完全接受"为开场白，然后婉转地表达自己的不同意见。

面试官有时还会哪壶不开提哪壶，提出让求职者尴尬的问题，如：你的学习成绩并不很优秀，这是怎么回事？碰到这类问题有的求职者会不由自主地摆出防御姿态甚至狠狠反击对方。这样做只会误入过分自信的陷阱，招致狂妄自大的评价。而最好回答方式应该是既不掩饰回避也不要太直截了当，用明谈缺点实论优点的方式巧妙地绕过去。

诱导式的语言陷阱

这类问题的特点是，面试官往往设定一个特定的背景条件，诱导对方做出错误的回答。也许任何一种回答都不能让对方满意，这时候你的回答就需要用模糊语言来表示。如：依你现在的水平，恐怕能找到比我们企业更好的公司吧？

对这类问题可以先用不可一概而论作为开头，回答诸如"或许我能找到比贵公司更好的企业，但别的企业或许在人才培养方面不如贵公司重视，机会也不如贵公司多"等，这样其实你是把一个模糊的答案抛还给了面试官。

对方的提问看似为单项选择，但如果你只选其一，就会掉进陷阱。比如说对方问"你认为金钱、名誉和事业哪个重要？"对刚毕业的大学生来说，这三者当然都很重要。你可以"我认为这三者之间并不矛盾"开头，阐述三者之间的关联。

与此相类似的还有一种诱导式陷阱，面试官早有答案却故意说出相反的答案。若你一味讨好顺着面试官的错误答案往上爬，面试的结论一定是此人无主见、缺乏创新精神，自然被列为淘汰之列。

测试性的语言陷阱

这类问题的特点是虚构一种情况然后让求职者做出回答。比如：今天参加面试的有近100位候选人，如何证明你是最优秀的？

这类问题往往是考察求职者随机应变的能力，无论你给自己列举多少优点，别人总有你也许没有的优点。因此正面回答这样的问题毫无意义。你可以从正面绕开，从侧面回答这个问题。你可以回答说："对于这一点，可能要因具体情况而论。比如贵公司现在所需要的是行政管理方面的人才，虽然前来应聘的都是这方面的对口人才，但我深信我在大学期间当学生干部和主持社团工作的经历，已经为我打下了扎实的基础，这也是我自认为比较突出的一点。"这样的回答可以说比较圆滑，很难让对方抓住把柄再度反击。

有时面试官还会提出这样的问题："你对琐碎的工作是喜欢还是讨厌，为什么？"这个两难问题是考官明知故问，我们可以测出其醉翁之意不在酒，而在工作态度。我们可以这样表述自己的态度："琐碎的事情，在绝大多数工作岗位上都是不可避免的，如果我的工作中有琐碎事情需要做，我会认真、耐心、细致地把它做好"。这样既委婉地表达了大多数人的普遍心理：不喜欢琐碎工作，又强调了自己对琐碎事情的敬业精神，认真、耐心、细致。既真实可信，又符合对方的用人心理。

引君入瓮式的语言陷阱

在各种语言陷阱中最难提防、最具危险的可能要算"引君入瓮"式的语言陷阱。比如你前去应聘的职位是一家公司的财务经理，面试官也许会突然问你："你作为财务经理如果我们总经理要求你在1年之内逃税100万元，那你会怎么做？"

如果你当场抓耳挠腮地思考逃税计谋，或文思泉涌立即列出一大堆逃税方案，那么你就上了圈套，掉进了陷阱。因为出这个问题的面试官正是以此来测试你的商业判断能力和职业道德。要记住，遵纪守法是员工行为的最基本要求。

比如你正要从一家公司跳槽去另一家公司，面试官问你："你们的老板是不是很难相处啊？要不然你为什么跳槽？"也许他的猜测正是你要跳槽的原因，即使这样，你也切记不要被这种同情的语气所迷惑，更不要顺着杆子往上爬。如果你愤怒地抨击你的老板或者义愤填膺地控诉你所在的公司，那么你一定完了。因为这样不但暴露了你的不宽容，还暴露了你的狭隘。

面试中面试官也许会设计各种各样的语言陷阱，但是只要看准了，兵来将挡水来土掩就是了。

选自《中国人才》，2003年第2期，有删节

【作品聚焦】

本文介绍了面试最常见的五类语言陷阱。进而为面试提出了三个方面的语言策略：一是充分认识面试口语交际的双方。了解自己在所应聘的这个岗位上的适应度和所应聘岗位或者单位能为自己提供的条件，做到知己知彼。二是适度遵守言语交际的礼貌原则。对于面试中面试官的观点要有限度地遵守一致准则，对面试单位适度使用赞誉准则，对自己对立面的人与事予以适当的宽容准则，对自身的评价适量使用谦虚准则。三是不要忽视面试中的体态语，体态语反映说话人的信息更为直观。在面试这样的紧张环境中，不仅要短时间内在用人单位面前通过语言展示自己能力，还要以适宜的体态语应对面试官的各种"陷阱"与"刁难"。

单元能力训练十六（交际策略与交际口语）

能力聚焦

口语交际中的六个变量

说话人最终怎么说，依据口语交际的六个变量而定：一看自己是谁。一个人总会有若干个社会身份，要根据当下的交际选择最准确的身份进行交谈。二看对谁说。说话要充分考虑交际的对象，以及其他在场或可能听到或看到此次交谈的其他间接参与者。三看在什么时候说。话语具有时效性，在某个事件或者某句话之前说和之后说，效果可能完全不同。说话要等待时机，也要创造时机。四看在什么地方说。说话要注意所处的空间因素，在台上说和台下说不同；在家里说和在办公室说不同；在大会发言和小组讨论说不同。五看以什么方式说。同样的话语，以什么方式来说，受话人的感受不同，交际的效果也不同。六看为什么说。口语交际容易被别人牵着鼻子走。说话人一定要在交际之前有明确的交际意图，同时也要在对方的言语中捕捉他们的真实意图，在交际过程中最好能自然达成共识，实现共赢。

点子库

考虑交际中的第三方

言语交际中许多问题是因为对第三方的忽略。交际中的第三方，既包括在言语交际现场的，也包括话语中所关涉的不在场者。正如你站在桥上看风景，看风景的人在楼上看你。在场的第三方会根据言语对交际双方进行相应判断，所谓言为心声，观其言便可知其人。另外，话语中所关涉的其他人，虽不在场但也可能由在场的参与者将交际情况转述。得体地对待交际中的第三方，同样重要。

单元综合训练题

一、体会以下三组词语的差异：

发言 / 讲话　　告诉 / 汇报　　谈话 / 聊天

二、以请求对方关窗子为例，分别用陈述句、祈使句、感叹句和疑问句来表达，然后按礼貌程度进行排序。

三、结合实践说说人称代词"你"和"您"以及称谓语在口语交际中的作用。

四、在一次电视访谈节目中,有位主持人在询问嘉宾父亲的情况时,把"令尊"称作了"家父"。——分析这位主持人在使用"家父"时的表达意图,并请收集与人的称谓相关的谦称和敬称。

五、假设在你入职第一天,你的顶头上司提议科室同事一起聚餐,而那个时间正好你已与一位远道而来的朋友有约,你该如何取舍?如何解释?

六、比较以下两个人物对话的差异,为何会有这样的差异?

楚云飞:楚某约云龙兄到此一晤也是斟酌再三。想来想去也只是这个地方最适合你我的身份。云龙兄,都说你们是化整为零,藏至深山,潜至平原,无影无踪也无消息,是不是已经脱离了第二战区的战斗序列,逍遥桃源了?

李云龙:哈哈,楚兄你别拿我开心了。你没见这满街的告示,人怕出名猪怕壮,要不是楚兄你请我,咱还真不给这面子。哈哈,哪的兔子不是一样地打?只是咱老李顾不上。(《亮剑》第11集)

第十七单元 职业口语

一、教师课堂口语艺术

教师课堂口语是指用于对学生传授知识与技能、进行课堂教学的教师语言，它包括入课语、讲授语、提问语、交流讨论语、评价语、结束语等几种类型。不论是哪种类型，掌握教师课堂口语的特点和各个环节口语运用的基本技巧，将有助于提高课堂教学效率。

（一）教师课堂口语的特点

教师课堂口语和我们平常说话是不一样的，它是一种在特定场合、特定对象、特定目的和特定内容下的口头表达。在一定意义上，教师教学也是一种演讲，这种演讲口语的特点可以用以下五性来概括，即科学性、启发性、通俗性、生动性和节奏性。

1. 科学性

科学性突出体现在教师课堂口语内容的科学和逻辑严密上，是对教师课堂口语的基本要求。教师语言必须符合教学内容的科学性，做到概念准确、判断科学、推理合乎逻辑；不能向学生传播无用信息，更不能传播错误信息。例如，有地理老师在讲授我国降水的有关情况时说："我国东南沿海靠海近，故降水多；西北地处内陆，故降水少。"我国东南沿海降水多，西北内陆降水少，这是我国降水分布的事实，是对的；但教师的话又包含了关于降水多少原因的解释，其解释就不准确。靠海近不一定降水多，这样说对学生就是一种误导。

2. 启发性

教师课堂口语具有富于启发、循循善诱的特点。在教学中，教师要善于激发学生主体意识，增强其学习的内动力，引导学生质疑，多为学生制造悬念和创设学习意境，激发学生思维的积极性和求知渴望。尤其是对一些有难度的问题，教师采取迂回启发的形式让学生思考，往往比直接解释来得更自然、更贴切、更有效。

3. 通俗性

教师课堂口语不仅要科学，还要通俗易懂，顺口悦耳，便于说、听和记笔记，这应是教师课堂口语的基本风格之一。长长的句子，一大串的附加成分，或在一段话里插进许多解释，作为书面语言可能是严密的，因为附加成分多，可使句子细致严密；联合成分多，可把互相关联的事物连缀起来，这是长句的优点。但是，作为教师课堂口语就不行。

4. 生动性

教师课堂口语还具有能够集中学生注意力，把学生潜在的学习积极性充分调动起来的生动有趣的特点。优秀教师都非常重视语言的生动性，并善于从学生实际出发，或借助变异的语言形式和手段，或利用教具、动作、表情等辅助手段，使教学活动充满乐趣，从而有效地激发学生的学习兴趣。

5. 节奏性

教师课堂口语，不应该是平铺直叙的，而应该有轻重缓急之别，做到有高有低，抑扬顿挫，富有节奏感。一般而言，教师在讲重点、关键地方时，应该慢些，必要时还得予以重复。或者说，教师课堂口语的节奏性，就是重在善于把握停顿。停顿是语句或词语之间语音上的间歇，它就像文章中的标点符号一样，使教师课堂口语具有节奏感。

（二）教师课堂口语的一般技巧

一位有经验的教师，其口语运用都会表现出鲜明的特色。一般而言，常用的课堂口语技巧有如下几点。

1．教师提问的语言艺术

提问是一种启发式教学方法，是组织课堂教学的重要环节。对于教师来说，"提出一个问题往往比解决一个问题更重要。"（爱因斯坦语）教师的课堂提问，一方面要符合教师课堂口语的特点，更重要的则是要求教师对教学内容有深刻理解，其艺术性往往表现在问题的深、浅、曲、直等方面的处理上。从内容而言，提问的方式有：分析或概括性提问、强调性提问、肯定或否定性提问、启发学生提问的提问等。

2．学会赏识用语

有教育家说过，教学的艺术不在于传授本领，而在于激励、唤醒和鼓舞学生。因而，教师在教学过程中应注意了解每一个学生的优点和长处，善于发现他们的每一个进步，善于捕捉他们每一点创造的火花、每一次灵感的闪现，并用热情洋溢的语言予以肯定和赞扬。

3．适当运用幽默

幽默可以活跃课堂气氛，是调动学生学习积极性的有效手段。当然，运用幽默语言应注意与开玩笑、耍贫嘴区别开来，不要人为地穿插一些无关紧要的笑料。教师课堂口语的幽默应具有深刻的智慧，能让学生在笑声中领悟教师的语言所蕴涵的知识。

4．衔接自然，过渡流畅

任何一门课程从总体上讲都是一个相对独立的整体，其内容有严密的逻辑性，知识点与知识点之间，都有着紧密的联系。巧妙地运用过渡语，有利于帮助学生回忆旧知识，理解新知识，提高学习兴趣，增强对教学内容的整体认识。因此,注意前后衔接,承上启下,是学生学习的需要。

5. 不能忽视收课语

设计收课语时一要忌拖沓、冗长,二要忌草草收场,应当根据教学目标与教学语境的需要,变换结尾语。诸如归纳式收课语既是对整堂课的高度概括,又能帮助学生巩固所学知识;开拓式收课语能以鼓励、引导的方式来激发学生进一步学习的兴趣;启发式收课语则能够启发学生去主动预习下一课,激发其学习新知识的渴望,等等。总之,精彩的收课语往往对整堂课有"画龙点睛"之功效,也可收到"课有尽而意无穷"的效果。

(三)于漪优秀入课语评点

入课语又称教学导语,就是教师在讲课之前,围绕教学目的精心设计的一段简练的教学语言,也即所谓的"开场白"。俗语说"良好的开端,是成功的一半"。一个教师好的入课语有不可忽视的教学功能。开讲作为教学过程中的一个环节,在很大程度上决定着一节课的成败。实践证明,成功的入课语确有牵一发而动全身之妙。

上海市语文特级教师于漪堪称是使用入课语的典范。她的入课语不仅能唤起学生对旧知识的回忆,激发学生学习新知识的兴趣,而且能培养学生的形象思维能力。下面就介绍于漪老师的两则入课语。

实例一:于漪老师在讲《春》《海滨仲夏夜》《香山红叶》《济南的冬天》等一组写景散文时,设计了这样一段导语:

继米开朗琪罗之后,法国雕塑家罗丹有句名言:"美是到处都有的。对于我们的眼睛,不是缺少美,而是缺少发现。"自然美无处不在,它不同于巧夺天工的工艺美,也不同于绕梁三日的音乐美,更不同于充满青春活力的人体美,但它又好像是各种美的综合。我们祖国的锦绣山川在不同的地方

于漪

展示了不同的美，让我们跟着作者去观察美，锻炼我们感受美的能力。

评点：这段导语从一句关于美的名言引出了两位著名的艺术家。艺术家是美的创造者，于漪即以美的创造者关于美的论述开始，既权威又中肯，既能从名言引入思考，又自然过渡到新授内容，引来工艺美、音乐美、人体美等各种美，将学生一下子带进了美的天地中。在各种美与自然美的比较中，学生也就会自然而然地产生探求自然美的浓厚兴趣。可以说，这段话无论内容还是形式都是成功的。

实例二：于漪教学入课语有时候是不露任何痕迹的，往往是在不经意的谈话中进入新课。请看以下于漪的教学实录。

（上课铃响）

于漪：今天学习第十一课《记一辆纺车》。昨天请同学们预习了，说说看，你们喜欢这篇文章吗？

学生：（异口同声）我们不——喜——欢。（随堂听课的二十几位同志惊讶）

于漪（感到意外，稍停，笑着说）：不喜欢？那就请你们说说不喜欢的原因吧！谁先说？

学生：文体不明确，从题目看应该是记叙文，但里面有不少说明的文字，一会儿这，一会儿那，弄不清楚。

于漪：还有别的原因吗？

学生：好像是回忆录，又好像是说明文。

学生：我看是散文。

学生：散文有文采，吸引人。这篇干巴巴的，没有文采，不喜欢。

（有些同学点头表示同意。一学生问——）

学生：是不是散文？老师，你喜欢不喜欢？（同学笑）

于漪：（笑）还有别的意见吗？（扫视教室稍停。）没有了。同学们敢于大胆地直率地发表意见，很好，这种风气要坚持、发扬。这篇文章是散文，与过去学过的散文既有相同之处，又有不同之处。过去我们学过的《荔枝蜜》《茶花赋》是抒情散文，托物言志，借景抒情。这一篇是回忆性的叙事散文，大家没有接触过，一下子看不出其中的奥妙，所以会不喜欢。叙事散文有叙事散文的特点，这篇散文托物言志见精神，好些段落写得别有意味，推敲推敲，你们就会喜欢了。

（学生全神贯注地听）①

评点：有人说，听于漪的课，知识就像涓涓的溪水，伴随着美妙的音律，流入你的心田，潜入你的记忆。这话说得很到位。在本入课语中，于漪的诱导是渐进、新奇和科学的，如果要给这段入课语归类，可以叫做谈话法自然式。它看似随意，但我们从中不难看出她那丰富的教学经验和经过千锤百炼驾驭课堂口语的能力。

总的说来，入课语的形式很多，诸如开门见山式、悬念式、朗诵式、警策式等。但于漪的成功启示我们，教学是一门艺术，入课语也是千变万化的。面对学生提出的千奇百怪的问题，只有认真思索、随机应变、不拘程式、因势利导、循循善诱才能达到理想的境界，取得良好的教学效果。

理解应用

● 讨 论

阅读于漪老师在教学《春》时入课语的特点，并分析该段入课语对课堂教学所起的作用。

师：今天，学习朱自清先生的《春》。一提到春，我们眼前就仿佛展现了阳光明媚、春风荡漾、绿满天下的美丽景色，就会觉得有无限的生机、无穷的力量。古往今来，许多文人用彩笔描绘春天，歌颂春天。同学们想一想，诗人杜甫在《绝句》中是怎样描绘春色的？（同学背诵："两个黄鹂鸣翠柳，一行白鹭上青天。窗含西岭千秋雪，门泊东吴万里船。"）王安石在《泊船瓜洲》中又是怎样描绘的？（同学背诵："京口瓜洲一水间，钟山只隔数重山。春风又绿江南岸，明月何时照我还？"）苏舜钦在《淮中晚泊犊头》的诗中又是怎样写春的呢？（同学背诵："春阴垂野草青青，时有幽花一树明。晚泊孤舟古祠下，满川风雨看潮生。"）

---

① 毛可敏编：《师生口才的训练术》，东北师范大学出版社1991年版，第221—222页。

● 解　释

教师课堂口语与一般职业口语有何不同？（证据支持）

二、欧洲讲学启示录：我是你儿子

吴　迪

> 吴迪，笔名启之。学者。1951年生，北京大学文学硕士。初任教北京电影学院，后出国讲学，现供职于中国电影艺术研究中心。研究方向：影视研究。著有《盘点遗产》《守望传媒》《民族的自传：姜文与〈鬼子来了〉》等，并译有美国著名作家包柏漪的长篇小说《八月》。

阿弥陀佛，这个沉重的开场白总算结束了。承蒙托马斯开恩，今天还允许我在上课时放电影。我的计划是，先给他们讲讲中国的主旋律——英雄模范题材。让他们了解中国，受受教育。事先准备好的中文故事梗概和英文语言点发下去了，录像带塞进了录放机，教室里突然安静了，八只洋眼睛都盯住了屏幕。

《焦裕禄》放完了，我宣布休息一会儿。可这四个人没有一个动弹。费米接上手提电脑，忙着查什么文件，托马斯在翻一个黑皮本本，魏安妮在本子上记着什么，索菲娅在旁边看着，两人还不时地嘀嘀咕咕。

我刚刚宣布上课，托马斯就站了起来，他扶了扶眼镜，扬起一脸毛茸茸的红胡子，"焦裕禄是不是想继承那家老贫农的遗产？"

我有点发蒙，"你……说什么？你……是不是没看懂？"

托马斯的脸腾地变得通红，一直红到脖根，红脸、红脖加红胡子，更像孙悟空。他一言不发，径直走到录像机旁边，倒过一段，按了一下PLAY键。

这是影片中最感人的一幕——

大雪纷飞，黄沙路上，李雪健扮演的焦书记拉车，几人推车，车上装着救济粮。寒风挟着雪片打在人们的脸上。河南民歌《共产党是咱好领头》响起，歌手（据说就是李雪健）为这一行人的爱民行为拼命地吼唱着。

雪花飘飘。洒遍一身还满。焦裕禄推开一农家院的破栅栏门，通讯员小赵扛着粮袋跟在后面，两人踏着厚厚的雪来到一间破土房前。

破土房的门被推开，焦裕禄和小赵站在门口。屋里的一对老夫妇，老头躺在炕上，老太婆站在地上，惊异地看着这两位不速之客。

焦来到炕前，坐在老头身边，"大爷，您的病咋样呀？快过年了，我们给您送点粮食和钱来，你们先用着。"

说着，掏出钱放到老太婆手里，"大娘，这是二十块钱。"老太婆感动得喃喃自语："这可怎么好呀！"躺在破棉絮中的老头双手抱拳不胜感激。

小赵扶起老头，老头睁开昏花的老眼，看着焦裕禄，"你，你是谁呀？"

焦裕禄拉着他的手，"我是您的儿子！是毛主席派我来看望您老人家的。"

老人的胡子颤动着，泪水涔涔。

老太婆伸出手，顺着焦裕禄的头从上往下摸索，直至帽子、围脖、棉衣，"感谢毛主席……给我们派来了这样的好儿子！"

那粗犷的民歌配合着画面将情感推上高潮。

托马斯关上录像机，像个角斗士，盯着我，"这个电影我在中山大学时就看过。请问，焦裕禄是不是那两个老人的儿子？"

"当然不是。"

"既然不是，他为什么要说是？"

"因为……因为他想向他们表示亲近，这是中国的习惯。"我随口答道。

"如果我想向你表示亲近，就应该说，我是你的儿子吗？"托马斯右腿向前一步，左膝弯曲，假模假式地给我鞠了一躬："Father 大人。"

他的滑稽动作引起一阵哄笑，教室里开了锅，穿着肚脐装的索菲娅居然坐到了桌子上，那肚脐就像只没有睫毛的独眼，偷偷地朝我眨着。

我有点走神，"不不，只有晚辈在长辈面前才能用这种方式表示亲近。你我年纪差不多，我当不了你爸爸。"

托马斯似乎一定要当我儿子，"周恩来到邢台慰问，他对一个老人也是这么说的：'我是您的儿子。'周恩来出生于1898年3月5日，邢台地震那年是1964年，周恩来六十六岁，那老人顶多七十岁。他们是同辈，周恩来为什么要做一个同辈的儿子？"

本想大鸣大放，这家伙却给鼻子上脸。我赶紧把心思从索菲娅的肚脐眼上收回来，迅速转入反攻，"照你的逻辑，只要说是人家的儿子，就是要继承人家的遗产。那么周恩来想继承那个老人的遗产吗？不用说，那个受灾的老人根本没有财产，就算是有，一个国家总理能为了那几间破房去当人家的儿子吗？不管是邢台的难民，还是兰考的灾民，都代表的是中国人民。周总理和焦书记的意思是——我是中国人民的儿子。邓小平不也说他是中国人民的儿子吗？他继承了什么遗产？"

托马斯有点窘，脸由红而白。

索菲娅说话了："中国的传媒把当官的说成父母官，官僚们也这样认为。请问，父母官是什么意思？"

"父母官的意思是，当官的要像父母对儿女一样，负责他们的吃穿过日子。当然，这是封建时代的说法。"

索菲娅指了指她周围的几个人，"我们认为焦裕禄是父母官，至少电影中的老百姓是这样认为的。"

"你的根据？"

索菲娅示意魏安妮。

魏安妮翻开笔记本，上面是她写的一堆密密麻麻的蟹行文。在下面看片子时，她显然对这一点十分留意，积累了不少证据。

她格外注意发音，像小学生念书一样，"第一，焦带着通讯员下乡，路上碰见了一群干部正在打一个青年农民，那青年农民被绑着。焦问为什么，干部说，他偷了队里的红薯。焦问农民为什么偷，农民说，家里的娃娃没吃的，快饿死了。焦命令干部给农民松绑，干部问焦是什么人，小赵告诉他们：这是新来的县委书记。干部们害怕了，给那农民松了绑。那农民跪下，给焦磕头，说他是'青天大老爷'。这句话他喊了三遍。"

索菲娅嫌魏安妮念得太慢，一把拿过她的笔记本，"第二，所有的兰考人，除了那个吴县长，都把焦看成是父母官，他们总是排着队，或者聚成一大群，为焦送行，替焦说话。像对待一个伟大的传教士。"

费米接过了索菲娅的话头，"1991年，我在北京，采访过李雪健的朋友，他们给了我李雪健的创作谈。"

他把面前的手提电脑转了一个一百八十度，让屏幕对着讲台。

"这是李雪健的原话，发表在贵国1991年第三期《电影艺术》第55至56页上，题目是《用心去拼戏》。请中国教授给大家念一念。"

外国学校上课情景

我暗暗吃惊——没想到这个小小的东亚系藏龙卧虎，居然还有李雪健的追星族。我做了一个"请"的手势，"还是你自己来吧，你的四川普通话大家都能听懂。"

费米转过电脑，板起面孔，拿出一副宣读论文的架势，"李雪健是这样说的：'焦裕禄是个县委书记，我没有当过书记，但我当过爹，有妻儿老小……我把焦裕禄作为一县之长的感觉是缩小至家，找到一家之长的感觉再扩展，根据片子的需要去贴近作为书记的焦裕禄……面对那么多人没有吃的，逃荒、生病，他是非常紧迫、忧苦、着急的……他那份着急跟任何一个一家之长看到自己的妻儿老小整天吃不饱时是一样的。'"

念完了，费米往嘴里扔了一块口香糖，边嚼边评论："我认为，中国就像个大家庭，中央第一把手是最高的家长，下面的省长、市长、县长都是本地区大大小小的家长。这就是贵国所说的'中国特色'。李雪健认为他能把焦裕禄演活了，就是因为他找到了当家长的感觉。"

这在中国不过是老生常谈，但北欧人能认识到这一点，也算得上道行不浅。

同伴的发言给托马斯提供了弹药给养，他又跳出来，"家长就是父母，焦既然是老百姓的父母，那么老百姓就是他的儿女，为什么他又要做自己儿女的儿子？"

问题提得尖锐凶狠而且阴险恶毒,想到引蛇出洞,我让他继续大鸣大放。

"雷锋是中国人民吗?"托马斯一脸挑衅的神色。

"是。"

"焦裕禄呢?"

"也是。"

"雷锋说,党是他的母亲。毛主席号召人民向雷锋同志学习。焦裕禄是听毛主席的话的,因此,他也肯定会把党当做母亲。而他们都属于中国人民,也就是说,大多数中国人都把党看做母亲的。可是焦裕禄却要做人民的儿子,也就是说,焦裕禄有两个母亲,一个是党,一个是中国人民。邓小平是中共第二代领导人,他却说,他是中国人民的儿子。也就是说,这个母亲变成了那位母亲的儿子。这是怎么回事?"

托马斯扬起红胡子,得意洋洋地看着我。

这个问题我以前似乎没想过,就算想过,也还是"难得糊涂"为好。可是,你能劝这位自以为是的家伙"难得糊涂"吗?你能在他面前把自己也变成犬儒吗?你能让他就这么得意洋洋地下课吗?不,不行!

爱国主义使我突然来了灵感,"托马斯先生,你用的是形式逻辑,中国人用的是辩证逻辑。如果你想知道这是怎么回事,请先补上这一课。顺便说一句,司徒是中国的一个官名,这种官不但要管学生,还要管理土地和百姓。"

我一边说,一边像外交家一样拍了拍他的肩膀。

选自吴迪《中西风马牛——欧洲讲学启示录》,原载《北京文学·精彩阅读》
2004年第4期、第6期。文题为编者所加

【作品导读】

这是作者在国外的一堂讲课实录。授课借助多媒体并采用课堂讨论的方式进行。本课有学生四人:索菲娅、魏安妮、费米和托马斯。

如果仅从课堂教学用语来说，这堂课的最大特点是表现出了浓郁的谈话风气，各抒己见，亲切自然。教师本意是想借助观看《焦裕禄》这部英雄模范题材电影来让他的"洋学生"了解中国。可他的学生却反"师意"而行之。他们以电影中"我是你儿子"这句感动中国人心的话语为切入点来展开讨论。教师也不因为自己预先安排的教学思路被打乱而停止讨论，而是以平等的身份参与讨论。讨论分为两派，一派是托马斯，另一派是其他三个学生和教师。通过激烈讨论，最后基本达到对中国文化与政治的理解："我认为，中国就像个大家庭，中央第一把手是最高的家长，下面的省长、市长、县长都是本地区大大小小的家长。这就是贵国所说的'中国特色'。李雪健认为他能把焦裕禄演活了，就是因为他找到了当家长的感觉。"这对一个外国学生而言，能有这样的理解实属不易。这也许是本堂课意外的收获。

整个讨论语言幽默，引人入胜，是课堂讨论之典范。它不仅对教师口语的运用富有启示，而且对如何组织课堂讨论也极有参考价值。

理解应用

● 讨 论

一、结合上文，谈谈中西方因在政治、伦理、历史诸方面的差异而碰撞出的各类"问题"。

二、从语言和形式上试作比较，这堂讨论课与你所经历的讨论课有何不同？对你有何启示？

三、导游、律师及推销员职业口语的特点

导游、律师及推销员是与口头表达密切相关的职业，良好的口语表达能力是其职业必备的素质。掌握导游等职业口语的特点与技巧，是提高导游等职业技能的有效途径。

（一）导游职业口语

导游职业口语主要体现在游前讲解、途中讲解、景点讲解三个部分。虽然每个部分对言语表达都有不同要求，但导游职业口语具有以

下共同的特点。

1. 热情礼貌，亲切和蔼

导游是旅游团的核心，导游与游客之间和谐的关系，是旅游快乐的根本保证。所以，导游要用轻言细语的问候、简单明白的交代、真切诚恳的赞美给游客以亲切感和温暖感，说话切忌急躁、粗鲁、不耐烦。

2. 虚实相生，情理交融

景点讲解是导游讲解的主体。在景点讲解中，讲解内容不能平淡、单调，要根据游览中的具体情况，采取虚实相间或故事化的方式，把对自然风光、人文景观的程式化介绍同有关的神话传奇结合起来，使游客回味无穷。一个优美的旅游景点往往是一部集自然景观与人文景观于一体的"百科全书"，这就要求导游的语言不仅是一幅美不胜收的山水画，还是一首内蕴深刻的哲理诗，融外在情感的触动与内在理性的升华于一体。一般而言，自然山水的讲解以情感为主，历史古迹的讲解以理性审视为主。

3. 机智灵活，幽默风趣

导游要善于观察服务对象，针对不同国家、民族、文化素养、年龄、旅游目的的游客确定讲解风格。如对文化程度较高的游客讲解，语言要文雅；对文化水平较低的游客讲解，语言要尽可能通俗易懂；对老年人居多的游客，讲解速度要慢，语言要简洁；对年轻人居多的游客，讲解速度可稍快，语言可浪漫跳跃。幽默风趣的语言是提高游客兴致的润滑剂，它可以化平淡为奇趣，变沉闷为活跃，让游客在笑声中愉悦性情，学到知识，得到休闲。

由于游览流动性较大，导游职业口语的风格必须随着环境的变化而变化。具体方法有：（1）概述法，即对景点的综合布局、景色特征、行走路线以及一些注意事项进行简明扼要的介绍，让游客心中有数。（2）提问法，即边讲边提问，以激起游客的兴致，让游客在游览中观察，在观察中领悟。（3）设置悬念法，即在关键的地方提出问题，引而不发，让游客稍加思考，再在合适的地方和时间用简短的话点破奥秘，以引人注意，活跃气氛。（4）类比法，即用游客熟悉的事物来比照或解释他们不熟悉的事物，使讲解通俗易懂。此外还有猜谜法、调侃法等。

（二）律师职业口语

律师职业口语最常见的表达形式是谈话和法庭辩论。谈话主要体现在律师代理诉讼事务中与当事人、代理人、证人及审判人员之间的交谈，以及非诉讼法律事务中在调解、谈判、仲裁及见证时的交谈。律师的谈话对象很多，针对不同案件、不同对象，其语言策略是不同的，但大致具有以下三个特点。

1. 表达诚恳、简洁

在诉讼案件中，律师的交谈对象是一群特定的人。与他们交谈，语言要诚恳、简洁，尤其是与被告人交谈时，要以和蔼的语气征询被告人是否同意自己为其辩护，以诚恳的态度消除被告人的思想顾虑，使之产生信任感。在非诉讼法律事务服务中，律师要以协商的方式说话，使对方感到不刁滑、有诚意，最终接受或采纳自己的意见。

2. 询问具体，具有指向性、启发性和诱导性

律师与被代理人交谈要仔细听取被代理人的叙述，也要注意引导，把他们的关注点引到关键的问题上来，把握案件要害。

3. 说话灵活而有原则

在处理非诉讼法律事务业务时，说话要用协商的口气、灵活的语言，为后期商谈留有余地。当然，也要有原则，要讲政策、讲法律，不能"和稀泥"，或随意表态、失去原则、失之公允。在诉讼法律事务中，律师语言的原则性更为明显，不能为了片面追求己方利益而违反律师原则。只有把握了说话的原则，才能突显律师在法制建设中的作用。

法庭辩论指律师根据法律规定，接受被告人或其亲属的委托或法院的指定，在法庭审判长的指挥下，以法庭调查的内容为基础，对控告事实和证据如何认定，以及对是否犯罪、是此罪还是彼罪、是重罪还是轻罪、该不该承担法律责任等问题，同对方展开的辩驳。律师法庭辩论具有公开性和针对性、临庭性和灵活性、均等性和反复性、严肃性和策略性等特点，所以，法庭辩论应就事实是否成立、证据是否确凿、法律适用是否正确、诉讼程序是否合法等方面展开。法庭辩论

是在以事实为依据、以法律为准绳的基础上展开的。

（三）推销员职业口语

推销的过程实际上是推销员运用各种推销技巧说服客户购买其商品的过程。俗话说："十分生意七分谈。""谈"就是运用口语进行沟通，说服对方，以促成交易。推销员职业口语具有如下特点。

1. 真诚赞美，求得认同

每个人都有自尊心，没有人不愿意听好话，所以赞美他人是一种重要的语言技巧。推销员对客户的赞美来自细心的观察，企业客户雄厚的经济实力、良好的商业信誉是赞美的对象，个人客户优雅的气质、明智的选择是赞美的内容。真诚的赞美是一种欣赏，将在客户心中留下深刻的印象，产生情感上的某种认同。

2. 运用提示，介绍商品

推销员要推销商品，关键是使客户迅速认识商品，诱发购买动机，刺激购买欲望。提示是推销中最常见的方法之一。提示的方法有以下几种：一是直接提示法。针对客户的购买动机，直接提示商品特点。二是间接提示法。通过比较、联想等间接的方法突出商品特点，激发客户的购买欲望。三是情绪提示法。推销员通过语言激发客户的情绪，如："母亲节到了，买一束美丽的康乃馨送给母亲吧。"四是演示提示法。通过对商品的现场演示突出其性能。

3. 利用提问，说服客户

巧妙设问可以消除客户的紧张感和抵触情绪，缓和商谈气氛；可以更快捷、准确地了解客户的真正要求，从而根据客户要求及时调整推销重点和策略；还可以委婉地反驳客户的不同观点和意见。

常见的提问方法如下：一是正面提问，即针对客户的疑问正面直接提出问题，给人开诚布公、坦诚爽快的好印象。二是通过对比提问，即先问客户使用其他产品的感受，在与其他产品的对比中突出推销产品的独特之处，说服客户购买。三是给定部分答案的提问。这种提问不是将"买不买"的决定权交给客户，而是将推销的商品当成既定事实，引导客户顺着思路回答买多少的提问法。有经验的推销员常问

"您需要多少""您喜欢什么款式的""什么时候送货"等，以此形成客户做出购买决定的间接动力。

> **理解应用**
>
> ● 讨 论
> 举例说明什么样的表达在推销中是不受欢迎的。该怎样说才得体？
>
> ● 设 计
> 为你所在的城市或学校设计一段导游词。

【阅读作品】

新教师的第一节数学课

赵星景

1985年学校调来了姓冯的青年女教师,照例由校长带到班里介绍给同学们。校长刚走下讲台,她就在黑板左侧写下三个大字"冯向晖"。然后就开始了一段耐人寻味的讲话:

"这就是我的名字,从今天开始,我们就成为朋友了。"一口漂亮的普通话。

"先介绍一下我的毛病,刚才校长说了我不少好话,其实我这个人好动,贪玩,尤其是好下军棋,同学们谁不服气,我们下课后可以较量。(笑声)我还有一个毛病,说话冲人,要是得罪了谁,这里先请你原谅。

"上我的数学课。我先把规矩给大家说一说:讲课时允许打瞌睡。(笑)自己讲不好,还不让人家打瞌睡,这不太霸道了吗?(大笑)允许不听,看别的书也可以,但不能出声,一出声就影响别人了。听不懂允许提问,但要站起来发问。允许批评,允许辩论,谁的意见对听谁的。

"大家说这样好不好?"满堂炸雷似的回答:"好!"

稍停,她又接着说:"我有个脾气,听我的课,我总要问你几个为什么,你要是回答不上来,我那个好冲人的老毛病就该犯了。所以,为避免我冲着你,你最好是动动脑子,先问自己几个为什么,免得被我难住了。"

"大家说这样行吗?"

"好,一言为定,我们就算达成君子协定了。"

"现在我问两个问题,请同学们回答。第一个问题是:我们教室前面的那棵大槐树有多少个叶子?"

一个同学迟疑地小声说"X"。声音很轻,但还是被大家听到了。

冯老师在面前的"座次表"上扫了一眼,用鼓励的目光盯着他:

"陈晓康，你大声说。"

陈站起来回答："X！"

"好！请坐！"她在黑板上工工整整写了一个有课本大小的"X"。

"第二个问题，我们班有多少同学？"

"54个。"这次是响亮而又整齐的回答。她回身又写了"54"。

"现在我给大家讲两点。第一，我举个例子，我们伟大的祖国就像教室前面那棵大槐树。按习惯我们称之为国槐，她有X个叶片，我们54位同学就是其中的54个叶片，54个最稚嫩的叶片。"

她三两下就在黑板上画了一棵大树，并从树和叶的关系，引申到国家和个人的关系，讲到叶与叶的关系，以及为什么在同一棵大树上叶子成长的情况并不完全相同。讲了树木的病虫害，讲了每一个叶片和同学的差异……

"第二，我们这54人，又是54X。每个人的前途如何，要靠我们自己来求解。"最后号召每个同学"为自己的X求解并寻求最大的值！"

选自《教育时报》1991年1月26日

【作品聚焦】

这是作者赵星景就一位新老师的一堂数学"见面课"所作的上课实录。上课的形式和内容别开生面。我们可以从以下几个方面来把握：1．自我介绍风趣、幽默。以"自损"形式自报"缺点"和申明课堂纪律，缩小了老师与学生的心理距离。2．妙用提问，合理生发。既激发学生学习数学的兴趣，又形象地给学生进行理想和人格教育。3．用一口漂亮的普通话来讲课。

单元能力训练十七（教学口语设计）

能力聚焦

注重教学口语的设计

教学口语包括课内教学语言和课外教学语言。

教书育人是教师工作的根本任务，教师的一言一行时时刻刻都在影响和感染着学生，这就决定了教师无论是在课内还是课外，都要注意自身的语言形象并讲究一定的语言表达技巧。

教学口语是教师在把知识、技能等传授给学生的过程中所使用的工作语言。它是教师传递知识信息的载体，是教师完成历史使命、履行神圣职责的重要条件和基本手段。

设计课内教学口语要注意以下几点要求：1. 依据教学对象的不同，选择适合不同年龄层并符合他们心理特点的教学口语。例如面对中学生，教师可设计典雅、庄重、委婉含蓄但又不失准确严密的语言；面对小学生，教学口语则更注重形象化和生活化。2. 依据不同的教学内容设计教学口语。文科的教学更注重语言的形象性和情感性，理科的教学则更注重准确性、简洁性和逻辑性。3. 依据不同的教学环节对教学口语进行具体设计。入课语或设置悬念，或渲染气氛，或激发学生情感。课堂讲授阶段往往安排教学重点、难点，教学口语应该周密细致、重点突出、循循善诱。知识点的过渡要巧妙自然、不着痕迹。收课语语言要高度浓缩，提纲挈领。4. 教学口语要适合不同的教学目的。

课外教学口语是教师根据教学任务在对学生进行如何为人的教学过程中所运用的工作语言。与课内教学口语比较，课外教学口语显得不一定那么规范，但也多有讲究。教师掌握好课外教学口语对提高学生认识，培养学生良好的品德情操，树立学生正确的人生观、价值观及开发学生智力均有重要作用。

运用课外教学口语要注意以下几点要求：1. 调查研究，有的放矢。与学生进行谈话之前，要广泛调查、认真研究，充分把握学生的思想动态，针对不同的事和不同的对象来实施教育。2. 实事求是，以理服人。对学生实施教育时，要注意把握分寸，留有余地，切不可武断轻率，要注重摆事实、讲道理。3. 循循善诱，以情激情。具有启发性的教师语言有助于引导学生自觉参与分析问题和解决问题，使学生不仅知其然，还要知其所以然，并能触类旁通，开启思想，找到行为的准则。充满情感的教师语言更能激发起学生的情感,产生春风化雨般的魅力。4. 疏导教化,公正客观。教师评定学生的是非对错要做到公正客观,既要肯定学生的进步,增强他们的信心和力量,又要指出学生的缺点错误,疏通思想,指明方向。

点子库

一、入课语的训练,主要从以下两个方面入手:(一)前期准备阶段。1. 充分了解不同类型入课语的特点。2. 要有丰富的语言材料储备。(二)具体练习阶段。1. 根据不同教学内容,明确设计入课语应达到什么样的目标。2. 熟知该教学内容和特点,选择适宜的入课语类型。

二、有人说中国式教学侧重以师为本,西方式教学则侧重以生为本。请就此组织一次课外讨论,谈谈它会在教学口语的运用上出现什么结果。

单元综合训练题

一、请结合你的学习经验谈谈:课堂语言可以幽默诙谐吗?

二、怎样看待教师语言的职业特性?

三、请根据你所学专业的特点,在教师的指导下对某一指定的教学内容设计一堂课(45分钟)的教案,并根据你的教学设计回答下列问题:1. 你所采用的入课语是哪种方式?它对整堂课的教学起什么作用? 2. 你在教学中运用了哪些课堂口语技巧?以具体事例说明之。3. 你是如何组织课堂讨论的?

四、请结合本教材有关于漪老师的举例并联系你身边的教学实际,认真分析你的老师口语的成功与不足。

五、举例说明你是怎样理解教师课堂口语"五性"特点的?

六、为何将教学口语分为课内教学口语和课外教学口语?二者有何区别?

七、请你为一种健身器材设计一段提问介绍。

八、阅读下面这段导游词,分析其语言特点。

武当山是湖北省唯一的世界文化遗产,山上的古建筑最早是在唐太宗贞观年间修建的。据说那个时候天下大旱,连武当山所在的均州也不能幸免。均州的太守姚简奉皇帝的命令来山上祈求龙王爷下雨。还真的显灵了!天上冒出了五条龙，不久就下起了大雨，万物复苏，生机勃勃。唐太宗知道以后龙颜大悦，马上下旨，在武当山修建了一座五龙祠。（武当山五龙祠导游解说词）

初 版 后 记

　　2005年10月,教育部在清华大学召开全国高校开展文化素质教育十周年纪念大会,本教材主编魏饴有幸与会。会上,周济部长发表了重要讲话,他动情地为大家回忆起自己读大学时老校长在开学典礼上所讲的一个故事,即一位猎人临终前并不为未能给他儿子留下干粮而内疚,而是为郑重地将一把猎枪这个传家宝交给儿子而感到骄傲。故事不长,但感触颇多。试想,大学语文教学是否也应该给学生"猎枪"而不是"干粮"呢?对此,魏饴还同与会代表谈到了当下大学语文教学与教材的一些问题,当即得到教育部文化素质教育指导委员会主任杨叔子院士的认同,认为有必要从教材做起,新编大学语文。

　　此后,由主编魏饴牵头,随即在全国四省13所高校组织起了近30人的编写队伍,并于2005年12月21日至22日在烟台大学召开本教材编者第一次全体会议。会议对新编大学语文取得了非常一致的认识,编写工作正式启动。

　　通过几个月的紧张编写,纸介教材部分反复修改了三稿,到2006年5月底基本成型。为使本教材有更好的质量,几位主编包括主编助理及本教材策划编辑迟宝东博士又于6月4日在长沙学院召开主编会议,进一步落实纸介教材和教师手册统稿等后期工作,同时部署本教材配套数字化资源建设事项,真正使大学语文教学达到既方便教师又方便学生,提高质量、提高素质、提高能力的目的。

　　本教材系列由主编魏饴申请立项、整体策划、组织编撰。副主编分篇分类修订审稿,主编助理通读全稿并负责编务,编委职责是宏观决策与随时接受学术咨询。纸介教材编写分工:前言、第一单元,湖南文理学院魏饴教授;第二单元,渭南师范学院刘久明教授,凌朝栋副教授、博士;第三单元,长沙理工大学成松柳教授;第四单元,烟台大学兰翠教授;第五单元,泰山学院刘欣教授;第六单元,湖南文理学院许连军副教授、博士;第七单元,湖南文理学院佘丹清副教授;第八单元,长沙学院皮元珍教授;第九单元,湖南文理学院郭虹教授;第十单元,湖南工业大学肖谦、谭铁绵副教授;第十一单元,湖南农业大学饶异伦教授；第十二单元，湖南文理学院汪苏娥副教授；第十三单元，湖南文理学院刘赤符教授；第十四单元，湖南文理学院成慧芳副教授、湖南女子职业大学彭江红副教授；第十五单元，湖南文理学院田皓副教授（西南科技大学郝志伦教授对以上两个单元协助统筹）；第十六单元，怀化学院邓齐平教授；第十七单元，衡阳师范学院朱迪光教授，湖南科技学院邓楠教授、博士；第十八单元，湖南科技学院徐耀君副教授；第十九单元，烟台大学李军副教授。

另外，湖南文理学院曾庆怀副教授负责本课程网站建设，桂强、李云安、周勇、李世进、户松芳、陈慧钧、李晓翠、杜华清等老师参与了本教材配套数字化资源集成和美术设计工作。

本教材（包括课程网站）选用了不少当代作家作品，小部分作家由于我们不明住址，未来得及征得同意，特表歉意，并请有关作家及时与我们联系以致薄酬。

在本教材编写过程中，杨叔子、余光中、张岂之三位顾问一直非常关注，多次给我们提示、指导，高等教育出版社高等文科分社徐挥社长还亲自参加了本教材编写会议，在此，一并表示感谢。

编　者
2006 年 6 月 20 日

第二版后记

　　随着社会的发展，国际交流的频繁，对大学生运用祖国语言提出了新的要求。在此背景下，2006年出版的普通高等教育"十一五"国家级规划教材《大学语文新编》必须适应新形势进行修订，需要纠偏、去冗、补缺、合时。2012年，本教材再次被确定为"十二五"普通高等教育本科国家级规划教材，更为教材修订提出新的要求。

　　为了做好修订工作，2012年8月，部分参编者在宜昌市举行修订工作会议，有来自北京、山东、河北、陕西、江西、江苏、湖北、湖南等省市的专家、学者参加。本次会议由湖南文理学院和高等教育出版社举办，三峡大学文学与新闻学院协办。会议一致认为：本教材自2006年出版发行以来，共印刷了12个版次，发行数十万册，得到了教师和学生的广泛好评；本次修订原则上应不变编辑思想、不变体例，因需增减内容等；同时我们还明确了单元修订主编，层层负责，以确保修订质量的进一步提高。

　　首先，订正了原版中的错漏、误印，改换了个别选文的陈旧版本，对部分篇章表达抽象等问题也作了修改；其次，对修订版结构进行了调整，增加审美文选部分，经济文选部分以日常应用为主，应用文部分增加网络写作，口语表达部分力求简明、突出实用；最后，在体例上仍坚持知识、阅读、表达一体的理念，注重语文能力培养。

　　参加本教材修订的作者在原编者队伍的基础上有所增减，宜昌修订工作会议，还对本教材原副主编、主编助理以及编委进行了调整；高等教育出版社文科分社社长迟宝东先生和策划编辑云慧霞女士参加了会议，并为本书的修订做了大量工作，特此致谢。

魏　饴

2013年3月3日

第三版后记

本教材作为普通高等教育"十一五""十二五"国家级规划教材从初版立项编写到出版发行至今已匆匆走过 16 个年头。令人庆幸的是，这本《大学语文新编》长期得到了全国众多高校广大师生的呵护与厚爱，今又到了第三版杀青之际。

本次修订，我们特别提出坚持"应用型大学中国语文"教材编写理念，也许它正是本教材这些年来被大家关注的地方。遵照这个定位，第三版强化了以下三点：一是注重立德树人，主要是力争通过加强文选审美教育来实现；二是突出工具理性，它是构架本教材上中下三篇的经纬线，而且还将第二版的 21 个单元缩减至目前 17 个单元，应更加简明实用；三是线上线下同步规划，这是 21 世纪教材编写的共同要求，自然当是我们本次修订用力较多的。

第三版修订主要涉及 8 个单元。一方面是基于第二版教材使用者的反馈以及新时代新要求；另一方面是本编写队伍从多所应用型大学挑选了较多新人，以期更加突出本教材的编写定位。

编　者
2020 年 5 月 3 日

附录："应用型大学中国语文"课程网站教学平台介绍

由本教材编委会主持，集美大学、洛阳师范学院牵头，拟依托"爱课程"网建立"应用型大学中国语文"课程网站。重点栏目有"慕课之窗""线上课程""大学语文资源与教学互动""艺术鉴赏""自学测试"等。其中，"线上课程"为方便学生随时学习而专门设计。

"线上课程"为完整教学安排，包括全部17讲（每讲2—3课时）电子教案提纲、教学素材和系列开放课录像（从"爱课程"进入）。

本书二维码链接内容表演者及作者简介：

1. 夏子科，湖南文理学院文史与法学学院教授，常德市朗诵演讲协会顾问。

2. 龙静，湖南文理学院文史与法学学院副教授、主任记者，常德市朗诵演讲协会副会长。

3. 马连菊，博士，湖南文理学院文史与法学学院讲师。

4. 黄去非，湖南理工学院文学院副教授，多年从事诗词创作研究，诗词作品及论文在《同晖》学刊等海内外众多书报刊发表。同晖学社常务理事，现为中国楹联学会会刊《楹联天地》副总编，著有《适意斋文集》等。

5. 雷蕾，湖南理工学院文学院教师，国家级普通话测试员，长年任教《普通话与教师语言》《语音》《现代汉语》等课程，其朗诵作品多次获得各级奖励。

6. 姜迈千，湖南理工学院文学院汉语言文学专业学生，自幼跟从地方吟诵专业人士学习，曾代表学校与汨罗市在中央电视台《我们的节日》栏目中表演吟诵，反响良好。

7. 张镱凡，壹凡戏剧工坊创始人，壹横戏剧首席教师，福建省戏剧家协会会员，中国舞蹈家协会注册认证舞蹈教师，中国影视表演认证教师。多次受邀参加全国戏曲艺术节并荣获大奖，先后在闽江学院、福州大学、福建医科大学担任戏曲课程教学。

8. 路雯皓，河北美术学院播音与主持专业副教授。

9. 魏子贺，河北美术学院播音与主持专业副教授。
10. 李亚宾，河北美术学院油画系主任。
11. 孟祥振，河北美术学院美术学系主任。
12. 侯东菊，河北美术学院书法学院常务副院长。
13. 杜启涛，河北美术学院书法学院副教授。
14. 朱博楠，河北美术学院环境艺术学院副教授。
15. 邓宝辉，河北美术学院环境艺术学院副教授。
16. 鲁晓霞，洛阳师范学院教授。

郑重声明

高等教育出版社依法对本书享有专有出版权。任何未经许可的复制、销售行为均违反《中华人民共和国著作权法》，其行为人将承担相应的民事责任和行政责任；构成犯罪的，将被依法追究刑事责任。为了维护市场秩序，保护读者的合法权益，避免读者误用盗版书造成不良后果，我社将配合行政执法部门和司法机关对违法犯罪的单位和个人进行严厉打击。社会各界人士如发现上述侵权行为，希望及时举报，本社将奖励举报有功人员。

反盗版举报电话　（010）58581999　58582371　58582488
反盗版举报传真　（010）82086060
反盗版举报邮箱　dd@hep.com.cn
通信地址　北京市西城区德外大街 4 号
　　　　　高等教育出版社法律事务与版权管理部
邮政编码　100120